TILAR J. MAZZEO

IM RAUSCH DER ZEIT

Das temperamentvolle Leben der Witwe Clicquot

Aus dem amerikanischen Englisch von Andreas Wirthensohn

HarperCollins

Die Originalausgabe erschien 2008 unter dem Titel
The Widow Clicquot. The Story of a Champagne Empire and the Woman Who Ruled It
bei HarperCollins*Publishers*, New York.

Dies ist eine aktualisierte Neuausgabe des zuvor bei Hoffmann und Campe erschienenen Titels »Veuve Clicquot. Die Geschichte eines Champagner-Imperiums und der Frau, die es regierte«.

1. Auflage 2024
Aktualisierte Neuausgabe

Published by arrangement with Harper Business,
an imprint of HarperCollins *Publishers*, LLC, New York
Gesetzt aus der Marion
von GGP Media GmbH, Pößneck
Druck und Bindung von GGP Media GmbH, Pößneck
Printed in Germany
ISBN 978-3-365-00855-3
www.harpercollins.de

Druckprodukt mit finanziellem
Klimabeitrag
ClimatePartner.com/15109-2009-1001

MIX
Papier
FSC FSC® C014496

Für Noelle und Roberta - mehr denn je

Inhalt

Einleitung

Dies ist die Geschichte des französischen Champagners – aber die Idee, sie zu schreiben, entstand keineswegs im Glanz eines prächtigen Landschlosses. Ihre Ursprünge lagen in einem etwas bescheideneren kleinen Luxus: zwischen den Regalen einer gut bestückten Weinhandlung. Meine Begeisterung für die Geschichte eines der großartigsten Weine – und einer der großartigsten Frauen – auf dieser Welt hatte einen bemerkenswert schlichten Anfang. So sehr wir Champagner mit Festen und gutem Leben assoziieren – für mich begann diese Leidenschaft ohne Fanfarenstöße in einer Kleinstadt im Mittleren Westen der USA, wo ich gerade versuchte, die, wie sich zeigen sollte, letzten Monate in einem alles andere als glamourösen Job zu überstehen.

Mitten in diesem Alltagstrott – und den gelegentlichen Kaufräuschen, mit denen jede vernünftige Frau ihn sich erträglich zu machen versucht – stieß ich auf die Witwe Clicquot. Die Schriftstellerin in mir würde den Beginn dieser Liebesbeziehung gern ins Frühjahr verlegen, wenn die Erde auftaut und neues Leben verspricht, doch es war anders. Der Winter hatte die Ebenen des Mittleren Westens fest in seinem Griff, und ich starrte sehnsüchtig auf eine Batterie Schampus, die mich von fernen Appellationen und den sonnensatten Weinbergen Frankreichs träumen ließ.

Es war keineswegs so, dass ich mit dem Champagner noch keine Bekanntschaft gemacht hätte. Meine Freundinnen und ich tranken ihn regelmäßig mit einer gewissen Begeisterung, die ich lieber nicht näher bezeichne. An jenem Nachmittag aber stieß ich erstmals auf die Geschichte von Barbe-Nicole Clicquot-Ponsardin. Sie fand sich auf einem Kärtchen in der Kiste der 1996er-Grande-Dame, die ich mir – so hatte ich entschieden – unzweifelhaft verdient hatte.

Die ansprechende kleine Lebensbeschreibung bestand aus nicht einmal fünfunddreißig Wörtern, aber sie erzählte eine Geschichte, die allein schon in ihren Umrissen meine Aufmerksamkeit erregte. Es war die Geschichte einer Frau, die dazu erzogen worden war, treusorgende Ehefrau und Mutter zu sein, die mit nicht einmal dreißig Jahren ihren Mann verlor und mit einem kleinen Kind zurückblieb, die keine Ausbildung genossen hatte und wenig Lebenserfahrung besaß, die ihr Schicksal entschlossen in die eigenen Hände nahm und mit Tatkraft und Talent aus einer noch jungen familieneigenen Weinhandlung eines der berühmtesten Champagnerhäuser der Welt machte. Das, so dachte ich, ist eine Frau, die keine Kompromisse macht.

In den folgenden Jahren ging mir ihre Geschichte nicht aus dem Sinn, auch nicht, als wir aus dem Mittleren Westen nach Kalifornien, in die Heimat meines damaligen Mannes, zogen und uns dort auf den Hügeln von Sonoma County niederließen, wo die Winter neblig grün und unbeschreiblich mild sind. Irgendetwas an dieser Frau, die für ihre Leidenschaft so unglaubliche Risiken auf sich genommen hatte, klang noch immer tief in mir nach, und ich begann erste bescheidene Nachforschungen anzustellen, ging in der örtlichen Weinbibliothek in Healdsburg Hinweisen auf die Witwe Clicquot aus dem 19. Jahrhundert nach und las alte Reiseberichte, die auf dem Höhepunkt des napoleonischen Reiches verfasst worden waren und mir Gelegenheit gaben, mein eingerostetes Französisch zu verbessern. Als jemand, der sich nie auf bloße theoretische Nachforschungen beschränkt, sorgte ich natürlich dafür, dass wir so ziemlich alles an Schaumwein probierten, was wir auftreiben konnten, zunächst vor Ort und später dann in Frankreich, wo ich einen windigen Januar in einem großzügigen alten Bauernhaus verbrachte, umgeben von nichts als schlammigen Weingärten.

Das Problem war stets, die Frau selbst zu finden, diese junge Witwe mit dem sperrigen Namen Barbe-Nicole Clicquot-Ponsardin: eben die Veuve - oder Witwe - Clicquot. Zu Beginn des 19. Jahrhunderts, als Barbe-Nicole sich ans Erwachsensein und all die damit verbundenen Kompromisse gewöhnte, schafften es die Biografien von Unternehmern und kaufmännischen Pionieren nur selten in die Geschichtsbücher. Dies galt umso mehr, wenn es sich um eine Frau handelte. Die Archive sind voller Briefe und Tagebücher von Staatsmännern und Fürsten, aber nur wenige sammelten die persönlichen Aufzeichnungen von Geschäftsleuten, selbst von solchen, die Außergewöhnliches geleistet hatten. Das ist noch heute so. Die Liebesbriefe der meisten von uns werden in den großen Bibliotheken der Welt nicht aufbewahrt werden. Die Chancen, dass schriftliche Dokumente über eine junge Frau aus dem 19. Jahrhundert für die Nachwelt erhalten blieben, war besonders gering, es sei denn, sie war Königin oder Gräfin oder die Schwester, Frau oder Mutter eines berühmten Mannes.

Barbe-Nicole war nichts dergleichen. Sie war einfach nur eine beeindruckende unabhängige Frau, der es gelang, sich in der unspektakulären, beinharten Welt der Wirtschaft einen Namen zu machen. Als ich es endlich ins Unternehmensarchiv von Veuve Clicquot Ponsardin in Reims schaffte und fest damit rechnete, hier ihre privaten

Geheimnisse enthüllen zu können, musste ich feststellen, dass die unzähligen Regalbretter voller Geschäftsbücher waren, die allesamt von Barbe-Nicoles einzigartiger Entschlossenheit zeugten. Auf die Frau aber, die hinter dem gelben Etikett stand, fanden sich nur wenige Hinweise.

Also zog ich, statt zu recherchieren, mit hilfsbereiten Freundinnen durch die Champagne, um wenigstens eine Spur von dem Leben zu entdecken, das Barbe-Nicole geführt haben musste; etwas, das nicht nur erklärte, *wie* eine Frau aus dem Leben, das andere für sie vorgesehen hatten, ausgebrochen war, sondern auch, *warum* sie das getan hatte. Wir stolperten im Regen über ausgefahrene, dreckige Straßen und suchten in den Feldern oberhalb des Dorfes Bouzy nach den Weinbergen der Witwe. Mit kollektiver Charmeoffensive brachten wir den reservierten Winzer im Château de Boursault, einem ihrer bevorzugten Landhäuser, dazu, uns zumindest für zehn Minuten auf den Privatgrund zu lassen, den sie so sehr geliebt hatte. Ich saß stundenlang in der kühlen Stille der Kathedrale Notre-Dame in Reims und dachte daran, dass auch Barbe-Nicole diese Mauern gekannt hatte. Überall starrte ich auf Gebäude und Straßenecken, warf verstohlene Blicke durch Fenster und suchte vergeblich nach einer Frau und der fein gewobenen Textur ihres Lebens.

Mitunter fragte ich mich, ob es überhaupt möglich sein würde, auf ihr Privatleben zu stoßen und sie aus der Stille zu befreien, die ihre Geschichte umgab. Bevor meine Suche beendet war, traf ich mich im kalifornischen Napa Valley in sonnendurchfluteten Büroräumen mit Winzerinnen und weiblichen Unternehmensvorständen auf der Suche nach der modernen Inkarnation der Witwe Clicquot und in der Hoffnung, mittels der Erfahrungen von Frauen im Weingeschäft die Vergangenheit entwirren zu können. Und später war da ja noch Frankreich. Überall in den kleinen Städten der Champagne lebt La Veuve – in Frankreich gibt es nur eine – im Halbschatten der mündlichen Volksüberlieferung weiter. Als ich irgendwann genug hatte von verstaubten Büchern und Archiven, bat ich einfach die Menschen in den Bars und Bistros, sich zu erinnern, wobei ich natürlich wusste, dass Erinnerung und Erfindung eng miteinander verwandt sind, vor allem nach zweihundert Jahren. Die offenen Weinflaschen wanderten von Tisch zu Tisch, und manchmal kam der Besitzer aus der Küche, um eine zu rauchen und zuzuhören. In solchen Augenblicken war die Frau, nach der ich forschte, gegenwärtig.

Ich stelle mir gern vor, das Leben der Witwe Clicquot sei in stiller Dunkelheit langsam gereift wie ein seltener und exquisiter Jahrgang. Diese Dunkelheit hat ihren Ursprung zum Teil in meinem Leben und meiner Fantasie. Zum Teil ist sie die Nacht der Geschichte und der Rolle, die Unternehmer, vor allem Unternehmerinnen darin spielen. Aber jetzt ist endlich die Zeit gekommen zu genießen. Wie wir alle wissen, verändert sich Wein im Lauf der Zeit: Er wird wertvoller. Die harten Tannine verwandeln sich in sanfte Aromen; die Geschmacksnoten gewinnen an Reife. Im 19. Jahrhundert war vieles aus der Geschichte der Witwe nicht wert, bewahrt zu werden. Heute sind allein schon die groben Umrisse dieses Lebens atemberaubend. Es zu erzählen wird unseren Blick auf die Geschichte des Champagners und die Rolle, die eine Frau in ihr spielte, verändern.

Wir alle kennen den Wein, den Barbe-Nicole berühmt gemacht hat. Kein Wein dieser Welt weckt so viele unmittelbare Assoziationen wie der Champagner. Das Ploppen eines Korkens und das helle Schäumen bedeuten Feier und Glanz und oft die Möglichkeit romantischer Zweisamkeit.

Der Champagner ist der Wein der Hochzeiten und der Neujahrsküsse. Er ist köstlich, und vor allem: Er wird mit Frauen in Verbindung gebracht.

So war es immer. Von Lord Byron, dem Dichter, stammen die berühmten Worte, eine Frau solle einzig und allein beim Verzehr von Hummersalat und Champagner zu sehen sein.[1] Byron war ein gnadenloser Chauvinist, aber diese Vorstellung hat noch immer ihren Reiz. Die sinnenfrohe und mächtige Madame de Pompadour, Mätresse des Königs von Frankreich, formulierte es in den ersten Jahrzehnten des 18. Jahrhunderts, nicht lange nach der Erfindung des Champagners, unübertrefflich: »Champagner ist der einzige Wein, von dessen Genuss eine Frau schöner wird.«[2] Glaubt man der Legende, so waren die flachen, kelchartigen Champagnergläser, die als *coupes* bekannt sind, den viel bewunderten Brüsten dieser Frau nachgebildet. Im 20. Jahrhundert war Champagner das perfekte Getränk zum kleinen Schwarzen, und noch heute lässt er an die verrückten Typen des Jazz-Zeitalters und die Eleganz alter Humphrey-Bogart-Filme denken.

Ein Blick auf das Champagner*geschäft* erzählt jedoch eine ganz andere Geschichte. In den Sitzungszimmern und Weinkellern ist Champagner Männersache. Heute bekleidet allenfalls eine Handvoll Frauen höhere Positionen in der französischen Weinindustrie, und lange Zeit wurde nur eines des exquisiten und international renommierten Champagnerhäuser – der *grandes marques* – von einer Frau geführt: nämlich Champagne Veuve Clicquot Ponsardin, an dessen Spitze bis 2011 Cécile Bonnefond stand.[3]

Die bekannten Geschichten von den Ursprüngen des Champagners besagen, dass es stets Männer waren, die das Geschäft mit dem Wein kontrollierten. Champagnerbegeisterte erfahren so auch schon bald, dass ein Mann den edlen Wein erfunden hat. Die Geschichte schreibt dieses Verdienst einem blinden Mönch aus dem 17. Jahrhundert zu, der den heute berühmten Namen Dom Pierre Pérignon trug und das Geheimnis der Champagnerbläschen in den Kellergewölben seiner Abtei am Rande des Dorfes Hautvillers entdeckt haben soll. Der Legende zufolge war er der liebenswert verrückte Wissenschaftler des Champagners, der unablässig daran arbeitete, gewöhnliche Weine aus der Region in prickelndes flüssiges Gold zu verwandeln.

Hatte Dom Pérignon herausgefunden, wie man Champagner herstellt, so lernten andere begabte und erfolgreiche Männer, wie man ihn weltweit vermarktet: Leute wie Jean-Rémy Moët, der seine persönlichen Beziehungen zu Napoleon nutzte (die während ausgiebiger Weinwochenenden auf den luxuriösen Gütern Moëts in Épernay vertieft wurden), um eines der ersten Handelsimperien in Sachen Champagner aufzubauen. Ansichtskarten, auf denen Moët und Napoleon bei der frohgemuten Inspektion der Weinkeller zu sehen sind, dokumentieren diese Prominentenfreundschaft und waren schon im 19. Jahrhundert begehrte Souvenirs. Noch berühmter war Charles-Henri Heidsieck, der sich den Marketinggag einfallen ließ, nach Russland zu reisen und die zweitausend Meilen auf einem Pferderücken zurückzulegen. Sein Sohn Charles Camille wurde später in einem populären Lied als »Champagner-Charlie« verewigt,[4] und schon bald stand »Champagner-Charlie« umgangssprachlich für »zu Ausschweifungen neigender Mann oder notorischer Schampustrinker«.[5]

Angesichts solcher Geschäftsleute verwundert es nicht, dass Champagner eines der weltweit bekanntesten Produkte ist. Die kleine Region im Nordosten Frankreichs mit weniger als dreißigtausend Hektar Weinanbaufläche[6] – die einzige Gegend, in der echter Champagner hergestellt wird - war in überdurchschnittlichem Maße mit unternehmerischem Talent gesegnet. Das Problem ist nur, dass die Geschichte, wie diese Männer allmählich ein globales Champagnerimperium aufbauten, allenfalls zur Hälfte stimmt. Dom Pérignon war unzweifelhaft ein begabter Weinhersteller und wahrscheinlich einer der großen Verkoster der Weingeschichte, aber nicht er war es, der entdeckte, wie man die Bläschen in einer Champagnerflasche hält. Im Gegenteil, als sie auf natürliche Weise auftraten, versuchte er sie zu beseitigen. Er wollte kein neues Produkt entwickeln, sondern die Bedürfnisse des Marktes befriedigen, den er und seine Ordensbrüder kontrollierten: den Handel mit qualitativ hochwertigen »stillen« Weinen.

Noch schockierender ist, dass der Champagner gar nicht in Frankreich erfunden wurde. Es waren die Briten, die als Erste dahinterkamen, wie man Wein zum Schäumen bringt, und als Erste mit prickelndem Champagnerwein handelten. Die Legende von Dom Pérignon wurde erst im späten 19. Jahrhundert ersonnen - um schließlich vom Estate Moët & Chandon als Markenzeichen eingetragen zu werden.[7] Und auch wenn Champagner-Charlie die Bühne mit echter Begeisterung betrat, war Champagner bereits ein großes Geschäft, als der junge Mann in Brettlliedern gefeiert wurde, und er war keineswegs der aus dem Nichts kommende Aufsteiger, als der er sich gerierte.

Champagner war freilich nicht immer ein großes Geschäft. In der zweiten Hälfte des 18. Jahrhunderts geriet das Getränk in eine schwere Krise und schien dazu bestimmt, zu einer rein regionalen Kuriosität zu verkommen. Lokale Winzer mussten selbst um bescheidene Verkäufe kämpfen, und der Champagner wäre möglicherweise in der Versenkung verschwunden und hätte dasselbe Schicksal erlitten wie sein unglückseliger Gegenspieler, der Sekt, der heute außer in Deutschland nur noch bei Kennern eine Rolle spielt.

All das änderte sich in den ersten Jahrzehnten des 19. Jahrhunderts, und zwar dank der Entschlossenheit und des Einfallsreichtums von weniger als einem Dutzend bedeutender Händler und Winzer: Sie erkannten, dass die Schaumweine, die in den steilen Weinbergen südlich von Reims gediehen, ein weit größeres Potenzial hatten.[8] Binnen einer einzigen Generation wurde aus dem an den Rand gerutschten Champagner eine machtvolle wirtschaftliche Größe. Zwischen 1790 und 1830 stiegen die Verkäufe um nahezu tausend Prozent, von ein paar Hunderttausend Flaschen pro Jahr auf über fünf Millionen. Bei Anbruch des 20. Jahrhunderts, noch bevor das Jazz-Zeitalter den Champagner zum Symbol für eine ganze Epoche machte, wurden weltweit pro Jahr schon zwanzig Millionen Flaschen Schampus gekauft.[9]

Zu Beginn des 19. Jahrhunderts jedoch war Champagner noch immer ein Nebenerwerbszweig, und diese Jahrzehnte sollten sich als entscheidendes Momentum für die Champagnerindustrie erweisen. An seinen kulturgeschichtlichen Scheidewegen hat vor allem eine Unternehmerpersönlichkeit dafür gesorgt, dass dieser Schaumwein zum berühmtesten Luxusprodukt auf dem Weltmarkt wurde: die Witwe Clicquot.

Barbe-Nicole, die mit siebenundzwanzig Jahren ihren Mann verloren hatte und weder über eine kaufmännische Ausbildung noch über Erfahrungen aus erster Hand verfügte, machte innerhalb von wenig mehr als zehn Jahren aus einem soliden, wenn auch kleinen und immer ums Überleben kämpfenden Familienunternehmen das wohl wichtigste Champagnerhaus des 19. Jahrhunderts. Dank ihrer technischen Innovationen in den Kellereien finden wir heute in den Regalen überall auf der Welt Champagnerflaschen zu erschwinglichen Preisen. Hätte sie nicht das unter dem Namen *remuage* bekannte Verfahren entdeckt, wäre der Champagner ein Getränk für die Superreichen oder die besonders Glücklichen geblieben. Ich hätte in ihm meine Sorgen in jenem Winter in Wisconsin nicht ertränken können - und hätte mich niemals auf diese donquichotteske Suche nach den verlorenen Einzelheiten des Lebens einer anderen Frau gemacht.

Mit vierzig war Barbe-Nicole eine der reichsten und berühmtesten Unternehmerinnen in ganz Europa und eine der ersten Frauen in der Geschichte, die an der Spitze eines internationalen Geschäftsimperiums standen. Sie hatte erkannt, dass dieser Produktionszweig in einer Krise steckte, und sich ohne Angst auf ein neues Geschäftsfeld und auf neue Märkte gewagt: zu einer Zeit, als die gesamte Gesellschaftsstruktur des alten Frankreich - das Ancien Régime - zusammenbrach und Europa sich in einem Zustand kollektiver Panik befand. Erfahrenere Unternehmer warteten lieber, bis die Krise vorbei war - oder wandten sich ganz neuen Geschäftsbereichen zu. Nicht so die Witwe Clicquot. Ihre Geschichte basiert auf reinem Wagemut. Indem sie ihre finanzielle Unabhängigkeit für eine Zukunft in der Champagnerbranche aufs Spiel setzte, veränderte sie die Geschichte der französischen Weinproduktion. Im Zuge dessen trug sie außerdem dazu bei, das Produkt, das sie verkaufte, zu einem Synonym für Luxus, Festivitäten und Wohlleben zu machen.

Sie eröffnete neue Horizonte für Frauen in der Wirtschaft und zwang die Menschen um sie herum, die geschlechtsspezifischen Rollenbilder ihrer Zeit zu überdenken, und zwar mehr oder weniger unabhängig von ihr selbst. Aber die öffentliche Figur dieser verwitweten Unternehmerin, die sich weigerte, die von der Gesellschaft für sie vorgesehene beschränkte häusliche Rolle zu übernehmen, unterschied sich merklich von der Privatperson. Barbe-Nicole verweigerte sich still, aber beharrlich den Vorstellungen der damaligen Kultur im Hinblick darauf, wie Frauen beschaffen seien und was sie leisten könnten. Doch zu Hause und in ihren Ansichten war sie alles andere als eine Revolutionärin.

In ihren persönlichen Überzeugungen war sie eine zutiefst konservative und mitunter rigide Person. Ihre Familie blieb stramm katholisch, selbst als Religiosität im republikanischen Frankreich geächtet und gefährlich war. Sie setzte sich nicht für die Rechte der Frauen ein, obwohl der Feminismus zu ihrer Zeit seine Anfänge erlebte.[10] Stattdessen umgab sie sich mit Männern als Angestellten, Partnern, ja sogar Freunden. Sie war eine hingebungsvolle, aber eindeutig dominante Mutter, die ihr einziges Kind – eine Tochter – für geistig unbegabt hielt, deshalb vom Familienunternehmen ausschloss und lieber an einen eitlen und extravaganten adligen Lebemann verheiratete – an einen Mann, dessen Charme zu erliegen Barbe-Nicole selbst stets in Gefahr war. Und am Ende überließ sie einen Großteil des Familienunternehmens und der Weingärten ihren männlichen Geschäftspartnern.

Sie war voller Widersprüche, doch bestand ihre Genialität als Geschäftsfrau paradoxerweise gerade darin, dass sie sich weigerte, über ihre Optionen in einem Schwarz-Weiß-Denken zu entscheiden. Ihr Erfolg beruhte nicht darauf, dass sie sich gegen das System stellte, aber sie hielt sich auch nicht sklavisch an die Konvention. Als Tochter eines Lokalpolitikers, der selbst inmitten einer garstigen Revolution auf seinen gewitzten Überlebensinstinkt hatte vertrauen können, verfügte sie über die Gabe, die Chancen zu erkennen, die sich in Augenblicken kultureller und wirtschaftlicher Instabilität boten, das heißt in dem Zeitraum, da alte Strukturen und alte Geschäftsmodelle (samt denen, die unbeirrt an ihnen festhielten) verschwanden und innovative Ansätze aufkamen. Sie war eine Frau, die den Mut hatte, in die Bresche zu springen - emotional, physisch und finanziell.

Aufgrund ihrer Bereitschaft, ohne viel Aufhebens etwas zu wagen, wurde die Witwe Clicquot zu einer der berühmtesten Frauen ihrer Epoche. Wie die andere große Witwe der damaligen Zeit, die britische Königin Victoria, gehörte sie zu denen, die einem Jahrhundert ihren Stempel aufdrückten. Jahrzehntelang und bis nach Russland kannten Soldaten, Fürsten und Dichter ihren Namen. Schon bald kamen Touristen, um einen Blick auf die Frau zu erhaschen, die der Schriftsteller Prosper Mérimée einmal als die ungekrönte Königin von Reims bezeichnet hatte. In der Champagne kannte man sie nur als *la grande dame.* Seltene Jahrgänge von Veuve Clicquot tragen, zur Erinnerung an ihren Ruhm, noch heute diesen Namen. Sie blieb bis an ihr Lebensende eine widersprüchliche Person: großzügige Philanthropin und eisenharte Geschäftsfrau, eine kleine, unprätentiöse, bewusst bodenständige Frau mit einer scharfen Zunge, die der Welt einen überaus köstlichen Wein und eine ätherische Vision verkaufte. Dann verschwand sie, und geblieben ist von ihr kaum mehr als der Name auf einer Champagnerflasche.

Bevor diese komplexe und mitunter widersprüchliche Frau auf einen Markennamen reduziert wurde - oder in Zeichnungen des 20. Jahrhunderts auf eine tanzende Flasche mit Beinen -, bestimmte die Witwe Clicquot den Produktionszweig, dem sie sich verschrieben hatte. In einer Zeit wachsender kultureller Rigidität machte sie den

Weg frei für eine zweite Generation von Unternehmerinnen im Champagnergeschäft, für Frauen, die einen ebenso scharfen Verstand und eine ebenso ausgeprägte Begabung hatten wie sie. In ihren Fußstapfen baute die junge Witwe Louise Pommery eines der großen Champagnerhäuser der Welt auf, ein Haus, das zu der Zeit, als Barbe-Nicoles Geschichte sich dem Ende neigte, schwindelerregende Höhen an Reichtum erklomm und weiteres Wachstum verhieß. Fortschreitend auf einem Weg, den Barbe-Nicole ihr gebahnt hatte, erfand die Witwe Pommery den trockenen Champagner *(brut)*, den Weintrinker noch heute verehren. Leider sollte es im Champagnergeschäft keine dritte Generation von Frauen dieses Kalibers geben, keine Frauen, die kleine Familienunternehmen in imposante Firmenimperien verwandelten. Die Frauen, die später kamen – wie Lily Bollinger und Mathilde-Émilie Laurent-Perrier –, verwalteten in erster Linie Unternehmen, die von einer früheren Generation berühmt gemacht worden waren. Und in den ersten Jahrzehnten des 20. Jahrhunderts war die Weinproduktion in der Region zu einem groß angelegten Geschäft geworden, das fast ausschließlich in der Hand von Männern lag, die sich bereits zu den Reichen und Mächtigen zählen konnten, sodass unausgebildete und unerfahrene junge Unternehmer kaum Chancen hatten.

Doch fast ein Jahrhundert lang – das erste Jahrhundert, in dem Champagner zu einem globalen Symbol für Luxus und Festlichkeit wurde – war das Champagnergeschäft Frauensache. An der entscheidenden Weggabelung in der Geschichte dieses berühmten Weines beherrschte Barbe-Nicole die Branche. Das Ergebnis war eine bessere Zukunft für Frauen in der Wirtschaft. Heute vergibt das von ihr begründete Haus einen renommierten Preis, der nach ihr benannt ist und die Leistungen begabter internationaler Geschäftsfrauen würdigt. Und dank der Witwe Clicquot können Historiker noch immer behaupten, kein Geschäftszweig auf dieser Welt sei so sehr vom weiblichen Geschlecht geprägt worden wie der der Champagnerproduktion.[11]

Kind der Revolution, Kind der Champagne

Was den Menschen in der Champagne in Erinnerung blieb von diesem Sommer des Jahres 1789, das waren die gepflasterten Gassen von Reims, die vom Gesang und Geschrei der wütenden, Freiheit und Gleichheit fordernden Menge widerhallten.[1] Die Französische Revolution nahm ihren Lauf, wobei einstweilen niemand diesen Begriff für eines der umwälzenden Ereignisse in der modernen Menschheitsgeschichte benutzte. Erst ein Jahrzehnt zuvor hatte die Demokratie in den amerikanischen Kolonien Wurzeln geschlagen, und eine neue Nation hatte sich etabliert, die in ihrem Unabhängigkeitskrieg gegen Großbritannien militärisch und finanziell von Frankreich unterstützt worden war, einem der mächtigsten und ältesten Königreiche der Welt. Nun war die Demokratie auch nach Frankreich gekommen. Ihr Beginn war blutig und brutal.

Die jungen Mädchen in der königlichen Klosterschule von Saint-Pierre-les-Dames, knapp außerhalb des alten Stadtkerns von Reims gelegen – einer geschäftigen Handelsstadt mit vielleicht dreißigtausend Einwohnern im Herzen der französischen Textilindustrie und nur hundertdreißig Kilometer östlich von Paris[2] –, hatten wenig zu schaffen mit dieser größeren Welt von Krieg und Politik. Zwei Jahrhunderte zuvor war Maria, die Königin von Schottland, im zarten Alter von fünf Jahren als Schülerin ins Kloster gekommen und dort von ihrer Tante, der adligen Äbtissin Renée de Lorraine, betreut worden. Die anderen Mädchen an dieser katholischen Klosterschule stammten zum großen Teil ebenfalls, wie Maria Stuart und ihre Tante, aus adligen Kreisen und verbrachten ihre Tage damit, die artigen Künste zu erlernen, die man von den begüterten Töchtern der gesellschaftlichen Elite erwartete: Sticken, Musizieren, Tanzen und Beten. Im abgeschiedenen Innenhof waren nur die leichtfüßigen Schritte und die raschelnden Gewänder der Nonnen zu vernehmen, die schweigend ihren Geschäften nachgingen. Der Garten war schattig und lud selbst in der Sommerhitze zum Aufenthalt ein.

Die Mädchen waren von ihren Eltern nach Saint-Pierre-les-Dames geschickt worden, damit sie in Sicherheit und privilegierten Verhältnissen Erziehung und Ausbildung genossen. Doch im Juli 1789 war ein königliches Stift möglicherweise der gefährlichste Ort für sie. Der Adel und die Kirche hatten die Bauern jahrhundertelang mit allen möglichen Abgaben gequält und ausgepresst, und in diesem Sommer brach sich die schon lange kochende Wut nun plötzlich Bahn und schlug um in offenen Klassenkampf, der die Geschichte Frankreichs veränderte. Auf furchtbare Weise wurden alte Rechnungen beglichen. Es war nur eine Frage der Zeit, bis die Klosterschwestern und diese jungen Mädchen – die Töchter der gesellschaftlichen Elite der Stadt – zum Ziel des Volkszorns werden mussten. Aus Paris hörte man bereits, dass Nonnen vergewaltigt und die Reichen auf offener Straße ermordet würden.[3] Wein floss jetzt aus den öffentlichen Springbrunnen, und das Lachen und Grölen der Menge in Reims wurde immer fiebriger und erregter.

Hinter den verrammelten Fenstern, umgeben von den königlichen Mauern von Saint-Pierre-les-Dames, mag eines der Mädchen erst, als die Menge fast schon in der Tür stand, geahnt haben, dass sich die Welt und ihre eigene Zukunft gerade grundlegend veränderten. Barbe-Nicole

Ponsardin war elf Jahre alt, als die Revolution begann. Sie war ein kleines, ernstes Mädchen mit goldblondem Haar und großen grauen Augen, die älteste Tochter eines der reichsten und wichtigsten Kaufleute der Stadt – eines begüterten und kultivierten Mannes, der davon träumte, seine Familie in den Adelsstand zu befördern, und deshalb seine Tochter auf diese renommierte Klosterschule geschickt hatte, damit sie zusammen mit den Töchtern von Feudalherren und Fürsten erzogen wurde.[4]

Jetzt zogen wütende Menschenmassen durch die Straßen von Reims, und es hatte den Anschein, als sollte Barbe-Nicole das gleiche Schicksal zuteilwerden wie ihren adligen Klassenkameradinnen. Die Geschäfte waren geschlossen, die Felder verlassen. Im Stadtzentrum, im großen, fast noch im Schatten der berühmten Kathedrale liegenden Haus der Familie, waren die Eltern – Ponce Jean Nicolas Philippe und Marie Jeanne Josèphe Clémentine Ponsardin oder einfacher Nicolas und Jeanne-Clémentine – in großer Sorge. Selbst wenn es möglich wäre, eine Kutsche durch die Straßen von Reims zu schicken, um Barbe-Nicole nach Hause zu holen, würde eine solche Vorführung von Reichtum und Angst nur die privilegierte Stellung der Tochter öffentlich kundtun und damit die Gefahr vergrößern, die ihr auf den Straßen drohte.

Die letzte Hoffnung der Eltern war ihre Schneiderin, eine einfache, aber ausgesprochen mutige Frau. Sie machte sich mit einem kleinen Packen Kleider auf den Weg zum Kloster, ängstlich darauf bedacht, dass niemand sie sah; sie wusste um die einzige Möglichkeit, eine Tochter aus begütertem Hause wohlbehalten durch die Straßen des revolutionären Frankreichs zu bringen: in Verkleidung. Nachdem sie die Kleine nach Art der ärmlichen, einfachen Leute angezogen hatte, machten sie sich eilends auf den Weg.

Das unförmige Wollkleid muss heftig gekratzt haben, und Barbe-Nicoles erste Schritte in den groben Holzschuhen – die so ganz anders waren als ihre weichen Lederslipper – waren mit Sicherheit eine recht wacklige Angelegenheit.[5]

Einen Augenblick später aber befanden sie sich schon in den vor Erregung kochenden Straßen von Reims und schickten Gebete zum Himmel, dass man sie nicht bemerken möge. Eine Schneiderin oder ein Bauernmädchen würde niemand behelligen, aber die an der Klosterschule erzogene Tochter einer hochrangigen Persönlichkeit aus dem Bürgertum – noch dazu eines Mannes, der nur ein Jahrzehnt zuvor an der Krönung des Königs beteiligt gewesen war – würde zwangsläufig zum Ziel gewaltsamer Übergriffe werden. Noch viel Schlimmeres sollte einigen von denen widerfahren, die vor der Revolution an langen Sommerabenden in den strahlenden Räumlichkeiten des Familiensitzes von Nicolas und Jeanne-Clémentine zu Gast gewesen waren.

Die Straßen außerhalb des Klosters waren eine einzige rot funkelnde Flut von Männern mit phrygischer Kopfbedeckung, den sogenannten Jakobinermützen, die als klassisches Symbol der Freiheit einst in den antiken Demokratien von freigelassenen Sklaven getragen worden waren.[6] Die Männer sangen bekannte Militärmärsche mit neuen Texten. Aus der Ferne war das Schlagen von Trommeln zu hören, und die dröhnenden Stiefeltritte auf dem Kopfsteinpflaster hallten von den Fassaden der großen Bauwerke der Stadt wider, als sich die Männer zu provisorischen Bürgerwehren zusammenschlossen. Überall in Frankreich hatte man Angst vor einer möglichen Invasion, da die anderen großen Monarchien Europas sich aufrafften, Truppen zu schicken, um den Volksaufstand niederzuschlagen, der die Massen überall auf dem Kontinent elektrisiert hatte.

Es muss schrecklich gewesen sein für das kleine Mädchen, durch dieses Chaos auf den Straßen zu hetzen. Um sie herum war nichts als Aufruhr, als sich die Massen zusammenrotteten. Die beiden Frauen eilten hastig vorüber. Aus der wütenden Menschenmenge mag der eine oder andere einen Blick auf Barbe-Nicole geworfen und dunkel erkannt haben, wer da vorbeilief. Vielleicht wurde sie Zeuge einiger der vielen kleinen Grausamkeiten der Revolution - des Vandalismus, der Prügeleien. Wer einen Tag wie diesen erlebte hatte, sollte ihn jedenfalls sein Leben lang nicht mehr vergessen.

Wir können nur mutmaßen, welche Schrecken Barbe-Nicole von diesem Tag in Erinnerung geblieben sind, und wir werden niemals genau wissen, was als Nächstes geschah. Nur die gröbsten Umrisse dieser dramatischen Geschichte haben als Familienlegende überlebt. Gesichert ist aber noch Folgendes: Nachdem sie entkommen waren, in den ersten Tagen der Revolution, versteckte die Schneiderin das Mädchen in ihrer kleinen Wohnung über ihrem Laden, nicht weit entfernt von einem kleinen, schmuddeligen Platz am südlichen Stadtrand von Reims, wo auch heute noch einige wenige Gebäude aus dem 18. Jahrhundert stehen. Nicht viel von Reims hat die Artillerie- und Luftangriffe des Ersten Weltkriegs überstanden, aber wenn ich mir diese schiefen Bauten ansehe, frage ich mich, ob Barbe-Nicole vielleicht aus einer dieser Wohnungen mit den verblichenen Leinenvorhängen hinausblickte auf eine Welt, die im Begriff war, sich grundlegend zu verändern. Der Platz ist noch heute als Place des Droits de l'Homme bekannt - als Platz der Menschenrechte.

Nachdem diese Geschichte mehr als zweihundert Jahre lang immer wieder erzählt worden ist, fragen heute einige

Leute, ob es wirklich Barbe-Nicole war und nicht etwa ihre kleine Schwester, die auf so dramatische Weise durch die Straßen einer Stadt im Griff der Revolution floh. In den wenigen frühen Dokumenten aber, die Einzelheiten aus dem Privatleben Barbe-Nicoles enthalten - in einer von einem lokalen Historiker stammenden Biografie ihrer Familie aus dem 19. Jahrhundert und einer oberflächlichen, von der adligen Gattin des Unternehmensdirektors verfassten Skizze aus der Mitte des 20. Jahrhunderts -, bildete das die zentrale Legende von Barbe-Nicoles Kindheit.[7]

Diese eine Familienanekdote ist sogar die einzige Geschichte aus der Kindheit, die überliefert ist. Abgesehen von den nackten Tatsachen ihrer Geburt und ihrer Herkunft ist nichts geblieben von Barbe-Nicoles Mädchenjahren. Diese Stille ist aber möglicherweise der wichtigste Teil ihrer Geschichte. Wie andere Kinder aus privilegierten vornehmen Familien der Zeit sollte sie unsichtbar bleiben. Sie hätte ein ruhiges und gewöhnliches Leben in einer Kleinstadt in der französischen Provinz führen sollen - ein Leben, dessen Tage mit den Pflichten einer Ehefrau und den Bedürfnissen der Kinder und der älter werdenden Eltern ausgefüllt gewesen wären. Viele Stunden lang hätte sie hübsche Kleider entworfen und abendliche Einladungen geplant. Es hätte die Triumphe und Tragödien des Alltagslebens gegeben. Wäre alles nach Plan gelaufen, hätte Barbe-Nicole in relativer Anonymität gelebt und wäre so auch gestorben.

Wir wissen natürlich, dass dem nicht so war. Die Revolution, die letztlich das gesamte gesellschaftliche und wirtschaftliche Gewebe Frankreichs veränderte, ist einer der Gründe dafür, dass die Lebensgeschichte Barbe-Nicoles eine so unerwartete Wendung nahm. Alle Politik ist lokaler Natur, selbst inmitten der großen Weltereignisse. Und wie es in der kleinen ländlichen Region im Nordosten Frankreichs, die wir als die Champagne kennen, häufig der Fall ist, spielten auch in den unruhigen Tagen jenes Sommers die Weinberge eine wichtige Rolle.

1789 wandelte sich die Welt, aber die Revolution hatte sich schon lange angekündigt. Diese Männer und Frauen zogen aus einem ganz bestimmten Grund durch die Straßen von Reims. Seit über zehn Jahren stagnierte die Landwirtschaft. Die arbeitende Bevölkerung, die immer nur knapp über die Runden gekommen war, hatte Einbußen hinnehmen müssen. Ganze Dörfer standen am Rand einer Hungersnot, die Ernte war durch eine lange Dürre und extreme Temperaturschwankungen vernichtet, die die kalkhaltigen Felder der Champagne hatten steinhart werden lassen. Der Boden war so trocken, dass der Regen, der endlich irgendwann kam, nur noch mehr Leid brachte: Die Erde konnte das Wasser nicht mehr aufnehmen, es entstanden Springfluten überall im Tal der Marne, die das Elend der Arbeiter und Arbeiterinnen in der Region weiter verschlimmerten.

Im Sommer 1789 waren die *vignerons*, die die Weinstöcke hegten und die Trauben anbauten, aus denen der Champagner gemacht wurde, aufs Äußerste frustriert und wütend. Das Jahr hatte einige der kältesten und scheußlichsten Wetterperioden des gesamten Jahrhunderts gebracht, und in ganz Frankreich war die Ernte arg dezimiert worden.[8] Den Bauern – und damit auch den Winzern – drohte die ganz reale Gefahr einer massenhaften Hungersnot. Und selbst wenn man die Ernte einbringen konnte, ließen die Abgaben, die der arbeitenden Bevölkerung in Frankreich auferlegt waren, kaum Luft zum Atmen. Ein typischer Weinbauer musste, selbst wenn ihm das Land gehörte, nicht selten mehr als vierzig Prozent Steuern an den lokalen Adel und Klerus zahlen - allein für die Erlaubnis, seine Trauben zu ernten und zu verarbeiten.[9] Auf dem Land waren in Frankreich noch immer die Überreste des alten Feudalismus zu finden, und das Gesetz gab dem örtlichen Lehensherrn das Exklusivrecht, die Mühle oder die Weinpresse des Dorfes zu kontrollieren. So musste der Winzer zur Erntezeit Monopolpreise berappen, und das, bevor er überhaupt versucht haben konnte, seine Ware zu verkaufen. Zu denen, die am schlimmsten betroffen waren, gehörten die Weinbauern, die außerhalb der Mauern des Benediktinerklosters von Hautvillers lebten, also dort, wo der begabte Mönch Dom Pérignon ein Jahrhundert zuvor aus dem Handwerk der Weinherstellung eine Kunst gemacht hatte.

Barbe-Nicole freilich kam nicht aus einer Bauernfamilie, und ihr Vater hatte keine Beziehungen zur Weinproduktion. Eher könnte vom Gegenteil die Rede sein ...

Barbe-Nicole kam am 16. Dezember 1777 als ältestes Kind von Nicolas Ponsardin und seiner neunzehn Jahre alten Frau Jeanne-Clémentine, geborene Huart-Le Tertre, zur Welt. Für die Wirtschaft der Champagne war damals nicht der heute berühmte Schaumwein überlebenswichtig, sondern die Tuchmacherei - insbesondere die Herstellung weicher, robuster Wollware. Ein von Barbe-Nicoles Großvater gegründeter Familienbetrieb in der Textilbranche hatte ihren Vater zu einem reichen und zunehmend bedeutenden Mann gemacht. Einem Historiker zufolge war er »der größte Arbeitgeber der Stadt im Textilbereich«.[10] Am Vorabend der Revolution beschäftigte er in seinen Fabriken fast tausend Menschen und verkaufte jährlich Waren im Wert von rund vierzigtausend Livres, was etwa sechshunderttausend Euro entspricht.[11]

Als Mann mit gesellschaftlichem Ehrgeiz hatte Ponsardin zudem seit mehr als zehn Jahren die Grundlagen für eine politische Karriere gelegt. Erst kürzlich hatte er eine wichtige Position im Stadtrat von Reims erlangt, doch sein Stern war bereits seit spätestens 1775 im Aufstieg begriffen, als er im Alter von nur achtundzwanzig Jahren dazu auserkoren worden war, in dem örtlichen Ausschuss mitzuwirken, der die Krönung von König Louis XVI. und seiner nunmehr verrufenen Gemahlin Marie-Antoinette ausrichten sollte.[12] Er gehörte sogar zu der Abordnung städtischer Honoratioren, die das Königspaar an der Tür ihrer Kutsche willkommen hieß. Louis XVI. und seine Gattin sollten in Reims gekrönt werden, da die Kathedrale noch immer die sogenannte Sainte Ampoule beherbergte, eine mystische Phiole mit dem Sakramentsöl, das Männer zu Königen machte und der Sage nach elfhundert Jahre zuvor von einem Engel in Gestalt einer Taube vom Himmel gebracht worden war.

Die Tatsache, dass Ponsardin bei der Vorbereitung der Krönungszeremonie für den König eine so herausgehobene Rolle spielte, machte deutlich, dass er ein treuer Untertan war, und ließ erwarten, dass ihm in der Stadt Reims eine glänzende Zukunft bevorstand. Vermutlich zahlte sich das Ganze auch für ihn als Unternehmer aus. Denn für die königliche Feier wurde bei den örtlichen Textilhändlern - unter ihnen zweifellos auch Ponsardin - kilometerweise feinster, mit Goldstickereien ornamentierter Karmesinstoff geordert, mit dem das Schiff der berühmten Kathedrale Notre-Dame de Reims geschmückt werden sollte.

Ponsardin war tief beeindruckt von diesem flüchtigen Kontakt mit der königlichen Familie. Zu Ehren des Königs hatte er eine Unmenge Geld ausgegeben, um im Zentrum von Reims ein ausladendes, unter dem Namen Hôtel Ponsardin bekanntes Stadtpalais zu errichten, das in dem förmlichen, extravaganten Stil gehalten war, der auf ewig mit dem Namen Louis XVI. verbunden sein wird. Heute beherbergt das imposante Gebäude - man könnte sagen: passenderweise - die örtliche Handelskammer und führt somit in gewisser Weise die Tradition der Familie fort, die einst in diesen Mauern wohnte.[13] Das Haus liegt an der rue Cérès, einem der Hauptboulevards der Stadt, und beeindruckt durch seine symmetrische Fassade mit den riesigen, licht und leicht wirkenden Fenstern. Hier wurde Barbe-Nicole geboren, in einer Straße, die nach der römischen Göttin der Fruchtbarkeit benannt ist. Die Gärten sind im klassischen französischen Stil des 18. Jahrhunderts angelegt, mit niedrigen Hecken, die sich in kunstvollen Formen über die Rasenflächen schlängeln. Die Innenhöfe betören im Frühsommer noch heute mit ihren intensiven Düften. Hier, umgeben von Luxus im Herzen eines bedeutenden Handelszentrums, verbrachte Barbe-Nicole ihre Kindheit, zusammen mit ihren jüngeren Geschwistern Jean-Baptiste Gérard (geb. 1779) und Clémentine (geb. 1783).

Während das Hôtel Ponsardin mit seiner kühlen *grandeur* von außen abweisend wirkt, strahlt es im Innern noch immer lichte Wärme aus. Die Intarsienarbeiten sind fantasievoll und verspielt, und die glänzenden Parkettböden, über die Barbe-Nicole als kleines Mädchen rannte, begrüßen noch immer die Besucher. Im Erdgeschoss befanden sich elegante Salons und Ballsäle, in denen die Familie vornehme Gäste empfing. Der Bau war unglaublich teuer. Mitunter befielen Ponsardin Sorgen, wenn er an die Unsummen dachte, die ihn ein so glanzvolles Domizil kostete. Obwohl er über ein beträchtliches Vermögen verfügte, hatte er schließlich nicht die Mittel, es zu vollenden.

Ponsardin träumte von dem Tag, an dem seine Familie zum Adel gehören würde. Dies muss einer der Gründe dafür gewesen sein, dass er seine Töchter auf die königliche Klosterschule Saint-Pierre-les-Dames schickte, wo sie mit den Kindern der höheren Schichten in Berührung kamen. Mit Sicherheit träumte er von nichts Geringerem als einer »guten Partie« für sein erstgeborenes Kind. Von all seinen Kindern war sie diejenige, die seinen Charakter und seine Art, sich zu geben, geerbt hatte, und als seine Älteste nahm sie einen besonderen Platz in seinem Herzen ein.[14] Aber sollte er für seine Töchter von großartigen Verbindungen mit jungen Männern aus der Aristokratie geträumt haben, so fanden diese Träume im Sommer 1789 ein jähes Ende. Niemand, der auch nur über ein gewisses Maß an Weitblick verfügte, hätte seine Tochter in den folgenden Monaten und Jahren einem Adligen zur Frau gegeben, und Ponsardin war wahrlich kein Narr.

Die politischen Ereignisse in Frankreich hatten sich in diesem Sommer fast überstürzt. In Paris hatte sich im Juni ein breiter Aufruhr zu einer Bewegung »von unten« ausgewachsen, und wenige Wochen später platzte den Franzosen der Kragen. In unmittelbarer Frontstellung gegen König und Adel verlangten sie ein Mitspracherecht in Steuerfragen. Bis Juli hatte Louis XVI., wie üblich taub gegenüber allen Forderungen, es geschafft, die Revolutionäre nur noch wütender zu machen, und Zehntausende von Bürgern waren auf den Straßen von Paris unterwegs, um Veränderungen einzuklagen. Dann, am 14. Juli, stürmte ein nach Blut dürstender mörderischer Mob das berüchtigte Gefängnis von Paris, die Bastille, und setzte den König und die Königin, die verachtete Marie-Antoinette, in ihrem Schloss in Versailles gefangen.

Reims liegt nicht weit östlich von Paris. Die Nachricht von den Ereignissen in der Hauptstadt verbreitete sich rasch. Mit einem Mal war ganz Reims auf den Beinen. In ihrem Kern war die Revolution ein Klassenkampf: Adlige und Geistliche wurden beschimpft und misshandelt, und man nahm ihnen ihren Besitz. Auch die berühmten Weinberge bei Hautvillers gehörten zu dem Grundbesitz, der konfisziert und den Menschen zurückgegeben wurde.[15] In den darauffolgenden Tagen waren die öffentlichen Plätze überall in der Champagne Protestmärschen, Jubelfeiern und den Menschenmengen vorbehalten. Als die ersten Nachrichten von den Unruhen Reims erreichten, schloss sich Nicolas Ponsardin der Revolution an.

Als Freund des Adels zu gelten war bei Anbruch der Revolution gefährlich. In diesen turbulenten und gesetzlosen Zeiten wurden Menschen schon aus geringeren Anlässen getötet. Plötzlich brachte allein schon die Tatsache, dass man wohlhabend war und eine herausgehobene gesellschaftliche Stellung innehatte - die Tatsache, dass man am Feudalsystem partizipiert hatte, das für das Leben in der französischen Provinz über Jahrhunderte bestimmend gewesen war -, die eigene Familie in Gefahr, und Ponsardin war einer der Ersten, die erkannten, welche Folgen dies für das Leben in Reims hatte.

Ponsardin war kein Märtyrer und wollte auch nicht, dass seine Frau und seine Kinder zu Märtyrern wurden. Erstaunlicherweise witterte er nicht nur den völligen Umschwung im politischen Klima, sondern er profitierte sogar davon, indem er seine lokale Prominenz und Macht in den frühen Jahren Barbe-Nicoles noch zu steigern wusste. Die Revolution sollte sich für all jene aus den wohlhabenden Industriellenkreisen, die einen klaren Kopf behielten, als Segen erweisen. Ponsardin machte eine rasche politische

Rechnung auf und entschied, ohne zu zögern, dass es für ihn und seine Familie - seine elegante und sittsame Frau Jeanne-Clémentine und seine drei kleinen Kinder - das Beste sei, die Revolution mit offener Begeisterung zu unterstützen. Bei der Abwägung seiner Optionen erkannte er vermutlich, dass ihm kaum eine andere Wahl blieb.

Ponsardin schloss sich nicht nur den Protestierenden an, sondern gesellte sich gleich dem radikalsten Flügel zu, den Jakobinern, deren Mitglieder ein endgültiges Ende der Monarchie in Frankreich forderten. Er wurde als Vertreter seiner Stadt in die neue Nationalversammlung entsandt und übte sich gemeinsam mit Tausenden anderen prominenten Bürgern aus ganz Frankreich in demokratischer Politik. Sicher ging er in den ersten rauschhaften Tagen der Revolution auf die Straße. Die breiten Avenuen von Reims waren die Brutstätte politischer Aktivität, die zu einem großen Teil aus erbitterten Vergeltungsaktionen bestand. Die Bürger feierten, aber es lag eine nervöse Anspannung in der Luft. Die Klügsten unter den Adligen planten hastig ihre Flucht ins Exil.

Ziel des öffentlichen Zorns der Menge, die jetzt auf den Straßen unterwegs war, war die Kathedrale von Reims mit ihren alten königlichen Schätzen. Die Nationalversammlung und die neue Revolutionsregierung - der auch Ponsardin angehörte - erklärten alle Kirchen in Frankreich für aufgelöst und benannten sie in »Tempel der Vernunft« um. Vielleicht war Ponsardin dabei, als die seit Jahrhunderten sorgsam aufbewahrte Phiole mit dem Sakramentsöl, mit dem die Könige gesalbt wurden, von einer aufgewühlten Menge durch die kühle Luft ins Zentrum der Stadt getragen wurde - zur nur ein paar Minuten vom stillen Glanz des Hôtel Ponsardin entfernt gelegenen ehemaligen Place Royale, die nun, patriotischer, Place Nationale hieß. Dort wurde das geheiligte Glasgefäß unter dem leeren Blick einer Statue Louis' XV. öffentlich zerschlagen.

Im Gefolge der Menge müsste Ponsardin auch beobachtet haben, wie die alte Kirche und das nahe gelegene Palais du Tau, der erzbischöfliche Palast, in dem die Könige von Frankreich die Nacht vor ihrer Krönung verbracht hatten, geplündert und verwüstet wurden. Die Kathedrale verlor ihren Wappenschmuck, und die Porträts der Könige wurden angezündet und zertrampelt. Noch heute legen die kalten Steinmauern der Kathedrale Zeugnis ab von dem in ferner Vergangenheit liegenden Aufruhr, auch wenn dieser verblasst gegenüber dem, was die ganze Stadt und ihr gotisches Meisterwerk in den ersten Jahrzehnten des 20. Jahrhunderts erleiden mussten. Nur die fein geschwungenen floralen Ornamente blieben unbeschädigt. Angeblich stellen sie sämtliche Pflanzen dar, die auf den Feldern der Champagne und auf den von Rebstöcken bedeckten Hügeln der sich im Süden über der Stadt erhebenden Montagne de Reims wuchsen. Die Menschen in Reims haben ihre enge Beziehung zum Land und ihre Ehrfurcht vor der Natur nie vergessen.

Auf den Freiflächen, an denen die breiten Boulevards der Stadt aufeinandertreffen, errichteten Männer wie Nicolas Ponsardin schon bald festlich geschmückte Altäre für die Göttin einer neuen, säkularen Religion. Dort erneuerten lang verheiratete ältere Paare ihr Eheversprechen, um auf diese Weise ihren Glauben an die neue Ordnung zu bezeugen, und auf dem zentralen Platz der Stadt schmückten Kinder Freiheitsbäume mit Bändern und Blumen. Ponsardin soll sogar persönlich einen dieser Bäume gepflanzt haben.[16] In Paris zogen die Frauen barbusig durch die Straßen, und selbst in Reims wurden junge Frauen, von der Menge in anstößigen Posen in die Höhe gehoben, durch die Straßen getragen, dürftig in lose sitzende Gewänder gehüllt, mit Kronen auf dem Kopf und einem einzigen Wort auf der Stirn: Freiheit.[17] Das Bild dieser jungen Frauen ist noch heute ein vertrautes Symbol für Freiheit und Demokratie. Das bekannteste: die Freiheitsstatue in New York, ein Geschenk des französischen Volkes.

Nicht wenige Eltern steckten ihre Töchter in weiße Kleider und ließen sie mit Blumen durch die Straßen ziehen, doch Ponsardin wollte seine Kinder nicht öffentlich zur Schau stellen. Vielmehr setzte er trotz seiner herausgehobenen Position in der neuen revolutionären Bewegung alles daran, die örtliche Politik zu beruhigen und seiner Familie jede unnötige Aufmerksamkeit zu ersparen. Vielleicht ist auch das einer der Gründe, warum wir so wenig über die Kindheit von Barbe-Nicole wissen.

Nicolas hatte gute Gründe, seine Familie vor der Öffentlichkeit zu schützen und den Mantel des Schweigens über das Leben im Hôtel Ponsardin zu ziehen. Alles andere wäre schlicht zu gefährlich gewesen. Hinter der brüchigen Fassade des Republikanismus hütete die Familie in den folgenden zehn Jahren ein explosives Geheimnis. Denn mochte Ponsardin auch die öffentliche Rolle eines jakobinischen Patrioten und willfährigen Konvertiten zum Kult der säkularen Vernunft spielen - die Realität sah anders aus. Barbe-Nicole war weniger ein Kind der Revolution als ein Kind der Champagne - einer Gegend, die reich ist an von Königen handelnden Legenden und geheimnisvollen Erzählungen, einer Gegend, in der das Auge selbst von den fern sich hinziehenden Weinbergen aus am Horizont den Turm der großen Kathedrale von Reims erspähen kann.

Heiratsversprechen und Familiengeheimnisse

Barbe-Nicole gehörte einer besonders bedeutsamen Generation an, vielleicht einer der bedeutsamsten in der abendländischen Geschichte. Die Wissenschaft lehrt, die moderne Gesellschaft - mit dem Wert, den sie dem Handel und der Freiheit des Einzelnen beimisst - sei im Zuge der Französischen Revolution entstanden.[1] Tausend Jahre lang war das gesellschaftliche Geflecht Frankreichs weitgehend unverändert geblieben. Die Menschen glaubten, sie seien Teil eines ausgedehnten Beziehungsnetzes, das seit Generationen Bestand hatte. Sie definierten sich über die gesellschaftlichen Rollen, die sie von ihren Vorfahren übernommen hatten, und akzeptierten diese Rollen als unumstößlich.

Für die neue, postrevolutionäre Generation, die nach 1789 erwachsen wurde, löste sich dieses Netzwerk auf. Die Revolution hatte sie gelehrt, dass sich die Welt auf höchst radikale Weise verändern kann. Bauern konnten zu Politikern werden, Könige - einst wie Götter verehrt - auf dem Schafott enden. Der junge italienische Soldat Napoleon Bonaparte, der schon bald über eines der größten Imperien dieser Welt herrschen sollte, aber einen Großteil seiner Kindheit in einer armseligen Volksschule in der Champagne verbracht hatte, wurde einer der herausragenden Vertreter dieser Generation.

In diesem neuen, modernen Zeitalter beruhte die Gesellschaftsstruktur auf Geschäftsbeziehungen und der Zurschaustellung von Waren. In vielerlei Hinsicht unterschied sie sich nur wenig von der Welt, in der wir heute leben. Weil die Leute anfingen, ihre Träume in den Waren gespiegelt zu sehen, die sie kauften, kam es zu einer zweiten, wirtschaftlichen Revolution. Schon bald sollte der Champagner zu einem dieser Produkte werden, die den Leuten sagten, wer sie waren. Die explodierende Bekleidungsindustrie freilich betraf Barbe-Nicole und ihre Familie unmittelbarer. Schließlich hing ihr luxuriöser Lebensstil vom Textilhandel ab.

In den 1780er- und 1790er-Jahren entwickelte die Welt ein Bedürfnis nach Mode, wie man es bis dahin nicht gekannt hatte. Eine Generation zuvor war die Kleidung Ausdruck des Standes gewesen. Der Adel hatte natürlich schon immer ungeheuer viel Geld für Mode ausgegeben. Marie-Antoinette konnte gar nicht genug edelsteinbesetzte Schuhschnallen und seidene Unterröcke besitzen. Sie waren Symbole der Macht und der Privilegiertheit, die sie schlau einzusetzen wusste. Jetzt aber interessierten sich auch die Bürger der Mittelschicht für Mode, die nunmehr ebenfalls demokratisch wurde.[2] Zum ersten Mal imitierte die Kleidung der arbeitenden Bevölkerung den Stil der Reichen. Und im revolutionären Frankreich begannen die Angehörigen der Oberschicht, wenn sie klug waren, rasch, den bäuerlichen Stil nachzuahmen.

Die Mode war ein Herzstück der Revolution. Nicht ohne Grund wurden die Mitglieder des radikalen Jakobinerklubs auch als *sans culottes* bezeichnet – also als Menschen, die nicht die Kniebundhosen von Adel und Klerus trugen. In den Monaten, als auf den Straßen Frankreichs zur öffentlichen Belustigung wahllos Menschen enthauptet wurden, übernahmen die Damen den jakobinischen Look, indem sie ihr Haar hochsteckten und den Hals mit blutroten Bändern schmückten.[3] In Paris lieferten sich die

Ehefrauen republikanischer Politiker mit derlei fantastischen Kostümierungen einen regelrechten Wettbewerb. In Großbritannien kam sogar ein eigenes Wort für Männer auf, die die Revolutionsmode in Frankreich und den USA imitierten: Sie hießen Dandys.

Als junge Frau war Barbe-Nicole natürlich nicht immun gegen die verführerische Macht der Mode und die Verlockung, mit Kleidern gesellschaftliche Zeichen zu setzen. Ihre Schwester Clémentine, eine stadtbekannte Schönheit, war berüchtigt für ihren Hang, den neuesten Trends nachzulaufen. Als sie erfuhr, dass man das Haar in London turmhoch toupiert trug und mit Schleifen und Schmuck verzierte, ließ sie sich, wie ihre Enkelin sich später erinnerte, »mit einer wolkigen Frisur mit weißem Tüll und himmelblauen Schleifchen« porträtieren.[4]

Bislang ist kein Bild von Barbe-Nicole gefunden worden, das sie als junge Frau zeigt, obwohl es eines gegeben haben muss. Kleine, auf Elfenbein gemalte Miniaturporträts - gleichsam die Schnappschüsse der damaligen Zeit - waren gang und gäbe. Doch auch ohne Porträt können wir uns Barbe-Nicole leicht als Sechzehnjährige vorstellen. Anders als ihre gertenschlanke Schwester war sie nicht im konventionellen Sinne hübsch. Sie war unscheinbar und neigte zur Pausbäckigkeit. Das Papier, das sie als »Citoyenne de la Républiqe« ausweist, beschreibt sie in diesem Alter als sehr klein, nämlich nur 1,45 Meter groß, mit grauen Augen und einer Haarfarbe, die sogar der nüchterne Beamte poetisch als »glühend« blond bezeichnete.[5] Im Französischen evoziert das Wort »ardent« die Farbe glühender Kohle oder ein Glas lohfarbenen Schnapses.

Wie so viele andere Töchter des revolutionären Frankreich trug sie die schlichten weißen Musselinkleider, die als patriotische Symbole einer ländlich-einfachen und egalitäreren Zukunft galten. Diese weißen Kleidungsstücke waren mehr als nur eine populäre - und populistische - Modeerscheinung.[6] Die dogmatischeren Mitglieder der neuen republikanischen Regierung verlangten nämlich schon bald nach einer verpflichtenden nationalen Kleiderordnung, und so war es Ende der 1790er-Jahre verwegen, irgendetwas anderes zu tragen. Die Männer steckten ihre langen Hosen unten in die Arbeitsstiefel, die schlichten Kleider der Frauen wiesen oft nur ein einziges schmückendes Detail auf: die Revolutionskokarde. Auf dem Porträt, das wir nicht besitzen, trug Barbe-Nicole, um die vornehmen Pariser Damen zu kopieren, mit Sicherheit eine solche Anstecknadel auf der Brust - eine Rosette aus Papier oder Stoff in den Revolutionsfarben Rot, Weiß und Blau.

Wenn Barbe-Nicole den Eindruck erweckte, Tochter eines französischen Revolutionärs und überzeugten Radikalen zu sein, so täuschte die äußere Erscheinung. Familie Ponsardin lebte eine wohldurchdachte Lüge - oder zumindest eine sorgfältig ausgetüftelte öffentliche Täuschung. Vater Nicolas hatte nicht nur das Familienvermögen gerettet, sondern auch noch von einem Bauernaufstand profitiert. Weil er sich die revolutionäre Sache des gemeinen Mannes zu eigen gemacht hatte, war seine politische Prominenz noch gewachsen, während er weiterhin ein Privatleben führte, das sich seit den Tagen des Ancien Régime im Grunde nicht geändert hatte und vom Wohlstand und den Privilegien der oberen Mittelschicht geprägt war. Möglich aber war dies nur, weil er und seine Familie wussten, wie wichtig es war, das Geheimnis zu wahren.

Barbe-Nicoles Vermählung war Teil dieses kollektiven Verschweigens. 1798 nahte das neue Jahrhundert mit großen Schritten, und in Barbe-Nicoles Leben sollte ebenso bald ein neues Kapitel aufgeschlagen werden. Auch wenn die fürchterlichsten Exzesse der Revolution vorüber waren, Frankreich blieb in der neuen Ära des Republikanismus sozial und politisch unruhig. In diesem Klima sollte die einundzwanzig Jahre alte Barbe-Nicole verheiratet werden. Ihr Zukünftiger war ein guter Fang – der elegante François Clicquot, attraktiver Sohn eines anderen wohlhabenden und erfolgreichen Textilhändlers, der zunehmend auch im lokalen Weinhandel tätig war.

Barbe-Nicole wird vermutlich von einer kirchlichen Trauung geträumt haben, mit Kerzen und Chorgesang und Weihrauchduft. Vielleicht brüteten sie und die treue Schneiderin der Familie, die Frau, die sie vor der wütenden Menge gerettet hatte, heimlich über Modezeichnungen aus Paris und staunten über die fantasievollen Kleider der mit enormer erotischer Ausstrahlung gesegneten Madame Tallien[7] und all der anderen Frauen, die am patriotischen Kleidungsstil des Directoire, der neuen französischen Regierung, mitgewirkt hatten. Aber die junge Braut wusste natürlich, dass ihr Vater ein so provokantes Herausputzen seiner Tochter niemals erlauben würde. Es würde nur Aufsehen erregen.

Ihre Träume von einer kirchlichen Trauung gar waren illegal und gefährlich. Die Religionsausübung war in Frankreich offiziell 1794 beendet worden: Seither waren die Zeremonien des Katholizismus gesetzlich verboten.[8] Vater Nicolas hatte der Nationalversammlung angehört, die dies beschlossen hatte. Aber Familie Ponsardin war noch immer katholisch. Mehr noch: Obwohl sich Nicolas öffentlich zur radikalen Politik der Partei und einer neuen, säkularen Gesellschaft bekannte, die die Vernunft auf ihre Fahnen geschrieben hatte, blieb er nicht nur Katholik, sondern auch treuer Royalist. Schließlich hatte er an der Krönung des Königs teilgenommen. Auch träumte er noch immer davon, eines Tages das Adelswappen zu besitzen. Im privaten Rahmen und unter strenger Geheimhaltung begannen katholische Familien überall in Frankreich, gefährliche religiöse Zeremonien abzuhalten, während sie nach außen den neuen bürgerlichen Ritualen der Politik huldigten.

Und so heiratete Barbe-Nicole, angetan mit dem einfachen, aber durchaus modischen weißen Musselinkleid einer jungen Revolutionärin, früh an einem Junimorgen François, den einzigen Sohn von Philippe und Cathérine-Françoise Clicquot. Die Trauung fand vor einer kleinen, ängstlichen Schar von Familienangehörigen in einem düsteren Keller statt – vielleicht in den Kellerräumen des großen Anwesens von Familie Ponsardin.[9] Da nämlich einer der unterirdischen Gänge zu dem neuen Haus in der rue de l'Hôpital führte, wo Barbe-Nicole und François ihr gemeinsames Leben beginnen sollten, wäre es nur naheliegend und angemessen gewesen, wenn sich die beiden Familien heimlich dort versammelt hätten.

Mehrere Hundert Kilometer solcher miteinander verbundenen Gänge verliefen im Untergrund von Reims. Glaubt man der Legende, so zwangen die Römer, als sie das antike, damals Durocortorum genannte Reims erbauten, Tausende von Sklaven, in den Steinbrüchen große Kalksteinblöcke herauszubrechen. Diese Steine bildeten das Fundament der lebendigen Stadt mit ihren kühlen weißgrauen Farben und der sich mächtig emporschwingenden gotischen Kathedrale; dieser Stadt, in der Barbe-Nicole ihre Kindheit verbrachte.

Die riesigen Hohlräume, die die römischen Steinhauer hinterließen – stille, düstere Untergrunddome der unterschiedlichsten Art –, wurden zu den Kellern und Kavernen der Stadt. Von Geschäftsleuten wie Barbe-Nicoles Vater wurden sie als Lagerräume genutzt, nachdem sie über Generationen Mönchen, Priestern und Rittern des Templerordens, die in Reims jahrhundertelang ansässig gewesen waren, als Durchgänge unter der Kathedrale und dem nahe gelegenen Schloss gedient hatten. Das Hôtel Ponsardin stand in einem der ältesten und heiligsten Bezirke der Stadt, die einst das Herzstück des mittelalterlichen Christentums gewesen war. In der Neuzeit hatten Weinhändler erkannt, dass diese Gänge als klimaregulierte Weinkeller dienen konnten, wie sie für die Produktion des lokalen Schaumweins, der heute unter dem Namen Champagner weltberühmt ist, absolut notwendig sind.

Am Tag ihrer Hochzeit trug Barbe-Nicole gewiss das traditionelle französische Brautbouquet aus Rosen und Orangenblüten, und der sanfte Luftzug, der irgendwo in den weitläufigen Tunnelgängen unterhalb von Reims seinen Ausgang nahm, wird die kühle Leere, die die kleine Gruppe umgab, mit dem sommerlichen Duft des Bouquets erfüllt haben.[10] Der Priester sprach leise, weil er wusste, wie sehr es dort unten hallte. Nervös lauschten die Versammelten auf jedes Geräusch, das von draußen hereindrang. Wenn man sie entdeckte, bedeutete das Verhaftung und Gefängnis. Später schlossen die Familien den erforderlichen säkularen Ehevertrag, der bestätigt, dass der Citoyen Clicquot die Citoyenne Ponsardin am 10. Juni 1798 geheiratet hat - am 22. Pairial im Jahr VI der neuen französischen Republik.[11]

Diese heimliche Hochzeit mag nicht gerade als vielversprechender Beginn erschienen sein, aber welcher Ort wäre besser geeignet gewesen, eine Eheschließung zu feiern, die die Geschichte des Weins verändern sollte, als ein Keller? In einem Keller wie diesem sollte Barbe-

Nicole später ihren ersten Jahrgang produzieren. Bis zu ihrer Hochzeit mit François aber hatte sie keinerlei persönliche Beziehung zu dem perlenden Wein, für den der Name Clicquot eines Tages stehen sollte. Sie war einfach nur die Tochter eines wohlhabenden Textilhändlers mit guten Beziehungen, eine Frau, die in einer Kleinstadt im Nordosten Frankreichs ein zurückgezogenes Leben führte. Dass sie in eine Familie einheiratete, die ein Weingeschäft besaß, war mehr oder weniger Zufall.

Barbe-Nicole war nach ihrer Großmutter mütterlicherseits benannt worden, einer Frau, die höchst erfreut gewesen wäre über all das, was diese Eheschließung mit sich bringen sollte. Denn Marie-Barbe-Nicole Huart-Le Tertre war eine geborene Ruinart - die Tochter von Nicolas Ruinart, einem in Reims bereits berühmten Mann. Obwohl auch er wie so viele im erweiterten Kreis der Familien Ponsardin und Le Tertre sein Leben als Tuchhändler begonnen hatte, war Ruinart berühmt für seinen Champagner. In Berührung gekommen mit dem edlen Getränk war er als Neffe des Mönches Dom Thierry Ruinart, eines Freundes und Kollegen des legendären Dom Pierre Pérignon. Dieser soll nämlich sein Geheimnis der Weinherstellung vor seinem Tod dem Geistlichen anvertraut haben, der es an seinen Neffen weitergab, worauf Nicolas Ruinart 1729 das erste Champagnerhaus der Welt gründete. Barbe-Nicoles Urgroßvater hatte somit den Produktionszweig erfunden, den sie eines Tages revolutionieren sollte.[12]

Arrangiert hatten die Eheschließung die beiden Familien des Paares. Auch wenn Nicolas Ponsardin nach der Revolution nicht mehr von einer adeligen Partie träumte, an einer vorteilhaften Verbindung war ihm sicher gelegen. Die Familie Clicquot hatte ihr Vermögen ebenfalls im lokalen Textilgeschäft erworben, wobei aber die Weinhandlung des

Vaters, die dieser irgendwann in den 1770er-Jahren gegründet hatte, zu einem immer wichtigeren zweiten Standbein geworden war und auch in überregionalen Nachrichtenblättern für sich warb. 1777, im Geburtsjahr Barbe-Nicoles, setzte Clicquot bereits rund zehntausend Flaschen Wein jährlich ab, und ein nicht unwesentlicher Teil davon war Schaumwein aus der Region.

Mit Sicherheit kaufte auch Familie Ponsardin in dieser Zeit Weine von Philippe Clicquot - vielleicht sogar den Champagner, den die Tochter eines Tages weltberühmt machen sollte. Als Nicolas und Jeanne-Clémentine 1777 die Geburt ihres ersten Kindes feierten, taten sie dies möglicherweise mit einem perlenden Tropfen aus dem Depot der Weinhändler. Die beiden Familien waren schließlich Nachbarn. Das eindrucksvolle Haus der Clicquots, das an der grauen, gepflasterten rue de la Vache errichtet worden war, lag nur einen Steinwurf vom Hôtel Ponsardin entfernt.[13] Noch wichtiger aber war, dass die beiden Väter im gleichen Metier tätig waren. Trotz des Weingeschäfts war Philippe Clicquot in erster Linie Tuchhändler, und in Reims war die Textilbranche eine eng verwobene Gemeinschaft. Ponsardin und Clicquot waren lokale Industriegrößen, ihre Geschäftsräume lagen praktisch Tür an Tür. Als Konkurrenten und Nachbarn waren die beiden Familien jedenfalls unzweifelhaft näher miteinander bekannt.

Als Barbe-Nicole und François heirateten, kannten sie sich bereits seit Jahren, und es ist natürlich verlockend, sich schon eine zarte Kindheitsliebe zwischen den beiden vorzustellen. Die Realität aber war vermutlich weniger sentimental. Die Vermählung war eine ökonomische Entscheidung, die auf Liebe keine Rücksicht nahm, sondern die Zukunft einer ganzen weit gespannten Familie im Auge hatte. Kinder wurden zwar im Allgemeinen nicht zu Ehen gezwungen, die sie vehement ablehnten, aber die oberste Pflicht vor allem der Mädchen war Gehorsam und Ergebenheit gegenüber dem Vater: Liebe konnte in der Ehe entstehen, war für sie also keine notwendige Voraussetzung. Im Kern war diese Vermählung eine Übereinkunft zwischen den Vätern, mit dem Zweck, das dichte Netz gesellschaftlicher und geschäftlicher Verbindungen, das die prominenten Unternehmerfamilien in Reims umspannte, zu erweitern.

Doch wenn Barbe-Nicole ihren Gemahl in den ersten Tagen nach der Hochzeit so betrachtete, durfte sie durchaus optimistisch sein. François war ein energischer junger Mann, der obendrein wundervoll Geige spielte.[14] Er hatte eine liberale und teure Erziehung genossen und konnte bereits auf große Leistungen stolz sein. Er kannte sich nicht nur mit Zahlen und Beträgen aus, wie es sich für einen Unternehmersohn gehörte, sondern konnte auch aus den großen Werken der französischen Literatur zitieren und hatte die berühmten Philosophen der Aufklärung studiert, Schriften von Männern wie Diderot, Voltaire und Rousseau. Barbe-Nicoles private Leidenschaft war das Lesen, sodass sie und ihr Mann eine gemeinsame Vorliebe hatten. Mit der Rechtschreibung aber sah es jämmerlich aus bei François, und auch seine Fremdsprachenkenntnisse, die für das Familienunternehmen wichtig waren, entsprachen nicht den Wünschen des Vaters.[15] Dennoch, er hatte große Ideen und sprühte vor Enthusiasmus, und anders als viele Ehemänner war er bereit, beides mit seiner Frau zu teilen.

Anders als Barbe-Nicole jedoch war François offenbar sensibel und von Stimmungen abhängig. Auch wird sie rasch bemerkt haben, wie sehr seine Eltern ihn verwöhnten. Bald schon wusste sie auch, warum. Er konnte fröhlich und voller Energie sein und dann von einem Augenblick auf den anderen in Melancholie und Verzweiflung verfallen. Diese Seite an ihm hatte sie nicht erwartet. Trotz der engen Beziehung zwischen den beiden Familien hatte sie jahrelang nicht viel von François gesehen. Er hatte seine Ausbildung im Ausland abgeschlossen und als Lehrling in der Schweizer Firma eines Bankiers und Geschäftsmanns gearbeitet, der mit seinem Vater befreundet war. Diese Form praktischen Lernens war üblich für die Söhne erfolgreicher Unternehmer, und so war François Clicquot erst in dem Jahr vor seiner Hochzeit nach Reims zurückgekehrt.

Barbe-Nicole bekam natürlich zu Gehör, was in Bezug auf seine Zeit in der Schweiz erzählt wurde. Seine Eltern waren sehr darauf bedacht gewesen, dass er nicht zum Militär musste, als die Revolution in einen Krieg mündete. Der Entschluss, ihren Sohn 1792 – also zu dem Zeitpunkt, als man der Einberufung zum Militär nicht mehr entgehen konnte – zur Beendigung seiner Ausbildung in die Schweiz zu schicken, hatte einzig und allein den Grund, dass sie ihm den Militärdienst ersparen wollten. Junge Männer in Frankreich wurden massenhaft zwangsrekrutiert, und Philippe Clicquot setzte alles daran, François außer Landes zu bringen. Wie Barbe-Nicoles Vater gab sich auch Philippe nach außen hin als radikaler Patriot. Doch ging seine Begeisterung für die Revolution nicht so weit, dass er für sie seinen Sohn an die Front geschickt hätte. Barbe-Nicole, die während eines Jahrzehnts revolutionärer Säuberungen ein Doppelleben als Katholikin und Royalistin geführt hatte, war es gewohnt, hinter jeder öffentlichen Fassade eine ganz andere Wirklichkeit vorzufinden – eine Erfahrung, die sie in gewisser Weise zur Zynikerin gemacht hatte.

Sie konnte auch verstehen, dass die Eltern von François ihre finanzielle Zukunft mit dem Tag verbanden, an dem ihr einziges Kind das Familiengeschäft übernehmen konnte. Ihr Leben im Alter wäre höchst ungewiss, wenn er auf den Schlachtfeldern in Österreich sterben sollte, und so war es eindeutig auch in ihrem eigenen Interesse, für seine Sicherheit zu sorgen. Was Barbe-Nicole nicht wissen konnte und was sie möglicherweise verunsichert hätte, war die Tatsache, dass Philippe und Cathérine-Françoise Clicquot vermutlich noch andere Gründe hatten, den Sohn aus der Armee herauszuhalten.

Die Briefe, die François zwischen 1792 und 1794 nach Hause schrieb, sind voll von patriotischem Eifer. Er hatte eine romantische Sicht des Krieges und war Idealist. Er neigte aber zudem zum Kränkeln und - beunruhigender - zu Depressionen. Philippe Clicquot schrieb dringliche Briefe in die Schweiz, in denen er François an sein »schwaches Gemüt« und an die Geschichte mit seinem Leistenbruch erinnerte. In anderen Briefen bat er seinen Sohn inständig, gegen die Melancholie anzukämpfen und genug zu essen.[16] François' überschwängliche Persönlichkeit hatte eine dunklere Seite, von der seine Eltern nur zu gut wussten.

Das alles führte jedenfalls dazu, dass die Aussicht, ihr Sohn könnte den Härten des Krieges ausgesetzt sein, sie in Panik versetzte. Clicquot suchte verzweifelt nach einer Möglichkeit, ihm den Militärdienst zu ersparen, und dass er für diesen so viel Begeisterung zeigte, machte ihn nur noch besorgter. Schon bald waren Vater und Sohn in dem Machtkampf gefangen, der ihr Verhältnis offenbar grundsätzlich bestimmte. Der Vater war ein kühl abwägender Mensch, der - in bester Absicht - anscheinend das Selbstvertrauen seines Sohnes untergraben hatte, indem er den für François typischen Eifer bei jedem neuen Vorhaben infrage stellte. In seinem Selbstzweifel und seiner Suche nach Anerkennung zog sich François immer wieder von seinen Vorhaben zurück.

Als eine Zwangsrekrutierung verkündet wurde, begann Philippe Clicquot sämtliche Strippen zu ziehen, die er zu fassen bekam, und der Sohn fügte sich. Untauglichkeit aus medizinischen Gründen schied aus, deshalb setzte Vater Clicquot alles daran, François in eine nicht kämpfende Einheit »einzukaufen«. Der junge Mann verstand etwas von Botanik. Vielleicht konnte er in der Truppenapotheke dienen. Philippe schrieb besorgte Briefe in die Schweiz, in denen er seinen Sohn drängte, sich das zu überlegen, während er sich gleichzeitig darum bemühte, eine Einberufung in den Sanitätsdienst zu arrangieren.[17] Später kam für ihn jede Abteilung infrage, sofern er den Jungen nur nicht aufs Schlachtfeld zu schicken brauchte.

Schließlich gelang es Clicquot, die drohende Gefahr für seinen Sohn abzuwenden. Was immer er an Bestechungsgeldern gezahlt haben mag, es zeigte Wirkung. Im Frühjahr 1794 nahm François seinen Militärdienst auf französischem Boden in Verwaltungseinheiten auf, die für Import und Export zuständig waren. Viel Ruhm war damit nicht zu verdienen, und nur mit Mühe konnte er sich des Gefühls erwehren, seine Zeit nutzlos verschwendet zu haben, auch wenn seine Erfahrung im Exportgeschäft in späteren Jahren den Grundstock für die Neuausrichtung des Familiengeschäfts bilden sollte.

Als François Ende 1796 entlassen wurde - ein Biograf spricht euphemistisch davon, er habe sich »aus dem aktiven Dienst zurückgezogen«[18] -, kehrte er nach Reims zurück, und wenn es bei dem jungen Paar so etwas wie ein Liebeswerben gegeben haben sollte, dann fand es in diesen achtzehn Monaten zwischen François' Rückkunft und jenem Junimorgen 1798 statt, als die beiden in einer heimlichen Zeremonie in den dunklen Kellergewölben unter der Altstadt von Reims den Bund der Ehe schlossen.

Nun, da Barbe-Nicole eine verheiratete Frau war, mit eigenem Zuhause und einem lebhaften jungen Mann an ihrer Seite, mit dem sie gern zusammen war und Gespräche führte, freute sie sich auf eine glückliche Zukunft. Doch auch wenn sie es noch nicht gemerkt haben sollte, in zumindest einem grundsätzlichen Punkt waren sie und François kein gutes Paar. Sie hatte den mitleidlosen Pragmatismus und den ausgeprägten Geschäftssinn ihres Vaters geerbt. Aber sie hatte einen Träumer geheiratet. Und sein Herz hing am Weinhandel.

Im ersten Jahr der Ehe war François Clicquot entschlossen, das Familienunternehmen neu auszurichten. Er wurde sogleich als Partner in die Firma seines Vaters aufgenommen und war schon bald damit beschäftigt, den bescheidenen Weinhandel, den der Vater mehr als zwanzig Jahre zuvor ins Leben gerufen hatte, auszubauen – ein Engagement, das Barbe-Nicole sich später zu eigen machen sollte.

Die Firma verfügte über einen Besitz, der in diesem Geschäft das Wichtigste sein sollte: Weinberge. Familie Clicquot konnte ein beträchtliches Maß an Grundbesitz ihr Eigen nennen, darunter mehrere Parzellen in bester Lage südöstlich von Reims, die sich hervorragend für den Anbau von Reben eigneten. Der Familie gehörten Weinberge in Villers-Allerand und Sermiers an den Nordhängen der Montagne, die Reims von dem nahe gelegenen Dorf Épernay trennt, in Bouzy im Osten und weiter südlich am Fluss, in dem *grand cru*-Ort Tours-sur-Marne.

Das französische System der *échelle des crus* – der Rangordnung der Weinbaulagen – hat eine altehrwürdige Tradition und findet noch heute Anwendung, um die Qualität der von den Winzern verwendeten Trauben zu bezeichnen.[19] Die Bezeichnung *grand cru* (»großes Gewächs«) ist den nach strengen Kriterien ausgewählten Lagen vorbehalten (in der Champagne derzeit ganze siebzehn), in denen die allerbesten Trauben gedeihen, jene, die auf einer Skala den Wert von hundert Prozent erreichen. Die zweite Kategorie, *premier cru* (»erstes Gewächs«), bezieht sich auf die nächstbesten Weinbaugebiete einer Region und wird nur denen zuteil, die einen Exzellenzwert von neunzig bis neunundneunzig Prozent erreichen (in der Champagne sind es zurzeit dreiundvierzig).

Zugegebenermaßen handelt es sich um ein ziemlich geheimnisvolles System, dessen Regeln auf den Nichteingeweihten mitunter geradezu komisch wirken. So erläutert etwa Robert Joseph in seinem Standardwerk über französische Weine: Stammt ein Wein nicht von einer *premier cru-Lage,* »darf der Name des Weinbergs auf dem Etikett nur höchstens halb so groß gedruckt sein wie der Name des Weindorfes«.[20] Man könnte glauben, dass es sich bei derlei Details um Satire handle, und ich möchte den erleben, der das nützlich findet, wenn er in einem größeren französischen Laden vor den Weinregalen steht. Aber die Unterscheidungen, für die sie stehen, sind wichtig.

Der Boden und das Mikroklima, auf und in dem die Trauben gedeihen, sind für das Endprodukt schließlich fast genauso relevant wie das Können des Winzers, und schon im 18. Jahrhundert wusste man sehr wohl, dass diese Umweltbedingungen – für die das Französische den Begriff *terroir* geprägt hat – den Charakter eines Weins ebenso bestimmen wie den Stil eines Hauses. Vielleicht waren François und Barbe-Nicole ja im Besitz eines Exemplars der berühmten *Encyclopédie* von Denis Diderot, die in den 1760er-Jahren erschienen und in den 1790ern noch immer populär war. Darin konnten sie unter dem Stichwort »Wein« lesen: »Das Klima, die Sonne und andere Ursachen tragen zur Güte eines Weins bei ... die Beschaffenheit des *terroir* trägt sogar in hohem Maße dazu bei.«[21] Es ist dieses Potenzial des *terroir*, das mit der *cru*-Systematik bewertet und beschrieben werden soll.

Das junge Paar nun verfügte über erstaunlich viel Grundbesitz, wenn man bedenkt, dass die beiden erst am Anfang ihres Erwachsenenlebens standen. Nicolas Ponsardin hatte den Frischvermählten neben einer bedeutenden Mitgift in Form von Geld ein großes Landgut und zwei Windmühlen geschenkt, und das Hochzeitspräsent aus dem Haus Clicquot hatte aus weiterem Grundbesitz und Kapital bestanden: aus einem Wäldchen in Quatre-Champs sowie ausgedehnten Feldern in Tours-sur-Marne und in dem nahe gelegenen Städtchen Bisseuil an der Marne – allesamt fruchtbare Ländereien im Herzen der französischen Weinregion.[22] Die beiden verfügten also über die nötigen Mittel, um träumen zu können, und von Anfang an träumten sie vom Wein.

An langen Nachmittagen konnten sie diese Orte erkunden und in Augenschein nehmen, welche Aussichten sich mit ihnen verbanden. Das in einer offenen Kutsche über staubige Nebenstraßen fahrende Paar wurde für die Menschen in der Gegend schon bald zu einem vertrauten Bild.[23] In diesen ersten Tagen der »Bestandsaufnahme« – ihrer Zukunft und der Person des jeweils anderen – machten sie zweifellos in dem Bergdorf Chigny-la-Montagne halt, wo die Familie über Grundbesitz verfügte. Das Dorf, das heute für seine steilen Hänge berühmt ist, bietet atemberaubende Ausblicke auf die fruchtbaren Weiten im Tal. Ende des 19. Jahrhunderts wurde es in Chigny-les-Roses umbenannt – zu Ehren von Louise Pommery, die später als eine der großen Frauen des Champagnergeschäfts Berühmtheit erlangte, bei den Bewohnern des Ortes aber vor allem wegen ihrer Vorliebe für Rosen in Erinnerung geblieben ist. Noch heute wachsen überall in der Champagne an den Rändern der Weinberge Rosensträucher, und der Grund für diese strahlende sommerliche Blütenfülle ist keineswegs romantischer Natur.[24] Mit der berühmten Leidenschaft französischer Liebespaare haben diese Rosen herzlich wenig zu tun. Denn für den Winzer sind sie nur eine Art Kanarienvogel im Stollen, also ein Frühwarnsignal für drohende Rebkrankheiten und Mehltau im Weinberg. Sie werden gepflanzt, weil sie sehr empfänglich für Krankheitserreger sind und man ihnen im Allgemeinen vor allen anderen Pflanzen im Garten einen Befall ansieht.

Barbe-Nicole und François dürften hier in Chigny-la-Montagne nach den legendären, von einer Mauer umgebenen Weinbergen des verstorbenen Monsieur Allart de Maisonneuve gesucht haben, eines ehemaligen Offiziers unter Louis XV., der als einer der ersten Männer in der Montagne de Reims Champagner produzierten. Die Reben, die auf diesem abgegrenzten, unterhalb einer kleinen steinernen Mühle gelegenen Feld oder *clos* wuchsen, gehörten schon damals zu den berühmtesten der Region. Es war seit jeher für sein fabelhaftes *terroir* bekannt, und Allart hatte es mit viel Sachverstand gepflegt und entwickelt. Weinkenner schrieben noch im 19. Jahrhundert voller Begeisterung über diesen besonderen Weinberg, und niemand, der Leidenschaft fürs Weingeschäft besaß, hätte sich die Gelegenheit entgehen lassen, Allarts Weinberge zu besichtigen – und sich zu fragen, was er von dem berühmten Kollegen lernen konnte.

Barbe-Nicole und François kannten vermutlich auch einige der lokalen Winzerfamilien und besuchten sie, Familien wie etwa die Cattiers. Das Weingeschäft hing von einem Netzwerk persönlicher Beziehungen ab, vor allem zwischen Händlern, zu denen die beiden ja selbst gehörten, und den Weinbauern der Gegend. Als Barbe-Nicole und François in den ersten Jahren ihrer Ehe diese bergigen Weinbauregionen besuchten, waren die Cattiers in den kleinen Bergdörfern bereits als Winzer etabliert und respektiert. Seit mindestens 1763 besaßen sie Weinberge in Chigny-la-Montagne. Das junge Paar war begierig, die Bekanntschaft erfolgreicher und zuverlässiger Weinbauern zu machen, und suchte bereits nach neuen Bezugsquellen für die Zeit, da die Bestellungen größer werden würden. Es ist eine Ironie der Geschichte, dass Familie Cattier - die noch immer einen erstklassigen und entsprechend berühmten Champagner produziert - heute im Besitz der legendären Weinberge von Allart ist, die auch als *clos du moulin* bekannt sind, benannt nach den Mühlen, die vor der Französischen Revolution auf diesen ummauerten Feldern standen.[25]

Trotz ihrer begeisterten ersten Schritte im Weinhandel und obwohl die Familie einige ausgezeichnete Weinberge besaß, hatten Barbe-Nicole und François persönlich nichts mit der Produktion der Weine zu tun, die sie verkauften. Im Mittelpunkt des väterlichen Unternehmens stand noch immer der Textilhandel, und sie waren weit entfernt von dem Tag, an dem François seine ganze Aufmerksamkeit dem Wein widmen konnte. Die Clicquots waren ganz einfach kleine Nebenerwerbsweinhändler - also Leute, die Geld damit verdienten, dass sie die von lokalen Winzern wie den Cattiers produzierten Weine vertrieben. Manchmal kauften sie die Weine direkt bei den Winzern, manchmal nahmen sie die Dienste eines Weinexperten in Anspruch, eines *courtier*, der für sie die Auswahl traf. Selbst die Trauben, die in den eigenen Weinbergen wuchsen, vertrauten sie zur Verarbeitung jemand anderem an.

Trotz der großen Energie und Begeisterung, die er besaß, schlug François zunächst nur eine bescheidene Veränderung der väterlichen Geschäftsstrategie vor. Das Familienunternehmen, das jetzt offiziell Clicquot-Muiron & Fils hieß (der Zusatz Muiron war eine übliche Geste gegenüber der Familie seiner Mutter), sah im Weinvertrieb weiterhin nur ein zweites Standbein. Jahrzehntelang hatte Philippe Clicquot seine Textillieferungen in Frankreich durch Weinverkäufe ergänzt und für jede Flasche eine bescheidene Kommission von etwa zehn Prozent berechnet.[26] Sein Sohn wollte diese Verkäufe steigern, mehr aus ihnen machen als einen Nebenerwerb, und die dafür erforderlichen neuen Kunden wollte er auf dem internationalen Markt finden, beispielsweise in den Hauptstädten Deutschlands und Russlands.

Philippe Clicquot wird seine Zweifel an dieser Strategie gehabt haben. Er sah, dass sich der größte Teil Europas seit fast einem Jahrzehnt im Krieg befand. Es gab wahrlich bessere Zeitpunkte, um auf den internationalen Markt zu drängen. Selbst unter den günstigsten Umständen war es ein riskantes Unterfangen, ein fragiles Produkt wie Wein per Schiff zu transportieren, konnte es doch leicht durch Temperaturveränderungen oder unsachgemäße Behandlung vernichtet werden. Philippe Clicquot war lange genug im Geschäft, um sich dessen bewusst zu sein. Aber dieses Mal war François entschlossen, sich seine Begeisterung von niemandem nehmen zu lassen, und kaum zu glauben: Vater und Sohn, inzwischen ja Partner, trafen eine Abmachung. Sobald Frieden herrschte, sollte François freie Bahn bekommen. Der junge Mann hatte allerdings noch eine Menge zu lernen. Er musste sich zum Experten entwickeln, um die besten lokalen Weine ausfindig zu machen. Vor allem aber würde er einen neuen Weg finden müssen, den modebewussten Trendsettern seiner Generation Wein schmackhaft zu machen.

Champagnerträume

Als François begann, sich mit der lokalen Weinproduktion vertraut zu machen, hoffte er, einen Wein zu finden, den er auf dem internationalen Luxusgütermarkt würde verkaufen können. Sein Vater hatte Weine einst in die ganze Welt geliefert. Doch nach der Revolution wollte Philippe Clicquot sich nicht den Kopf darüber zerbrechen müssen, wie man den Transport durch Kriegsgebiete zuwege brachte, und konzentrierte seinen kleinen Weinhandel lieber auf das Inlandsgeschäft. 1799 herrschte immer noch Krieg, und das sollte auch die nächsten fünfzehn Jahre mit wechselnder Intensität so bleiben. François jedoch war der Ansicht, sein Militärdienst im nationalen Exportbüro – so wenig heldenhaft er gewesen sein mochte – habe ihn etwas darüber gelehrt, wie man geschlossene Häfen umgehen konnte.

Angesichts der Ziele, die François sich gesetzt hatte, musste sich seine Aufmerksamkeit zwangsläufig auf den lokalen Schaumwein richten. Clicquot-Muiron war in einer guten Position, um seine Champagnerverkäufe auszuweiten. Die meisten der Weine, die in dieser Ecke Frankreichs verkauft wurden, verließen die Region in Holzfässern, die für einen Markt in mittlerer Entfernung gedacht waren. Es handelte sich zumeist um Qualitätstafelwein, den eine Familie oder ein Gastwirt in der Regel binnen eines Jahres verbrauchte. Flaschenweine waren noch selten. Aufgrund der zusätzlichen Kosten – Arbeitsaufwand, Glas, Lagerung, Bruchschaden – war eine Flaschenabfüllung nur sinnvoll, wenn die Weine als Spitzenware verkauft werden konnten.

Weine von höchster Qualität zu verkaufen war von Anfang an Philippe Clicquots Geschäftsmodell gewesen. Er war einer der ersten Händler in der Champagne, der die Vorteile erkannte, die in der Spezialisierung auf edle Flaschenweine lagen. Da die lokalen Weinbauern, die ihn belieferten, selbst für die Weinproduktion zuständig waren, brauchte er sich mit den meisten technischen Risiken des Gewerbes nicht zu befassen. In den 1790er-Jahren lieferten die Kontore von Clicquot-Muiron rund fünfzehntausend Flaschen pro Jahr aus – darunter natürlich auch Schaumwein aus der Region.[1]

Wir kennen diesen Wein als Champagner. François und Barbe-Nicole haben ihn vermutlich einfach als *vin mousseux* bezeichnet, als moussierenden Wein. Bis in die 1860er-Jahre, als das Ganze bereits ein wichtiger Wirtschaftszweig war, sprach man selbst in Frankreich keineswegs durchgängig vom *champagne*. Noch erstaunlicher aber waren, Ende des 19. Jahrhunderts, das Aussehen und der Geschmack dieses Weins. Die meisten von uns hätten ihn wohl nicht als Champagner erkannt.

Einen Teil seiner Marktforschung erledigte François zu Hause. Jeder vernünftige Geschäftsmann will wissen, was er verkauft. Allerdings wäre wohl die eheliche Harmonie gefährdet gewesen, wenn er seine Untersuchungen allein hätte anstellen wollen. So verkosteten François und Barbe-Nicole mit Sicherheit so manchen lokalen Wein. Was sich in ihren Gläsern befand, entsprach allerdings nicht annähernd dem Champagner, den wir heute genießen. Trockener – oder wie die Fachleute sagen: *brut* – Champagner wurde, wie das Wort *champagne*, erst gut sechzig Jahre später wirklich populär. Er wurde mit Sicherheit nicht als Aperitif vor dem Essen serviert. Vielmehr tranken die Menschen Champagner als Dessertwein und mitunter so kalt, dass er fast schon gefroren war. Und er war fürchterlich süß.

Heute gibt es Champagner von ganz trocken bis sehr lieblich, und die Kategorien reichen von *brut nature*, *extra brut* und *brut* auf der »trockenen« Seite bis zu - die Bezeichnungen sind hier leider etwas verwirrend - *sec*, *extra sec*, *demi sec* (halbtrocken) und *doux* (süß) auf der »süßen« Seite.[2] Etwas vereinfacht gesagt bedeutet *brut* also trocken und *sec* süß. Unser *demi sec* - einer der süßeren Champagner auf dem Markt - enthält bis zu zwanzig Gramm Restzucker pro Liter.

François und Barbe-Nicole probierten Weine, die mindestens zehnmal so süß waren wie der halbtrockene Champagner von heute. Der Wein, der damals in Frankreich verkauft wurde, enthielt oft bis zu zweihundert Gramm Restzucker. Die Russen mochten ihn sogar noch süßer.[3] François hoffte, Russland würde in Zukunft zu einem wichtigen Markt für Weine von Clicquot-Muiron werden; dort waren dreihundert Gramm Zucker üblich. Wie das geschmeckt hat? Nun, man stelle sich vor, dass selbst unsere süßesten Dessertweine im Vergleich dazu angenehm herb sind ... Ein Eiswein oder ein Sauternes kommt nur ganz selten auf zweihundert Gramm Zucker. Der 2001er-Sauternes des legendären Château d'Yquem in Frankreich, ein besonders gut geratener Jahrgang, weist lediglich hundertfünfzig Gramm Restzucker auf.[4] Und selbst einer der süßesten Weine überhaupt - der Spätlese-Dessertwein, der im kalifornischen Napa Valley von Grgich Hills produziert wird und den schönen Namen Violetta trägt - hat in einem durchschnittlichen Jahr nur zweihundertfünfzig Gramm. Man stelle sich das Ganze dann noch als Perlwein vor, dann hat man eine Ahnung davon, wie ein Glas Champagner im 18. Jahrhundert geschmeckt hat.

Der Champagner, den François und Barbe-Nicole probierten, hatte auch nicht die helle Farbe, die wir heute kennen, sondern einen Roséton. Aber es war ein »erdiges« Rosé. Die besten Weine aus der Region sahen bräunlich rosa aus. Eine der frühesten Verwendungen des englischen Wortes »champagne« als Farbbezeichnung meinte daher auch nicht die hellgoldenen, strohfarbenen Töne des 20. Jahrhunderts, sondern »eine leicht rötliche Farbe wie die des Champagnerweins«.[5] Die Menschen in der Champagne hatten einen besseren Ausdruck dafür. So berichtete ein Weinliebhaber im 18. Jahrhundert, sie würden die Farbe des »natürlichen Weins der *Champagne* ... als Oiel du Pedrix [sic]« bezeichnen.[6] Gemeint ist damit »das Auge des Rebhuhns«, und dessen Farbe ist ein helles Rosa mit zahlreichen honigfarbenen Einsprengseln.

Die Farben waren eine Folge des Produktionsprozesses. Um den Kunden den fürchterlich süßen Champagner zu liefern, den sie haben wollten, füllten die Winzer großzügig Zuckersirup und Branntwein in die Flasche, bevor sie sie verkorkten, und oft verlieh der Branntwein (meist Cognac) dem Wein einen leicht goldenen Braunton.[7] Das Rosa kam daher, dass die Schale der Trauben den klaren Saft im Innern trübte. Es war ein Zeichen dafür, dass die roten Trauben nach der Lese nicht schnell genug oder nicht früh genug am Morgen zerstampft worden waren, um die völlig klare weiße Flüssigkeit zu erzeugen, die man als *must*, als Traubenmost, bezeichnet. Eine leichte Trübung war so alltäglich, dass einige Winzer ihrem Champagner selbst später noch, als sich die technischen Möglichkeiten verbessert hatten, durch Zusatz von Holundersirup absichtlich eine hellrote Färbung gaben. Die Menschen erwarteten, dass ihr Schaumwein Farbe hatte.

Mitunter beschrieben Leute ihren Champagner auch

als grau, was so gar nicht nach einer appetitlichen Farbe für ein Glas Schaumwein klingt. Weinhandbücher des 18. Jahrhunderts sprechen von *gris de perle*, von perlgrauen Farbtönen. Das klingt zumindest ein bisschen glamourös. Glücklicherweise sah Champagner niemals wirklich wie schmutziges Spülwasser aus. Das Wort grau täuscht. Die Autoren haben nicht die Farbe des Weins beschrieben, sondern die der Trauben, aus denen er gemacht wurde. Ein Weintourist versuchte das in den 1760er-Jahren so zu erklären: »Als grauer Wein wird in der Champagne bezeichnet, was andernorts weißer Champagner heißt. Grauer Wein wird aus schwarzen Trauben gemacht.«[8] Die Logik war eine ganz einfache: Schwarz plus Weiß ergibt Grau. Also war grauer Wein ein Weißwein, der mit einigen schwarzen – heute spricht man eher von roten – Trauben gekeltert worden war. Nach heutigem französischem Recht wird Champagner noch immer so hergestellt.[9] Strenge Vorgaben stellen sicher, dass für echten Champagner nur drei Rebsorten verwendet werden: die dunklen Pinot-Meunier- und Pinot-noir-Trauben sowie die weiße Chardonnay-Traube.

Die Mischung dieser Rebsorten bestimmt die Art des Weins, wobei es heute zwei Arten Champagner gibt. *Blanc de noirs* ist ein Weißwein, der mit mindestens einer schwarzen Rebsorte vermischt wurde, während *blanc de blancs* ein Weißwein aus ausschließlich weißen Trauben ist. Da die einzige weiße Rebsorte, die für die Champagnerherstellung verwendet wird, der Chardonnay ist, ist der *blanc de blancs*-Champagner im Wesentlichen ein perlender Chardonnay. Und da Pinot Meunier sich nicht besonders gut hält, sind viele der Jahrgangs-*blanc de noirs* in Wirklichkeit einfach perlende Pinot-noir-Weine. Heute ist die Art auf dem Etikett angegeben, zusammen mit der Information, ob es ein Jahrgangswein ist (für den nur Trauben aus einer einzigen Lese verwendet wurden) oder nicht (wenn Trauben aus verschiedenen Lesen gemischt wurden). Ende des 18. Jahrhunderts freilich, als Barbe-Nicole und François Clicquot zum ersten Mal von einer Zukunft im Weingeschäft träumten, klebte niemand Etiketten auf die Flaschen.[10] Und Champagner wurde einzig und allein als *blanc de noirs* hergestellt - die Art, die damals als *gris de perle* bekannt war.

Immerhin wird der Champagner, den das junge Paar probierte, wie unserer geperlt haben. Oder nicht ganz so wie der unsere - das schlechte Glas, das im 18. Jahrhundert hergestellt wurde, hatte zur Folge, dass die Flaschen schon bei etwa halb so hohem Druck platzten, wie ihn Champagnerproduzenten heute verwenden -, aber jedenfalls, er perlte.[11] Hätten die beiden ein Jahrhundert früher gelebt, wäre das nicht so gewesen. Noch heute fasziniert die Geschichte, wie der Champagner zu seinen Bläschen kam - eine Geschichte voller Täuschungen und Kontroversen.

Sie beginnt irgendwann im 17. Jahrhundert, zu einer Zeit, da die Menschen in dieser Region schon seit mindestens tausend Jahren Wein produzierten. Der Legende zufolge waren die Römer die Ersten, die auf den kalkhaltigen Böden der Champagne Wein anpflanzten. Andere datieren den Beginn des Weinbaus in der Gegend um Reims auf das 4. christliche Jahrhundert.[12] Im 17. Jahrhundert jedenfalls war die Champagne bereits berühmt für ihre Weine.

Die besten Weinbaugegenden in der Region lagen entweder in den kleinen Dörfern, die am Ufer der Marne entstanden, oder an den sonnigen Berghängen südöstlich von Reims. Heute bilden diese beiden Gegenden das Herzstück des Weinanbaugebiets der Champagne. Die Weine, die hier produziert werden – vorwiegend aus Pinot-noir-Trauben –, werden mit der Herkunftsbezeichnung »Montagne de Reims« versehen.

Ein Großteil des Grundbesitzes der Familie Clicquot lag in dieser Mikroregion, deren beste Weinbaudörfer zumeist auch in unserer Zeit noch berühmt sind. Heutige Reiseführer schicken Touristen und hoffnungsfrohe Weinverkoster nach Aÿ, Dizy, Cumières, Ambonnay, Verzenay, Chigny-les-Roses, Bouzy, Sermiers, Épernay und, natürlich, Hautvillers. In Zeiten, da sich die Verbraucher noch nicht an den Ranglisten und Testergebnissen orientieren konnten, die heute in Weinzeitschriften oder am Supermarktregal zu finden sind, mussten sie sich auf den guten Ruf des Anbaugebiets – oder gar eines ganz bestimmten Dorfes – verlassen, aus dem der Wein kam. Im 17. Jahrhundert waren Weine aus dem Herzen der Champagne als exzellent bekannt; angeblich, so hieß es, konnten sie es sogar mit den weiter südlich, im fruchtbaren Tal der Saône in Burgund angebauten Weinen aufnehmen.

Dabei handelte es sich durchweg um Stillweine, in vielen Fällen um kräftige Rotweine. Die Winzer in der Region waren alles andere als glücklich darüber, dass sich bei der Herstellung Bläschen bildeten. Wenn ein Wein perlte, bedeutete das, dass er misslungen war. Im 17. Jahrhundert schien dies immer öfter zu passieren. Deshalb wurde Dom Pierre Pérignon, der legendäre Vater des Champagners und Kellermeister der Abtei von Hautvillers, in den 1660er-Jahren mit der Aufgabe betraut, eine Möglichkeit zu finden, die Bläschen loszuwerden, die den örtlichen Wein ruinierten.[13] Wäre ihm das gelungen, so wäre die Geschichte des Champagners in Frankreich vielleicht zu Ende gewesen, noch ehe sie richtig begonnen hatte.

Dieses seltsame Perlen, das in den Weinen der Champagne auftrat, plagte die lokalen Winzer schon im Mittelalter, und es hatte offenbar mit unerwartet kalter Witterung zu tun. Ende des 14. Jahrhunderts erlebte Europa, was man später als »kleine Eiszeit« bezeichnet hat. Diese klimatische Schwankung dauerte bis ins 19. Jahrhundert und veränderte den Weinanbau in Frankreich ebenso dramatisch, wie dies in Zukunft die von Wissenschaftlern prognostizierte Erderwärmung tun wird.

Das Problematische an dieser ausgedehnten Kälteperiode war, dass die Champagne schon immer ein relativ kühles Klima gehabt hatte. Am neunundvierzigsten Breitengrad gelegen, ist sie noch heute eine der nördlichsten Weinbauregionen, die ausgezeichnete Reben hervorbringt. (Wobei das vermutlich nicht mehr lange so sein wird. Wissenschaftler glauben, es seien nur noch ein paar Grad notwendig, bis sich diese Nordgrenze über den Ärmelkanal nach Großbritannien verschiebt.[14]) Als die Temperaturen während der kleinen Eiszeit weiter fielen – besonders dramatisch zwischen etwa 1560 und 1730 –, mussten die Winzer feststellen, dass der natürliche Gärungsprozess, dessen es bedarf, damit Traubenmost zu Wein wird, im Winter häufig zum Erliegen kam.

Normalerweise ist der Prozess der Weinherstellung simpel. Die reifen Trauben mit ihrem vielen Fruchtzucker werden geerntet und gekeltert. Der Traubenmost aus den ersten Pressungen wird verwendet, um Stillweine von guter Qualität zu erzeugen. Aus den späteren Pressungen werden anschließend lokale Hausweine minderer Qualität gemacht. Im 18. Jahrhundert tranken die Bauern sogar einen *piquette* genannten wässrigen Tresterwein aus dem Fruchtfleisch, das übrig geblieben war, nachdem man all die wertvollen Stoffe und das Aroma aus den Trauben herausgepresst hatte.[15]

Im nächsten Schritt der Weinproduktion wird der Traubenmost in unversiegelte Fässer gefüllt. Bei richtiger Temperatur beginnen hier die Hefepilze, die von Natur aus auf den Traubenschalen sitzen, den Fruchtzucker umzuwandeln. Bei dieser »heißen« organischen Reaktion entstehen zwei wichtige Nebenprodukte: Kohlendioxid, das in die Luft entweicht, und Alkohol, der dankenswerterweise an Ort und Stelle bleibt. Wenn die Gärung abgeschlossen ist – und die Hefen den Zucker umgewandelt haben –, wird der Wein umgelagert und »abgestochen«, das heißt, die abgelagerten Rückstände werden entfernt, darunter auch die Hefezellen, die abzusterben und sich zu zersetzen beginnen. An diesem Punkt könnten wir den Wein bereits trinken, auch wenn er noch ziemlich herb schmecken würde. Deshalb wurden die Weine im 18. Jahrhundert üblicherweise im Winter nochmals umgelagert, wobei man sie in luftdichte Fässer füllte, in denen sie bis zum nächsten Herbst reiften. Während der bitterkalten Winter des 17. Jahrhunderts bemerkten die Winzer in der Champagne jedoch, dass im Frühjahr, also nachdem der Wein bereits in den luftdichten Fässern lagerte, plötzlich noch lebende Hefekulturen wieder aktiv wurden und weiter Kohlendioxid und Alkohol produzierten. Da aber das Kohlendioxid nunmehr nirgendwohin entweichen konnte, war das Ergebnis ein moussierender Wein.

Was war geschehen? Die Temperaturen waren im Winter zu tief gesunken, als dass die Hefepilze den gesamten Zucker hätten umwandeln können. Sie hatten ihre Aktivität nur unterbrochen. Und da die Winzer noch nicht über die Technik verfügten, um den verbliebenen Restzuckergehalt zu bestimmen, waren sie auf das Wohlwollen der Jahreszeiten und ihre Intuition angewiesen. Wenn es im Frühling wieder wärmer wurde, setzte sich der Gärungsprozess einfach fort. Weinproduzenten bezeichnen dies heute als »Sekundärfermentation« oder »zweite Gärung«. Im 17. Jahrhundert hatte man dafür eine weniger nachsichtige Bezeichnung: Man sprach von »Teufelswein«.[16]

Dieser Prozess der Sekundärfermentation, bei dem die Bläschen im Behältnis bleiben, bildet noch immer die Grundlage der Schaumweinherstellung nach der *méthode champenoise*. Da das Wort *champagne* aufgrund von rechtlichen Beschränkungen nur zur Bezeichnung von Weinen verwendet werden darf, die in der französischen Champagne hergestellt wurden, spricht man auch häufig von der *méthode traditionelle*. Im Grunde kann man sagen: Champagner ist ein Stillwein, der dazu gebracht wurde, in einer Flasche einen zweiten Gärungsprozess zu durchlaufen, wobei sich diesmal das Kohlendioxid im Wein konzentriert und ihm die berühmten perlenden Bläschen verschafft.

Dass bei den Winzern in der Champagne während der kleinen Eiszeit diese Sekundärfermentation auftrat, war Zufall und ein unerwünschter Nebeneffekt. Mit der Zeit aber erkannten Winzer und Weinliebhaber, dass man Wein bewusst zum Schäumen bringen konnte, wenn man vor der Abfüllung in Flaschen Zuckerlösung, Weinbrand und Hefe hinzugab. Der frische Zucker und die Hefepilze führten sogleich wieder zu einem Gärungsprozess. Man bezeichnet diese Mischung in der Champagnerproduktion als *liqueur de tirage*; sie ist von zentraler Bedeutung, wenn die in der Nase kitzelnden Bläschen entstehen sollen, die wir am Champagner so lieben.

Im 17. Jahrhundert freilich waren die Winzer, wie gesagt, alles andere als erfreut über das spontane Perlen in ihren Fässern, sobald der Frühling kam. Als Dom Pérignon in den 1660er-Jahren in der altehrwürdigen Abtei von Hautvillers Kellermeister war, wollte niemand in

Frankreich prickelnde Weine, sodass die Bläschen den lukrativen Weinhandel des Klosters ruinierten. Und die Mönche waren nicht auf den Kopf gefallen. Die Bläschen konnten wahrlich einen schlechten Wein ungenießbar machen. Diese Weine, die in Fässern, nicht in Flaschen gelagert wurden, perlten allerdings nur leicht. Sie hatten noch nicht das überschäumende Prickeln, das wir mit kommerziell produziertem Champagner verbinden.

Besser werden durch den Zusatz von Bläschen nur gute Weine, wobei Wein zum Perlen zu bringen einiges Wissen voraussetzt. Champagner zu produzieren, erfordert gar die Kunst eines »Meistermischers«. Der Wein, der als Grundlage zur Champagnerherstellung dient, ist oftmals eine Mischung oder *assemblage* aus mehr als vierzig verschiedenen Gewächsen, und ein Meistermischer ist eine Art Alchemist der Sinne, der in der Lage ist, die primitive Traube in flüssiges Gold zu verwandeln. Dom Pérignon war zu Recht berühmt für seine überragenden Fähigkeiten als Weinkompositeur - aber seine legendären Weine hatten keine Bläschen.

Dies ist eine der großen Ironien - um nicht zu sagen: Täuschungen - der Weingeschichte, denn herkömmlicherweise heißt es, Dom Pérignon sei der begeisterte Erfinder des Champagners gewesen. So soll er einem seiner Klosterbrüder zugerufen haben: »Komm schnell! Ich trinke die Sterne!« Aus rationaler Sicht jedoch konnte Dom Pérignon nur daran gelegen sein, Champagner von seinen Bläschen zu befreien. Es gab ja noch keinen Markt für Schaumweine. Deshalb experimentierte Dom Pérignon ein Jahrzehnt lang mit verschiedensten Verfahren, um die Entstehung der Bläschen zu stoppen.

Die Vorstellung, Dom Pérignon habe den Champagner erfunden, war denn auch seit je nichts weiter als einfallsreiches Marketing: ein brillanter, aber irreführender Verkaufstrick. Die populäre Legende hat ihren Ursprung in einer Anzeigenkampagne Ende des 19. Jahrhunderts, in einer Zeit, da Schaumwein bereits ein großes Geschäft war. In ihrem Buch *When Champagne Became French* zeigt Kolleen Guy, dass die Champagnerproduzenten der Region erst 1889, auf der Weltausstellung in Paris, das Marktpotenzial erkannten und damit begannen, Broschüren über Dom Pérignon zu drucken. Von diesem Zeitpunkt an wurde die Rolle des gefeierten Mönchs zu einem Gemeinplatz.

Im 17., ja noch im 18. Jahrhundert hatte niemand Dom Pérignon mit der Entdeckung des Schaumweins in Verbindung gebracht. Sein Freund Dom François, der die Lebensbeschreibung des berühmten Mönchs verfasste, erwähnt an keiner Stelle Bläschen, und selbst im 19. Jahrhundert glaubten die Anwälte der Abtei – die nach Dingen suchten, auf die sie einen Rechtsanspruch geltend machen konnten – nicht, irgendjemanden davon überzeugen zu können, dass Dom Pérignon den Wein zum Perlen gebracht habe. Wie die Rechtsvertreter wussten, hatten die Mönche von Hautvillers erst in den 1750er-Jahren begonnen, ihre Weine in Flaschen abzufüllen.[17]

Auf diejenigen, die das Romantische an der Legende um Dom Pérignon lieben, warten sogar noch mehr schlechte Nachrichten. Weinhistoriker vertreten heute nämlich die Ansicht, dass der Champagner keineswegs in Frankreich seinen Ursprung habe. Tatsächlich wurde er zuerst in Großbritannien »erfunden«, wo es bereits in den 1660er-Jahren einen kleinen kommerziellen Markt für perlenden Champagner gab. Schon mehrere Jahrzehnte bevor der Wein in Frankreich verkauft wurde, suchten britische Enthusiasten nach Möglichkeiten, die Entstehung des sogenannten *mousse* – des Prickelns – unter Kontrolle zu bringen. Anscheinend wollten reiche britische Konsumenten unbedingt verhindern, dass der von ihnen fassweise importierte Wein zu teurem Essig wurde.[18] Sie füllten deshalb als Erste Weine aus der Champagne in Flaschen um – und entdeckten dabei den Schaumwein.

Genauer gesagt, begab sich Folgendes: Britische Weinliebhaber bestellten im 17. Jahrhundert ihre feinen Tafelweine bei Winzern aus der Champagne – Weine, die nach französischen Vorschriften in Holzfässern verkauft wurden und daher ohne die geringste Spur von Bläschen ankamen. Die Winzer der Champagne durften ihren Wein erst von den 1720er-Jahren an, nach einer königlichen Sondererlaubnis für die Stadt Reims, auch in Flaschen verkaufen. Nun gibt es leider ohne eine luftdicht verschlossene Flasche keinen Schaumwein. Man braucht nur eine offene Flasche über Nacht in den Kühlschrank zu stellen, um zu sehen, wie schnell die Bläschen in sich zusammenfallen. Es dauerte nicht lange, bis die britischen Weinfreunde merkten, dass sich in ähnlicher Weise Wein in Fässern, waren diese erst einmal angezapft, rasch verschlechterte – eine Folge desselben Oxidationsprozesses, der Wein in offenen Flaschen nach ein oder zwei Tagen schal schmecken lässt.

Also begannen diese schlauen Händler und Kunden nach Wegen zu suchen, die Weine länger haltbar zu machen. Es war kein Geheimnis, dass Weinbrand als Konservierungsstoff dienen konnte. Darüber hinaus fingen sie an, den Wein in Flaschen abzufüllen. Großbritannien produzierte zu dieser Zeit viel stärkeres und zudem auch noch preiswerteres Glas, als es auf der anderen Seite des Ärmelkanals zu finden war – ein Umstand, der den britischen Weinliebhabern einen gewissen Vorteil verschaffte.[19] Nachdem sie den importierten Wein in Flaschen umgefüllt und vielleicht noch etwas Weinbrand zugesetzt hatten, merkten sie zwangsläufig, dass dieser Wein zum Teil - nämlich sofern noch ein Rest Hefe in ihm war - zu moussieren begann. In ihrem Bemühen, importierte Stillweine aus der Champagne haltbar zu machen, hatten sie also zufällig den Prozess der Sekundärfermentation in Gang gesetzt, dessen es für die Herstellung von Schaumwein bedarf.

So also wurde - nach heutigem Wissen - der Champagner entdeckt. Es dauerte nicht lange, und die önologische Kuriosität wurde Kult, wobei einer der großen Gourmets der Geschichte, ein Franzose namens Charles de Saint-Évremond, seinen Teil dazu beitrug, dass die Menschheit von der Neuentdeckung erfuhr.[20] Er hatte sich den König zum Feind gemacht und musste für den Rest seines Lebens ins Exil nach England fliehen. Franzose vom Scheitel bis zur Sohle, der er war, brachte er eine große Liebe zu edlem Wein und gutem Essen mit. Als ein kleiner Kreis von Personen von dem neuen Schaumwein hörte, brachte Saint-Évremond die Nachricht mit ansteckender Begeisterung unter die Leute. Bald schon wurde Schaumwein in der Londoner High Society zum Statussymbol. Während Dom Pérignon in den Kellergewölben seiner kühlen Abtei in Hautvillers gegen die Bläschen seiner Weine kämpfte, wollten britische Wissenschaftler unbedingt wissen, wie man sie erzeugen konnte.

Der Prozess der Schaumweinherstellung blieb infolgedessen nicht lange eine Sache des Zufalls. Wenn Leute belegen wollen, dass es die Briten waren, die als Erste Champagner produzierten, ziehen sie gewöhnlich den Vortrag heran, den ein Wissenschaftler namens Christopher Merrett 1662 vor der Londoner Royal Society hielt. Doch Merretts Ausführungen unter dem Titel *Observations Concerning the Ordering of Wines*, die einige Gedanken aus der alten englischen Tradition der Cider-Herstellung aufgriffen, waren nur eine von mehreren Quellen, denen Hobbywinzer und Gentlemen die wesentlichen Komponenten zur Champagnerproduktion entnehmen konnten.[21] Viele derselben Prinzipien zur Erzeugung perlender Alkoholika in Flaschen finden sich beispielsweise in zeitgenössischen Texten wie *Pomona; or, An Appendix Concerning Fruit-Trees in Relation to Cider*, einer 1664 im Auftrag der Royal Society veröffentlichten Abhandlung von John Evelyn.[22] Die meisten Weinexperten sind heute der Meinung, dass die Briten ihre Fässer mit Importwein aus der Gegend um Reims – einem Wein, der von Natur aus leicht moussierte – in den 1670er-Jahren in perlenden Champagner verwandelten, also ein ganzes Jahrzehnt, bevor dieser Wein erstmals in Frankreich reifte.[23]

Die Vorstellung, die Briten hätten den Champagner entdeckt, ist in Frankreich natürlich höchst umstritten. Einige derer, die die französischen Ansprüche unterstützen, behaupten, die klösterliche Tradition der Weinherstellung sei Ende des 17. Jahrhunderts schon mehrere Hundert Jahre alt gewesen, sodass es relativ gleichgültig sei, welche Rolle die Briten bei der Entwicklung eines Feinschmecker- und Massenmarkts für Schaumwein gespielt hätten. Mönche wie Dom Pérignon wussten offensichtlich, dass die lokalen Weine mitunter perlten, selbst wenn sie es als Ärgernis betrachteten. Naturwissenschaftliche und historische Aufzeichnungen zeigen zudem, dass die klimatischen Veränderungen der kleinen Eiszeit – der Jahrzehnte mit ungewöhnlich kalter Witterung, die den Gärungsprozess im Winter zum Erliegen brachte und dafür sorgte, dass er im Frühjahr auf natürliche, aber unerwünschte Weise wieder einsetzte – die Landwirtschaft in Europa seit Ende des 16. Jahrhunderts durcheinanderbrachten. Die französischen Winzer hatten sich den Auswirkungen des deutlich kälteren Klimas sicher mehr als ein Jahrhundert lang nicht entziehen können.

Selbst wenn Dom Pérignon und seine Vorgänger den Champagner nicht entdeckt haben sollten, so gelang dies Ende des 17. Jahrhunderts mit Sicherheit dem königlichen Hof auf Schloss Versailles. König Louis XIV. wünschte nichts sehnlicher als Bläschen in seinem Wein, und plötzlich suchten Weinproduzenten auf beiden Seiten des Ärmelkanals eifrig nach Möglichkeiten, Champagner zum Perlen zu bringen. Um seiner Vorliebe für den Schaumwein institutionell unter die Arme zu greifen, räumte der König der Stadt Reims das Exklusivrecht ein, ihren Wein in Flaschen zu verkaufen. Damit nahm ein regionales Monopol seinen Anfang, das in der einen oder anderen Form jahrhundertelang weiterbestehen sollte. In den 1720er-Jahren gründeten die Ruinart-Vorfahren Barbe-Nicoles das erste Champagnerhaus, doch schon bald gab es ein gutes Dutzend davon, und Händler, die »schaumige« Weine aus der Champagne verkauften, erfreuten sich bis in die 1740er-Jahre einer Phase rasant steigender Umsätze. Stand Louis XIV. am Beginn der Schaumweinmode, so machte sein Nachfolger Louis XV. eine royale Verzückung daraus. Er tat alles, um seiner Mätresse zu gefallen, der mächtigen Madame de Pompadour – einer Frau, deren Familie passenderweise einträgliche Ländereien in der Champagne besaß.[24] Mehr als dreißig Jahre lang konnten lokale Winzer erstaunliche Preise für das perlende Getränk verlangen, mit dem sie den König und seine Freunde versorgten.

Aber auch wenn dies berauschende Zeiten waren, so war der königliche Hof doch ein kleiner und sehr elitärer Markt. Die gesamte Champagne verkaufte in den 1730er-Jahren keine zwanzigtausend Flaschen Schaumwein jährlich, und oftmals gingen mehr als fünfzig Prozent davon direkt an den Hof von Versailles.[25] Die Kundschaft beschränkte sich auf die kulinarische Avantgarde unter Europas Adligen, die sich an einer vorübergehenden Mode erfreute. Von Anfang an war der Champagner stets ein Getränk, mit dem die »happy few« feierten. Doch selbst auf dem Höhepunkt seiner ersten Popularitätswelle, in diesen zwanzig Jahren königlicher Berühmtheit, wurde er nie zu einem allgemeineren kulturellen Phänomen. Der normale Mensch auf der Straße träumte nicht einmal davon, diesen Wein zu kosten. Nur die Reichsten der Reichen kannten seinen Sinnenzauber.

Ikonenstatus sollte der Champagner erst viel später erlangen, denn der Boom endete so plötzlich, wie er begonnen hatte. In den 1740er-Jahren änderte sich die Mode. Die Weinbauern, die auf regelmäßige Ausschweifungen in Paris setzten und auf das schnelle Geld aus waren, hatten zu viele Weinstöcke gepflanzt, vielfach billige Rebsorten, und der Weinmarkt in der Champagne brach zusammen. Als plötzlich schlechte Weine den Markt überschwemmten, litt darunter der Ruf der gesamten Region. Um 1750 war der lokale Schaumwein, den François Clicquot am Ende des Jahrhunderts wieder in großem Stil verkaufen wollte, wenig mehr als eine extravagante Kuriosität, die man nur an den königlichen Höfen Europas kannte. Vielleicht wäre es dabei geblieben. Wäre die lokale Weinindustrie nicht von einigen wenigen begabten Unternehmern gleichsam neu erfunden worden – und hätte sich der Champagner nicht zum weltweit stärksten Symbol fürs Feiern und ein gutes Leben gemausert –, so wäre dieser Schaumwein bald schon irgendwo in den Untiefen der Weltgeschichte verschwunden. Und mit ihm die erstaunliche Geschichte Barbe-Nicoles.

Anonymität im Blut

Trotz des düsteren Zustands, in dem sich die Weinindustrie der Champagne in den letzten Jahrzehnten des 18. Jahrhunderts befand, blickten François und Barbe-Nicole Clicquot optimistisch in die Zukunft. Nicht viele Menschen in Frankreich teilten diese Zuversicht.

Seit den ersten Tagen der Revolution befand sich das Land im Krieg - beinahe zehn Jahre schon, als Barbe-Nicole und François heirateten.[1] Nun, im ersten Jahr, in dem die beiden zusammenlebten, trieben die Österreicher die Franzosen in einer blutigen Schlacht - in der Männer, die weniger Glück hatten als François, fielen oder verwundet wurden - bei Stockach über den Rhein, und die Briten zwangen die Franzosen in Holland zum Rückzug. In der Seeschlacht bei Abukir zerstörte der britische Admiral Horatio Nelson fast die gesamte französische Flotte, und nahezu vierzigtausend junge Soldaten strandeten im Kriegsgebiet, ohne Aussicht heimzukehren.

Trotz der Wirren, die sich über den europäischen Kontinent ausbreiteten, nahm sich die Zukunft in dem kleinen Winkel im Nordosten Frankreichs keineswegs düster aus. Barbe-Nicole und François waren jung und wohlhabend, und bald schon einte sie der leidenschaftliche Wunsch, das familiäre Weingeschäft zu erweitern. Sie träumten von einem Leben im Weinhandel, und wenn sie - erfüllt von der Fröhlichkeit, die sich stets bei denen einstellt, die ihr Leben damit verbringen, das langsame und ungewisse Fortschreiten des Weinjahrs mitzuerleben -

die erste Ernte betrachteten, so hatten sie allen Grund, dankbar zu sein.

Auch einem anderen jungen Mann, dessen Wurzeln in der Champagne lagen, schien im letzten Jahr des Jahrhunderts eine leuchtende Zukunft bevorzustehen. Anfang November 1799, als die Bauern damit beschäftigt waren, die Weinberge von Steinen zu befreien, kam die Nachricht von großen Umwälzungen in Paris. Napoleon Bonaparte, der junge General, der im Sommer in der ägyptischen Seeschlacht so vernichtend geschlagen worden war, hatte in einem kühnen Staatsstreich die Regierung gestürzt und sich selbst zum Ersten Konsul Frankreichs ernannt. Es waren die ersten stürmischen und furchteinflößenden Tage dessen, was schon bald das napoleonische Reich werden sollte.

Unter dem neuen Konsulat kam der glanzvolle Lebensstil, den Barbe-Nicole als Kind gekannt hatte, wieder in Mode. Für eine wohlhabende junge Frau, die aus einer der renommiertesten Familien von Reims stammte und nun auch noch Herrin über ein eigenes Haus war, hätte das eigentlich eine aufregende Zeit sein müssen. Aber trotz ihres beneidenswerten Glücks - und trotz der offenkundigen Freude, mit der François bereit war, seine Leidenschaft für das Weingeschäft mit ihr zu teilen - wurde ihre Welt 1799 rasch immer enger. Als der Gattin eines bedeutenden Weinhändlers und Tochter eines Mannes mit großen politischen Ambitionen war ihr nur ein zwar luxuriöses, aber im Verborgenen bleibendes Dasein zugedacht. Sie war im Begriff, die ehrwürdige Anonymität zu erlangen, für die die Frauen ihres Standes so sehr bewundert wurden. Vor ihr schien eine Zukunft zu liegen, die sich vor allem im Kinderzimmer und im Salon abspielen sollte.

Im Frühjahr hatte sie eine Tochter zur Welt gebracht. Das Mädchen war am 20. März 1799 im elterlichen Haus geboren und hatte wie Großmutter und Tante den Namen Clémentine erhalten. Die erste Niederkunft Barbe-Nicoles hätte der Anfang eines unablässig reproduktiven Lebens sein sollen, eines Lebens, das viele Frauen am Ende des 18. Jahrhunderts schwer in Mitleidenschaft zog oder gar tötete, sei es infolge der Komplikationen bei der Geburt oder der barbarischen medizinischen Eingriffe, mit denen sie gerettet werden sollten. Die Wahrscheinlichkeit, als Frau bei einer Niederkunft einen elenden Tod zu sterben - vielleicht als Opfer einer Wundinfektion oder durch das Kindbettfieber -, lag bei eins zu zwanzig.[2] Wenn alles normal lief, durfte Barbe-Nicole in den kommenden Jahren mit gut einem halben Dutzend Schwangerschaften rechnen, was die erwähnte Sterberate zu einer ernüchternden, ja erschreckenden statistischen Größe macht. Ihr Kind hatte sogar noch schlechtere Überlebenschancen. Französische Ärzte schätzten, dass etwa jedes dritte Neugeborene noch vor Vollendung des zweiten Lebensjahres starb.

Vielleicht hing es mit diesen erschreckenden Aussichten zusammen, dass sich manche jungen Frauen bis zum Morgengrauen tanzend auf irgendwelchen Bällen vergnügten. Selbst für eine frischgebackene Ehefrau und Mutter gab es zweifellos jede Menge gesellschaftliche Ereignisse. Im selben Jahr 1799 heiratete Barbe-Nicoles Bruder Jean-Baptiste eine vierundzwanzig Jahre alte Witwe namens Thérèse[3] und zog mit ihr in ein geräumiges Anwesen an der rue de Vesle, nicht weit entfernt vom Hôtel Ponsardin, das er einmal erben sollte. Und schon wenige Monate später folgte die Nachricht, dass Barbe-Nicoles Schwester Clémentine, nunmehr siebzehn Jahre alt, in einer geheimen und noch immer gefährlichen katholischen

Zeremonie im Morgengrauen, im kühlen Glanz der nahe gelegenen Kathedrale, den jungen Witwer Jean-Nicolas Barrachin heiraten würde.

Clémentine und Thérèse erwiesen sich schon bald als elegante, gesellschaftliche Trends setzende Gastgeberinnen.[4] Während Barbe-Nicole ein wenig rundlich und klein war, war Clémentine hübsch und großgewachsen, mit einer Vorliebe für die glänzenden Seidenkleider, die Frankreichs Mode berühmt gemacht hatten. Auf extravaganten Partys und abendlichen Empfängen begegneten die jungen Leute der gesellschaftlichen Elite der Geschäftsstadt Reims ebenso wie wichtigen und aufregenden Besuchern von weiter her. Diese Besucher sprachen immer öfter von Napoleon, dem Mann, der allem Anschein nach dazu bestimmt war, Frankreich zu regieren und vielleicht endlich Frieden zu bringen.

Es war ein privilegiertes Leben, aber es war gleichwohl ein Leben in einem goldenen Käfig. Und es ist erstaunlich, dass wir überhaupt etwas über das Leben dieser jungen Frauen wissen. Schon in den Tagen, da sie sich als kleine Mädchen in der Klosterschule mit dem Katechismus befassen mussten, hatten Barbe-Nicole und ihre Schwester gelernt, dass die einzigen Frauen mit öffentlicher Reputation Prostituierte oder Königinnen waren. Selbst die beiden damals berühmtesten Frauen – Marie-Antoinette und Joséphine Bonaparte – waren nur berühmt, weil ihre Ehemänner es waren. Es ist wahrscheinlich kein Zufall, dass die Öffentlichkeit beide noch immer für Huren hielt.[5]

Als Erklärung für die Unsichtbarkeit von Frauen wie Barbe-Nicole und Clémentine hat die britische Schriftstellerin Virginia Woolf den schlichten Satz formuliert: »Die Anonymität liegt ihnen im Blut.«[6] Selbst eine von Barbe-Nicoles Zeitgenossinnen, Lady Bessborough – die in eine der bedeutendsten und politisch fortschrittlichsten Familien Großbritanniens hineingeboren worden war –, vertrat die Ansicht, dass »es keiner Frau ansteht, sich in ... ernste Dinge einzumischen, sondern höchstens ihre Meinung zu äußern (falls sie gefragt wird)«.[7] Barbe-Nicole verhielt sich ihrem Mann gegenüber zweifellos ähnlich. Kein Mann wollte, dass seine Frau ihm in geschäftliche Dinge hineinredete, vor allem dann nicht, wenn sie keine Ahnung davon hatte.

Auf welche Weise genau Barbe-Nicole, eine Frau, die für ein Leben in häuslicher Geborgenheit bestimmt war, die Grundlagen des Weingeschäfts erlernte, hat immer als großes Geheimnis gegolten. Denn eigentlich lebte sie in einem besonders ungünstigen historischen Augenblick. Ein Jahrhundert zuvor war es für Frauen aus der Mittelschicht keineswegs unmöglich gewesen, an der Leitung eines Familienunternehmens mitzuwirken. Die meisten Betriebe waren immer noch in Familienhand und wurden durch ein ausgedehntes Netzwerk enger Beziehungen geführt. Im Europa des 19. Jahrhunderts dagegen sorgten eine postrevolutionäre Warenkultur, das Aufkommen der internationalen Produktion und ein neues System moderner Gesetze – der Code Napoléon – im Zusammenspiel dafür, dass sich die Welt für Frauen deutlich verengte. »Bezeichnend für den Code Napoléon ist ein Vorurteil gegen Frauen in der Wirtschaft; er verwies sie auf ein ausschließlich der Reproduktion gewidmetes Leben«, schrieb die Historikerin Bonnie Smith.[8]

Doch der Code Napoléon war eine Schöpfung der ersten Jahre des neuen Jahrhunderts, und Barbe-Nicole, so könnte man meinen, hatte gerade noch rechtzeitig, im letztmöglichen Augenblick, ihr Leben als Gattin eines reichen

Industriellen begonnen. Der Industrialismus bedeutete bereits, dass sich in den meisten Familien Ehefrauen und Töchter mit dem Bereich des Salons begnügen mussten. Barbe-Nicoles elegante Schwester Clémentine, die schon bald von vier Kindern in Beschlag genommen war - von ihrem Sohn Balsamie und drei Stiefkindern -, sollte diese neue Häuslichkeit verkörpern. Barbe-Nicole hingegen trat in die Fußstapfen einer verblassenden Geschäftstradition, nämlich des unternehmerischen Familienmodells, das sowohl sie als auch François als Kinder altmodischer Geschäftsleute kennengelernt hatten. Die unterschiedlichen Lebensverläufe der beiden Schwestern lassen erkennen, wie rasch sich die Welt veränderte. Wäre Barbe-Nicole modebewusster oder hübscher gewesen, wäre ihr Weg ihr möglicherweise als zu großes Opfer erschienen. Ihre Entscheidung muss sie gerade in diesen ersten Jahren des Häuslichkeitskults zur sozialen Exzentrikerin gestempelt haben. Ich möchte auch die Vermutung wagen, dass Barbe-Nicole, wenn François Brüder gehabt hätte - wenn da mehr als nur der eine Sohn gewesen wäre, der das Familienunternehmen weiterführen konnte, und wenn ihr Interesse nicht einen gewissen Nutzen gehabt hätte -, niemals die unsystematische Ausbildung in geschäftlichen Dingen hätte genießen dürfen, die ihr zuteilwurde.

Zu Beginn, so vermute ich, war sie eine Art Resonanzboden für François. Er selbst verstand so gut wie nichts vom Geschäft mit dem Wein, als er diesen Erwerbszweig der Familie auszubauen begann. Und das war sicherlich ein entscheidender Faktor. Seine Phase der autodidaktischen Ausbildung fiel glücklicherweise mit den ersten Jahren ihrer Ehe zusammen, als sie einander erst allmählich kennenlernten. Wie das immer so ist bei zwei Menschen, die man zusammenwirft, suchten sie nach Dingen, über die sie sprechen konnten, und was wäre natürlicher gewesen, als über Wein und über François' Geschäftspläne zu reden?

Als 1801 die Nachricht eintraf, dass Frankreich in Lunéville einen Friedensvertrag unterzeichnet hatte, dürfte Barbe-Nicole also nicht überrascht gewesen sein, als François beschloss, sich als Handelsvertreter auf Reisen zu begeben. Weine international zu verkaufen bedeutete noch immer, jemanden schicken zu müssen, der die Bestellungen aufnahm, und anfangs sollte dieser Jemand François selbst sein. Der Frieden, so hofften sie, würde alles verändern. Seit dem Jahr ihrer Hochzeit hatte sich das Land im Krieg mit der zweiten Koalition befunden, mit Großbritannien, Österreich, Russland, dem Osmanischen Reich und mehreren italienischen Staaten. Nun, mit dem Frieden von Lunéville, war nur noch Großbritannien als erklärter Feind Frankreichs übrig geblieben, und im Frühling des Jahres sah es einen Moment lang so aus, als würde das Leben zur Normalität zurückkehren. Nach Jahren des Wartens schien es, als würden sich die abgeriegelten Märkte im Osten und Süden wieder öffnen. François war fest entschlossen, diese neuen Möglichkeiten zu nutzen.

Heute ist das Verkosten von Weinen ein äußerst lukrativer, millionenschwerer Zweig der Tourismusbranche, aber es waren diese Handelsreisenden, vor allem Ende des 18. Jahrhunderts – Männer wie François und seine Konkurrenten –, die die Weinverkostung als Verkaufsstrategie entwickelten.[9] Damals standen die Keller und Lagerräume noch nicht offen für Führungen, Verkostungen vom Fass und kulinarische Degustationen, und die Entwicklung von Weinmarken steckte noch in den Kinderschuhen. Die Kunden erwarteten nicht einmal, dass ihr Wein etikettiert und mit einer Herkunftsbezeichnung versehen war.[10] Bis solche Kennzeichnungen eingeführt wurden, sollten noch zwanzig Jahre vergehen. Beim Weinkauf musste man sich auf das Urteil und die Integrität der Handelsvertreter verlassen.

Diese Vertreter brachten in zunehmendem Maße die Erfahrung des Weinverkostens zu ihren Kunden und erkannten darin eine effektive Möglichkeit, Wein zu verkaufen (was sie ja auch heute noch ist). Mag François unterwegs auch unter rauen Bedingungen, zu Bruch gegangenen Kutschen, miserablen Gasthöfen und schlechtem Essen gelitten haben, wenn er einmal angekommen war, hatte er wenig Grund zur Klage. Ziel eines Vertreters für Wein war es, die verführerischsten und elegantesten Gastgeberinnen der Stadt ausfindig zu machen, sie mit Witz und Charme zu umschmeicheln und dazu zu bringen, den Wein seiner Firma zu servieren. Meistens gehörte dazu auch eine *dégustation* – die Verkostung einer wohlüberlegten Auswahl aus den besten Produkten des Hauses.

Als junge Mutter und nicht gerade stadtbekannte Schönheit zog es Barbe-Nicole mit Sicherheit vor, über diesen Teil der Geschäftstätigkeit ihres Mannes nicht weiter nachzudenken. Als François sich im Sommer 1801 zu einer ausgedehnten Reise aufmachte, die ihn nach Deutschland und in die Schweiz führte, war er monatelang unterwegs. In den Tagen vor der Ernte nahm Barbe-Nicole die Weinberge und die Reben in Augenschein. Sie war zweifellos auch bereit, das Geschäft im Auge zu behalten, falls ihr Schwiegervater sie an den neuesten Entwicklungen teilhaben ließ, denn sie hatte – auch wenn das noch niemand ahnte – den Geschäftssinn ihres Vaters geerbt.

Sie muss schon bald gemerkt haben, dass es noch weitere Frauen im Weingeschäft gab – die Gattinnen und Töchter all der anderen altmodischen Familienunternehmer. Weinberge waren schon immer eine Familienangelegenheit gewesen, und während sich die Textilmanufaktur zunehmend aus den Bauernhäusern in große Fabriken, wie ihr Vater sie besaß, verlagerte, hatte die Weinherstellung noch keine Industrialisierung erfahren. Tatsächlich hatten Frauen in dieser Branche – und insbesondere beim Verkauf von perlendem Champagner – spätestens seit der Mitte des 18. Jahrhunderts, als die Umsätze so dramatisch eingebrochen waren, eine wichtige Rolle gespielt.

Ironischerweise war die Tatsache, dass sich mit Champagner allem Anschein nach nicht das große Geld verdienen ließ, einer der Gründe, warum diese »Teilzeitunternehmerinnen« auf dem Markt eine so wichtige Rolle spielten. Schrumpfende Wirtschaftszweige boten von jeher Chancen für Frauen und andere Neulinge, die bereit waren, die Initiative zu ergreifen. In ihrem Buch *Women of Wine: The Rise of Women in the Global Wine Industry* hat Ann B. Matasar darauf hingewiesen, dass die regelmäßigen Einbrüche im Weinhandel Frauen hervorragende Gelegenheiten eröffneten, sich am Wiederaufbau der Branche zu beteiligen.[11] Zu einer Zeit, da man das große Geld in Wirtschaftszweigen verdiente, die im industriellen Maßstab betrieben werden konnten, und mit Waren, die sich massenhaft produzieren ließen, waren die Aussichten für Wein – und besonders für ein sorgfältig handgemachtes Produkt wie den Champagner – nicht gerade rosig.

Vielleicht war François als Vertreter unterwegs, als Barbe-Nicole zum ersten Mal von berufstätigen Frauen wie Dame Geoffrey hörte, einer Witwe aus der ebenso reizenden wie bürgerlichen Stadt Épernay, südlich der Marne inmitten einiger der besten Weinberge Frankreichs gelegen. Épernay gilt noch heute als die Hauptstadt des Champagners. Mit Sicherheit kannte Barbe-Nicole bereits die Güter der Familie Moët, deren Name aus dem Holländischen kam und Ende des 18. Jahrhunderts oftmals »Moette« ausgesprochen wurde. Jeder wusste, dass ihre perlenden Jahrgangsweine sie am vergnügungsfreudigen Hof König Louis' XV. berühmt gemacht hatten. Wie François und sein Vater beschränkten sich die Männer der Familie Moët auf den Vertrieb des Weins, sie produzierten ihn nicht selbst, sondern erwarben ihn fertig von kleinen örtlichen Winzern - oder Winzerinnen. Denn in diesem Gewerbe arbeiteten, wie Barbe-Nicole sicher bald feststellte, viele Frauen. Tatsächlich kaufte Familie Moët im 18. Jahrhundert fast fünfzig Prozent ihrer Weine bei Frauen ein. Eine der wichtigsten Lieferantinnen war die erwähnte Dame Geoffrey, die Witwe eines lokalen Steuereintreibers, die ausgedehnte Weinberge bewirtschaftete und ihren eigenen Wein produzierte.

Ebenso wird Barbe-Nicole die Geschichte der Witwe Germon gekannt haben, einer bedeutenden Weinhändlerin, die in den 1770er- und 1780er-Jahren jährlich mehrere Zehntausend Flaschen Champagner verkauft hatte.[12] Als Philippe Clicquot gerade sein kleines Unternehmen startete, war die Witwe Germon schon groß im Geschäft und füllte sogar eigene Schaumweine ab. Und natürlich wusste Barbe-Nicole von der Witwe Robert und der Witwe Blanc.[13] Die Witwe Robert betrieb ein bedeutendes Weindepot in Paris, wo die Händler ihre Weine lagern konnten, um sie problemlos an neue Kunden in der Hauptstadt liefern zu können. Familie Moët hatte die Dienste der Witwe Robert mehr als zwanzig Jahre lang in Anspruch genommen, und François hatte selbst gerade erwogen, einige Weine in Paris zu deponieren. Da er und sein Vater den Wein aber nicht selbst herstellten, mussten sie ihn irgendwo kaufen. Und zu ihren regelmäßigen Lieferanten gehörte die Witwe Blanc, eine Winzerin aus der Nachbarschaft.

Wenn nicht von diesen Frauen, so hörte Barbe-Nicole mit Sicherheit von anderen. Es gab Dutzende von ihnen. Die Dame Geoffrey war nur eine von fast zwanzig Kleinwinzerinnen aus Épernay, deren Namen im 18. Jahrhundert in den Rechnungsbüchern der Familie Moët auftauchen, über deren Leben wir jedoch wie bei so vielen Frauen aus dieser Zeit nichts oder nur wenig wissen. Niemand hat ihre Biografie geschrieben, was zum Teil damit zu tun hat, dass damals niemand die Ephemera ihres privaten Lebens für bewahrenswert hielt. Barbe-Nicole werden ihre Geschichten aber nicht verborgen geblieben sein. Im Gegenteil, in einer Kleinstadt wie Reims dürften sie zunehmend Missfallen erregt und Anlass zu Klatsch und Tratsch gegeben haben. Geschäftsfrauen – einst Teil der bürgerlichen Familienökonomie – galten schon bald als dreist und leicht anrüchig.

Frauen wie die Witwe Blanc und die Witwe Robert, die eine Generation älter waren als Barbe-Nicole, standen für die frühere Tradition der Familienunternehmen, und diese Tradition verblasste zusehends. Schon 1801 war der Umstand, dass Barbe-Nicole zumindest am Rande mit den geschäftlichen Belangen der Clicquots befasst war, eine Ausnahme, vor allem für eine Frau ihrer Herkunft. Nur zehn oder zwanzig Jahre später wäre es für sie wohl schlicht unmöglich gewesen, aktives Interesse am Geschäft ihres Mannes zu bekunden und Zugang zu den »Essentials« des Weinhandels zu erhalten. Dass die anderen Frauen im postrevolutionären Klima Kleinunternehmen betreiben konnten, hatte auch damit zu tun, dass sie der Arbeiterklasse oder der unteren Mittelschicht entstammten. Barbe-Nicole hingegen kam vom anderen Ende der sozialen Hierarchie. Die Historikerin Béatrice Craig, die das Leben der Frauen zur damaligen Zeit untersucht hat, fand heraus, dass »die Frauen von Fabrikanten mit geringerer Wahrscheinlichkeit berufstätig waren als die Frauen von Handwerkern«.[14] Der Zwang, die eigene Familie unterstützen zu müssen, obsiegte über die Erfordernisse weiblichen Anstands; die Arbeit war für diese Frauen eine Sache des finanziellen Überlebens.

Im Übrigen hatte Barbe-Nicole ja noch, was jede dieser Frauen vermisste: ihren Ehemann. Sie alle waren Witwen und gehörten damit zu der einzigen Gruppe von Frauen, denen die gesellschaftliche Freiheit gewährt war, ihre eigenen Geschäfte zu betreiben. Weil sie ihre Männer verloren hatten, durften sie ihre eigenen Entscheidungen treffen – aber wer hätte für diese Chance einen solchen Preis bezahlen wollen?

Dass François so bereitwillig mit seiner Frau über seine geschäftlichen Pläne sprach, hatte möglicherweise auch damit zu tun, dass er mit seinem Vater im Streit lag. Soweit wir wissen, waren die beiden völlig verschieden. Philippe Clicquot war ein vorsichtiger und konservativer Geschäftsmann, der sich nicht wirklich für das Vorhaben seines Sohnes begeistern konnte, den halben Kontinent zu bereisen und Luxusweine an Leute zu verkaufen, die jahrelang unter einer Wirtschaftskrise gelitten hatten. Und selbst wenn es François gelang, die Verkäufe zu tätigen, war da immer noch das Problem, wie die bestellte Ware transportiert werden sollte. François aber war fest davon überzeugt, dass die Chancen gut stünden, und weg war er. Es gelang ihm sogar, genügend Geschäftsabschlüsse zu erzielen, sodass sein Vater die Reise nicht als Reinfall abtun konnte, und er machte – wenn auch durch reinen Zufall – unterwegs in Basel eine Entdeckung, die für die Zukunft des familiären Weinhandels von größter Bedeutung sein sollte.

Diese Entdeckung trug den Namen Louis Bohne. Bohne war ein Handelsreisender aus Mannheim, kleingewachsen, beleibt und rothaarig, aber von außergewöhnlicher Geschäftstüchtigkeit.[15] Er beherrschte ein halbes Dutzend Sprachen, hatte ein enormes Zahlengedächtnis und war – das Wichtigste – vom Weinhandel der Familie Clicquot sogleich genauso begeistert wie François selbst.

Als François nach Reims zurückkehrte, musste er eingestehen, dass sich Deutschland und die Schweiz als enttäuschende Märkte erwiesen hatten, doch glaubte er, Chancen, ja am Horizont eine glänzende Zukunft zu erkennen. Insbesondere im Frühjahr 1802 gab es gute Gründe, hoffnungsfroh zu sein. Im März wurden mit dem Frieden von Amiens die Wirtschaftsbeziehungen auch mit Großbritannien wieder aufgenommen, und zum ersten Mal seit fast einer Generation herrschte in Frankreich Frieden. François Clicquot und Louis Bohne entwickelten den großangelegten Plan, auf der britischen Insel Wein zu verkaufen.[16] Sie waren sicher, dass es dort einen noch nicht beackerten riesigen Markt gab, der nur auf französische Produkte wartete. Auf den ersten Blick lagen sie damit gar nicht falsch. Nach dem Ende des Krieges und nach Jahren, in denen Luxusgüter wie Weine oder Seide aus Frankreich verbotene Schmuggelware gewesen waren, lechzten die Menschen auf der Insel nach diesen Freuden, und die beiden Kompagnons waren entschlossen, sich ihren Teil an dem Geschäft zu sichern.[17] Im ersten Rausch der gemeinsamen Begeisterung machte sich Bohne auf nach London, um Kunden für die exquisiten Weine der Firma zu werben, während François nach Reims zurückkehrte, um sich dort ums Geschäft zu kümmern.

Die Briten nun waren zwar begierig auf französischen Wein, doch ließ sich Champagner nicht so leicht verkaufen.

London war Ende des 17. Jahrhunderts die Geburtsstätte des Champagnerhandels gewesen, und in den 1770er-Jahren, als François' Vater seinen kleinen Weinhandel eröffnete, hatte es noch einmal eine kurze Phase gegeben, in der dieser besondere Schaumwein in Mode war. Seit den Tagen der Revolution jedoch war die Leidenschaft der Briten für das perlende Getränk stark abgekühlt. Nachfrage bestand allein nach der deutlich sanfter prickelnden Sorte namens *crémant* und nach den edelsten Stillweinen aus der Region.[18] Kurzzeitig waren auch wieder die vorzüglichen Rotweine interessant, die aus Trauben von den südlichsten Hängen der Montagne de Reims hergestellt wurden.

Im berühmtesten dieser Dörfer, in Bouzy, besaß die Großmutter von François einen Hof und weitläufige Weinberge. Aus den dort wachsenden Trauben wurde häufig ein leichter Rotwein hergestellt, von dem ein Teil in den folgenden Jahren wahrscheinlich den Weg nach London fand. Neugierige Weinliebhaber können heute einen sehr ähnlichen Wein probieren, da *Bouzy rouge* in der Champagne noch immer produziert wird. Er ist eine Rarität, und nach meiner Erfahrung schwankt die Qualität, abhängig vom Hersteller, extrem. Doch ganz gleich, wer ihn produziert - und wie gut oder wie schlecht -, *Bouzy rouge* erzielt die gleichen stolzen Preise wie Champagner. Die Weinbaugesetze begrenzen nämlich streng das Gesamtgewicht der Trauben, die in der Champagne geerntet werden dürfen. Der Rotwein aus Bouzy ist deshalb so teuer, weil er aus Trauben gemacht wird, die andernfalls Eingang in einen der berühmten Schaumweine der Region gefunden hätten.

Während wir einen *Bouzy rouge* noch immer genießen können, ist der echte *crémant* aus der Champagne heute verboten. Die strengen Vorschriften, mit denen die Weinetikettierung geregelt ist – ein System namens AOC (*appellation d'origine contrôlée*) –, sorgen dafür, dass renommierte Weinbaugebiete wie die Champagne ein geografisches Monopol auf bestimmte Bezeichnungen besitzen. Der Begriff *crémant* gehört jetzt jemand anderem, was die kommerzielle Herstellung von *crémant* in der Champagne verhindert, obwohl dieser bemerkenswerte Perlwein mit seinem milchigen Schaum ursprünglich aus dieser Gegend stammte.

Trotz der großen Hoffnungen und der sich öffnenden ausländischen Märkte war Louis Clicquots Abstecher nach Großbritannien ein Desaster. Zwar kauften viele Leute französische Weine, aber als Neuling auf diesem Markt Fuß zu fassen erwies sich als unmöglich. Verkaufserfolge hingen davon ab, dass man Zugang zu Adelskreisen bekam, zu Leuten, die genügend Geld hatten, um sich außergewöhnlich teure Weine leisten zu können. Und eine durchschnittliche Flasche Champagner war nun einmal teuer. Sie kostete locker drei bis vier Franc – mehr als die Hälfte des Wochenlohns derer, die an seiner Herstellung beteiligt gewesen waren.[19] In heutiger Währung entspricht das etwa fünfundvierzig bis sechzig Euro pro Flasche. Es würde Jahre dauern, um diesen Kundenkreis zu erschließen, und bis dahin hatten die Konkurrenten den Markt unter sich aufgeteilt. Herzöge und ihre Gemahlinnen öffneten Handelsvertretern nicht gern ihre Türen, selbst wenn sie edle Weine im Gepäck hatten.

Zu den Konkurrenten, die den Champagnerverkauf in Großbritannien beherrschten, gehörte Familie Moët, der damals Jean-Rémy Moët vorstand. Die Porträts, die von ihm überliefert sind, lassen darauf schließen, dass er in jungen Jahren ein adretter und hübscher Kerl war.[20] Familie Moët vertrieb den lokalen Schaumwein seit den

Boomzeiten der 1730er-Jahre, doch wie die gesamte Branche hatte auch sie zu kämpfen.[21] Neulinge wie François, deren Unternehmen keine vierzig Jahre anhaltende Rezession auf dem Weinmarkt hatten verkraften müssen, verfügten oft sogar über größere finanzielle Mittel als ihre etablierten Rivalen.

Vielleicht hatte es mit den Kontakten der Familie Moët nach England und der Vorliebe für *crémant* zu tun, dass François und sein Vater, kurz nachdem Louis Bohne mit seinen erbärmlichen Verkaufszahlen zurückgekehrt war, einige ihrer Bestände des Jahrgangs 1800 an Moët veräußerten. Michel Etienne, der die Geschäftsbücher der Firma Veuve Clicquot genauestens studiert hat, fand dort einen Hinweis, dass zwei- oder dreitausend Flaschen fast schalen Champagners, der aus den hochwertigen Trauben aus Aÿ hergestellt worden war, an die Firma Moët verkauft wurden.[22] Vielleicht hatte François erkannt, dass solcher Wein nur in England Abnehmer finden konnte, und, da sie selbst dort keine Bestellungen hatten an Land ziehen können, beschlossen, die Ware weiterzugeben.

Insgesamt gesehen muss François angesichts der Resultate seiner ersten Jahre im Weingeschäft entmutigt gewesen sein. Entgegen seinen Hoffnungen waren die Umsätze bescheiden, und die Ergebnisse des Ausflugs nach London ließen sich gegenüber dem wachsamen Vater nicht schönreden. Jetzt aber, mit dem wiedergewonnenen Frieden, konnte alles nur besser werden, und auch wenn sich Philippe Clicquot sträubte, die Kontrolle über die Firma abzugeben, war es für ihn nun an der Zeit, den Weg für seinen Sohn freizumachen. François verfügte über ein gehöriges Maß an Energie und über eine Vision, und er hatte sich ja bisher auch nicht schlecht geschlagen. Überdies war Philippe Clicquot mit seinen zweiundsechzig Jahren ein wenig müde. So zog er sich im Sommer 1802 aus dem Tagesgeschäft zurück, und François war erstmals allein dafür verantwortlich, welche Richtung das Unternehmen einschlug.

Das Schicksal wollte es, dass François' erstes Jahr an der Spitze eine Katastrophe war. Diesmal lag es nicht an ausbleibenden Bestellungen. Nach der Enttäuschung in London hatte sich Louis Bohne wieder Mitteleuropa zugewandt, wo er sich weit besser auskannte. Im Sommer kehrte er mit soliden Bestellzahlen für die Weine, die im Herbst geerntet werden sollten, von seiner langen, durch mehrere Länder führenden Reise zurück.

Das Problem aber war nun, dass sie die Kundenwünsche wahrscheinlich nicht würden erfüllen können. Das Wetter hatte sich in diesem Jahr gegen die Weinhändler der Champagne verschworen. Die letzten Monate der Wachstumsperiode waren 1802 so heiß, dass die Trauben an den Weinstöcken verdorrten. Es war der Beginn einer drei Jahre währenden Phase ungewöhnlich heißer und trockener Sommer, die in ganz Europa zu verheerenden Ernteausfällen führten. Diesen ersten Sommer weilte der englische Dichter William Wordsworth zusammen mit seiner Schwester Dorothy in Frankreich, und Dorothy hielt in ihrem Tagebuch die unerträglichen Temperaturen fest. Selbst in einem Seebad wie Calais war die Hitze kaum auszuhalten: »Tagsüber sehr heiß«, schrieb sie, »das Meer war düster ... überall zuckende Blitze ... [und] nachts kein kühlendes Lüftchen.«[23]

Ende August wusste François, dass die Hitzewelle Auswirkungen auf sein Geschäft haben würde. »Seit Menschengedenken«, schrieb er an einen Freund, »hat es kein so missliches Jahr gegeben.«[24] In fast einem Drittel der

Champagne fiel die Ernte in diesem Jahr ganz aus. Familie Clicquot stand wie all die anderen Händler der Gegend unter gehörigem Druck, genug Wein zu beschaffen, um die Bestellungen, um die sie so hart gerungen hatten, erfüllen zu können. In diesem Jahr floss der gesamte Gewinn an jene Händler und Zwischenhändler, die weitsichtig genug gewesen waren, sich beträchtliche Reserven zuzulegen.

In diesen frühen Tagen der Weinindustrie in der Champagne verfügte nur eine Handvoll Händler über derartige Bestände. Die meisten Leute, die mit Wein handelten, kauften ihn wie François direkt bei den Winzern der Gegend. François bezog seinen Wein gewöhnlich in Flaschen, während einige Unternehmer dazu übergegangen waren, Fassweine zu kaufen und dann selbst in Flaschen abzufüllen, was ein erhöhtes Risiko mit sich brachte, aber auf höhere Einnahmen hoffen ließ. Niemand wollte seine Weine längere Zeit lagern, es sei denn, es war notwendig. Viele Weine aus der Region, vor allem die, die an den Ufern der Marne wuchsen, standen in dem Ruf, nicht besonders gut zu altern. Selbst heute ist es nicht ratsam, Champagner lange aufzubewahren.

Die Winzer hatten die schwindenden Qualitäten der lokalen Weine schon im 17. Jahrhundert erkannt. Die Pinot-Meunier-Traube, die entlang der Marne wuchs, war besonders kurzlebig, auch wenn sie einen süffigen, zarten Wein ergab. Perfiderweise waren die besseren Weine auch die empfindlichsten. Edle und schwere Weine, die höchst subtile Aromen aufwiesen und aus der allerersten Pressung stammten – der *cuvée* –, waren köstlich, aber fragil. In Fässern hielten sie sich in den Weinkellern höchstens ein oder zwei Jahre.

In den meisten Fällen war es also ratsam, die Weine rasch zu verkaufen und zu konsumieren. Das Risiko, dass sie verdarben, und die Lagerkosten ließen den meisten Händlern den Gedanken, größere Mengen vorrätig zu halten, wenig attraktiv erscheinen. Erst im 18. Jahrhundert wurden die Weine in der Champagne in Flaschen abgefüllt, wodurch die Händler die Lebenszeit ihres Produkts während der Krise der Branche um ein paar Jahre verlängern konnten. Philippe hatte das Familienunternehmen aufgebaut, indem er die besten dieser Bestände verkaufte.

Wagemutigere Winzer verwandelten den Flaschenwein mitunter in Schaumwein, weil sie hofften, dadurch einen Mehrwert zu erzielen. Diese Strategie war allerdings mit großen Risiken verbunden, vor allem bei warmem Wetter. Während des heißen Sommers 1747 musste beispielsweise Allart de Maisonneuve erleben, dass mehr als achtzig Prozent seiner Flaschen - Wein für rund hundertfünfzigtausend Euro in heutiger Währung - quasi über Nacht einfach geplatzt waren.[25] Und während der Hitzewelle, die die Champagne 1802 erfasste, sah es nicht viel besser aus.

Inmitten dieses verheerenden Sommers, als die meisten Winzer nach einem ganzen Jahr Arbeit mit leeren Händen dastanden, bemerkte Barbe-Nicole, dass ihr Mann von einer neuen Idee besessen war. Sie hatte stets eine gefährliche Schwäche für Männer mit Spielernaturen - vielleicht, weil sie einen solchen geheiratet hatte. Seine Hingabe war jedenfalls belebend. Als es hart auf hart kam, wollte François alles wagen - und das Familienunternehmen neu erfinden. Ein intimer Kenner der Firma hat später beschrieben, wie François »die benachbarten Weinberge besuchte, in alle Keller hinabstieg, verglich, abwog, vermittelte und schließlich den Grundstein für ein völlig anderes Geschäftsmodell legte«.[26] Er wollte sich nicht länger mit den bescheidenen Kommissionen eines Händlers zufriedengeben, sondern die Einsätze erhöhen. Trotz der

Risiken - und obwohl er wusste, was die erfahreneren Geschäftsleute in der Stadt denken mussten - war François entschlossen, von nun an seine eigenen Weine in Flaschen abzufüllen. Aber wie immer sollte sich sein »Timing« als katastrophal erweisen.

Die Herstellung der Cuvée

Das Exemplar von Jean-Antoine Chaptals Abhandlung *Art de faire, de gouverner, et de perfectionner les vins*, das sich in der Sonoma County Public Library findet, stammt aus dem 19. Jahrhundert.[1] Es handelt sich um ein schmales, fest gebundenes Konvolut von vergilbtem Papier, bedruckt mit der engen und unscharfen Schrifttype, wie sie für billige Bücher vom Anfang des 19. Jahrhunderts typisch ist. Es war allerdings ein Büchlein wie dieses, das François 1802 dazu brachte, das Schicksal des Familienunternehmens mit einer neuen Abfüllmethode in Flaschen zu verbinden. *Art de faire, de gouverner, et de perfectionner les vins* ist als »entscheidender Wendepunkt in der Geschichte der Weinherstellung« bezeichnet worden.[2] Die Abhandlung wurde im Jahr zuvor veröffentlicht, und mit Sicherheit besaßen François und Barbe-Nicole ein Exemplar. Gerade als François seine ersten Experimente machte, Weine im familiären Keller zu mischen und in Flaschen abzufüllen, wies Napoleon die Präfekten sämtlicher französischer Départements an, jedem im Weingeschäft Tätigen ein Exemplar dieses Buches zukommen zu lassen.[3]

Mit seiner schmalen wissenschaftlichen Abhandlung veränderte Chaptal die Weinproduktion. Wie François und Barbe-Nicole wussten, lag das größte Hindernis für die kommerzielle Integration des Produktionsprozesses in der Trennung von Weinbauern und Weinhändlern. Das Problem für François' neuen, groß angelegten Plan war, dass die Winzer über alle Fertigkeiten verfügten: Sie stellten die Weine her und füllten sie zumeist auch in Flaschen ab. Da dies den Geldwert der Weine deutlich erhöhte – oft auf das Dreifache dessen, was derselbe Wein beim Verkauf im Fass erbracht hätte[4] –, brannte François darauf, das Abfüllen selbst zu versuchen. Er und Barbe-Nicole benötigten dringend das Wissen, das aus generationenlanger Erfahrung in den Weinbergen entstanden war.

Die Weinproduktion in Frankreich war bestimmt von reichhaltig überliefertem Sachverstand, und nirgends galt die »Volksweisheit« mehr als bei der Produktion dieses komplexen und geheimnisvollen Schaumweins namens *vin mousseux*. Die Winzer beobachteten die Sterne auf der Suche nach Anzeichen für eine gute Ernte und warteten traditionellerweise bis zum ersten Vollmond im März, ehe sie mit der Flaschenabfüllung des Champagners begannen. Laut Volksglauben hatte der Frühjahrsmond die Macht, in den Flaschen eine wahre Flut von Bläschen zu erzeugen.[5] Andere setzten ihr Vertrauen in eine höhere Macht. Wer Reims im Januar besucht, kann noch heute das feierliche und altehrwürdige Fest des heiligen Vinzenz, des Schutzpatrons der Winzer, miterleben.[6] An einem windigen Winternachmittag stieß ich unerwartet auf diese Prozession und beobachtete frierend, wie rund tausend Winzer in scharlachroten Mänteln und mit weißen Mützen schweigend vom Hôtel de Ville zur Basilika von Saint Rémi zogen und die kleine Figur eines Ernteheiligen vor sich hertrugen. Es erinnerte auf bewegende Weise daran, mit welcher Ehrfurcht die Menschen in der Champagne stets die Geheimnisse der Weinherstellung gehütet haben.

Die feineren Details dieses überlieferten Wissens gehörten nicht zu der persönlichen Erfahrung, die François in seine neue Tätigkeit einbrachte, und dass ihm die geheimen Traditionen ganzer Winzergenerationen bei der Umsetzung seines Plans würden helfen können, war unwahrscheinlich. Zwar hatte er in den Jahren der Ausbildung bei seinem Vater natürlich einiges über das Herstellen und Verkaufen von Wein gelernt, aber der Handel war nicht dasselbe wie das Handwerk. Was François brauchte, waren verlässliche technische Informationen über die Weinherstellung, damit er weniger abhängig von der Erfahrung und den Kenntnissen der Weinbauern war, die aus den Trauben edle Weine machten.

Und genau diese Informationen lieferte Chaptals Abhandlung *Art de faire, de gouverner, et de perfectionner les vins,* die eine elegante Synthese des gesamten theoretischen und praktischen Wissens war, das man damals über die Weinherstellung besaß, und massenhaft verbreitet wie bis dahin kein zweites Buch über Weinbau. Zu Chaptals bedeutsamsten und berühmtesten Entdeckungen gehört noch immer, dass er das chemische Verhältnis zwischen Zucker, Gärung und Alkohol quantifizieren konnte. Zwar wussten die Winzer seit dem 17. Jahrhundert, dass Zucker für den Champagner wichtig ist, doch das Verfahren, dem Most Zucker zuzusetzen, um einen besseren Wein zu erhalten, ist heute nicht von ungefähr unter dem Begriff der »Chaptalisierung« bekannt. Chaptal hatte seinen Lesern aber noch weitere Ratschläge zu bieten, von der Reinigung der Flaschen bis hin zum Verkorken des Champagners. Für jeden Neuling im Geschäft war seine Abhandlung von unschätzbarem Wert.

Auch wenn es seltsam erscheinen mag, dass Napoleon diese Schrift just zu dem Zeitpunkt verteilen ließ, als François und Barbe-Nicole dabei waren, neue Wagnisse im Weingeschäft einzugehen – ein Zufall war das nicht. Für Napoleon war Chaptals Buch Teil einer neuen Regierungsinitiative, durch die die Wein- und vor allem die

Champagnerindustrie in Frankreich ausgebaut werden sollten. Wie jeder wusste, hatte Napoleon eine Schwäche für Schaumweine und für die Unternehmer, die ihn damit versorgten. Es kursierten Berichte von wahnwitzig opulenten Abendempfängen in Paris, auf denen die Gäste in einer Nacht tausend Flaschen leerten.[7] Vielleicht erinnerte sich Napoleon auch mit Freuden an die Kalkböden und gewellten Hügel der Region, in der er seine Kindheit verbracht hatte.[8] Vielleicht genoss sein alter Freund Jean-Rémy Moët noch immer sein Vertrauen. Champagner war jedenfalls eine von Napoleons Leidenschaften, und mit dem gleichen Reformeifer, mit dem er das französische Rechtssystem modernisierte und die Straßen instand setzen ließ, ergriff er auch eine Reihe von Initiativen, die das Ziel hatten, die französische Weinproduktion zu einer treibenden Kraft für die Wirtschaft des Landes zu machen. Chaptals Buch war ein Teil dieses Plans, und fundiertes Wissen spielte – neben einigen attraktiven Anreizen vonseiten der Regierung – für François Clicquot zweifellos eine wichtige Rolle.

Doch obwohl er eifrig bei der Sache war und kurz zuvor der Frieden wieder Einzug in Frankreich gehalten hatte, erwies sich das neue Unternehmen als ein nur langsam in Gang kommendes, mühevolles Geschäft. Es sollte mehr als ein Jahr dauern, bis es 1803 seine ersten »Hausweine« auf den Markt bringen konnte. Vielleicht dämmerten François allmählich die enormen Risiken, die mit der Produktion von eigenem Champagner verbunden waren, und er war verunsichert durch seinen rasanten, ihm von der Sache selbst aufgenötigten Lernprozess; jedenfalls beschloss er, die Produktion auf fünfundzwanzig Prozent der jährlichen Bestände zu begrenzen.

Eine gewisse Zurückhaltung an den Tag zu legen war nicht die schlechteste Idee. Als Novizen in Sachen Weinabfüllung mussten die Clicquots noch eine ganze Menge lernen. Wahrscheinlich konsultierte François neben Chaptals Anleitung noch andere Bücher wie Jean Godinots *Manière de cultiver et de faire le vin en Champagne* oder Nicolas Bidets *Traité sur la culture des vignes, sur la façon du vin, et sur la manière de le gouverner.*[9] In den Weinkellern konnten er und Barbe-Nicole Monsieur Protest, den Kellermeister des Unternehmens, um Rat fragen. Auf seinen Schultern (und auf denen der anderen Kellereiarbeiter) sollte ja letztlich die gesamte mühsame Arbeit der Mischung und der Abfüllung lasten. Und sie vertrauten auf Louis Bohne. Er wusste, was die Kunden wollten.

Abgesehen von der geringen Menge an Wein aus Trauben, die von familieneigenen Weinbergen stammten, gab es in diesem Sommer keinerlei Pläne, mit der Produktion von Weinen gleichsam bei null zu beginnen. François kaufte seine Grundweine wie immer im Fass von den Winzern. Doch einen Teil dieses Weins wollte er nun mischen und in Flaschen abfüllen, um ihn anschließend entweder als luxuriösen Stillwein oder als perlenden Champagner weiterzuverkaufen. Also hing die Herstellung exzellenter Weine in seinen Kellern davon ab, dass er die Fassweine mit der bestmöglichen Qualität fand.

Was Barbe-Nicole in den ersten Jahren ihrer Ehe in Sachen Weinherstellung lernte, entzündete in ihr eine Leidenschaft, die ein Leben lang anhalten sollte. Auch wenn sie sich mit einem Platz an der Seitenlinie begnügen musste, während François die finanziellen Entscheidungen traf, war sie doch fest entschlossen, sich nicht von den Weinbergen fernhalten zu lassen. Die Familienlegende berichtet, dass Barbe-Nicole in diesen heißen, trockenen Sommern frühmorgens François begleitet habe, wenn er durch die Felder der Champagne fuhr und sich um das

Schicksal der Ernte sorgte. Sie hätten immer wieder angehalten, um nach dem Reifestadium der Trauben zu sehen oder sich mit denen zu unterhalten, die das Land und das Handwerk der Weinherstellung am besten kannten: den wettergegerbten Winzern und Bauern. Im Herbst fand dann die Lese statt – *vendage* auf Französisch. Nach lokalem Brauch dauerte sie zwölf Tage, und die Arbeit begann im Morgengrauen.[10] Am besten waren die Trauben, wenn man sie in den kühlen, nebligen Morgenstunden erntete, weil dann die Feuchtigkeit des Taus für pralle Früchte voller Saft sorgte. Für die Champagnerproduktion waren die frühen Stunden sogar entscheidend, hing doch das Zustandekommen des *vin gris* – eines Weißweins aus roten Traubensorten – davon ab, dass die Trauben ungetrübt von der Farbe der Schale sofort und sanft gekeltert wurden.

Barbe-Nicole war bei Sonnenaufgang zur Stelle. Ihr Lieblingsausflug zu Zeiten der Weinlese führte sie in das Dörfchen Bouzy, wo sie zuschauen konnte, wie die Erntearbeiter die in den Weinbergen der Familie gewachsenen Trauben einsammelten.[11] Besitzerin der Rebstöcke war François' Großmutter, und der Lagerraum auf dem Grundstück verfügte über eine moderne Weinpresse, die im Jahr 1780 gebaut worden war und heute zu den ältesten noch erhaltenen Pressen der Champagne zählt. Hier saß Barbe-Nicole stundenlang und sah zu, wie die Trauben langsam und sanft gekeltert wurden.

Am glücklichsten war sie, wenn sie sich genauer mit dem Wein befassen konnte. Wenn die Körbe von den nahe gelegenen Feldern eintrafen, wurden die Trauben sorgfältig auf dem Boden der Presse verteilt, und beim langsamen Knarren des schweren Holzes und beim Duftgemisch aus Seilen und warmen Früchten konnte sie das zarte Aroma der ersten Pressung erahnen. Der Saft aus dieser ersten

Kelterung war leicht, hatte wenig Körper, war aber eine große Gaumenfreude mit allen Voraussetzungen, eine exzellente Komponente des fertigen Weins zu ergeben. Dieser Wein, der auch unter der Bezeichnung *vin de goût* bekannt war, wurde aus dem Saft gemacht, der sogleich aus den Trauben floss, wenn das schwere Holz der Presse nur ganz sanft auf den Früchten ruhte. Allein für sich konnte er nicht exportiert werden. Er sorgte für einen vorzüglichen Jahrgang, aber er hatte nicht genügend Körper, um unvermischt zuverlässig zu altern oder transportiert werden zu können. Es liegt nicht zuletzt an der fragilen Natur des feinsten Traubenmosts, dass gesagt wird, die Franzosen würden ihre besten Weine niemals exportieren.

Nachdem der Most der Cuvée, grob gefiltert durch geflochtene Siebe, in Fässer umgeleitet worden war, begann die *première taille*, der erste Schnitt.[12] Der Mann an der Presse drehte sanft an der Maschine und erzeugte gerade so viel Druck, wie nötig war, um die Trauben aufzubrechen – zu »schneiden« – und ihnen mehr von ihrem reifen Saft abzugewinnen. Die *première taille* ergab, was manchen als der wertvollste Saft der Trauben gilt – einen feinen und vollaromatischen Most, verheißungsvoll und stark genug, um vorzüglich zu altern.

Für jede weitere Pressung musste der Druck auf die Trauben verstärkt werden, was natürlich Auswirkungen auf die Qualität hatte. Die nächste Pressung war die *deuxième taille*, der zweite Schnitt. Sie ergab einen reinen Saft mit vollem Körper, oft von der gelbbraunen Farbe, die man als »Rebhuhnauge« bezeichnet. Barbe-Nicole wusste, dass die Winzer für einen höherwertigen Wein nur den Saft dieser ersten drei Pressungen verwenden konnten. Beim vierten und fünften Schnitt war der Most schon rötlich und bitter. Die meisten damals gängigen Fassweine waren eine Mischung aus dritter, vierter und fünfter Pressung, und sie wurden billig und so rasch wie möglich verkauft.

Die Clicquots hatten auch in Verzenay und in Chigny-la-Montagne familieneigenen Grundbesitz, sodass Barbe-Nicole auch dort die wichtigsten Dinge über die Gärung und Klärung von Fassweinen gelernt haben könnte. Zwar war François auch weiterhin davon abhängig, dass andere die Rohweine herstellten, die er mischte und in Flaschen abfüllte, doch als Weinhändler und Spekulant hatte er schon früh gelernt, wonach man einen gelungenen Jahrgang beurteilte.

Nach der Lese begann der natürliche Prozess der Gärung. Dafür wurde der Most umgefüllt und, nachdem sich die verbliebenen Schalenpartikel am Boden abgesetzt hatten, ein zweites Mal in ein neues Behältnis gegossen. Da die Herstellung von Spitzenweinen großes Geschick und auch ein wenig Glück erfordert, kannten die Winzer viele Tricks, um die Gunst zu beflügeln. Einer dieser Tricks kann auch heute noch zu Kopfschmerzen führen. Die Winzer räucherten nämlich - in der Hoffnung, auf diese Weise einen hellen, klaren Wein zu erzeugen - ihre Fässer mit »Brennstein«, indem sie vorsichtig einen brennenden Lappen, den sie zuvor in Schwefel getaucht hatten, in das Fass hielten. Ohne Wissen um die Zusammenhänge waren diese frühen Winzer einer Erkenntnis auf der Spur. Noch heute nutzen Weinproduzenten die antiseptischen Eigenschaften des Schwefels, um zu verhindern, dass die natürlichen Bakterien, die bei der Gärung am Werk sind, zu viel des Guten tun und den Wein ruinieren. In vielen Weinen finden sich deshalb Sulfite, die für bessere Haltbarkeit sorgen. Wer Pech hat, bekommt jedoch rasende Kopfschmerzen davon, und ein geringer Prozentsatz der Bevölkerung reagiert sogar mit einer lebensbedrohlichen Allergie.[13]

Die nächsten drei Monate durfte der Most auf natürliche Weise in den Fässern gären und sich allmählich zu einem spritzigen Jungwein entwickeln. Da in ihm jedoch noch immer die abgestorbenen Hefezellen und andere organische Reste schwammen, taugte er nicht zum eleganten Trinkwein. Manchmal war es relativ einfach, ihn zu klären. Am besten ließ sich dies durch das sogenannte Abziehen bewerkstelligen, das auf dem Prinzip der Schwerkraft beruht. Der Wein wurde von einem Fass in ein anderes umgefüllt, sodass der Bodensatz zurückblieb. Waren die Keller kühl genug, sanken alle Trubstoffe auf den Grund, und darüber stand ein klarer und appetitlicher Wein.

Meistens jedoch waren die Weine noch immer trüb, und sie in diesem Stadium zu klären war ein gewagtes Unterfangen, das einiges Geschick erforderte. Ließ sich der Wein nicht auf einfache Weise von den Trubstoffen befreien, mussten die Winzer auf die *colle* zurückgreifen – eine geheime Mischung, die man zusetzte, um die Partikel vom Wein zu trennen. In trüben Weinen waren gewöhnlich schwebende Gerbstoffe oder Hefezellen das Problem, und als Lösung galt hier eine *colle* aus Eiweiß oder Gelatine. Mitunter verwendeten die Winzer auch Milch, Sahne oder Blut. Oder sie setzten eine im Handel erhältliche Mischung namens »Pulver Nummer drei« zu, die wahrscheinlich aus unappetitlichen Zutaten hergestellt war, sich aber gerade für die Champagnerherstellung als besonders geeignet erwies.[14]

Eine solche *colle* wirkt im Grunde wie ein positiv aufgeladener chemischer Magnet, der die negativen Partikel anzieht und sie zu einer großen Masse sammelt, die sich bei Abkühlung am Fassboden absetzt. Wer sich schon einmal an einer französischen Consommé versucht hat, der weiß, dass eine Mischung aus Rindermark und Eiweiß dazu verwendet werden kann, eine vollkommen klare Brühe von ausgezeichnetem Geschmack zu kreieren.[15] Die Gerinnungsmittel fangen noch die kleinsten Unreinheiten in einer wenig appetitlichen Masse ein. Und das Prinzip ist genau dasselbe wie bei der Weinherstellung.

Zu den Dingen, die François am meisten frustrierten - nun, da er vorhatte, seinen eigenen Champagner abzufüllen -, gehörte das Problem, die Weine kristallklar zu erhalten. Dafür gab es keine einfache Lösung. Denn eine zweite Gärung in der Flasche - bei der die hinzugegebene *liqueur de tirage*, eine Mischung aus Zucker und Hefe, langsam in Alkohol und Kohlensäure umgewandelt wird - ist nötig, damit das lebhafte Prickeln des Champagners entsteht. Dieser Prozess zieht jedoch weitere abgestorbene Hefezellen nach sich, die man im 19. Jahrhundert ebenso wenig appetitlich fand, wie wir das heute tun.

Wie bei den Fassweinen konnte sich der immer zeitaufwendige Klärungsprozess auch beim Champagner in äußerster Trägheit vollziehen. Nachdem die Flaschen ein Jahr lang liegend in den Kellern verbracht hatten, um Bläschen zu bilden, musste man einen Weg finden, die in der Flasche gefangenen Rückstände zu entfernen. Am einfachsten war es, wenn man auf die Schwerkraft setzte. Der Prozess trug den Namen *transvasage*, und man kann ihn sich wie den Abstich von Weinen, nur eben in der Flasche, vorstellen. Die Kellereiarbeiter konnten den Wein einfach von einer Flasche in eine andere umfüllen, wobei die Trubstoffe zurückblieben. In der Theorie funktionierte das auch, nur konnte sich das Perlen des Weins durch das viele Umschütten nicht wirklich verstärken.

Die andere Möglichkeit, die Restpartikel zu entfernen, wurde als *dégorgement* bezeichnet. In Weinhandbüchern des 19. Jahrhunderts wird dieses Degorgieren als ziemlich mühselig beschrieben. Der Kellereiarbeiter musste die Flasche auf den Kopf stellen und den Korken einen Moment lang entfernen, damit ein bisschen Wein und die gesamten Rückstände aus der Flasche schossen. Dazu brauchte man ein gutes Auge, um das Sediment zu erkennen, und einen geschickten Daumen, um die Flasche schnell wieder zu verschließen, ehe der ganze Wein sich auf den Boden ergoss und eine teure Pfütze bildete.[16] Wenn man das Flasche für Flasche machte, war das Degorgieren des Champagners ein zeitaufwendiger und kostspieliger Prozess. Und trotz der modernen Fortschritte in der Weinproduktion ist er noch immer ein Grund dafür, dass Champagner meist nur zu Luxuspreisen zu haben ist.

Es wäre vermessen, sich eine einfache Lösung für diesen Bodensatz zu wünschen - was darauf hinausliefe, sich viel billigen Champagner zu wünschen. In Wirklichkeit sind diese störenden Rückstände entscheidend für die Entstehung großer Schaumweine. Denn in dem Zeitraum von gut einem Jahr, in dem die Flaschen im Keller ruhen, lässt die Gärung mehr entstehen als nur Alkohol und Bläschen: Sie sorgt auch dafür, dass sich die Hefezellen in einem chemischen Prozess namens Autolyse auflösen.[17] Die Autolyse beginnt, wenn der Wein in Kontakt mit den Enzymen bleibt, die während des Zersetzungsprozesses auf natürliche Weise entstehen - mit anderen Worten: wenn ein Wein im Prozess des Alterns noch abgestorbene Hefezellen enthält. Weinproduzenten nennen dies liebevoll das »Altern auf der Hefe« oder, auf Französisch, *sur lie*. Der Vorgang führt zu einem guten Ende, da er edlem Champagner das charakteristische volle, nussige Aroma verleiht.[18]

Nun, da die Clicquots ihre eigenen Weine abfüllten, hatten sie auch die Möglichkeit, beim Mischen der Weine zu experimentieren und dadurch für eine »Vermählung« der Aromen zu sorgen. Die Herstellung großer Weine - vor allem großer Champagnerweine - hängt vom gekonnten Mischen ab. Dom Pérignon hat vielleicht nicht den Champagner erfunden, aber in der Kunst des Mischens hat er Bahnbrechendes geleistet. Ein Weltklassechampagner ist heute oftmals eine sorgfältig ausgewählte Mischung aus bis zu vierzig verschiedenen Gewächsen oder *crus*, mit Trauben verschiedener Sorten aus verschiedenen Teilen der Region.

Barbe-Nicole wusste bereits, dass das Mischen vom *terroir* abhing. Sie hatte genug Weinlesen verfolgt und Traubenmost probiert, um zu wissen, dass jede Traube das Produkt des Bodens war, auf dem sie wuchs. Beim Wein sprechen Experten vom undefinierbaren Wesen des *terroir*, dem Geschenk, das der Boden an die Traube weitergibt und das für die potenzielle Bandbreite an Geschmacksrichtungen und Aromen sorgt, welche die Traube zum Ausdruck bringen kann. Wie vom Toten Meer, dessen Mineralien unerklärliche Heilwirkung bei Kranken und Schwachen haben, so spricht man auch von einem großen Weinberg - von dem Ensemble aus Lehm, Kalk und Wildpflanzen, die auf ihm gedeihen - voller Ehrfurcht und auf eine Weise, dass man ihn für magisch halten könnte.

Im 21. Jahrhundert haben Wissenschaftler die Weinberge der Champagne chemisch untersucht und die Existenz besonderer Eigentümlichkeiten bestätigt. Der kalkhaltige, dicke Boden der Region bringt das Aroma der Gewächse hervor, und die nördliche Lage verhindert, dass die Trauben zu viel natürlichen Zucker enthalten.[19] Die feuchten Frühjahrsmonate und die trockenen Sommer entziehen ihnen langsam das Wasser und lassen sie so ganz allmählich reifen, ohne dass man sie mit Blattwerk abdecken müsste.[20] Der Kalk im Boden sorgt dafür, dass das Wasser im Winter gespeichert und in den trockenen Sommermonaten allmählich abgegeben wird.

So wie die richtige Serviertemperatur - beim Champagner etwa sieben Grad Celsius, die man am besten erreicht, indem man die Flasche eine halbe Stunde lang in einer Mischung aus Eis und Wasser kühlt - die Aromen des Weins erst voll zur Entfaltung bringt, lassen optimale Bedingungen im Weinberg die schlagenden Eigenschaften der Rebe hervortreten. Gerade weil diese Bedingungen - eine Kombination aus der optimalen Menge an Regen und Sonnenschein zur richtigen Zeit und auf dem richtigen Boden - subtil und vielschichtig sind, sind Jahrgangsweine so selten. Sie werden aus Ernten hergestellt, bei denen der Winzer keine guten Reserveweine aus einer früheren Lese benötigt, um die Cuvée abzurunden.

Barbe-Nicole und François dürfte bald klar geworden sein, dass das Abfüllen des Weins in Flaschen - vor allem beim perlenden rosafarbenen Champagner, der sich als so überaus populär erwies - eine riskante Angelegenheit war. Die Quote des dabei zu Bruch gehenden Glases konnte ruinös sein. In einem heißen Sommer verloren Winzer im 18. Jahrhundert mitunter neunzig Prozent ihrer Champagnerbestände, wenn der unter Druck stehende Inhalt der Flaschen explodierte. Wer Pech hatte, wachte am Morgen auf und musste feststellen, dass die Lagerräume voller Glasscherben und überflutet waren von dem Wein, auf den man seine Zukunft gesetzt hatte.

Lokale Winzer wie die Familie Cattier in Chigny-la-Montagne werden sich noch an Allart de Maisonneuve und seine schwindelerregenden Verluste im brütend heißen Sommer 1747 erinnert haben, als seine Keller dermaßen vergiftet waren vom Geruch verschütteten Weins, dass man sie monatelang nicht betreten konnte. Nun hatten die Winzer überall in der Champagne erneut mit Kellern zu tun, in denen der unbrauchbar gewordene Wein nur so schwamm. Die 1802 beginnende Hitzewelle sollte Frankreich drei aufeinanderfolgende Sommer lang peinigen. Was sich aus dem Scherbenhaufen retten ließ, wurde zu *vin de casse* – Bruchwein – verarbeitet, musste aber zu Spottpreisen verkauft werden und fand wenig Anklang.

Schon bald erkannte man, dass ein Teil des Problems die Qualität der Flaschen war. Die französische Glasproduktion war wenig ausgereift und die Beschaffung von Flaschen eine nervenaufreibende Angelegenheit.[21] Beim Blick auf die unförmigen und fehlerhaften Glasprodukte muss Barbe-Nicole und François manchmal tiefe Verzweiflung befallen haben. Wenn sie in diese Flaschen Champagner füllten, würden sie im Herbst nicht mehr viel zu verkaufen haben. Doch für die Herstellung von Champagner waren Glasflaschen unerlässlich.

Ein weiteres Hindernis war die Form der Flaschen. Erst 1811 sollte jemand eine Maschine erfinden, mit der man kommerzielle Glasware modellieren konnte. Bis dahin waren Glasflaschen handgeblasen.[22] Das hatte zur Folge, dass sie von uneinheitlicher Form und Größe waren. Den Kunden wäre das vielleicht gleichgültig gewesen, aber François machte sich nicht ohne Grund Sorgen, als er die Flaschen sah. Denn im Weinkeller mussten sie aufeinandergestapelt werden, was wegen ihrer ungleichen Form ein wackliges Unterfangen war. Dass ganze Reihen von Champagnerflaschen zu Bruch gingen, war gang und gäbe, obwohl die Kellereiarbeiter sie mithilfe von Holzlatten zu stabilisieren versuchten. Hatten die Flaschen unterschiedlich große Öffnungen, wurde zudem das Verkorken zu einer mühsamen und zeitraubenden Angelegenheit. Und war die Rundung am Flaschenmund falsch geraten, ließ sich der Korken nicht sicher mit einer Schnur befestigen. Gewinnbringend zu arbeiten war schwierig genug nach einem Jahrzehnt Krieg, aber nun stellten Barbe-Nicole und François fest, dass die Weinherstellung selbst ihre ganz eigenen Gefahren barg.

Und dies waren nur die Risiken, die unumgänglich mit der Flaschenabfüllung von Weinen zusammenhingen. Darüber hinaus aber stand François vor der Frage, ob er die Weine so gut zu mischen verstand, dass die Preise, die er dafür veranschlagen musste, auch gerechtfertigt waren. Dank der ersten Ausflüge seines Vaters ins Weingeschäft hatte François schon als Junge erste Erfahrungen darin gesammelt, Weine zu kosten und ihr Potenzial einzuschätzen. Es sollte sich jedoch herausstellen, dass vor allem Barbe-Nicole die Begabung hatte, Weine zu mischen.

Vielleicht war sie das, was Weinexperten heute mitunter einen »supertaster« nennen - jemand, der über mehr Geschmacksknospen verfügt als normale Menschen.[23] Bei Frauen kann dies eher der Fall sein als bei Männern. Noch wichtiger war dabei freilich die Nase. Während wir nur fünf Geschmacksqualitäten wahrnehmen können - süß, salzig, sauer, bitter und die schwer zu definierende Richtung namens *umami* -, sind wir in der Lage, mehr als tausend Gerüche zu erkennen.

Jeder Wein hat ein ganz spezifisches Bukett, das, wie die Chemiker lehren, das Ergebnis einer verwirrenden Vielzahl flüchtiger Verbindungen ist. Diese Verbindungen sind flüchtig, weil sie chemisch reagieren - miteinander und mit Sauerstoff -, und ihre Aromen rufen weitgehend die Geschmacksempfindung hervor, die wir haben, wenn wir ein Glas Wein trinken. Laktonen können nussig, Phenole würzig sein. Schwefel verleiht einem kühlen sommerlichen Glas Sauvignon blanc die Grasnote im Hintergrund.[24] In seinem Buch *Molecular Gastronomy* hat der Feinschmecker und Naturwissenschaftler Hervé This detailliert erläutert, wie diese Empfindung an Intensität gewinnt, wenn Weißweine »auf der Hefe« altern - auf den abgestorbenen Zellen, die die höchste Schwefelkonzentration aufweisen.[25] Beim Champagner sind diese Aromen doppelt wichtig, wie mir Eileen Crane, eine der besten Kellermeisterinnen in Kalifornien und bis 2020 Geschäftsführerin der Domaine Carneros im Napa Valley, an einem warmen Herbstnachmittag erklärte. Die prickelnden Bläschen in einem Glas Champagner bilden nämlich ein einzigartiges Aromentransportsystem; sie lassen uns noch vor dem ersten Schluck an tausend Düfte denken und wecken Assoziationen, die anmutig und fröhlich sind.

Barbe-Nicole wusste von all dem wahrscheinlich nichts. Legt man den Stand der Wissenschaft Anfang des 19. Jahrhunderts zugrunde, konnte sie keine Vorstellung davon haben, wie Schwefelmoleküle mit den Enzymen in unserem Speichel reagieren, um uns so die Erfahrung eines großen Weins zu bescheren. Dennoch besaß sie die Gabe, große Weine zu kreieren. Die Wissenschaft mag Erstaunliches zutage fördern, doch bei der Weinherstellung geht nichts über die Instinkte eines Kenners.

Ein Jahr später mag Barbe-Nicole die Wissenschaft der Weinherstellung und die Geheimnisse des Handwerks im Kopf gehabt haben, als sie in den riesigen Empfangsräumen des Hôtel Ponsardin stand. Sie war stolz, aber auch ängstlich. Schon wartete Reihe um Reihe ihrer Schaumweine in den Kellern und entwickelte langsam die kleinen, zarten Bläschen. Aber der brüchige Frieden, so viel wussten sie und François jetzt, hatte nicht gehalten. Der Vertrag, den Frankreich in Amiens mit den Briten geschlossen hatte, war schon wieder hinfällig. Er hatte dem Land nur eine kurze Atempause von vierzehn Monaten beschert. Barbe-Nicole sah zu, wie ihr Vater, dem wahrscheinlich wieder seine alten Adelsträume im Kopf herumspukten, den Laden schmiss. Clémentine und Thérèse wiegten sich elegant in ihren raschelnden Kleidern. Inmitten der Menge stand ein hagerer Mann mit scharfem Blick. Napoleon war gekommen, um die lokale Weinindustrie in Augenschein zu nehmen – und er blieb für ein paar Tage als Gast der Familie Ponsardin.

Vielleicht probierte Napoleon bei diesem Besuch, der in Reims opulent und feierlich begangen wurde, erstmals den Champagner von Clicquot. Aktenkundig ist es allerdings nicht geworden. Das junge Paar arbeitete hart, um die Kellerei zu einem Erfolg zu machen, aber sie verfügte nicht über die gleiche Attraktivität wie die berühmteren Weinkeller von Moët. Ein großer Staatsmann hätte noch keinen Grund gehabt, ausgerechnet diese Firma aufzusuchen, aber das sollte sich ändern. Noch ehe das Jahrzehnt vorüber war, sollten der Champagner von Clicquot und die junge, mittlerweile verwitwete Frau, die ihn nun herstellte, Europa im Sturm erobern.

Die Champagnerwitwe

Bis 1804 hatte François die Ausrichtung des Familienunternehmens deutlich verändert. Die Verkäufe in Frankreich beliefen sich nur noch auf sieben Prozent des Gesamtumsatzes, ein paar Jahre zuvor hatten sie noch ein Viertel ausgemacht.[1] Aufgrund der neuerlichen Konflikte mit Großbritannien kamen die Bestellungen zum größten Teil aus Preußen und Österreich.[2] Die Entwicklung sah vielversprechend aus. Ende 1803 – die ersten eigenen Hausweine konnten nun geliefert werden – hatten die Bestellungen insgesamt leicht zugenommen, und Louis Bohne war es gelungen, unter den Herzögen und Fürsten der beiden Imperien im Osten Käufer zu finden.

François, nun wieder voller Begeisterung, plante, den Absatzmarkt noch weiter nach Osten auszudehnen. Anfang des Sommers besuchte Bohne die beiden Jungunternehmer in Reims, und all ihre Gespräche drehten sich um Russland. Louis war dabei, ihnen diesen Markt zu öffnen, und steckte mitten in den Vorbereitungen zu seiner dritten Reise für die Firma. Sie sollte über ein Jahr dauern und ihn bis an die Grenzen des russischen Reiches führen, immer auf der Suche nach neuen Kunden für die Weine aus dem Hause Clicquot.

Barbe-Nicole lauschte all dem am Rande, vielleicht gemeinsam mit ihrer inzwischen fünfjährigen Tochter Clémentine, die an diesen Sommerabenden auf dem Schoß der Mutter einschlief. Das Paar erlernte das Weingeschäft gemeinsam, und sie wünschte sich mit derselben Leidenschaft wie er, dass die neuen Aussichten, die sich am Horizont zeigten, halten würden, was sie versprachen. Als Louis Bohne schließlich im Juli nach Russland aufbrach, galten ihm all ihre guten Wünsche. Schon nach wenigen Wochen, so hofften sie, würden sie einen ersten Brief von ihm erhalten und mit ihm Kunde von erstaunlichen Verkäufen.

Doch als dann in der Tat Nachrichten eintrafen, waren sie niederschmetternd. Für François müssen sie zutiefst enttäuschend und obendrein peinlich gewesen sein. Er hatte bereits das fehlgeschlagene Londoner Abenteuer verkraften müssen. Nun war klar, dass sich auch Russland als Desaster erweisen würde. In den ersten Oktobertagen schrieb Louis Bohne aus Sankt Petersburg, er habe erkennen müssen, dass sie den Markt falsch eingeschätzt hatten: »Der luxuriöse Überfluss [hier] führt dazu, dass der Händler nach Abzug aller Kosten nichts verdient und in einem schlechten Jahr sogar Verluste hinnehmen muss.«[3] Aus Moskau gab es noch Schlimmeres zu berichten. »Der Handel an diesem Ort ist unsäglich verdorben und Arglist an der Tagesordnung«, schrieb der Kompagnon[4] und fügte bitter hinzu: »Ausländische Firmen betrachtet man als Geißen, die man nur zu melken braucht.«[5] Selbst, wenn sie Bestellungen erhielten, bezweifelte er, dass die Weine auch bezahlt würden.

Im Winter 1805 war François ohne Zweifel deprimiert. Die Zahlen aus Russland waren miserabel und machten nur einen ganz kleinen Teil der Verkäufe aus. Zudem hatte man, da Bohne in Russland weilte, in Deutschland an Boden verloren. Und dann war da der Krieg, der wieder einmal end- und sinnlos erschien. Der Konflikt mit Großbritannien, der sich im Sommer 1803 erneut entzündet hatte, verlangte immer mehr Soldaten, und manchmal war es schwierig abzuschätzen, welche ausländischen Märkte offen bleiben und welche geschlossen werden würden. Das Klima für den internationalen Handel wurde mit jeder Woche, mit jedem Bericht über neue Schlachten und neue Blockaden schlechter.

Dieser Winter war das traurige Vorspiel zu dem, was die Historiker als den dritten Koalitionskrieg bezeichnen – für den sich Russland, Österreich und Schweden mit Großbritannien zu einer lockeren Allianz gegen Frankreich zusammenschlossen. Napoleon tat nichts, um die aufgeheizte politische Situation zu beruhigen. Im Dezember hatte er sich selbst zum Kaiser gekrönt – nicht in der Kathedrale von Reims, wie es die Könige von Frankreich seit langer Zeit getan hatten, sondern in Paris. Nun sammelte er Truppen für eine geplante Invasion in England, die möglicherweise im Frühjahr bevorstand. Im Augenblick war jedenfalls nichts sicher, aber eine Verschärfung des Krieges in den kommenden Monaten schien unausweichlich, und die beiden Clicquots hatten keinen Grund, eine plötzliche Verbesserung der Lage zu erwarten. Barbe-Nicole war machtlos. Es blieb ihr nichts anderes übrig, als stille Nachmittage in ihrem Zimmer zu verbringen, über eine Stickarbeit gebeugt oder einen neuen Roman aus Paris lesend, während ihre Gedanken sorgenvoll in die Zukunft schweiften und sie sich fragte, was diese wohl bringen würde.

Als in Reims die Frühjahrsbestellungen eintrafen, hätten sie die Stimmung François' eigentlich heben müssen. Sie waren weit besser als erwartet. Es lief darauf hinaus, dass sie in diesen paar Monaten über fünfundsiebzigtausend Flaschen Wein würden ausliefern können – mehr als die gesamten Verkäufe des Jahres 1804 –, und Russland, das in den schwelenden Konflikt noch nicht hineingezogen worden war, würde nicht weniger als ein Drittel der Umsätze ausmachen.[6] Das Jahr war in quälendem Auf und Ab verlaufen, in dem das Paar begonnen hatte, an sich selbst zu zweifeln und daran, ob François' Träume von einem internationalen Markt für ihre Weine wirklich realistisch waren. Nun hätten sie diesen kleinen Sieg eigentlich feiern können. Er war ein Zeichen, dass sie auf dem richtigen Weg waren. Doch François blieb entmutigt und niedergeschlagen.

Als der Sommer kam, blieb das Wetter feucht. Sie hatten genügend Sommer erlebt, um zu wissen, dass es bereits zu spät war, um noch auf eine gute Ernte hoffen zu können. Der gepeinigte François konnte nur voller Verzweiflung auf die Weinberge blicken und immer wieder überschlagen, was das an Verlusten für die Firma bedeuten und was es an neuen Hindernissen bringen würde, die überwinden zu können ihm allmählich zweifelhaft erscheinen musste. Er hatte versucht, die Firma, die er von seinem Vater geerbt hatte, neu aufzubauen, und er hatte alle Vorteile auf seiner Seite gehabt: genügend Kapital, eine ausgezeichnete Ausbildung, eine beachtliche Liste internationaler Kunden, die nötigen Kontakte, um mit ihnen ins Geschäft zu kommen, ja sogar eine kurze, aber wichtige Phase des Friedens, in der er sein Unternehmen hatte konsolidieren können.

Doch was war das Ergebnis? Er hatte versagt. Sein Vater hatte ihn natürlich davor gewarnt, die Zukunft auf den fernen und unruhigen russischen Markt zu gründen. Schon jetzt lagen Napoleon und Zar Alexander I. im Zwist, aus dem im September eine offene Feindschaft werden sollte. Die Zukunft des internationalen Handels sah düster aus. Vielleicht war es ein Fehler gewesen, das Textilgeschäft aufzugeben. Vielleicht war das Risiko, Wein in Flaschen abzufüllen, zu groß. Alle, die auf die nassen, schlammigen Felder und auf die nutzlos an den Weinstöcken verrottenden Trauben blickten, sahen überall nur Anlass zu schlimmen Befürchtungen.

Dann, irgendwann Anfang Oktober, als die Weinberge an der Montagne de Reims nach den düsteren Tagen der Ernte wieder still im Morgennebel lagen, muss sich François - glaubt man der familiären Version der Geschehnisse - erschöpft gefühlt haben und von Angstzuständen gepeinigt worden sein. Als er rasch immer weiter in eine tiefe Depression versank, begann die Familie, sich ernsthafte Sorgen zu machen.

Offiziell hieß es, François habe sich eine fiebrige Infektion zugezogen. Wie so viele Menschen in Europa lebten auch die Clicquots seit Beginn der Napoleonischen Kriege in beständiger Angst vor Epidemien, da sie wussten, dass Krankheitserreger angesichts der unhygienischen Bedingungen in den überfüllten Truppenlagern leichtes Spiel hatten. Im 19. Jahrhundert war die Vorstellung, an einer Seuche zu sterben, nichts Ungewöhnliches - es konnte zu leicht passieren und war zu vertraut. Zwei Wochen lang litt François an einem Syndrom, das seine Ärzte als Faulfieber oder bösartiges Fieber bezeichneten; in späteren Generationen wurde diese Seuche Typhus genannt. Erst als in der zweiten Woche Erbrechen und Schüttelfrost einsetzten, wird Barbe-Nicole die schreckliche Wahrheit über seine Krankheit erkannt haben. Beim ernsten Blick des Arztes muss ihr zur Gewissheit geworden sein, was sie schon lange vermutet hatte. Als François um Atem rang, waren seine Ohrgeräusche lauter geworden, und bald schon spuckte er beim Husten Blut und litt unter fürchterlichen Kopfschmerzen. Die verräterischen schwarzen Flecken bedeckten allmählich seinen Körper, selbst seine Zunge nahm eine blauschwarze Färbung an, und überall hatte er Schmerzen.[7] Barbe-Nicole konnte nur hilflos zusehen, wie es mit ihm mehr und mehr bergab ging.

Tagelang litt sie mit ihm und war krank vor Sorge um die Gesundheit ihrer kleinen Tochter. Vielleicht hegte sie auch die heimliche Hoffnung, er werde zu den Glücklichen gehören, die diese Erkrankung überlebten. Doch diese Hoffnungen zerstoben schon bald. Am 23. Oktober, nach Tagen schrecklicher Qualen, konnte sie nur noch Erleichterung empfinden, als sie hörte, François sei tot.[8] Drei Tage später trug die Witwe Clicquot, wie betäubt vor Trauer und Entsetzen, nach einer Totenmesse in der mächtigen gotischen Kathedrale Notre-Dame de Reims ihren Mann zu Grabe. Als Siebenundzwanzigjährige sah sich Barbe-Nicole nun mit einer Zukunft konfrontiert, in der sie und ihre Tochter auf sich allein gestellt waren.

Das ist zumindest die gängige Geschichte von François' Tod. Wenn er ein Opfer des bösartigen Fiebers war, dann wusste der Arzt, der ihn während seiner Krankheit behandelte, zwangsläufig kaum etwas über die Art dieser Infektion. Typhus blieb das gesamte 19. Jahrhundert hindurch eine gefürchtete Krankheit, und die Unglücklichen, die sich angesteckt hatten, konnten keine wirkliche Hilfe erwarten. Sollte der Arzt, der Familie Clicquot betreute, jedoch an der medizinischen Hochschule von Reims ausgebildet worden sein, so lag darin eine grausame Ironie des Schicksals. Denn unter den Ärzten und Wissenschaftlern der Region tobte ein hitziger Streit um die antiseptischen Eigenschaften von Champagner. Man glaubte, Schaumwein könne eben die Krankheit verhindern - und vielleicht sogar heilen -, die François mit nicht einmal dreißig Jahren dahingerafft hatte.

In einer Schrift aus dem 18. Jahrhundert mit dem Titel *Question agitée dans les Ecoles de la Faculté de médecine de Reims ... sur l'usage du Vin de Champagne Mousseux contre les Fièvres putrides et autres Maladies de même nature* (1778) war Jean-Claude Navier zum Kern der Kontroverse vorgedrungen.[9] Man war der Ansicht, dass der Champagner heilende Kräfte besitze. »Er enthält«, schrieb Dr. Navier, »ein besonderes Prinzip, das die Chemiker als Gas oder feste Luft bezeichnen, ein Prinzip, das ihn wesentlich auszeichnet, ein Prinzip, das heute als wirkungsvollstes Antiseptikum gilt, das die Natur zu bieten hat.«[10]

Da Dr. Navier ein »Bancheninsider« war, möge man die Vermutung verzeihen, dass es sich dabei vielleicht nur um einen weiteren Marketingtrick handelte, ähnlich wie bei der erfundenen Legende um Dom Pérignon sechzig Jahre später. Denn schließlich war Naviers Schwager kein Geringerer als Jean-Rémy Moët, ein Marktteilnehmer in Sachen Wein.[11] Doch die kühne, kaum zu verifizierende Hypothese, Champagner könne Fieber heilen, hatte sich damals offenbar in vielen Köpfen festgesetzt.

Dabei war diese Vorstellung keineswegs nur eine vorübergehende medizinische Modeerscheinung, eine der unverantwortlichen und grauenhaften Methoden, derer sich Ärzte Anfang des 19. Jahrhunderts bedienten. Seit über zweihundert Jahren war es gängige Überzeugung, dass die Gärung von Wein dem Prozess von Infektionen im Blut ähnelte, was zu haarsträubenden (aber offenbar ziemlich gefragten) Experimenten mit Weinkuren führte.[12] Noch 1870 saßen Ärzte diesem Irrglauben auf, wie das Beispiel von Charles Tovey zeigt. Tovey schrieb in einem Buch mit dem Titel *Champagne: Its History, Properties, and Manufactures*: »Wenn er rein ist, ist Champagner einer der sichersten Weine, die man trinken kann. Bei Typhusfiebern, bei

Schwäche, bei Schwachsinn, wenn es an vitalen Kräften fehlt, gibt es nichts, was ihm ebenbürtig wäre; Champagner sorgt dafür, dass der Organismus den Attacken des immer wiederkehrenden und bösartigen Fiebers widerstehen kann.«[13]

Allein der Gedanke, eine Flasche seines eigenen Schaumweins hätte François das Leben retten können! Vielleicht hat der Arzt, der ihn behandelte, diese Champagnerkur sogar ausprobiert, dann aber erkannt, dass die Krankheit schon zu weit fortgeschritten war, mochte das perlende Getränk auch noch so gut sein. Jedenfalls wäre Champagner mit Sicherheit eine angenehmere Behandlungsmethode gewesen als die anderen damaligen Mittel gegen Fieberinfektionen - Aderlass und Einläufe -, und man möchte François wünschen, dass seine letzten Augenblicke gelindert wurden durch eine zuträgliche Dosis des prickelnden Rosé, den er und seine Frau mit so viel Freude kreiert hatten.

Barbe-Nicole wusste, dass ihr Schwiegervater vom Tod seines Sohnes bis ins Mark getroffen war. Er litt an einer tiefen Depression und sprach kaum noch von etwas anderem als von seiner Verzweiflung, selbst in der alltäglichen Geschäftskorrespondenz. »Nichts«, so schrieb er in einem seiner Briefe, »kann je die tiefe Trauer lindern, die ich empfinde. Mein Verlust steht mir in jedem Augenblick vor Augen. Mein Alter und zunehmende Schwäche ... haben mich zu dem Entschluss gebracht, mich zurückzuziehen und auszuruhen; sie haben mir ein Intervall zwischen Leben und Tod aufgenötigt.«[14] Untröstlich setzte sich Philippe zur Ruhe, um auf das Ende zu warten.

Vielleicht dachte Barbe-Nicole daran, das Gleiche zu tun, als sie von den furchtbaren Gerüchten hörte, die in den Wochen nach dem Tod ihres Mannes in Reims umliefen. Es gibt nämlich noch eine andere Version davon, wie François gestorben sei. Die Leute flüsterten sich zu, er habe sich das Leben genommen. Die Szene, vielleicht dem berühmten Bild ähnelnd, das Jacques-Louis David 1794 von Jean-Paul Marat, dem ermordeten Revolutionär, gemalt hat und das heute im Musée des Beaux-Arts in Reims hängt,[15] ist fast zu schrecklich, um sie sich vorzustellen: der bleich und bewegungslos im kalten, blutroten Badewasser liegende François, ein Dienstmädchen, das laut zu schreien beginnt, als sie ihn findet, oder vielleicht auch nur der dumpfe Schock, den Vater Philippe erleidet, als er das Messer erblickt, das seinem Sohn aus der Hand geglitten ist, das allmähliche Begreifen, was geschehen ist, die schreckliche Vorstellung, was es für die ewige Seele des Toten bedeutet – und vor allem die verzweifelte Suche nach einem Arzt, der dieses Geheimnis für sich behalten wird, damit François in geweihter katholischer Erde bestattet werden kann.

Es gibt keinen direkten Beweis dafür, dass es stimmte, was die Leute sich zuraunten. Vielleicht handelte es sich nur um ein böswilliges Gerücht oder um eine konfuse Erklärung für François' andere Symptome. Erstes Zeichen einer Typhuserkrankung wäre schließlich ein Gefühl der Hoffnungslosigkeit gewesen: Die Bezeichnung »Typhus« geht auf das griechische Wort für »Rauch« zurück und bezieht sich darauf, dass zu den frühesten und dauerhaftesten Symptomen der Krankheit geistige Verwirrung, irrationale Angst und unbestimmte Verzweiflung gehören. So konnte man Ende des 18. Jahrhunderts in William Buchans *Domestic Medicine* (1797) lesen: »Dem bösartigen Fieber geht im Allgemeinen eine auffällige Schwäche voraus ... Sie ist mitunter so groß, dass der Patient kaum gehen oder auch nur aufrecht sitzen kann, ohne sich der Gefahr einer Ohnmacht auszusetzen. Auch seelisch ist er sehr mitgenommen; er seufzt und hat schreckliche Ängste.«[16]

Doch die Geschichte könnte natürlich auch wahr sein. Es besteht kein Zweifel, dass François in diesem Herbst sehr niedergeschlagen war. Das Geschäft war quälend mühsam gewesen. Es hatte zudem bereits früher Hinweise gegeben, dass François zu depressiven und manischen Anfällen neigte, die weniger offenkundige Ursachen hatten. Die Leute beschrieben ihn mitunter als Menschen von unbändiger Energie und Begeisterung. Er liebte große Pläne und ausschweifende Ideen, und er lebte mit einem fast verzweifelt anmutenden Überschwang. Er hatte aber offenbar auch eine andere, dunklere Seite.

Falls Barbe-Nicole sich dazu jemals schriftlich geäußert hat, sind die entsprechenden Briefe nicht erhalten geblieben. In der frühen Korrespondenz zwischen Philippe Clicquot und seinem Sohn finden sich jedoch Hinweise, dass der Vater sich um François' Hang zur »Düsternis« Sorgen machte. In einem Brief vom Weihnachtstag 1793 ermahnte er ihn: »Überlass Dich nicht einer melancholischen Düsternis, die Dir schaden, die Ausbildung Deiner Fertigkeiten verzögern und die Schwäche Deines Temperaments prolongieren kann. Dein Glück, Deine Existenz ist das Einzige, was mein Dasein wertvoll macht.«[17] Aus diesen Zeilen spricht die Sorge eines Vaters um die geistige Gesundheit seines Sohnes.

Doch wie auch immer es gewesen sein mag – sicher ist, dass Barbe-Nicole über den gerüchteweise gestreuten Grund für François' angeblichen Selbstmord zutiefst erzürnt war: berufliches Scheitern. Man erzählte sich in Reims, er habe das Familienunternehmen in seinen ersten Jahren an der Spitze voller Tatendrang in den Abgrund gesteuert und eine neue – grundlegend falsche – Geschäftsstrategie verfolgt. Er habe sich einem riskanten Weg verschrieben, Wein zu verkaufen, und sei gescheitert. Ein Historiker des 19. Jahrhunderts erzählt die Geschichte so: »Während er an diesem großartigen Projekt arbeitete, kam der Tod und beendete jäh die Laufbahn ... [François] Clicquots, des vormaligen Gatten der Witwe Clicquot Ponsardin. Gerüchte in Reims erzählen allerdings eine andere Geschichte vom Ende dieser ehrenwerten Person. Es heißt, er habe sich die Kehle durchgeschnitten, aus quälendem Zweifel, ob das ›völlig andere Geschäftsmodell‹, das sein Biograph ihm zuschreibt, von Erfolg gekrönt sein würde.«[18]

Barbe-Nicole musste in diesem Herbst sicher gegen tiefe Verzweiflung kämpfen. Sie behielt François in Erinnerung, wie er gewesen war – liebevoll und großzügig gegenüber seiner Familie, voller Pläne für das Weingeschäft, von dem er geträumt hatte. Es hatte in ihrer gemeinsamen Zeit Probleme gegeben, Niederlagen und vielleicht auch Phasen der Depression. Insgesamt aber waren sie glücklich gewesen, und nun stand sie vor den Scherben einer siebenjährigen Ehe und Zusammenarbeit: All die Risiken, neue Märkte im Ausland zu erschließen, und das Wagnis, eigene Weine zu produzieren, waren umsonst gewesen; die Zukunft eines Geschäfts, das ihr trotz der begrenzten Rolle, die sie dabei spielen durfte, ebenso sehr am Herzen gelegen hatte wie François, war verloren.

Ihr Schwiegervater konnte es nicht ertragen, an die Zukunft zu denken, und wollte die gesamte Firma auflösen. Es hieß, er leide selber an einer »tiefen Depression«, die sich womöglich auf eine Neigung in der Familie zurückführen ließ.[19] Vielleicht erinnerte ihn allein schon die Vorstellung von einem Familienunternehmen zu schmerzlich an sein einziges Kind, den Sohn, den er verloren hatte. Er sammelte alle Energie, um Louis Bohne nach Russland zu schreiben, und bat ihn, sofort nach Reims zurückzukehren. Was sollte der Handelsreisende neue Bestellungen aufnehmen, wenn Clicquot ohnehin nicht liefern würde?

Als Bohne den Brief mit der Nachricht vom Tod François' erhielt, war er am Boden zerstört. Er und François waren mehr gewesen als nur Arbeitgeber und Arbeitnehmer. Sie hatten gemeinsam ein Unternehmen aufgebaut, und die Märkte in Sankt Petersburg zu erschließen war für sie ein gemeinsames leidenschaftliches Unterfangen gewesen. Sie hatten eine warmherzige Beziehung unterhalten, die aus einer jahrelangen Korrespondenz hervorgegangen war, wobei Louis Bohne von unterwegs geschrieben hatte, von seinen Reisen berichtend, mit scharfsichtigen, oft witzigen Schilderungen der geschäftlichen Perspektiven, die die einzelnen Städte boten. Erst wenige Monate zuvor hatten sie stundenlang mit Philippe Clicquot über die Risiken und den Ertrag der Exkursion nach Russland gesprochen, und Bohne hatte François' Begeisterung für dieses Abenteuer befeuert.

Sie hätten noch den Erfolg der Bestellungen dieses Jahres feiern sollen, auch wenn die Ernte miserabel ausgefallen war. Eine schlechte *vendage* würde in den nächsten ein oder zwei Jahren Kopfzerbrechen bereiten, wenn die Weine auf den Markt kamen, aber eine unmittelbar drohende Katastrophe war das nicht. Im Augenblick liefen die Geschäfte gut, und man verfügte über genügend Bestände, um den Aufträgen nachzukommen. Man hatte Zeit. Aber nun sollte er plötzlich alles stehen und liegen lassen. Louis Bohne starrte hinaus in einen düsteren Novembertag – er kannte die ersten Anzeichen des kommenden nördlichen Winters – und zögerte nicht, der Bitte aus Frankreich Folge zu leisten. Er wäre, nachdem er von François' Tod erfahren hatte, ohnehin sofort nach Reims aufgebrochen, da er hoffte, durch rasche Rückkehr verhindern zu können, dass Clicquot-Muiron die Tore schloss.

Louis reiste in einem Wahnsinnstempo, er brauchte nicht einmal einen Monat, bis er wieder in der Champagne war. Dabei hatte er mehr als fünfzehnhundert Kilometer zurückzulegen, abwechselnd zu Pferd, in der Kutsche und auf einem Kahn. Als er im Dezember in Reims eintraf, machte sich Barbe-Nicole vielleicht gerade daran, selbst einen wagemutigen Plan zu ersinnen. Schließlich wusste sie inzwischen einiges über das Geschäft der Clicquots. Auch kam sie ja selbst aus einer Unternehmerfamilie. Und sicherlich dachte sie daran, dass es andere Frauen im Weinhandel gab - Frauen wie die Witwe Robert, die das Depot in Paris führte, oder die Witwe Blanc, die einige ihrer Fassweine an Clicquot-Muiron lieferte.

Barbe-Nicole wusste aber auch, dass ihre vornehme Herkunft sie dabei behindern würde, selbst aktiv zu werden. Jene anderen Frauen stammten nicht aus stolzen und bedeutenden Bürgerfamilien. Von den Töchtern und Ehefrauen wohlhabender Unternehmer wurde mehr und mehr erwartet, mit ihrem hübschen Anblick und ihrem vollendeten Benehmen die Salons zu schmücken, statt Geschäfte zu machen. Wenn sie wissen wollte, was das bedeutete, brauchte sie sich nur ihre Schwester Clémentine anzuschauen, die bereits eine elegante Gesellschaftsdame war. Im Übrigen musste sie die Ambitionen ihres Vaters bedenken. Nicolas Ponsardin war inzwischen enger Vertrauter Napoleons, des Kaisers von Frankreich. Ihrem Vater war es mit Sicherheit lieber, seine Tochter wieder solide - und, wenn möglich, glänzend - verheiratet zu sehen.

Als sie die Möglichkeiten durchspielte, merkte sie, dass die Idee, die in ihrer Fantasie Gestalt annahm, nicht dem Tenor ihrer Zeit entsprach. Die Epoche, da Unternehmerwitwen auf respektable Weise einen Familienbetrieb führen konnten, war vorüber, was zum Teil damit zusammenhing, dass sich das Modell des familiengeführten Unternehmens ebenfalls auf dem Rückzug befand, und das ganz besonders in Zentren der Textilindustrie wie Reims, wo die Zukunft bei den großen, professionell geführten Fabriken lag, die den Familien Ponsardin und Clicquot ein Vermögen eingebracht hatten. Im Umfeld Barbe-Nicoles war man sich einig, dass eine vornehme junge Frau und Mutter in der Geschäftswelt nichts verloren habe. »Die Bürgerliche vom vorigen Jahr, deren Metier die [Geschäfts-]Bücher gewesen waren, hatte ... sich verwandelt in die Dame, die Seidenkleider trug und vollkommen im gesellschaftlichen und religiösen Leben aufging.«[20] Es war klüger, sich für ein ruhiges und komfortables Leben in vornehmer Unsichtbarkeit zu entscheiden, das dem häuslichen, frommumsichtigen Dasein als Mutter gewidmet war.

Wir haben keine genauen Anhaltspunkte, wann sich Barbe-Nicole eine ganz andere Zukunft für sich vorzustellen begann – oder wann der Glaube in ihr keimte, eine solche könne mehr als ein Traum sein und eines Tages Realität werden. Vielleicht war es nur ein vager Plan, der ihr in diesen ersten Wochen nach dem Tod ihres Mannes manchmal in den Sinn kam, als sie nicht nur um François trauerte, sondern auch um das Unternehmen, dem er sich so leidenschaftlich verschrieben hatte. Nachdem Louis Bohne im Dezember in Reims eingetroffen war, lauschte sie jedenfalls bereitwillig seinen Äußerungen über eine mögliche Zukunft der Firma, und es scheint so, als sei sie durch seine Rückkehr aufgelebt. Als es darum ging, das Geschäft zu retten, zogen Barbe-Nicole und Louis Bohne schon bald an einem Strang. Das Problem war, auch andere von ihrer Idee zu überzeugen.

Partner und Lehrling

Als Barbe-Nicole in den frühen Morgenstunden des 10. Februar 1806 an die Decke ihres Schlafgemachs starrte, war ihr vielleicht schon ein wenig mulmig zumute. Die Kirchenglocken schlugen sechs, und ohne den Blick zu wenden, wusste sie, dass der morgendliche Horizont draußen noch nicht mehr zu bieten hatte als das übliche fahle Wintergrau.

Es war die Zeit, zu der sie gewöhnlich erwachte, aber dies war alles andere als ein gewöhnlicher Tag. Heute nämlich – nach Monaten intensiven Nachdenkens und geheimer Ängste, nach Wochen des Zuredens und der Selbstzweifel – wollte sie ihr Vermögen überschreiben, um in eine arrangierte Verbindung mit einem Mann einzutreten, den sie nur beiläufig kannte. Diesmal handelte es sich freilich nicht um eine Ehe, sondern um eine Geschäftspartnerschaft. Und der finanzielle Einsatz war sogar höher. Sie riskierte ein Familienvermögen für ein geschäftliches Abenteuer und setzte damit auch die Unabhängigkeit aufs Spiel, die ihr, wie sie erst vor Kurzem erkannt hatte, als Witwe zustand – vor allem als Witwe eines wohlhabenden Industriellen.

Als sie im Halbdunkel des heraufdämmernden Tages den Raum um sich her in den Blick nahm – die hohen verzierten Decken und die großen Fenster, die edel schimmernden Möbel –, dachte sie vielleicht einen Moment lang an das Leben, für das sie sich hätte entscheiden können, nun, da es François nicht mehr gab: im Sommer irgendwo auf dem Land, wo es kühl und angenehm war, im Winter hier in Reims oder vielleicht sogar in Paris, zusammen mit ihren Lieblingscousinen aus der erweiterten Familie Le Tertre, aus der ihre Mutter stammte. Um das Geld oder die Zukunft hätte sie sich keine Sorgen zu machen brauchen. Und es hätte keinen Grund gegeben, mit einem flauen Gefühl im Magen aufzuwachen.

Als sie aufstand, merkte sie, dass sie aufgeregt war. Selten hatte sie sich so lebendig und so entschlossen gefühlt. Derselben Entschlossenheit hatte es bedurft, um ihren Schwiegervater dazu zu bewegen, ihr die Firma anzuvertrauen. Er war das einzige Hindernis gewesen, das sie nicht mit leichter Hand überwinden konnte, und mitunter hatte es so ausgesehen, als würden sich seine Zweifel, ob eine Frau in der Lage sei, eine Firma zu führen, die zu kämpfen hatte - Zweifel, die vor allem mit ihrem völligen Mangel an Geschäftserfahrung zusammenhingen -, nicht zerstreuen lassen. Schließlich aber hatte er eingewilligt, es auf einen Versuch ankommen zu lassen. Sie war froh, dass sich Männer seiner Generation eine Frau an der Spitze eines Familienunternehmens noch immer vorstellen konnten, selbst in diesen Zeiten des neuen Industrialismus. Am Ende hatte er ihr nicht nur seinen Segen gegeben, sondern auch versprochen, ihr erster Investor zu sein, mit einer Sacheinlage von dreißigtausend Franc nach damaligem Wert.[1] Anschließend hatten sie beide an François gedacht und ihre Tränen nicht zurückgehalten.

Philippe Clicquot hatte sein Vertrauen in die Begeisterung und das Durchhaltevermögen Barbe-Nicoles gesetzt, allerdings eine Bedingung gestellt, die nicht verhandelbar war: Er werde ihr freie Hand lassen, sie müsse aber eine Lehrzeit eigener Art absolvieren. Vier Jahre lang solle sie mit einem Partner zusammenarbeiten, den er bestimmen würde. Wenn sie danach immer noch das harte Leben einer verwitweten Unternehmerin führen wolle – und wenn sie ihn davon würde überzeugt haben können, dass sie über einen ausgeprägten Geschäftssinn verfüge –, würde er ihr keine Steine in den Weg legen.

An diesem Tag nun wollten die Beteiligten die finanziellen Vereinbarungen und Verträge unterzeichnen, die die Grundlage ihres neuen Geschäfts bilden sollten. Der Mann, der ihr Partner werden sollte, hieß Alexandre Jérôme Fourneaux und war so alt wie ihr Vater. Philippe Clicquot und ihr Vater kannten ihn gut. Er gehörte ebenfalls zu den wohlhabenden Textilhändlern, die in Reims einen eigenen kleinen Zirkel bildeten.

Doch Fourneaux war auch Weinhändler. Ähnlich wie Clicquot betrieb er seit Jahren nebenbei und lokal beschränkt ein Weingeschäft. Wichtiger noch: Er war nicht nur Händler, sondern kannte sich auch mit dem Handwerk der Weinherstellung aus. François war gewisse Risiken eingegangen, als er begonnen hatte, die Weine des Unternehmens in Flaschen abzufüllen. Fourneaux hatte dasselbe getan und noch mehr. Er hatte seine eigenen Reben angebaut und eigene Grundweine hergestellt, war also dazu übergegangen, seinen Betrieb in Richtung Weinproduktion zu erweitern, womit er zweifellos einige der kleineren Händler vom Markt verdrängt hatte. Barbe-Nicole hatte sich schon ein profundes Wissen über die Winzerkunst angeeignet, aber sie musste erst noch bis zu den wirklichen Geheimnissen vordringen. Vier Jahre blieben ihr nun dafür Zeit – und sie hatte einen gestrengen Lehrer.

Ihre Ehe hatte in einem feuchten Kellergewölbe ihren Anfang genommen. Der heutige Tag würde in einem Keller enden, dachte sie wehmütig. Aber diese Partnerschaft war eine ganz andere Art von Ehe, und Barbe-Nicole würde nicht das mädchenhafte Weiß einer jungen Patriotin und Braut tragen. Sie war Witwe: Das bedeutete für die Zukunft Schwarz und Braun und Grau und vielleicht eines Tages dunkles Purpur. Noch ein letztes Mal betrachtete sie sich an diesem Morgen im Frisierspiegel, und sie entschied für sich, dass ihr das gleichgültig sei. Die feine Gesellschaft war nie ihre Sache gewesen. Sie wusste, sie würde sich mit Freuden in das Geschick fügen, auf immer die düstere Witwentracht zu tragen. Die offene Bekundung ihrer Trauer hatte vielleicht sogar zur Folge, dass die Menschen bereitwilliger die neuen Freiheiten akzeptierten, die mit ihrem Witwenstatus verbunden waren und die sie in vollem Maße zu nutzen gedachte.

Als Witwe hatte Barbe-Nicole das Recht, ihre Angelegenheiten selbst zu regeln. Das war etwas Einzigartiges in der französischen Kultur zu Beginn des 19. Jahrhunderts. Witwen hatten alle gesellschaftlichen Freiheiten verheirateter Frauen - und fast alle finanziellen Freiheiten der Männer. Unter den Gesetzen des Code civil führte eine verheiratete Geschäftsfrau ein rechtliches Schattendasein, sodass eine Unternehmerin ohne Erlaubnis ihres Mannes nicht einmal einen einfachen Vertrag schließen konnte.[2] Doch als Witwe - und insbesondere als anerkannte Gewerbetreibende - durfte Barbe-Nicole ihre eigenen Entscheidungen treffen. Dennoch, niemand hatte erwartet, dass sie die Kontrolle über das Familienvermögen übernehmen würde. Und mit Sicherheit erwartete niemand, dass sie es für eine geschäftliche Investition aufs Spiel setzen würde, gar für eine Investition in eine Firma, die sie selbst betreiben wollte.

Während die Ehe zur damaligen Zeit nie eine gleichberechtigte Partnerschaft war, hätte diese neue Geschäftsbeziehung es sein sollen. Barbe-Nicole und Alexandre

Fourneaux hatten jeweils achtzigtausend Franc investiert, eine ungeheure Menge Geld – sie entsprach ungefähr dem achtzigfachen Jahresgehalt eines Handelsreisenden der Firma.[3] Wie hoch genau die Investition war, in heutige Währungsverhältnisse umgerechnet, ist schwer zu bestimmen. Der Lebensstandard war ein ganz anderer, und der Wert des Geldes war während der Napoleonischen Kriege wilden Schwankungen unterworfen. Als Anhaltspunkt mag dienen, dass ein ungelernter Arbeiter dreißig Jahre später noch immer weniger als vierhundert Franc im Jahr verdiente.[4]

Zwischen damaligem Franc und heutigem Euro ein Verhältnis von eins zu fünfzehn anzusetzen, ist vermutlich eine konservative Schätzung. Sie würde bedeuten, dass ein Arbeiter weniger als sechstausend Euro im Jahr verdiente und ein junger Handelsreisender auf fünfzehntausend Euro jährlich kam, wenig genug, um ihn vom Wert seiner Aufträge zu überzeugen. Eine Flasche Champagner kostete Anfang des 19. Jahrhunderts im Durchschnitt dreieinhalb Franc, also mehr als fünfzig Euro in heutiger Währung. Insgesamt investierte Barbe-Nicole demnach mehr als eine Million Euro in das neue Unternehmen. Philippe Clicquot brachte, in Form von Inventar und vermutlich Wein, eine knappe weitere halbe Million ein.[5] Es wurden also etwa drei Millionen Euro Kapital auf ein Unternehmen gesetzt, das – zumindest von außen betrachtet – von einer jungen Frau ohne jede Geschäftserfahrung geführt werden sollte.

An diesem Punkt, im Jahr 1806, verabschiedete sich Familie Clicquot offiziell aus dem Textilgeschäft. Mit Stoffballen zu handeln wie ihr Vater war nicht das, was sich Barbe-Nicole als geschäftliche Zukunft vorstellte. Die neuen Partner waren aber darauf bedacht, nicht den gesamten alten Kundenstamm zu verlieren, den sich Vater und Sohn im Tuchhandel aufgebaut hatten. Die Firma pflegte die Kontakte und verschickte an alle alten Kunden eine Ankündigung. »Wir geben das Geschäft mit Textilien auf«, hieß es in diesem Rundschreiben, »und beschränken uns auf den Handel mit Weinen« - Schaum- und Stillweinen - »aus eigener Herstellung.«[6] Zwar haben die neuen Partner nie ihren *gesamten* Wein selbst produziert, doch wurden immerhin fast drei Viertel dessen, was von dem neuen Unternehmen - Veuve Clicquot Fourneaux & Cie. - verkauft wurde, direkt von den Besitzern hergestellt, weit mehr als selbst zu François' Lebzeiten.[7]

Das Geschäftsklima war ausgesprochen ungünstig, als Barbe-Nicole die neue Unternehmung begann: Es herrschte Krieg, der mit jedem Monat schlimmer zu werden schien. Ein Erfolg war nicht nur ungewiss, sondern unwahrscheinlich. Im ersten Jahr freilich hatten sie Anfängerglück, die Partner bei Veuve Clicquot Fourneaux. Denn Barbe-Nicole und Alexandre erreichten, dass trotz der Militärblockaden, die 1806 die Handelsrouten quer durch Europa einschränkten, mehr als fünfzigtausend Flaschen Champagner - im Wert von umgerechnet fast zwei Millionen Euro - ausgeliefert werden durften, eine Meisterleistung, die nur durch kluges Verhandeln und Beharrlichkeit möglich geworden war.

Mit diesen Verkäufen setzten sich die beiden über die Kontinentalsperre hinweg, die Napoleon kurz zuvor verhängt hatte: ein System von Handelsbeschränkungen, das die Feinde in Großbritannien, Preußen und den übrigen deutschen Ländern sowie jetzt auch wieder in Russland ökonomisch in die Knie zwingen sollte. Die Koalition revanchierte sich, indem sie französische Händler behinderte, sodass ein Kaufmann, der die Blockaden durchbrach, riskierte, alles zu verlieren. Denn niemand war bereit, eine so verlockende Ware wie Champagner in Kriegszeiten zu versichern. Barbe-Nicole und ihr Partner wollten die Ware nach Amsterdam bringen, in einen damals auf französischen Handelsrouten wenig genutzten Seehafen, und damit die geschlossenen Häfen von Dieppe und Brüssel umgehen. Von Amsterdam aus sollte ihr Wein nach Deutschland, Skandinavien und sogar Russland geliefert werden, Letzteres in aller Heimlichkeit über den kleinen preußischen Hafen von Memel (das heutige Klaipeda in Litauen). Die beiden müssen sich diebisch gefreut haben bei dem Gedanken, wie überrascht ihre Konkurrenten sein würden. In einem Krieg, der jedermanns Geschäfte in Mitleidenschaft zog, hatten sie gleichsam eine Frachtroute durchs Hintertürchen entdeckt.

Zunächst sah es so aus, als hätten sie in der Tat einen bombensicheren Handelsweg gefunden. Als Fourneaux im Frühjahr Bescheid gab, dass er samt Wein wohlbehalten in Amsterdam eingetroffen sei, frohlockte Barbe-Nicole, die zu Hause in Reims die Geschäftsbücher führte. Die Lieferung hatte es sicher aus Frankreich herausgeschafft und war nun fern genug an der Kanalküste, um den schlimmsten Kriegswirren zu entgehen.

Doch dann kam ein niederschmetternder Schlag. Als die Händler an den Kais standen und zusahen, wie ihre Fracht verladen wurde, verbreitete sich auf einmal in Windeseile eine schreckliche Nachricht im belebten Hafen. Das geschäftige Treiben wich einer quälenden und unheilvollen Stille. Amsterdam war blockiert. Der Hafen sollte geschlossen werden, und das Schiff, das Barbe-Nicole und Fourneaux für die nächste Etappe der Weine gechartert hatten, durfte nicht in See stechen.

Es hatte nur ein äußerst schmales Zeitfenster gegeben,

und sie hatten es vorbeiziehen lassen. Die Briten waren fest entschlossen, die wirtschaftliche Isolation Frankreichs und seiner Verbündeten zu verschärfen, und hatten deshalb ein Dutzend Häfen an der Nordsee geschlossen. Wäre ihr Transport nur ein paar Tage – ja, nur ein paar Stunden – früher vonstattengegangen, hätten sie die Katastrophe womöglich vermeiden können. In seiner Verzweiflung schickte Fourneaux eine Nachricht nach Reims: »Der Seehandel ist völlig zum Erliegen gekommen«, schrieb er, »und damit der gesamte Handel auf dem Kontinent.«[8] Die einzige Möglichkeit war nun, den Wein in Amsterdam zu lagern und auf eine baldige Aufhebung der Hafenblockaden zu hoffen.

Im Mai wusste jeder, dass das lange dauern würde. Die Briten wollten die Häfen auf unbestimmte Zeit abschotten. Aber Wein konnte nicht warten. Die Lagerbedingungen in Amsterdam waren erbärmlich, und Wein ist ein sensibles Produkt. Resigniert und voller Sorgen kehrte Fourneaux nach Frankreich zurück. Barbe-Nicole wusste bereits, wie es stand. Es war eine Katastrophe.

Es blieb ihnen nichts anderes übrig, als umzudisponieren und neu zu überlegen. Veuve Clicquot Fourneaux musste weitermachen. Es war ein schmerzlicher Verlust, aber es gab noch andere Geschäfte abzuwickeln, andere Bestellungen zu erfüllen. Und man musste sich um den neuen Wein kümmern. Als die Sommerhitze die Felder der Champagne in leuchtendes Gold verwandelt hatte und die Trauben dunkel und schwer an den Rebstöcken hingen, wird Barbe-Nicole, deren Herz noch immer voll war von der Trauer des vergangenen Jahres, mitunter an all die Flaschen Wein gedacht haben – fast ein Drittel ihres Jahresbestands –, die in einem stickigen Lager in Amsterdam vor sich hin rotteten: Champagner, der in der Hitze explodierte, und klarer Wein, der trüb und muffig wurde. Es war grauenhaft.

Schlecht gelagerter Wein verkommt leicht. Darum verschwenden ernsthafte Sammler so viel Zeit und Mühe auf die richtige Temperatur und Luftfeuchtigkeit in ihren Kellern. Idealerweise sollte Wein in einer kühlen, dunklen Umgebung bei etwa dreizehn Grad Celsius und einer Luftfeuchtigkeit von siebzig Prozent oder mehr gelagert werden.[9] Doch auch sorgfältige Lagerung garantiert nicht, dass eine Flasche Wein wirklich schmeckt, wenn man sie öffnet. Es ist ein kleines schmutziges Geheimnis der heutigen Weinindustrie, dass fünf Prozent des verkauften Weins »korken« – also verdorben sind durch einen chemischen Stoff namens TCA, ein Kürzel für 2,4,6-Trichloranisol.[10] Das klingt weitaus komplizierter, als es in Wirklichkeit ist: TCA ist die bedauerliche Ausscheidung von Schimmelpilzen, die sich bei der Produktion des Korkens eingenistet haben. Der Korken selber riecht nicht, aber der Hauch von schlecht verkorktem Wein ist unverkennbar.

Barbe-Nicole und Alexandre hatten mit ihrem finanziell gut ausgestatteten, aber noch in den Anfängen steckenden Weinhandel größere Sorgen als TCA und Korkgeschmack. So konnten Temperaturveränderungen dazu führen, dass sich eine ganze Ladung Champagner in eine unansehnliche Brühe verwandelte, die sich nicht verkaufen ließ. Die Kunden wollten vor allem Wein, der klar war und perlte, und dafür zeigten sie sich sogar bereit, Abstriche beim Geschmack zu machen.[11]

Dass etwas schiefgegangen war, verriet manchmal schon der pure Anblick, wenn die Flasche aus dem Keller kam. Der Wein war unklar und wies eine leicht schimmernde Trübung auf. In der Flasche trieben schlierige Fäden, die wie ölige Würmer aussahen, oder es gab Rückstände in verdächtiger Farbe, die sich nicht setzten und abziehen ließen. Der schlimmste Fall aber trat ein, wenn der Wein »kahmig« wurde, wie Barbe-Nicole es nannte, und die gelatineartige Konsistenz von Eiweiß hatte.

Schuld daran waren vermutlich Probleme, die ihren Anfang schon im Fass bei der Milchsäuregärung genommen hatten.[12] Wie die Zucker- und Hefegärung ist die Milchsäuregärung (oder malolaktische Gärung) eine organische Reaktion, die bei der Erzeugung der Aromen eines edlen Weins eine wichtige Rolle spielt. Im Traubenmost finden sich nicht nur natürliche Hefezellen, sondern auch natürliche Bakterien. Diese lösen eine zweite Art von Gärung aus, bei der die scharfe, fruchtige Apfelsäure im Wein langsam in milde, butterweiche Milchsäure verwandelt wird - wobei wiederum Kohlendioxid und damit weitere vorzügliche Bläschen entstehen.

Die Milchsäuregärung war im 19. Jahrhundert schwer in den Griff zu bekommen, insbesondere bei den weniger zuckerhaltigen Trauben, wie sie in einer nördlichen Klimaregion wie der Champagne üblicherweise vorkamen. Das große Problem bestand darin, herauszufinden, ob die Milchsäuregärung abgeschlossen war, bevor man den Wein in Flaschen umfüllte. War das nicht der Fall, hatten die Bakterien die unschöne Neigung, im fertigen Wein wieder wirksam zu werden, diesmal mit deutlich weniger wünschenswerten Ergebnissen. Mitunter genügte es, die Fässer mit Schwefel, einem natürlichen Antiseptikum, zu räuchern, aber die einzig wirkliche Lösung war, den Wein immer wieder abzustechen - ihn sich im kühlen Keller mehrmals langsam setzen zu lassen und dann von einem Behältnis in ein anderes umzufüllen, wobei die Reststoffe zurückblieben -, aber man konnte nicht sicher sein, dass es funktioniert hatte, bis man das fertige Produkt sah.

Wenn der Champagner Schlieren aufwies, blieben wenige Optionen. Man lagerte die Flaschen in einen kühleren Teil des Kellers um, was manchmal dazu führte, dass sich die schwebenden bakteriellen Rückstände absetzten. Trübte sich der Wein auf dem Weg zu den Kunden, gab es keine Hoffnung mehr. Ein Wein, der vollkommen klar aus dem Keller gekommen war, konnte plötzlich trüb werden, wenn sich die Temperatur zu stark veränderte. Dies war bei dem Desaster von Amsterdam der Fall gewesen.

Dort fielen zudem immense Lagerkosten und Hafengebühren an. Da Dutzende von Schiffen festsaßen, konnten die Besitzer von Lagerräumen und Kellern horrende Preise verlangen. Mit jedem Tag, der verging, wuchsen die finanziellen Verluste. Deshalb schickten Barbe-Nicole und Alexandre schließlich im August einen ihrer Handelsvertreter nach Amsterdam, mit dem Auftrag, sich um den Wein zu kümmern – und bestünde dies auch nur darin, ihn wegzuschütten.

In Holland eingetroffen, konnte Charles Hartmann die schlimmsten Befürchtungen nur bestätigen. Der Wein war in einem fürchterlichen Zustand. »Ich hatte unseren Herrgott gebeten«, schrieb er an Barbe-Nicole und Fourneaux, »er möge mich unsere Weine so vorfinden lassen, dass ich Ihnen gute Nachrichten senden könnte, aber meine Gebete sind nicht erhört worden. Mit zitternden Händen öffnete ich die erste Kiste ... Ich nahm eine Flasche heraus, entfernte aufgeregt das Stroh und das Einwickelpapier, doch statt des klaren und brillanten Weins, auf den ich gehofft hatte, sah ich fingerbreiten Bodensatz, der sich erst löste, nachdem ich die Flasche eine volle Minute lang geschüttelt hatte.«[13]

Er brauchte Wochen, um den Bestand Flasche für Flasche zu prüfen und zu retten, was zu retten war. Als

Hartmann seine Arbeit Ende September abgeschlossen hatte, blieben nur wenige Flaschen übrig. Sie wurden in den offenen Hafen von Kopenhagen gebracht und von dort aus auf wendigen Küstenbooten nach Preußen befördert. »Tag und Nacht bete ich zu Gott, er möge doch einen Korsaren schicken, der sie kapert«, schrieb er.[14] Dann wären sie diese unglückselige Fracht wenigstens losgewesen.

Dem Totalverlust von Amsterdam folgte schon bald das Gerücht, der gesamte Markt stehe vor dem Zusammenbruch. Louis Bohne war im April zu einer seiner Marathonverkaufstouren nach Deutschland und Russland aufgebrochen. Der deutsche Markt, so schrieb er jetzt, befände sich in einem desolaten Zustand: »Diesem Land fehlte im vergangenen Jahr sogar das Geld für schlechtesten Wein, und nach eineinhalb Jahrzehnten Krieg ist man hier nicht mehr in der Lage, sich unser Luxusgetränk zu leisten ... Überall ist Krieg, Krieg und nichts als Krieg.«[15] Niemand hatte das Geld für Champagner – oder auch nur das Verlangen danach.

Aus Russland kamen dann endlich unerwartet gute Nachrichten: Bohne hatte erfahren, dass die Zarin Elisabeth Alexejewna schwanger war. »Was für ein Segen für uns«, schrieb er an Barbe-Nicole und Fourneaux.[16] »Wenn sie einen Prinzen zur Welt bringt ... wird in diesem riesigen Land der Champagner in Strömen fließen. Aber sprechen Sie nicht darüber, denn sonst wären gleich all unsere Konkurrenten hier.« In mehr als zwölf Jahren Ehe hatte die Zarin nur einmal ein Kind geboren, eine Tochter, und die war als Kleinkind gestorben. Bohne hoffte auf ausgelassene Feierlichkeiten, und so machte er sich, Krieg hin oder her, auf den Weg Richtung russischer Grenze. Es sollte das gefährlichste Abenteuer seiner Laufbahn werden.

Das Leben eines internationalen Handelsreisenden war damals unsicher, selbst in den besten Zeiten. Unterwegs riskierte man nicht selten sein Leben. Die Straßen waren im Allgemeinen in einem erbärmlichen Zustand, voller Schlaglöcher und fürchterlich schmal. Kutschen kamen von der Straße ab und überschlugen sich, Schiffe gingen in schwerer See verloren. Einer von Barbe-Nicoles Angestellten wäre in diesem Jahr beinahe bei einem Schiffbruch vor Norwegen ums Leben gekommen; sein Brief, in dem er die Schrecken auf einem sinkenden Schiff beschrieb, wurde in Reims mit Ernüchterung aufgenommen.

In Kriegszeiten potenzierten sich all diese Gefahren, und Louis Bohne wusste, dass er sein Leben aufs Spiel setzte, wenn er nach Russland fuhr. Er riskierte nicht nur, zwischen die Fronten zu geraten. Das Hauptproblem war vielmehr: Ein Franzose, der mitten in einem Krieg, der den Russen arg zusetzte, im Feindesland auftauchte, um den Adel mit seinem Schaumwein zu umgarnen, machte sich zutiefst verdächtig. Bevor er die Grenze zu Russland überquerte, schrieb Louis an Barbe-Nicole und Fourneaux und warnte sie, dass ihre Briefe von der Zensur gelesen werden könnten. Sie sollten deshalb vermeiden, »sich über Politik zu äußern«, bat er inständig, »denn in diesem Land ist das gefährlich«.[17]

Doch trotz aller Vorsichtsmaßnahmen stand Louis Bohne schon bald im Verdacht, ein französischer Spion zu sein. Nachdem er in Sankt Petersburg einen bitterkalten Winter hatte überstehen müssen, sprach aus den Berichten, die er im Frühjahr 1807 nach Reims sandte, leichte Panik. Er befürchtete, jeden Augenblick verhaftet zu werden, und wusste, dass seine Briefe geöffnet und genau studiert wurden. Daher gab er, als sich die Möglichkeit bot, einem Freund, der nach Frankreich zurückkehrte, eine

Notiz an seine Auftraggeber mit. »Sprechen Sie in Gottes Namen nie über Politik«, beschwor er sie, »wenn Sie mein Leben und meine Freiheit nicht in Gefahr bringen wollen; sollten meine politischen Ansichten herauskommen, werde ich mit Verbannung in die Bergwerke Sibiriens bestraft; alle Briefe werden geöffnet.«[18]

Vielleicht hatte ihm der erbarmungslose Winter in der Hauptstadt eine Ahnung davon vermittelt, was es hieß, nach Sibirien deportiert zu werden. Eine überstürzte Abreise hätte ihn jedoch fast genauso verdächtig gemacht, wie wenn er blieb, und so sah sich Bohne gezwungen, zumindest das Frühjahr über auszuharren, bis die Straßen wieder halbwegs befahrbar waren. Als die Tage wärmer wurden, verließ er, erleichtert, Russland sogleich in Richtung Westen.

Trotz allem erwies sich auch Russland als kolossaler Fehlschlag. Die Zarin hatte im Herbst eine Tochter zur Welt gebracht, und auch dieses Kind war, wie schon ihr erstes, nach wenigen Monaten gestorben.[19] Überdies kursierten Gerüchte, die Tochter sei nicht vom Zaren, sondern von Elisabeths attraktivem Liebhaber. Jedenfalls war Zar Alexander nicht in der Stimmung, rauschende Champagnerfeste zu feiern. Bohne hatte zwar einige Bestellungen aufgenommen, die sich sehen lassen konnten, aber so fern der Heimat Geschäfte zu machen erwies sich als furchtbar kostspielig, und noch war nicht klar, wie sie ihre Weine überhaupt ins Land bringen sollten. Wenn sie aber nicht liefern konnten, würden sie sich nicht über Wasser halten können.

Das darauffolgende Jahr verbrachte Barbe-Nicole weitgehend mit der Suche nach einer Möglichkeit, Weine zu Kunden in Übersee zu bringen. Als im Sommer 1807 die Nachricht von einem unmittelbar bevorstehenden französisch-russischen Frieden kam, standen sie und ihr Kompagnon vor einem Dilemma. Falls die Handelsbeschränkungen mit Russland aufgehoben wurden, würde ein verrückter »Run« Richtung Grenze beginnen, und wer seine Weine als Erster ins Land bringen konnte, hatte die besten Aussichten, die leichten Verkäufe zu tätigen. Aus Russland, Österreich und Preußen lagen ihnen bereits Anfragen in Sachen Champagner vor. Doch niemand würde auf ihre Weine warten, wenn Jean-Rémy Moët vor ihnen zur Stelle war. Die einzige Option bestand wieder einmal darin, eine Ladung Wein nach Amsterdam zu schicken, wo sie für den Transport nach Russland so lange lagern sollte, bis die Handelswege offen waren.

Das sollte eine Weile dauern. Im Herbst kam Barbe-Nicole die Lage in deprimierender Weise vertraut vor. Noch immer gab es keinen Friedensvertrag. Und wieder lagen die Weine in einem Lagerhaus in Holland fest. Allein die Geschäftsbücher bereiteten ihr quälende Kopfschmerzen, und es bedurfte nur noch der einen oder anderen Katastrophe, bis die Firma Veuve Clicquot Fourneaux vor dem Ruin stünde. Wie die Geschäftskorrespondenz zeigt, trat Alexandre Fourneaux allmählich in den Hintergrund. Vielleicht ahnte er schon, dass seine anfängliche Investition nicht zu retten war. Vielleicht kam es zwischen den Partnern aber auch zunehmend zu Spannungen, weil Barbe-Nicole trotz aller Rückschläge stur darauf beharrte, sie müssten sich auf die internationalen Märkte konzentrieren. Sie war so fest entschlossen, dass sie sogar erwog, zum ersten Mal gegen das Gesetz zu verstoßen.

Sie begann mit der Idee zu spielen, ihre Weine als Schmuggelware auf den Weg zu bringen. Bis jetzt hatten sie ihre Ware in privaten Schiffen an den geschlossenen

Häfen vorbeigeschickt und darauf gehofft, auf See nicht entdeckt zu werden. Die Weine zu schmuggeln war jedoch ein ernsteres Wagnis. Man musste mit einem ausländischen Schiffskapitän - meist jemandem von der gegnerischen Kriegspartei - eine Abmachung treffen. In den letzten Monaten des Jahres 1807 sah es so aus, als sei das die letzte noch verbliebene Möglichkeit, wenn Barbe-Nicole nicht zum zweiten Mal mit ungewissem Ausgang Wein in Amsterdam lagern wollte.

Durch Zahlung einer satten Gebühr ließen sich ausländische Kapitäne - vor allem britische und amerikanische - dazu überreden, Fracht in geschlossene Häfen zu bringen, indem sie die französische Herkunft der Produkte verschleierten. Barbe-Nicole zog einen solchen Schritt in Betracht. Aber sie zögerte, vermutlich weil sie einige der besonderen Risiken erkannte, die für geschmuggelten Champagner bestanden: Wäre das Schiff auf See gestoppt und durchsucht worden, hätte sich die französische Herkunft dieses Schaumweins nur schwer verbergen lassen.

Was die Champagnerhändler bis dahin gerettet hatte, war nicht zuletzt die Exklusivität des Produkts. An den Königshöfen Europas hatten es mehr als ein Jahrhundert lang nur einige wenige Glückliche genießen dürfen, und der Krieg hatte ihr Verlangen nach diesem Luxuswein noch angestachelt - eine dekadente Entwicklung, die in gewisser Weise der späteren Plünderung der Weinbestände auf der sinkenden Titanic ähnelte. Champagner hat schon immer den Vorzug gehabt, nur aus einer einzigen Region zu kommen - worauf die Franzosen mit Nachdruck bestehen. Echter Champagner wird nur in der Champagne erzeugt. Heute ist die Region auf dreihundertdreiundzwanzig klassifizierte Dörfer beschränkt, und vom Zeitpunkt der Lese bis zum Rebschnitt wird alles streng kontrolliert.[20]

Diese Entschlossenheit, die Integrität des Champagners - sowohl des Produkts als auch des Marktmonopols - zu schützen, befand sich zu Beginn des 19. Jahrhunderts noch in einem Anfangsstadium, nicht anders als die Champagnerindustrie selbst. Erst 1844 erhoben die Champagnerhersteller - die erkannten, dass ein Markenname rasch zu einer allgemeinen Produktbezeichnung wurde - Klage für das Recht, anderen Schaumweinproduzenten die Verwendung der Bezeichnung zu verbieten. Dieser Rechtsstreit ist bis heute im Gange. In der Hoffnung, sich dem Markenschicksal anderer Produkte wie Tesafilm oder Q-tips zu entziehen, gehen die Hersteller der Champagne gegen alle Nachahmer vor. Selbst das Adjektiv *champenoise*, »nach Champagnerart«, mit dem nach traditioneller Methode hergestellte Schaumweine bezeichnet werden, ist Gegenstand gerichtlicher Auseinandersetzungen.[21]

Doch in den ersten Jahrzehnten des 19. Jahrhunderts machten sich die Winzer der Champagne noch keine Gedanken über den Missbrauch ihres Namens. Champagner war noch kein großes Geschäft, und in der Vorstellung der Kunden - sehr exklusiv und meist königlich - kam er natürlich von nirgendwo anders als von diesem kleinen Flecken Erde. So hatte die ausschließlich französische Herkunft dieses Weins schon damals zur Folge, dass sich seine Herkunft nicht verbergen ließ, wenn man ihn über geschlossene Häfen verschickte. Barbe-Nicole wird gezögert haben, auf einen Trick zu setzen, der eine so eklatante Schwachstelle aufwies.

Die grausame Ironie war, dass sich die Weine der Witwe Clicquot 1808 in Russland großer Nachfrage erfreuten. Das zeigt, dass die Bekanntheit einer Marke nicht immer den tatsächlichen Verkaufszahlen entsprechen muss. Zu verdanken hatte sie diesen Erfolg zu einem Gutteil Louis Bohne. Die politischen Spannungen hatten nachgelassen, und Bohne war wieder in Russland, wild entschlossen, diesen Markt zu erobern. In der Tat sollten Frankreich und Russland für die nächsten vier Jahre inmitten des anhaltenden europäischen Konflikts einen unsicheren, stets brüchigen Frieden wahren. Bohne wusste natürlich, dass auch er Barbe-Nicole zur internationalen Ausrichtung des Geschäfts geraten hatte und dass der Ruf seiner geschäftlichen Urteilsfähigkeit auf dem Spiel stand. Zudem arbeitete er auf Kommissionsbasis. Zwar schrieb er, dass »ein Großteil Europas infolge der Besatzung Hunger leidet« und »das Elend dieser Zeiten dem Luxus nicht gerade förderlich ist«, doch er machte unverdrossen weiter.[22]

Sowohl der Name des Unternehmens als auch die begrenzten Mengen an Wein, die man ins Land gebracht hatte, genossen bereits einen ausgezeichneten Ruf, wobei es zunehmend allein der Name Barbe-Nicoles war, den die Kunden kannten. Kurioserweise wurde die gesichtslose Witwe Clicquot zu einer Marke in Russland, bevor sie noch ihre ersten eigenen unternehmerischen Entscheidungen treffen konnte. Anders als die Popularität so vieler berühmter Marken, die in den kommenden Jahren nach Frauen benannt werden sollten, hatte dieser Erfolg mit konventionellen Stereotypen von persönlicher Schönheit oder weiblichem Charme nichts zu tun. Die Russen konnten nicht wissen, dass sich hinter diesen Weinen eine nüchtern denkende Frau von nur dreißig Jahren verbarg. Wie Bohne ihr berichtete, hatten sie in den führenden Häusern Russlands schon einen »ungewöhnlichen Vorsprung, der uns unter unseren Konkurrenten zu einem Markennamen von wachsendem Renommee verholfen hat; und um diesen Vorsprung zu nutzen, brauchen wir einen allgemeinen

Frieden nicht abzuwarten ... [Der] gute Ruf, der sich im Ausland mit dem Namen Clicquot verbindet ... ist zu einer Konstante geworden und kann als einzigartige Grundlage Ihres Unternehmens angesehen werden«.[23] »Ihres Unternehmens« - anscheinend wusste man bereits, wer im Zentrum der Geschäftspartnerschaft Clicquot Fourneaux stand.

Der Herbst 1808 brachte ein paar wundervolle Monate lang eine Atempause. In diesen beglückenden Wochen konnte Barbe-Nicole sich vorstellen, wie es sein würde, ohne all diese Hindernisse Geschäfte zu machen. Die Blockaden waren aufgehoben, und die Firma sputete sich, ihre Weine zu verschicken. Fünfzigtausend Flaschen kamen wohlbehalten in Sankt Petersburg an, und weitere Bestellungen liefen ein. Für einen Augenblick schien es, als sei das Gröbste überstanden.

Doch im Frühjahr 1809 wusste Barbe-Nicole, dass es nur der Beginn einer weiteren Durststrecke war. Mit einem Schlag wurde alles schlimmer, als man es sich hätte vorstellen können. Der Grund: Die Volkswirtschaften des gesamten Kontinents brachen ein. Der Handel kam fast völlig zum Erliegen, und die Briefe von Barbe-Nicoles Vertretern enthielten alle dieselbe Botschaft: »Das Geschäft ist absolut tot. Überall.«[24] Im Juli gestand sogar Louis Bohne das Scheitern ein. Es gab keinen Grund, in Russland zu bleiben. Europa stand am Rande des finanziellen Zusammenbruchs, und Schuld daran hatten vor allem die Franzosen. Mitten in dieser Krise zog Napoleon die Schrauben noch fester an. In Krakau drohte Barbe-Nicoles Vertretern Gefängnis, sie erhielten »Anweisung, die Stadt und die österreichischen Lande zu verlassen«.[25] Plötzlich stand niemandem mehr der Sinn nach Luxusgütern wie Champagner. Und mit den Franzosen wollte auch keiner mehr zu tun haben.

Barbe-Nicole war sich jetzt darüber im Klaren, dass die Häfen noch Monate, wenn nicht Jahre geschlossen bleiben würden. Es würde keine heimlichen Exporte mehr geben. Selbst noch so viel Gewitztheit und Energie würden nicht reichen, um ihre Weine sicher zu ihren internationalen Kunden zu schaffen - sofern es denn Kunden gegeben hätte, die darauf warteten. Aber es gab keine. Das Unternehmen war in Schwierigkeiten, keine Frage. 1809 konnte Barbe-Nicole nur noch vierzigtausend Flaschen Wein verkaufen, und viele davon nur in Frankreich.[26] Sie wandte sich dem heimischen Markt zu, um im Geschäft zu bleiben, aber hier hatten nur wenige das nötige Geld, um in Champagner oder anderen edlen Tropfen zu schwelgen. Und noch weniger hatten Grund zum Feiern.

Im Frühjahr 1810 glichen die Bestellungen erneut einem trostlosen Rinnsal, und im Juli kam der endgültige K.o. Zum einen bedurfte nun auf Anordnung des Kaisers jeglicher Exporthandel teurer regierungsamtlicher Lizenzen, zum anderen gingen überall in Europa in alarmierender Zahl Banken pleite. Von Louis Bohne hatte Barbe-Nicole seit Monaten nichts gehört, und sie machte sich allmählich Sorgen, dass ihm etwas zugestoßen sei. Endlich kam ein Brief von ihm. Wir können nur spekulieren, was Barbe-Nicole durch den Kopf ging, als sie den Umschlag mit dem hellen Wachssiegel in Händen hielt. Vielleicht dachte sie, Louis habe sie wieder einmal gerettet. Vielleicht enthielt dieser Umschlag die Nachricht von erstaunlichen Bestellungen oder von einem bevorstehenden Frieden. Ihre Hand zögerte einen Augenblick, ehe sie den Briefbogen auseinanderfaltete, dann las sie eine Nachricht von niederschmetternder Einfachheit - die einzige, die er hatte schicken können: »Geschäft völlig tot.«[27]

Sie starrte lange auf den Brief. Vor der Frage, was sie ihm antworten sollte, muss ihr gegraut haben. Es war nicht leicht, ihn aufzumuntern, ihm etwas Glaubhaftes zu sagen, das seine Stimmung heben könnte. Und dann war da noch etwas anderes, das sie ihm mitteilen musste. Am 10. Juli lief der Vierjahresvertrag aus, der das Unternehmen Veuve Clicquot Fourneaux begründet hatte. Er würde nicht verlängert werden. Alexandre Fourneaux sah für diese Firma keine Zukunft mehr und ergriff die Gelegenheit auszusteigen – mit seiner Hälfte des Betriebskapitals. Der Kreislauf aus Hoffnung und niederschmetterndem Misserfolg hatte bei allen Partnern von Veuve Clicquot Fourneaux seinen Tribut gefordert. Zum zweiten Mal in ihrem Leben stand Barbe-Nicole vor einer ungewissen Zukunft, und dieses Mal würde sie wirklich auf sich allein gestellt sein.

Allein am Rande des Ruins

Für Barbe-Nicole – ja, für die ganze Familie Ponsardin und für die Weinindustrie allgemein – war 1810 ein Jahr bedeutsamer Übergänge. Sie hatte gewusst, dass die Abmachung mit Alexandre Fourneaux im Sommer auslaufen würde; und dass er die Partnerschaft nicht zu erneuern gedachte, war kein Geheimnis. Der anhaltende Krieg mit Großbritannien und Napoleons Kontinentalsperre machten Exporte unmöglich, und die Gewinnspannen waren dürftig. Seit dem Frühjahr wusste sie, dass für Lieferungen ins Ausland bald schon saftige Gebühren fällig würden.

Zudem hatte Fourneaux' Sohn Jérôme seine Kaufmannsausbildung abgeschlossen, und sein Vater war verständlicherweise bestrebt, ihm einen Start in der Branche zu ermöglichen. Es bestand aber kein Grund, Jérôme zu einer langfristigen Partnerschaft in einem dahinsiechenden Familienunternehmen zu zwingen – vor allem, da die Partnerin, eine um einige Jahre ältere Witwe, die Firma unzweifelhaft selbst führen wollte.

Barbe-Nicole scheint nicht die Absicht gehabt zu haben, wieder zu heiraten; hätte sie sie gehabt, so wäre Jérôme Fourneaux eine gute Partie gewesen. Vielleicht hat es zwischen ihm und ihr sogar kurz gefunkt, vielleicht war da eine gewisse Zuneigung oder Bewunderung. Denn obwohl Jérôme und sein Vater ihre Kraft darauf verwandten, den eigenen familiären Weinhandel auszubauen – er war 1734 von Alexandres Großvater unter dem Namen Forest-Fourneaux gegründet worden[1] –, und obwohl Barbe-Nicole und

Jérôme nunmehr in Konkurrenz standen, half der junge Mann ihr in den ersten Jahren, in denen sie die Firma allein führte, bei den Feinheiten der Weinherstellung.

Das in Fourneaux & Fils umbenannte Familienunternehmen, dem Alexandre und Jérôme jetzt wieder ihre Aufmerksamkeit schenkten, machte keinen der beiden berühmt. Einiges in der Ausrichtung ihrer Firma deutet darauf hin, dass sie nicht den geschäftlichen Ehrgeiz besaßen, der Barbe-Nicole als Unternehmerin ihr Leben lang auszeichnete. Beide waren begabte Weinhersteller, und die Tradition vorzüglicher Champagnerweine, die sie begründet haben, setzt sich bis heute fort. 1931 wurde die Firma von einer Familie aufgekauft, die es zu einem der renommiertesten Weingüter weltweit machen sollte. Es ist heute bekannt als Champagne Taittinger - dank Alexandre und Jérôme Fourneaux das drittälteste Champagnerhaus, das noch immer besteht.

Während sich Barbe-Nicole in diesem Frühjahr mit den Vorbereitungen für die notwendige Geschäftsabwicklung und den Plänen für ihre Zukunft als Alleineigentümerin beschäftigte, erlebte Familie Ponsardin ebenfalls grundlegende Veränderungen. Ihr Stern ging auf. Barbe-Nicoles Vater, schon immer ein einnehmender und politisch kluger Mann, hatte seit den ersten Jahren des Jahrhunderts Napoleon umworben, als der Kaiser und Joséphine während der ersten Lese der Familie Clicquot im Hôtel Ponsardin zu Gast gewesen waren.

Die arme Joséphine - die keinen Thronfolger zustande brachte und ihre Gunst ein wenig zu großzügig vergeben hatte - war inzwischen kurzerhand abserviert worden, doch Ponsardin wurde zum Dank für seine Gastfreundschaft und seine eifrige Unterstützung der neuen Regierung mit dem Bürgermeisteramt von Reims belohnt, das ihm durch kaiserliches Dekret übertragen wurde, nicht durch Willensentscheidung des Volkes, wie man es von einem früheren Jakobiner hätte erwarten können.[2]

Im Frühjahr 1810 verspürte sogar Barbe-Nicole ein wenig von der Aufregung, die mit dem neuen Posten ihres Vaters zu tun hatte, darüber hinaus aber auch mit der bevorstehenden zweiten Eheschließung Napoleons: Die Auserwählte war die österreichische Erzherzogin Marie Louise - Nichte der unglückseligen Marie-Antoinette und wie ihre Tante dem künftigen Ehemann gleich einem Stück Gepäck in einem Zug prächtiger Kutschen von Osten her zugeschickt.[3] Ihr Ziel war das Château de Compiègne, ein großer königlicher Palast rund achtzig Kilometer nordöstlich von Paris. Der Weg dorthin führte unmittelbar an Reims vorbei. Barbe-Nicole wird beobachtet haben, wie die hübsche Erzherzogin und ihr Tross in der Stadt ankamen. Da sie im Zentrum von Reims wohnte, wäre es ihr schwergefallen, den Trubel nicht zu bemerken. Doch konnte sie ihm schon deshalb nicht entgehen, weil ihr Vater, der im Herzen immer Royalist geblieben war, höchstpersönlich die üppigen Feierlichkeiten zur Begrüßung der künftigen Kaiserin organisiert hatte.[4]

Während elegantere Frauen wie ihre Schwester nur noch von der neuen Kaiserin und der Pracht ihres Hofes schnatterten, die sie zu sehen bekommen würden, hatte Barbe-Nicole lediglich einen Wunsch. Sie hoffte, diese neue Ehe mit einer Frau aus dem Hause eines der heftigsten Widersacher Napoleons würde ein wenig Frieden bringen. »Erzherzogin Louise wird am 25. März in Compiègne heiraten [und] auf dem Weg dorthin in unserer Stadt Station machen«, schrieb sie an Louis Bohne. »Wenn sie uns Frieden bringen kann, wird das ein großer Segen für die Menschen sein.«[5]

Ganz gleich, welche persönlichen Gefühle ihr Vater für Napoleon hegte – persönliche Gefühle scheinen seine politischen Vorlieben nicht übermäßig beeinflusst zu haben –, Barbe-Nicole hasste den Kaiser inzwischen. Sie hatte keine Geduld mehr mit seinen Kriegen, und in ihren Briefen nannten Bohne und sie ihn nur noch den »Teufel«.[6] Napoleons offene Unterstützung für ihren Konkurrenten Jean-Rémy Moët spielte dabei ohne Zweifel eine gewisse Rolle.

Ihre Einstellung zum Kaiser wurde vermutlich nicht milder, als sie erfuhr, dass Napoleon seinen Einfluss in den Weinbergen der Champagne ausgeweitet hatte. Einem anderen Konkurrenten, Memmie Jacquesson, dem Besitzer von Jacquesson & Fils im nahe gelegenen Châlons-sur-Marne, hatte er eine Goldmedaille verliehen, die des Kaisers persönliche Wertschätzung für die »Schönheit und Reichhaltigkeit der Kellereien« dieser Firma zum Ausdruck bringen sollte.[7] Als weiteres Zeichen seiner Gunst hatte Napoleon Jacquesson zudem gebeten, den Champagner für die Hochzeit mit Erzherzogin Marie Louise zu liefern. Es war zum Verzweifeln. Barbe-Nicole hasste es, mit ansehen zu müssen, wenn solche Aufträge an die Konkurrenz gingen – vor allem an jemanden, der erst gut ein Jahrzehnt lang im Geschäft war. Sie begriff, dass auf dem Markt für Luxusweine Bekanntheit alles bedeutete, und hier stand ihr ein weiterer Neuling im Weg, der eine persönliche Beziehung zum mächtigsten Mann – und Einkäufer – in ganz Frankreich pflegte.

Die größte Veränderung für Barbe-Nicole in diesem Jahr war zugleich die offensichtlichste: Allen Schwierigkeiten zum Trotz würde sie schon bald eine unabhängige Frau sein, die ein finanziell gut ausgestattetes internationales Unternehmen führte. Allein schon diese Tatsache macht sie in ihrer Zeit zu einer Ausnahmefrau. Es gab zwar überraschend viele Frauen – insbesondere Witwen –, die kleine Firmen betrieben, vor allem in traditionell weiblich dominierten Branchen wie der Kleiderproduktion und der Gastronomie. Doch im gesamten 19. Jahrhundert sollte nur eine Handvoll Frauen Unternehmen mit ähnlich viel Kapital besitzen. Barbe-Nicoles Pionierleistung bestand allein schon darin, dass sie diese enorme Chance ergriffen hatte.

Am letzten Julitag eröffnete sie ihr neues Geschäftsbuch für das Unternehmen, das sich von nun an Veuve Clicquot Ponsardin & Cie. nannte. Das Buch verzeichnete um die sechzigtausend Flaschen Wein, dazu sechs Dutzend Fässer, zehntausend leere Flaschen und fast hundertfünfundzwanzigtausend Korken.[8] Ihr Schwiegervater Philippe, der noch immer bereit war, auf ihren Ehrgeiz und ihr Talent zu setzen, beließ seine dreißigtausend investierten Franc in dem Unternehmen, das beide unbedingt am Leben erhalten wollten.

Um Abwicklung und Abrechnung zu beschleunigen, verschickte sie im Sommer Briefe an ihre Kunden mit der Bitte, ausstehende Rechnungen baldmöglichst zu begleichen. Einige dieser Mitteilungen sind mit ihrer elegant geschwungenen Unterschrift versehen: »Veuve Clicquot Ponsardin«. In gedruckter Form findet sich diese Signatur bis heute auf dem gelben Etikett der Flaschen mit Nichtjahrgangschampagner aus dem Haus Clicquot.

Auch hinsichtlich der Kellerei und der Ausrichtung des Unternehmens hatte sie neue Ideen und Pläne, aber die wollte sie erst mit Louis Bohne besprechen, sobald er von seinen Reisen zurück war. Louis war verliebt, nachdem er den Gedanken an Ehe während all der Jahre, die er für Familie Clicquot unterwegs gewesen war, aufgeschoben hatte. Jetzt war er mit Fräulein Rheinwald verlobt, der Tochter eines Regierungsrats.[9] Mehr wissen wir nicht über diese junge Frau, die Louis' Herz erobert hatte. Wir können lediglich vermuten, dass sie wie er aus einer deutschen Familie stammte. Bohne hatte vor, seine Arbeit in den Monaten, in denen die Details der Abwicklung geklärt werden sollten, ruhen zu lassen. Es sollten ausgedehnte Flitterwochen werden, Gelegenheit, eine Familie zu gründen, für einen Mann, der die letzten fünf Jahre meist fern von zu Hause verbracht hatte.

Barbe-Nicole war froh, Louis Bohne in den ersten Monaten ihrer neuen, alleinigen Verantwortung in ihrer Nähe zu wissen. Die anderen Handelsvertreter gingen sogleich wieder auf Reisen, um neue Bestellungen aufzunehmen, während die alte Firma Veuve Clicquot Fourneaux & Cie. noch abgewickelt wurde. Louis hingegen konnte sie beraten, und sie war froh, ihre Pläne mit diesem zuverlässigen und erfahrenen Angestellten besprechen zu können, so wie François es in jenem langen Sommer vor seinem Tod getan hatte. Es galt, eine Reihe wichtiger Entscheidungen zu treffen, die wegweisend sein sollten für die Zukunft der Firma. Barbe-Nicole hatte den Vorteil, die Dinge mit dem unverstellten Blick der Unerfahrenen zu sehen, und verfügte zugleich über die Fähigkeit, von Leuten, denen sie vertraute, zu lernen.

Da war zum einen die Frage ihres Markenzeichens, aber zumindest die war leicht zu klären. Während ihrer Partnerschaft mit Alexandre Fourneaux hatten sie in die Korken der Weine, die von ihrem Unternehmen hergestellt und abgefüllt wurden, einen Anker als Symbol eingebrannt.[10] Das war eine Art Markenzeichen, wie jedes Champagnerhaus es Anfang des 19. Jahrhunderts hatte, da es noch so gut wie keine Etiketten gab. Transportkisten und Fässer waren häufig mit den Initialen der Firma, dem Bestimmungsort und dem Namen der Weinsorte versehen, damit die Ladung in den belebten Häfen Europas nicht verloren ging, aber die farbenfrohe Vermarktung der Flaschen, wie wir sie heute kennen, war damals noch nicht erfunden.

Sobald eine Flasche ausgepackt war, ließ sie sich nur noch aufgrund des Korkens und der Farbe des Siegelwachses, das den Hals umschloss, von der Flasche eines anderen Herstellers unterscheiden. Dieser Überzug aus Siegelwachs, der sogenannte *goudron*, war häufig kunstvoll und ansprechend gestaltet, aber er war kein besonders zuverlässiges Erkennungsmerkmal. Moët färbte seine Kappen leuchtend grün mit gold- oder silberfarbenen Einsprengseln, doch Philippe Clicquot verwendete das gleiche Farbschema, und Barbe-Nicole übernahm es.[11] Das Marketing steckte noch in den Kinderschuhen, und zu einer Zeit, da viele Händler ihre Flaschenweine noch immer fertig von lokalen Lieferanten bezogen, betrachteten nur wenige Champagnerhäuser und auch nur wenige ihrer Kunden bestimmte Weine als unterscheidbare Produkte ganz bestimmter Unternehmen.

Sah man vom farbigen *goudron* ab, ließ sich eine Flasche also nur durch das auf dem Korken eingebrannte Symbol als Produkt aus den Kellern von Veuve Clicquot identifizieren. Die Familie hatte den Anker erstmals kurz nach der Heirat Barbe-Nicoles als Unternehmensemblem verwendet, damals, als Philippe und François gemeinsam Clicquot-Murion eröffneten, und die Witwe war entschlossen, diese Tradition fortzuführen. Vielleicht erinnerte das Symbol sie an ihren verstorbenen Mann und an das Unternehmen, das sie gemeinsam hatten aufbauen wollen. Vielleicht war es ein Hinweis auf die Märkte in Übersee, die François im Blick gehabt hatte. Doch war der Anker stets auch ein traditionelles Symbol für Hoffnung gewesen.[12] Barbe-Nicole und François hatten es erstmals verwendet, als die Zukunft vielversprechend schien, als sie sich auf ein gemeinsames Leben und prosperierende neue Geschäftsfelder freuen konnten. Sie wollte das jetzt nicht aufgeben - und so findet sich das Symbol noch heute auf den Etiketten des berühmten Schaumweins aus dem Hause Veuve Clicquot.

An der Spitze ihres eigenen Unternehmens stehend hatte sie aber noch andere, heiklere Fragen zu klären. Sie betrafen die Arbeit in den Kellereien und den Kurs der Firma inmitten einer verheerenden wirtschaftlichen Situation. Angesichts der sich verschärfenden Blockaden und instabiler Wechselkurse war es schwierig, Wein zu exportieren, und Barbe-Nicole konnte sich keinen größeren finanziellen Rückschlag leisten. Sie riskierte ihre Unabhängigkeit, da die Firma schon einige Jahre zu kämpfen gehabt hatte. Sie kürzte und verbreiterte ihr Angebot. Unter ihrer Leitung begann das Unternehmen, mehr lokale Rotweine im Fass, und zwar auf dem heimischen französischen Markt, zu verkaufen, statt unnötig Geld dafür auszugeben, diese Weine für einen internationalen Luxusmarkt abzufüllen, der in vielen Fällen gar nicht zu erreichen war.[13] Der größte Teil dieser Weine stammte aus Trauben, die auf eigenem Grund und Boden gewachsen waren, und ging an Kunden im Umkreis von wenigen Hundert Kilometern.

Wenn sie doch Flaschenweine exportierte, nahm sie prinzipiell zusätzlich eine eindrucksvolle Auswahl an Spitzenjahrgängen aus anderen, berühmteren Regionen Frankreichs ins Sortiment auf.[14] Die Rotweine aus der Champagne, einst den Weinen aus Burgund an Bukett und Zartheit in nichts unterlegen, hatten diesen guten Ruf verloren. Ausgenommen waren lediglich die Weine aus einer

Handvoll bekannter Dörfer in der Champagne, zu denen glücklicherweise auch Bouzy gehörte, wo Barbe-Nicole nun die Muiron-Weinberge - ihr und François' Erbe - zu verwalten hatte. Sie konnte sich noch daran erinnern, wie sie frühmorgens in der Kühle der Kelterei stundenlang beim Pressen der Trauben zugesehen hatte, und sie wusste, dass das ausgezeichnetes *terroir* war. Dass sie in alle Aspekte des Geschäfts involviert war, sollte ihr Markenzeichen werden, und die Fässer aus dem Weingut in Bouzy enthielten vermutlich die ersten Weine, von denen Barbe-Nicole behaupten konnte, sie seien allein unter ihrer Leitung hergestellt worden. Indem sie sie direkt an die Kunden verkaufte, maximierte sie ihre schmalen Gewinne.

Sie produzierte zwar auch weiterhin Champagner. Doch die Hindernisse, die dem internationalen Geschäft im Weg standen, machten es einer jungen Händlerin, die erst begonnen hatte, sich einen Namen zu machen, unmöglich, sich ausschließlich auf Schaumwein zu konzentrieren, zumal sie hätte in Kauf nehmen müssen, dass ein Teil ihrer Bestände monate-, wenn nicht jahrelang unverkauft in den Kellern lag. An jenen langen Sommerabenden vor der Weinlese, als ihr Mann und Louis Bohne von riesigen neuen Märkten in Großbritannien und Russland geträumt hatten, war Barbe-Nicole ganz verzückt gewesen, und sie glaubte noch immer an die gemeinsame Vision. Selbst als sie sich stärker auf Verkäufe im Inland konzentrierte, hielt sie ihre Handelsvertreter an, weiterhin nach neuen Möglichkeiten im Ausland Ausschau zu halten und die alten Kontakte auf der anderen Seite der geschlossenen Grenzen zu pflegen.

Barbe-Nicoles Arbeitstag in den Kellern oder an ihrem Schreibtisch begann morgens um sieben, und nur selten legte sie Geschäftsbücher oder Korrespondenz vor neun oder zehn Uhr abends beiseite. Ein Familienunternehmen zu führen erforderte viel Arbeit, und sie war stolz darauf, die zahllosen Briefe, die sie erhielt, rasch und sorgfältig zu beantworten. Dafür musste sie allerdings einen hohen persönlichen Preis zahlen. Irgendwann in den ersten Jahren, als sie das Geschäft gemeinsam mit Alexandre Fourneaux führte, hatte sie ihre Tochter Clémentine auf eine Klosterschule nach Paris geschickt.[15] Da Mädchen gewöhnlich mit sechs oder sieben Jahren in Klosterschulen eintraten, dürfte der Verlust der Tochter als Gefährtin zeitlich etwa mit der Gründung des gemeinsamen Unternehmens 1806 zusammengefallen sein. Wie alle alleinerziehenden Mütter hatte Barbe-Nicole erfahren müssen, welche herzzerreißenden Herausforderungen es mit sich brachte, ein Kind großzuziehen und gleichzeitig eine Firma zu leiten.[16]

Clémentine auf eine Schule in Paris zu schicken war keine kaltherzige Entscheidung gewesen. Barbe-Nicoles Schwester war im selben Alter an eine Schule übergeben worden, und so befremdlich es heutigen Eltern erscheinen mag, die ihr Kind genauso wenig einer Klosterschule überantworten wie unbeaufsichtigt am Rand einer viel befahrenen Straße zurücklassen würden: Damals war ein Internatsbesuch für junge Mädchen ganz normal. Was nicht heißt, dass Barbe-Nicole ihre Tochter nicht vermisst hätte. Ihre Briefe bezeugen sie als liebevolle und pragmatisch denkende Mutter, die entschlossen war, für die Zukunft ihrer Tochter und ihr Glück zu sorgen, die gleichzeitig aber auch wusste, dass »Mentine«, wie das Mädchen in der Familie genannt wurde, nicht über denselben scharfen Verstand verfügte wie ihre Mutter oder ihr Großvater.[17] Aber sie war überzeugt, dass die Klosterschwestern sich um sie kümmern und ihr Lesen und Schreiben beibringen würden. Clémentine lernte mit Sicherheit wie ihre Mutter die Kunst der feinen Handarbeit und den katholischen Katechismus, und Barbe-Nicole konnte sich darauf verlassen, dass sich die Cousinen ihrer Mutter in Paris um das Mädchen kümmern würden, falls etwas Unerwartetes passieren sollte. Es gab freilich keinen Zweifel, welches Leben sich Barbe-Nicole für ihre Tochter vorstellte. Ihre Zukunft sollte nicht im Geschäftsleben liegen, sondern in jenem Dasein von stiller Häuslichkeit und wohlhabender Privilegiertheit, das Barbe-Nicole verschmäht hatte.

In diesem Sommer hatte Barbe-Nicole durchaus Grund, über das Leben in Luxus und über die Risiken nachzudenken, die sie sich stattdessen mit dem Unternehmen aufgehalst hatte. Sie hatte beschlossen, einen Teil ihres Schmucks zu verkaufen, um das Geschäft zu finanzieren. Genauso gut hätte sie ihre Tage auch mit der Suche nach Gelegenheiten zubringen können, ihn zu tragen. Nun war ein Großteil ihres Kapitals in der Firma gebunden, und es gab offenbar Liquiditätsprobleme, denn sonst hätte sie wohl diese Familienerbstücke nicht hergegeben.

Im ersten Jahr des Übergangs, als ihre geschäftlichen Angelegenheiten von denen Fourneaux' getrennt und gemeinsame Besitzstände aufgelöst wurden, machte die Firma nur bescheidenen Gewinn. Barbe-Nicole besaß Weinberge von ansehnlicher Größe und verfügte in ihren Kellereien über einige exzellente Bestände. Beides half jedoch wenig, wenn es darum ging, den Kellereiarbeitern ihren Lohn zu zahlen oder die unvermeidlichen Rechnungen zu begleichen. Daher hatte Barbe-Nicole im August eine Entscheidung getroffen und ihren Vertreter Charles gebeten, ihren Schmuck an den Königshöfen Osteuropas zu verkaufen.

Die Briefe, die sie in dieser Angelegenheit schrieb, sind voller Angst; fast den ganzen Herbst über bereitete der Schmuck ihr Sorgen. Charles wandte all seinen Charme und seine Überzeugungskünste auf, um Bestellungen in Lemberg (dem heutigen Lwiw in der Ukraine), das damals zum Habsburgerreich gehörte, an Land zu ziehen, und Barbe-Nicole hoffte, er würde vielleicht auch eine Adelsfamilie finden, die sich für den Schmuck interessierte: zahlreiche rosafarbene Perlenketten und einen Diamanten, der erstaunliche dreitausend Franc wert war, also fast fünfzigtausend Euro in heutiger Währung. Mitte Oktober hatte Charles die Hälfte der Ketten einem seiner Freunde übergeben, der angeboten hatte, als Vermittler zu fungieren. Sie bat ihn dringend, den Edelstein ja nicht aus den Augen zu lassen. »Ich flehe Sie an, tragen Sie ihn am Leibe«, schrieb sie.[18] Einen Monat später war der Diamant noch immer nicht verkauft, und dann verschwand er aus den Geschäftsbüchern, die im Unternehmensarchiv von Veuve Clicquot Ponsardin aufbewahrt sind. Nur wenige Leute hatten das Geld, um sich derartige Extravaganzen leisten zu können. Louis Bohne berichtete aus Wien, der Adel sei im Augenblick knapp bei Kasse. Bei der arbeitenden Bevölkerung sah es noch schlimmer aus. Die Menschen konnten sich nicht einmal mehr Weizen leisten. Wir dürfen deshalb annehmen, dass Barbe-Nicole ihren Edelstein behalten musste, obwohl sie das Geld dringend gebraucht hätte.

Eine Menge Energie nahmen in diesem Herbst auch technische Probleme in den Kellereien in Anspruch. Ihr Kellermeister war jetzt Jacob, der schon für François und dessen Vater bei Clicquot-Muiron gearbeitet hatte, und sie standen in ständigem Austausch. Daneben half oft Jérôme Fourneaux mit Rat und Tat. Trübe und »kahmige« Weine frustrierten sie noch immer, und auch der Flaschenbruch gehörte zu den unvermeidlichen Pannen.

Dann gab es Probleme mit den Bläschen. Manchmal beschwerten sich Kunden, sie seien zu groß und zu kohlensäurehaltig, neigten zur Schaumbildung und würden oben im Glas einen unappetitlich dicken und perlenartigen Schaumrand hinterlassen. Barbe-Nicole und ihr treuer Louis nannten diese großen Blasen in ihrer Verzweiflung *yeux de crapaud*, Krötenaugen. Bohne bekannte ernsthaft, aber auch mit dem gelassenen Charme des Frischvermählten: »Das ist eine furchtbare Sache, die mit mir aufsteht und mit mir zu Bett geht: Krötenaugen! Große Augen liebe ich überall, nur nicht im Champagner. Möge der Himmel uns vor ihren verheerenden Auswirkungen schützen.«[19] Er und Barbe-Nicole schickten einander häufig anspielungsreiche Scherze wie diesen. Dass sie Witwe war und ihre Tochter in eine Klosterschule gegeben hatte, bedeutete nicht, dass sie wie eine Nonne lebte. Aber das Problem mit den Krötenaugen war nicht zum Lachen. Dieser Schönheitsfehler, der vermutlich darauf zurückzuführen war, dass der Wein in der Frühphase der Produktion zu lange in Holzfässern gelagert hatte, bildete ein ernsthaftes Hindernis für den Verkauf von Luxusweinen, da deren Kunden großen Wert auf Klarheit und *mousse* legten, mehr sogar als auf den Geschmack. Barbe-Nicole und Louis wussten nicht, wie sie das Problem in den Griff bekommen sollten.

Die Gläser, aus denen man im 19. Jahrhundert Champagner trank, waren zwar nicht die Ursache für die Krötenaugen, trugen aber auch nicht zur Lösung des Problems bei. Barbe-Nicole trank ihren Schaumwein aus den breiten, flachen Gläsern, die *coupes* genannt werden. Sie wurden im 17. Jahrhundert populär, und Weinliebhaber auf der ganzen Welt verwendeten sie bis ins 20. Jahrhundert hinein auch für Champagner, obwohl Gastgeber und Gastgeberinnen seit den 1850er-Jahren streng ermahnt wurden, »niemals die runden untertassengroßen, Kleinstgetier anziehenden

Champagnergläser von heute, sondern ... tulpenförmige zu verwenden«.[20]

Mittlerweile bevorzugt man weitgehend die hohen, schlanken »Flöten«, und wenn der Champagner so kleine Perlen wie möglich haben soll - vielen Kennern ist das wichtig -, dann kommt nur dieses Glas infrage. Aufgrund fundamentaler Mechanismen sind die Bläschen in engen Gläsern kleiner und hübscher.[21] Meistens aber ist es eher eine Frage der Ästhetik als des Geschmackssinns, welches Glas man nimmt und wie groß die Perlen sein sollen. Größere Bläschen schmecken nicht merklich anders als kleinere. Die besten Champagner werden wegen ihrer winzigen, langsam aufsteigenden Perlen gepriesen, die in hypnotisierender Anmut nach oben schweben und einen leichten, luftigen Schaum hinterlassen. Das hängt damit zusammen, dass die Bläschen mit dem Altern des Champagners kleiner werden. Und da nur Jahrgangschampagner wirklich altern dürfen, bringen wir kleine Bläschen natürlich mit den Weinen von höchster Qualität in Verbindung.

Im Dezember, da Barbe-Nicole, vielleicht ein wenig verzagt, ihrem dreiunddreißigsten Geburtstag entgegenblickte, waren die Geschäftsbücher der Firma Veuve Clicquot Fourneaux weitgehend geschlossen. Familie Clicquot besaß noch immer Keller und Kontore an der rue de la Vache, und Barbe-Nicole gehörte zudem ein Landsitz außerhalb von Oger, im Herzen der Côte de Blancs, unmittelbar im Süden der berühmten Weinberge von Avize und Cramant und am Rand des großen Waldes, der sich kilometerweit Richtung Westen erstreckt.[22] Das Haus, architektonisch imposant in seinem klassischen französischen Stil, mit breitem Walmdach und großen offenen Fenstern, die einen Panoramablick auf die umliegenden Felder boten, war ihre Zuflucht. Es war ausgestattet für ein komfortables Wohnen:

Weiche Kanapees und Sessel, überzogen mit dem damals modernen leuchtend blauen Perkal, luden zum Ruhen ein. Von den Zimmern aus konnte Barbe-Nicole sehen, wie weit ihre Reben gediehen waren, die Chardonnay-Trauben, aus denen der Champagner werden sollte.

Trotz der Verlockungen von Oger verbrachte sie die meiste Zeit in Reims und führte die Geschäfte von einem der angenehmen Räume zu Hause aus. Sie wohnte noch immer in dem heiteren, luftigen Haus, das sie mit François bis zu dessen Tod geteilt hatte, gelegen an der rue de l'Hôpital, die nach dem Krankenhaus in diesem Teil der Stadt benannt war. Das Herzstück ihres privaten Arbeitszimmers war ein hübscher Schreibtisch aus Holz im beliebten Empire-Stil, der noch heute in den Verkostungsräumen von Champagne Veuve Clicquot in Reims zu sehen ist. Hier führte sie die Geschäftsbücher und schrieb seitenlange Briefe an ihre Vertreter, an Kunden und Lieferanten. Es tat ihr gut zu wissen, dass die Keller unter ihrem Haus auf dunklen, verschlungenen Wegen mit den Gewölben unter dem Hôtel Ponsardin, dem Zuhause ihrer Kindheit, verbunden waren.

Weniger beruhigend waren die Nachrichten aus den Häfen in ganz Europa. Die Briten hatten ihre Blockadepolitik verschärft, und die Bedingungen für den internationalen Handel verschlechterten sich zusehends. Louis Bohne, der sich wieder auf Reisen begeben hatte, war erbost und hatte nichts Gutes über die Briten zu sagen. Er nannte sie »Hyänen des Meeres« und »Mörder des Wohlstands«.[23] Ganz unverblümt schrieb er an Barbe-Nicole in einem Anfall von Gereiztheit: »Je mehr ich die Engländer hasse, desto stärker wünsche ich mir, dass sie an ihrer Sittenverderbnis zugrunde gehen. Dass Gott uns Frieden schenkt, damit wir uns an ihrer Gurgel rächen können ... [und] sie süchtig machen nach dem Dauerrausch.« Und er fantasierte, dass es eine angemessene Form der Vergeltung wäre, die Briten im Champagner der Witwe Clicquot ersaufen zu lassen. Was würden sie da zu leiden haben!

In Wirklichkeit jedoch hatten trotz der geschlossenen Häfen nur wenige britische Weinliebhaber das Gefühl, »verdursten« zu müssen. Während der Weihnachtssaison war der britische Markt für die Champagnerproduzenten einer der wichtigsten in Europa, und Louis selbst schloss dort einige glückliche Geschäfte ab. »Hier lassen sich wegen der Feiertage«, schrieb er an Barbe-Nicole, »leicht zweitausend Flaschen verkaufen ... An Weihnachten trinken ... alle Engländer ihren Champagner, der Tag ist daheim ausschließlich diesem Getränk vorbehalten.«[24] Aufgrund seiner weitaus besseren Kontakte in Großbritannien und seiner größeren Bekanntheit auf der Insel hatte Jean-Rémy Moët sogar noch mehr Erfolg. Aber der saisonale britische Markt konnte nicht alle Champagnerhersteller über Wasser halten. Nach dem Jahreswechsel erfuhren sie, dass einer ihrer Konkurrenten, die Firma Tronsson-Jacquesson, bankrott war.

Im Sommer 1811 verspürte Barbe-Nicole aus guten Gründen gewisse Anflüge von Panik. Zwar waren die Wirtschaftsblockaden der Franzosen in diesem Jahr langsam in sich zusammengefallen, aber die Gegenblockaden der Koalition hatten nichts von ihrer Wirkung eingebüßt. Im Frühjahr hatte sie Bestellungen von weniger als dreiunddreißigtausend Flaschen gehabt.[25] Weil Napoleon und der Zar wieder im Streit lagen, hauptsächlich wegen der lustlosen Unterstützung, die Alexander den lähmenden Handelsbeschränkungen des französischen Kaisers zuteilwerden ließ, war der russische Markt – wo Barbe-Nicole einst zu den aufstrebenden Namen im Champagnergeschäft gehört hatte – im Grunde verschlossen, und es schien sicher, dass es an dieser Front wieder zum Krieg kommen würde. Die Russen zogen an den entlegenen Grenzen französischer Territorien im Osten Truppen zusammen, und die Briten beherrschten den Ärmelkanal. Ein Großteil Europas lag noch immer danieder, und der Kontinent stand am Rand eines erneuten wirtschaftlichen Zusammenbruchs. Jeglicher Export erforderte eine Sondererlaubnis, aber Barbe-Nicole wusste, was diese Lizenzen in Wirklichkeit bedeuteten: hohe Kriegssteuern auf ihre Weine.

Als Frankreich an Boden zu verlieren begann, schien alles noch schlimmer zu werden. Louis Bohne sandte Barbe-Nicole Briefe aus Österreich, in denen er ihr von der Zerstörung und dem Elend überall berichtete. Napoleon kontrollierte Österreich, zusammen mit Preußen und Dänemark als Klientelstaaten, doch forderte die »Unabhängigkeit« dieser »Schwesterrepubliken« von ihren Bürgern einen hohen, oftmals demütigenden Preis, und allein die Vorstellung, ein französisches Luxusprodukt wie Champagner kaufen zu sollen, musste Menschen, die Opfer der Brutalität von Napoleons Armeen geworden waren, als Beleidigung erscheinen. Bohne erkannte rasch, dass man ihn nicht freundlich empfangen würde.

Die Liquiditätsprobleme verschlimmerten sich, und Barbe-Nicole drängte ihn – und all ihre anderen Handelsreisenden –, so viele Aufträge an Land zu ziehen, wie sie nur konnten. »Senken Sie, wenn nötig, die Preise«, schrieb sie an Louis Bohne nach Holland.[26] Als er im Herbst auf der Suche nach Kunden durch Belgien reiste, konnte er freilich nur wieder vom gleichen Problem berichten. Er bettelte und bat, bot günstigere Konditionen, und doch blieben die Verkäufe aus. Er war schon glücklich, wenn er nicht beschimpft oder gar verprügelt wurde.

Um ein Vielfaches verschlimmert wurde die Situation durch etwas, das eigentlich Grund zum Feiern hätte sein sollen. Die Ernte von 1811 war hervorragend. Ein Frankreichreisender des 19. Jahrhunderts hielt fest: »Nie zuvor hatte es ... so reife, so süße Trauben gegeben, und die konnten sogar unter besten Witterungsbedingungen geerntet werden.«[27] Doch seit dem Frühjahr war über der Nordhalbkugel ein großer Komet zu sehen gewesen, und die Lese im Herbst war mit seiner hellsten Erscheinung am Nachthimmel zusammengefallen. Noch in Amerika, so ein Augenzeuge, hatte »der große Komet die Augen aller auf sich gezogen«[28] und »viele abergläubische Schreckensvorstellungen ausgelöst«.[29] Überall in der Champagne raunten sich die Bauern zu, der Komet sei ein Vorbote großer Veränderungen und ein Menetekel für den Untergang des Kaiserreichs. Als Hommage an die perfekte Ernte aber verzichteten die Weinhersteller - auch Barbe-Nicole - auf ihre Markenzeichen und brannten in ihre Korken stattdessen Sterne, das Zeichen für den *Vin de la Comète.*

Der Überfluss an Wein bedeutete freilich, dass die Preise in den Keller sackten. Es sollte einer der beiden besten Jahrgänge des gesamten Jahrhunderts werden, doch trotz der sinkenden Preise konnten ihn sich nur wenige leisten. Selbst Fassweine drohten zu verderben, und so tat Barbe-Nicole das einzig Vernünftige - das, was Weinhersteller im vorangegangenen Jahrhundert stets getan hatten, wenn der Markt rückläufig war. Im Frühjahr, als die Fassweine abgezogen und geklärt waren, füllte sie den Wein in Flaschen und machte ihn zu Champagner. Er konnte, langsam reifend, mindestens noch ein Jahr in ihren Kellern ruhen, und sie würde Zeit gewinnen. Ein kluger Plan - aber die Liquidität verbesserte er nicht.

Einmal abgefüllt, sollte der Champagner von 1811 – einem Jahrgangsjahr, wie es kaum ein besseres gegeben hatte – also monatelang weiter immer besser werden. Den Wein in Flaschen zu lagern war keine Katastrophe, am wenigsten für die Weine selbst. Das Problem war, dass es dauern würde, bis man mit den Verkäufen Einnahmen erzielte, und das in einem Augenblick, da nur wenig Geld Eingang in die Geschäftsbücher fand. Normalerweise hätte Barbe-Nicole ihren Champagner ein oder anderthalb Jahre altern lassen, sie hätte ihn vor dem Sommer in den kühlen Kellern eingelagert und nicht vor dem Herbst des folgenden Jahres ausgeliefert. Schaumweine kamen also im Allgemeinen zwei Jahre nach der Lese auf den Markt, wobei die Produzenten damit rechnen konnten, Luxuspreise zu erzielen. In diesen zwei Jahren hatten die Champagnerhäuser eine Menge Geld in ihren Beständen gebunden; nimmt man die technischen Probleme bei der Herstellung eines klaren Champagners und das Bruchrisiko hinzu, so ist leicht einzusehen, warum Fassweine, die man binnen weniger Monate verkaufen konnte, so attraktiv waren.

Wenn sich Fassweine nicht schnell abstoßen ließen, waren die Vorteile freilich dahin. Weine in Holzfässern konnten unter idealen Kellerbedingungen vielleicht ein paar Jahre überstehen, aber sie kamen unvermeidlich langsam mit Sauerstoff in Verbindung. Das heißt, sie wurden schlechter, wenn man sie zu lange lagerte. In luftdicht verschlossenen Flaschen hingegen konnte derselbe Wein zehn Jahre und älter werden. Beim Champagner war dies allerdings schwieriger. Vor dem Degorgieren – dem Entfernen der abgestorbenen Hefezellen aus der Flasche nach der zweiten Gärung – wird Schaumwein über mehrere Jahre immer besser, wenn er auf der Hefe lagert. Laut französischem Gesetz müssen Jahrgangschampagner heute mindestens drei Jahre alt sein. Einige der besten sind sieben oder acht Jahre lang gereift. Nach dem Degorgieren aber wird Champagner, lagert man ihn weiter im Keller, nur selten besser, sodass man den Expertenrat beherzigen sollte, der da lautet: Trinken Sie ihn gleich.

Während des Winters 1811/12 wurde die Lage keinen Deut besser - im Gegenteil: Napoleon bereitete seinen Russlandfeldzug vor, und die ums Überleben kämpfenden Familienunternehmen wurden per Requirierungsbefehl angewiesen, ihren Besitz zur Ausrüstung der Soldaten der Armee zur Verfügung zu stellen. Junge Männer wurden erneut zwangsrekrutiert. Gerüchte kursierten, dass bald auch ältere Männer eingezogen würden. Für das Champagnergeschäft waren diese Entwicklungen natürlich reines Gift.

Louis Bohne verbrachte das Frühjahr 1812 damit, in Nordfrankreich Bestellungen zu akquirieren.[30] Seine Frau erwartete in diesem Jahr ihr erstes Kind - Barbe-Nicole sollte Patentante werden. Die bevorstehende Ankunft des Nachwuchses wird eine Rolle gespielt haben bei Louis' Wunsch, sich nicht weit von zu Hause entfernen zu müssen. Auch im Hinblick auf den Zusammenbruch der internationalen Märkte war seine Beschränkung auf das nationale Geschäft eine vernünftige Entscheidung.

Doch gerade als Barbe-Nicole dachte, der Markt habe seinen Tiefpunkt erreicht, kam ein weiterer verheerender Schlag, nicht nur für sie, sondern für die gesamte Champagne. Napoleon wollte den französischen Weinhandel mit aller Macht an die Spitze bringen. Er hatte Minister wie Jean-Antoine Chaptal angewiesen, der Branche durch wissenschaftliche Neuerungen unter die Arme zu greifen, und die Entwicklung neuer Zuckerquellen für die Winzer vorangetrieben.[31] Auch hatte er die Karriere seines bevorzugten Herstellers Jean-Rémy Moët gefördert und zugehört, wenn sein Freund sich über die Politik beklagte - auch wenn nichts Napoleon dazu bewegen konnte, die erdrückenden Handelsbeschränkungen aufzuheben, die, wie er glaubte, seine europäischen Feinde in die Knie zwingen und den Ruhm Frankreichs mehren würden. Doch selbst inmitten seiner Anstrengungen, einen Großteil des Kontinents zu erobern, hatte er immer wieder Zeit gefunden, im Herzen der Champagne zu verweilen und sich zu erholen. Die Überlegenheit des französischen Weins war ein Quell des Stolzes und der Zufriedenheit für den selbst ernannten Kaiser. Insbesondere wünschte er, dass die Winzer der Champagne erfolgreich waren, und daraus wurde auch keinerlei Geheimnis gemacht.

Als die Franzosen im Juni in Russland einmarschierten, reagierte der Zar daher umgehend mit einem Erlass, der den Import französischen Weins in Flaschen verbot. Jeder wusste, dass sich diese Maßnahme gegen den Champagner richtete. Nur Champagner ließ sich nicht in Fässern transportieren, weil dies die ganze Perlage zum Verschwinden gebracht hätte. Es war ein kleiner, aber genau berechneter persönlicher Racheakt des Zaren. Napoleon hatte die Champagnerbranche gehätschelt. Russland würde sie zerstören. In Reims richtete sich der Ärger auch gegen Napoleon. In seiner Verbitterung nannte Louis Bohne den Kaiser »ein infernalisches Genie, das die Welt seit fünf oder sechs Jahren quält und in den Ruin treibt«.[32]

Die Grenzen Richtung Osten waren nun fest geschlossen, und nach einer langen Nacht über den Geschäftsbüchern, in der die Verzweiflung wuchs, wusste Barbe-Nicole, dass sie nur noch eines tun konnte. Mit grimmiger und kummervoller Miene übermittelte sie ihren Vertretern - Männern, die alle Unannehmlichkeiten und Gefahren des Unterwegsseins fern der Heimat erlebt hatten und selbst in diesem düsteren Jahr, allen Widrigkeiten zum Trotz, zumindest eine Handvoll Bestellungen mitgebracht hatten – die unausweichliche Nachricht: Sie hatte keine Arbeit mehr für sie. Nur Louis Bohne sollte bleiben, dieweil das Unternehmen Veuve Clicquot Ponsardin vor einer ungewissen und wenig erfreulichen Zukunft stand. Er umschrieb die Lage in diesem Jahr mit den Worten: »Der Herrgott ist ein Spaßvogel: Iss, und du wirst sterben, iss nicht, und du wirst auch sterben – so habt Geduld und Ausdauer.«[33]

Mitte September hatten die französischen Truppen Moskau erobert, aber ein veritabler Sieg war das nicht. Da sie Napoleon nicht besiegen konnten, hatten sich der Zar und seine Verbündeten nach Sankt Petersburg zurückgezogen und verbrannte Erde hinterlassen – auch in Moskau. Die Straßen der Stadt waren leer. »Alle Paläste des Adels«, schrieb ein britischer Augenzeuge, »alle Lagerhäuser der Kaufleute, alle Läden ... waren in Brand gesteckt worden ... die Feuersbrunst wütete und verwandelte Moskau in einen einzigen lodernden Scheiterhaufen.«[34]

Selbst Napoleons Bruder Jérôme erkannte, was die Stunde geschlagen hatte. Auch er hatte eine Vorliebe für Jean-Rémy Moët und dessen Schaumwein, und auf einer Reise nach Rom machte er Station in Épernay, um ein paar Flaschen für unterwegs mitzunehmen. Nachdem er sechstausend Flaschen Champagner geordert hatte, alle vom *premier cru*, bedauerte er, dass es so wenige seien. »Wären die Umstände weniger traurig«, sagte er zu Moët, »würde ich doppelt so viele nehmen; aber ich glaube, die Russen werden sie mich nicht trinken lassen.«[35] Als Moët ihn fragte, was er damit meine, vertraute Jérôme dem alten Freund der Familie ein Staatsgeheimnis an. Er sagte voraus, dass sich der Krieg gegen Russland als großes Unglück erweisen werde.

Jérômes Prophezeiung war richtig. Als Napoleon in den letzten Monaten des Jahres begann, seine Truppen nach Frankreich abzuziehen, endete das in einer Katastrophe. Mehr als eine halbe Million Mann war nach Russland in den Kampf geschickt worden, aber nur etwa dreißigtausend schafften es zurück nach Hause.[36] Viele starben an Seuchen, Unterernährung und den eisigen Wintertemperaturen, die Louis Bohne ein paar Jahre zuvor so viel Angst vor einer Lagerhaft in Sibirien eingejagt hatten. Für Frankreich bedeutete das 1813 erneute Zwangsrekrutierungen, höhere Steuern und weitere Beschlagnahmungen.

Während Napoleon im Ausland Krieg führte, war es Kaiserin Marie Louise überlassen, Frankreich zu regieren. Als eine Delegation zu ihr geschickt wurde, um ihr Geld für die Aushebung weiterer Truppen anzubieten, gehörte dieser Abordnung auch Nicolas Ponsardin an. Der Lohn für seine Loyalität sollte der Adelstitel sein, von dem er in jenen längst vergessenen Tagen vor der Revolution geträumt hatte. In diesem Jahr erhielt er den Ehrentitel eines *chevalier*, eines Ritters, und trug von nun an voller Stolz das Abzeichen der französischen Ehrenlegion. Nicht zuletzt dank der Hilfe von Männern wie Ponsardin hatte Napoleon bis zur Mitte des Sommers eine weitere Armee mit einer halben Million kriegsmüder Männer aufgestellt. Im Oktober ließen die meisten von ihnen in der Völkerschlacht bei Leipzig ihr Leben. Diesmal rückten die Russen nach. Napoleon überquerte, ein paar Tagesmärsche von Reims entfernt, mit nur noch sechzigtausend Mann den Rhein und bereitete sich darauf vor, die Nation zu verteidigen.

Als Barbe-Nicole in diesem Herbst gen Osten blickte, auf die nun abgeernteten, kahlen Weinberge, wusste sie, dass hoffnungslose Zeiten bevorstanden. Verheerung und

Zerstörung kamen näher. Ende 1813 mussten die Bürger von Reims feststellen, dass der Krieg vor den Toren ihrer Stadt stand, und wieder hatte Barbe-Nicoles Familie eine heikle und beängstigende politische Situation zu bewältigen. Ihr Vater, einstmals Revolutionär und Republikaner, dann, nach dem Umbruch, Diener eines neuen Herrn, war Bürgermeister der Stadt und durch kaiserliches Dekret zum Baron geadelt geworden. Wenn Napoleon stürzte, bestand die große Gefahr, dass auch Ponsardin zu Fall kam. Danach konnte Barbe-Nicoles Familie alles verlieren – möglicherweise sogar das eigene Leben.

Der Krieg und der Triumph der Witwe

In der Silvesternacht 1813 hatte Barbe-Nicole mit Sicherheit jede Menge Champagner vorrätig, aber dieser Überfluss war einer der Gründe dafür, dass sie so wenig zu feiern hatte.

Sie war froh, dass 1813 am nächsten Tag der Vergangenheit angehörte. Ihre Weine hatten sich auch in diesem Jahr denkbar schlecht verkauft – der Absatz war, wie sie mit Schrecken feststellen musste, seit 1805, seit Francois' frühem Tod und ihrer Entscheidung, die Geschäftsführung zu übernehmen, um achtzig Prozent zurückgegangen.[1] Die Reisen quer über den Kontinent waren hoffnungslos unprofitabel und zunehmend gefährlich geworden, und das Geschäft lag schlicht danieder. Es gab keine Möglichkeit, ihm einen positiven Schub zu verleihen. Barbe-Nicole muss sich gefragt haben, ob das finanzielle Risiko, das sie auf sich genommen hatte, und die jahrelange harte Arbeit die große emotionale Belastung wert waren. Die Firma war ein Misserfolg, und sie wusste, dass die Geschäftsleute in Reims – vielleicht sogar ihr Vater – sagen würden, das Scheitern offenbare, warum Frauen keine Handelshäuser führen sollten.

Als die Glocken der Kathedrale Notre-Dame de Reims das neue Jahr einläuteten, entsprach die bitterkalte Winterluft genau der inneren Verfassung Barbe-Nicoles. Worauf sollte sich auch Optimismus gründen, angesichts der Ergebnisse des abgelaufenen Jahres und der Perspektiven, die das gerade anbrechende bot? In Reims wussten alle, dass der Krieg näher rückte. Napoleon hatte einmal gesagt, die Landschaft der Champagne gäbe ein perfektes Schlachtfeld ab. In seinem letzten verzweifelten Jahr, da er noch immer über das größte Imperium seit den Zeiten der Römer herrschte, sollte er diese Hypothese auf den Prüfstand stellen.

Barbe-Nicole war seine Ankunft besonders wenig willkommen. Auf dem Lande konnte man schon die ersten Anzeichen für Truppenaufmärsche erkennen. Wenn sich der Konflikt hinzog, was erfahrungsgemäß zu erwarten war, würde im kommenden Frühjahr auf den Feldern und in den Weinbergen keine geregelte Arbeit möglich sein – eine düstere Aussicht für all jene, deren Hoffnungen und Schicksal mit der Ernte verknüpft waren. Im Januar hallte in den Straßen von Reims schwach der ferne Donner der Kanonen wider, und Ladenbesitzer, die in der klaren Winterluft die Gehsteige vor ihren Geschäften fegten, hielten inne und lauschten mit ernster Miene.

Barbe-Nicole mag an ihre Kindheit gedacht haben, an die angsterfüllte Flucht aus der Abtei Saint-Pierre-les-Dames auf dem Höhepunkt der Revolution, und so holte sie rasch Clémentine aus der Klosterschule in Paris zu sich. Ihre Tochter war jetzt vierzehn – nur ein oder zwei Jahre älter, als sie selbst bei Ausbruch der Revolution gewesen war –, und Barbe-Nicole dachte vielleicht daran, wie sie den damaligen politischen Aufruhr von ihrem Versteck aus durch ein zerbrochenes Fenster beobachtet hatte. Sie wusste, was es bedeutete, in unruhigen Zeiten zu leben, und wollte ihre Tochter inmitten eines Krieges auf keinen Fall in der Obhut von Fremden oder auch nur Cousinen lassen.

Ende Januar waren der Kanonendonner und der dröhnende Lärm von Pferdehufen nicht mehr fern, und Barbe-

Nicole wusste, dass es nur eine Frage der Zeit war, bis die Truppen der einen oder der anderen Seite durch die Straßen von Reims ziehen würden, auf der Suche nach Lebensmitteln, Unterkunft und - daran hatte sie keinen Zweifel - so viel Wein, wie sie nur in die Finger bekommen konnten.

Falls die Keller geplündert wurden, würde sie sich davon nie erholen können. Es wäre das Ende ihres Geschäfts und des Traums, den sie und François in jenen ersten Jahren ihrer kurzen Ehe gehegt hatten, als das Leben so ganz und gar andere Möglichkeiten für sie bereitzuhalten schien. Sie war krank vor Sorge um das Schicksal des Weins aus dem legendären Jahr des Kometen, krank vor Sorge um den Jahrgang 1811, der wie trockener Honig schmeckte und allmählich einen leicht goldenen Farbton in die dunkle Kühle ihrer Keller brachte. Dieser Wein war für Größeres bestimmt als für rohes Soldatenvolk, das eine Nacht lang den Krieg vergessen wollte. Dieser Wein war dazu bestimmt, sie berühmt zu machen, und Barbe-Nicole hatte vielleicht sogar schon eine leise Ahnung davon. Sie befahl deshalb ihren Arbeitern, den Eingang zu den Kellern zuzumauern. Der Wein sollte in ununterbrochener Dunkelheit auf das Ende des Krieges warten.

Dass die Truppen kommen würden, war gewiss. Napoleon lieferte sich in der Gegend unmittelbar um Reims eine blutige Schlacht mit den Koalitionstruppen, und es sollte diese feuchte, kalte Landschaft seiner Kindheit sein, in der ihm sein Imperium schließlich entglitt. Aber kampflos wollte er es nicht aufgeben. In der Schlacht bei Montmirail schlugen die Franzosen die russischen und preußischen Truppen, und die Besiegten zogen sich nach Reims zurück. Als es Abend wurde, war in den Straßen der unheilvolle Klang auf Stein schlagenden Metalls, der Klang von Huf- und Stiefeleisen zu hören. Die Besatzung - fünfzehntausend frierende und müde Männer, die von ihrer Heimat im Osten träumten - hatte begonnen.

Von ihren Kontorräumen aus konnte Barbe-Nicole das Chaos auf den Straßen hören, das Gebrüll und die Kampflieder in einer Sprache, die sie nicht verstand. Sie wartete auf das Klopfen, von dem sie wusste, dass es ihr bevorstand, das Klopfen, das von ihr verlangte, Kiste um Kiste ihres Weins herauszugeben. Ob sie dafür auch bezahlen würden, stand auf einem anderen Blatt. Sie wusste natürlich inzwischen, dass sich im besetzten Épernay dreihunderttausend alliierte Soldaten einquartiert und sogleich die Keller von Jean-Rémy Moët geplündert hatten. Bis zum Ende des Krieges sollte er mehr als eine halbe Million Flaschen Champagner verlieren.[2]

In ihrer Verzweiflung schrieb Barbe-Nicole ihrer Cousine in Paris, Mademoiselle Gard - sie hieß in der Familie einfach Jennie -, dass sie das Schlimmste befürchte.[3] »Es ist alles ganz furchtbar hier«, klagte sie. »Seit vielen Tagen bin ich damit beschäftigt, meine Keller zumauern zu lassen, aber ich weiß nur zu gut, dass dies Raub und Plünderung nicht verhindern wird. Wenn es dazu kommt, bin ich ruiniert, und so ist es das Beste, wenn ich mich in mein Schicksal ergebe und fürs Überleben arbeite. Die Verluste werde ich allein um meines armen Kindes willen bedauern. Für Clémentine wäre es besser, wenn dieses Unglück fünf oder sechs Jahre früher geschehen wäre, dann hätte sie all die Annehmlichkeiten noch nicht gekannt, die sie zu ihrem Kummer jetzt verlieren wird. Aber ich werde mich bemühen, alles zu entbehren, alles zu opfern - alles, damit sie weniger unglücklich sein wird.«[4] Auch der Rest der Familie hatte beträchtliche Verluste zu beklagen. Die

Textilfabrik ihres Bruders in Saint-Brice wurde von den Invasionstruppen zerstört, und auch die Betriebe in Reims erlitten erheblichen Schaden.[5]

Als die Russen schließlich kamen, war Barbe-Nicole trotz allem überrascht, aber mit noch größerem Erstaunen stellte sie fest, dass sie sich wie Gentlemen benahmen. Die Befehlshaber der preußischen Soldaten und der Kosakentruppen ließen ihren Männern freie Hand beim Plündern und Zerstören. Die Russen dagegen hielten sich stärker zurück; sie waren entschlossen, die administrative Kontrolle über Reims zu behalten. Es gab einen heftigen bürokratischen Schlagabtausch, als der russische Fürst Sergej Alexandrowitsch Wolkonskij, der Befehlshaber der Truppen, mit Nachdruck darauf beharrte, dass es keine Plünderungen und Beschlagnahmungen geben werde.[6] Die Preußen ließ er wissen, er habe diese Order vom Zaren höchstpersönlich erhalten, und fügte hinzu: »Was Eure unverschämte Drohung betrifft, Truppen nach Reims zu schicken, so habe ich eine Menge Kosaken hier, um sie zu empfangen.«[7]

Für Barbe-Nicole lag darin eine bittersüße Ironie. Ihre Keller würden nicht geplündert werden. Die Russen würden für ihren Wein bezahlen. Jahrelang hatte sie sich darum bemüht, ihren Champagner zu verkaufen, und Louis Bohne war auf seiner Suche nach Kunden durch halb Europa gereist, bis in die Türkei und nach Albanien. Nun stand plötzlich eine ganze Armee vor ihrer Tür, die ihren Wein kaufen wollte, nicht den wertvollen 1811er-Jahrgang, den sie sorgsam hütete, aber die anderen Bestände – ebenfalls edle Weine –, die sie während der langen Jahre des Krieges nicht hatte ausliefern können. Die Soldaten glaubten, der Krieg sei fast zu Ende, und tranken, außer sich vor Freude. Als sie sah, wie sie ihre Weine schlürften, wurde

Barbe-Nicole philosophisch. »Heute trinken sie«, sagte sie. »Morgen werden sie dafür bezahlen!«[8]

Eine noch größere Ironie - aber das konnte Barbe-Nicole nicht ahnen - lag darin, dass sich das Eintreffen der Russen als glänzende Vermarktungsmöglichkeit für die Winzer der Champagne erweisen sollte. Zwar hatte sie selbst sich im Zarenreich schon einen Namen gemacht und vor dem wirtschaftlichen Zusammenbruch infolge des Krieges einen beachtlichen Marktanteil sichern können, doch war ihr Bekanntheitsgrad seither wieder gesunken. Diese Männer aber, das schien ihr gewiss, würden ihre Schaumweine niemals vergessen. Selbst Jean-Rémy Moët erkannte das Potenzial, als er der Zerstörung seiner Keller zusah: »All diese Offiziere, die mich heute ruinieren, werden mich morgen reich machen«, prophezeite er. »All jene, die meinen Wein trinken, sind Handelsreisende, die das Produkt nach der Rückkehr in ihre Heimat berühmt machen werden.«[9] Auch Barbe-Nicole sollte von diesen »Botschaftern« profitieren.

Die Russen waren freilich nicht die Einzigen, die sich im Winter 1814 am Champagner der Witwe Clicquot erfreuten. Anfang März eroberte die französische Armee unter Führung von General Corbineau für kurze Zeit Reims zurück.[10] Einige scherzten, Barbe-Nicole und die anderen Weinhändler hätten ihren Kriegsbeitrag geleistet, indem sie die Koalitionstruppen mit starkem Wein versorgten. Als die Franzosen in Reims einmarschierten, »machten sie ein Dutzend Gefangene, die von der ersten, friedlichen Artillerie unter den Tisch befördert worden waren. Als die französischen Truppen angriffen, stießen sie auf ein paar Trinker, nicht auf Soldaten. Jene hatten, sturzbesoffen, wie sie waren, den Befehl ›Aufsitzen!‹ nicht gehört.«[11] Natürlich verloren auch die französischen Soldaten keine Zeit, sondern machten sich sofort daran, ihren Sieg zu feiern. Einer Legende zufolge soll in diesen Tagen sogar die *sabrage* erfunden worden sein – die Kunst, Champagnerflaschen mit dem Säbel zu entkorken: »Damit sie ihre Ländereien schützten, bestach Madame Clicquot Napoleons Offiziere mit Champagner und Gläsern. Auf ihren Pferden sitzend konnten die Männer freilich nicht gleichzeitig das Glas halten und die Flasche öffnen.«[12] So köpften sie die Flaschen mit ihren Säbeln.

Die russischen Kriegsgefangenen hatten nicht lange zu leiden, denn der französische Sieg war nur von kurzer Dauer. Eine Woche später schon wurden die Franzosen zum Rückzug gezwungen, und die Russen besetzten die Stadt erneut. Schließlich schwor Mitte März ein verzweifelter und rasender Napoleon, er werde die Nacht in Reims verbringen, in der Stadt, die Könige kröne. Er gab dieses feierliche Versprechen im Vertrauen darauf, dass man ihn im Hôtel Ponsardin freundlich empfangen werde.

Doch Nicolas Ponsardin brauchte weder einen Kometen noch den Aberglauben der Bauern, die in der Himmelserscheinung ein böses Omen sahen, um zu wissen, dass Napoleon nicht mehr lange Kaiser sein würde. Die Koalition kreiste die Franzosen allmählich ein, und die Niederlage schien unausweichlich. Dennoch: In der Vergangenheit hatte Napoleon seine Ziele selbst trotz scheinbar unüberwindlicher Widerstände erreicht. Warum sollte es ihm diesmal nicht wieder gelingen?

Ponsardin befand sich nicht zum ersten Mal in seinem ereignisreichen Leben in einer heiklen und gefährlichen politischen Position. Er wollte sich nicht gegen Napoleon stellen, konnte dieser doch am Ende siegreich sein, er war aber auch nicht bereit, sich zu eng an einen Mann zu binden, der aller Wahrscheinlichkeit nach nicht mehr lange an der Macht war. Noch schlimmer konnten die Folgen sein, wenn die Stadt an die Feinde des Kaisers fiel. Es war schließlich Napoleon gewesen, der Ponsardin als Zeichen seiner besonderen Gunst zum Bürgermeister gemacht hatte. Falls der politische Wind sich drehte, musste er mit Racheaktionen gegen ihn rechnen. Als man ihm daher zu verstehen gab, er solle die Stadt lieber verlassen, bereitete er sich darauf vor, der Stimme der Vernunft zu folgen. Um auf Nummer sicher zu gehen, schrieb er Napoleon einen Brief, in dem er ihm versprach, Reims und die Regierenden der Stadt würden fest an seiner Seite stehen;[13] dann machte er sich, den Kaiser seinem Schicksal überlassend, aus dem Staub: Er ließ seine Kutsche vorfahren, benachrichtigte seine Kinder und trat eine längere Geschäftsreise ins ferne Le Mans an. Nach Reims sollte er erst zurückkehren, als der letzte Vorhang gefallen war.

In den allerersten Morgenstunden, lange vor Tagesanbruch, betrat Napoleon die Stadt durch den Triumphbogen, jenen Bogen, der einst die Könige auf ihrem Weg zur Krönung willkommen geheißen hatte. Trotz Kälte und Dunkelheit war die ganze Stadt in Erregung, und eine große Menschenmenge säumte seinen Weg, um ihn mit Hochrufen, Fahnen, Ansprachen und all dem Pomp und Aufwand zu begrüßen, der sich auf die Schnelle und nach Jahren des Krieges hatte organisieren lassen. Barbe-Nicole empfing den Kaiser am Eingang zum Hôtel Ponsardin, das ihr Vater verlassen hatte.[14] Sie versicherte Napoleon, dass die Familie nicht weit von hier, im Haus ihres Bruders Jean-Baptiste, schon darauf warte, ihn zu begrüßen.

Was mag Napoleon gedacht haben, als er erfuhr, dass das Hôtel Ponsardin nicht mehr bewohnt war? Schwer vorstellbar, dass ein so scharfsinniger Mann wie er nicht erkannte, welcher Mangel an Vertrauen in seine, des Kaisers, Zukunft aus Ponsardins Abwesenheit sprach. Vielleicht spielte das aber auch keine Rolle. Der entfleuchte Bürgermeister hatte seinen Sohn damit betraut, seine gesellschaftlichen und politischen Verpflichtungen zu übernehmen, und so wurde Napoleon als persönlicher Gast der Familie im eleganten Anwesen an der rue de Vesle willkommen geheißen, wo Jean-Baptiste Ponsardin mit seiner Frau Thérèse wohnte.

Napoleon blieb drei Nächte bei der Familie. Für die Gastgeber waren das aufregende Tage, angefüllt mit wichtigen Besuchern und erlesenen abendlichen Empfängen. Sie müssen das Gefühl gehabt haben, im Mittelpunkt des Weltgeschehens zu stehen. Es waren aber auch anstrengende Tage. Den Kaiser inmitten eines Krieges, den er kaum noch gewinnen konnte, bei Laune zu halten war ein diffiziles Unterfangen.

Thérèse bemühte sich hektisch darum, eine würdige und aufmerksame Gastgeberin zu sein. Nach Brauch und Sitte hatte sie persönlich die Kissen des Kaisers mit den weichsten frischen Daunen gefüllt.[15] Derweil muss Jean-Baptiste gemerkt haben, wie politisch heikel die Abwesenheit seines Vaters war. Und was Barbe-Nicole betrifft, so war sie trotz der Abneigung, die sie gegen den Kaiser hegte, und trotz des geschäftlichen Schadens, den er verursacht hatte, klug genug, die schwierige Lage der Familie nicht durch den Anschein von Respektlosigkeit zu verschlimmern. Vorbehaltlos willkommen hieß den Ehrengast vielleicht nur Jean-Baptistes und Barbe-Nicoles Schwester Clémentine, die zur Hautevolee von Reims gehörte.

Als Familie Ponsardin Napoleon während dieser letzten Tage des französischen Kaiserreichs bewirtete, trank er mit Sicherheit von Barbe-Nicoles Champagner. Er wird auch den göttlichen Jahrgang 1811 probiert haben – oder ist es vorstellbar, dass Barbe-Nicole diesen Wein einem so mächtigen und als Liebhaber edler Champagner bekannten Gast wie dem Kaiser von Frankreich vorenthalten haben könnte? Sie wird es allein schon getan haben, um ihm zu beweisen, dass nicht nur Jean-Rémy Moët und Memmie Jacquesson fabelhaften Champagner herzustellen wussten.

Dass sie dem Gast die Bedeutung des Symbols erklärt hat, der in jeden ihrer Korken für diesen Jahrgang eingebrannt war – jenes Kometen, der nach der Überzeugung der Menschen, die in den Weinbergen und auf den Feldern arbeiteten, das Ende von Napoleons Imperium angekündigt hatte –, ist unwahrscheinlich. Napoleon aber hatte, wie ihm in den folgenden Wochen und Monaten klar geworden sein muss, in diesen Tagen bei den Ponsardins, den Champagner der jungen Witwe Clicquot genießend, zum letzten Mal den Geschmack des Sieges auf der Zunge, denn drei Wochen später war sein kometenhafter Aufstieg zu Ende, er verlor seine Macht und wurde ins Exil gezwungen.

Zuvor aber besuchte er noch Jean-Rémy Moët – Barbe-Nicole muss sich grenzenlos geärgert haben. Nachdem sich Napoleon von den Ponsardins verabschiedet hatte, fuhr er direkt nach Épernay, wo er ein letztes Mal seinen alten Freund sah. Es war eine nüchterne und ernste Begegnung, trotz des Champagners, den sie zweifellos tranken. Napoleon hatte zu viel Kriegserfahrung gesammelt, um sich darüber hinwegtäuschen zu können, wie schlecht seine Chancen standen.

Es heißt, dass Moët seinen Freund während dieses Besuches einmal beim intensiven Studium einer Landkarte angetroffen habe. Als Napoleon aufblickte und ihn bemerkte, so wird erzählt, habe er schweigend seinen Orden der Ehrenlegion, den kleinen, aber kunstvoll gearbeiteten Stern mit fünf Doppelarmen, der im kaiserlichen Frankreich den Adelsrang bezeichnete, abgenommen, ihn seinem Freund ans Revers geheftet und gesagt: »*Alors*, Frankreich ist noch nicht in russischer Hand, aber falls ich scheitere, bin ich binnen eines Monats entweder tot oder entthront. Deshalb möchte ich Sie jetzt auszeichnen für die bewundernswerte Art, wie Sie Ihr Unternehmen aufgebaut haben, und all das, was Sie für unsere Weine im Ausland getan haben.«[16] Napoleon war bis zum Ende Weinliebhaber. Und wie immer zeigte er sich Moët gegenüber loyal.

Napoleon dankte Anfang April ab, und für kurze Zeit waren die Russen wieder in Reims, um ausgelassen das Ende des Krieges zu feiern. Auch Barbe-Nicole hatte Grund zur Freude. Die russischen Offiziere, die auf das Ende des langen Feldzugs anstießen, taten das mit ihrem Champagner. Überall in der Stadt »führten russische Offiziere ... Champagnergläser an die Lippen. Es hieß sogar, vielen von ihnen sei das Ploppen der Flaschen aus Reims lieber als der Kanonendonner des Zaren.«[17] Die Briten waren nach den langen Kriegsjahren nicht weniger überschwänglich. Lord Byron schrieb in der zweiten Aprilwoche an seinen Freund Thomas Moore: »Wir bordeauxten und champagnerten bis zwei Uhr morgens.«[18] Champagner war auf dem besten Weg, zum Synonym für das Feiern in der Massenkultur zu werden.

Barbe-Nicole war einfach froh, dass der Krieg bald vorbei war und sie wieder die Möglichkeit haben würde, die russische Vorliebe für edle französische Weine zu befriedigen. »Die Stunde ist gekommen«, sagte sie, »da wir endlich, nach all dem Leid, das unserer Stadt widerfahren ist, wieder frei atmen und auf einen allgemeinen, dauerhaften Frieden sowie auf geschäftliche Aktivitäten, die so lange brachgelegen haben, hoffen können. Gott sei Dank bin ich verschont geblieben. Mein Besitz und meine Kellerei sind unversehrt, und ich bin bereit, die Geschäfte wieder aufzunehmen, soweit die jüngsten Veränderungen mir dies gestatten.«[19]

Dass die Napoleonischen Kriege ausgerechnet in der Champagne zu Ende gingen, ist reiner Zufall, aber es war ein entscheidender Augenblick in der Geschichte dieses Weins, ein Augenblick, der seine kulturelle Identität bestimmte. Seit seinen ersten Tagen hatte man Champagner als festliches Getränk genossen, doch hatten hundert kleine Hindernisse seiner allgemeineren kommerziellen Beliebtheit im Wege gestanden. Lange Jahre war er ein Wein für die begütertsten und erfahrensten Kenner gewesen, und die Gesamtproduktion in Frankreich hatte selbst auf ihrem Vorkriegshöhepunkt nie mehr als vierhunderttausend Flaschen betragen. Nach Napoleons Niederlage sollte sich diese Zahl binnen weniger Jahrzehnte mehr als verzehnfachen und auf über fünf Millionen Flaschen steigen.[20]

Wie sehr Barbe-Nicole Napoleon auch verachtete, sein Einsatz für diese Branche und fast fünfzehn Jahre Reformen, durch die alles verändert worden war, von den Gesetzen in Europa bis zu den Straßenverhältnissen im ganzen Reich, hatten eine andere Zukunft - und ihren, Barbe-Nicoles, Ruhm - ermöglicht. Die Ereignisse dieses Frühjahrs in der Champagne, die einer halben Million Soldaten und dem niederen britischen Adel die Gelegenheit boten, das Ende eines Imperiums mit Schaumwein zu feiern, machten den Champagner zu einem internationalen Kulturphänomen mit universeller Symbolkraft und Bedeutung.

Als der russische Zar Alexander I. die Getränke für ein Bankett bestellte, mit dem bei Vertus dreihunderttausend Soldaten feiern sollten, kam der Champagner noch aus den Kellern von Moët.[21] Dass auch der Zar ihren Konkurrenten bevorzugte, muss Barbe-Nicole irritiert haben. Vielleicht war dies einer der Gründe dafür, dass sie alle Energie daransetzte, möglichst schnell wieder ins Geschäft zu kommen und ihren Anteil am russischen Markt zurückzuerobern, den sie und Louis Bohne - und vor ihnen ihr Mann François - mit so viel Einsatz geöffnet hatten.

Es sollte noch ein wenig dauern, bis die politischen Bedingungen für einen Frieden ausgehandelt waren. Aber wenn der Krieg schließlich zu Ende ging - und sie wusste, dass dieser Tag kommen würde -, bedeutete das einen Neuanfang für ihr Champagnerunternehmen. Sie ergriff die Initiative. Ende April, noch ehe der Frieden endgültig gesichert war, hatte sie ihre Keller wieder geöffnet und sich an die Arbeit gemacht. Sie prüfte die langen Reihen der Fässer, um zu sehen, wie sich der Jahrgang entwickelt hatte, sie nahm Veränderungen vor, machte sich Notizen und begann mit dem mühseligen Prozess, einige der Weine zu degorgieren.

Die Besetzung von Reims war zwar kein Segen gewesen, sie hatte sich aber auch nicht als Katastrophe erwiesen. »Dem Himmel sei Dank«, schrieb sie, »ich habe keine Verluste zu beklagen, und es steht mir nicht zu, über Belastungen zu jammern, die niemandem erspart bleiben.«[22] Sie schickte ihre Leute wieder zu ernsthafter Arbeit in die Weinberge, alles mit Blick auf die Zukunft, wenn die gegen Frankreich verhängten Handelsblockaden aufgehoben würden und sie wieder damit beginnen konnte, ihre Weine auszuliefern.

Barbe-Nicole war jedoch nicht der Typ, der passiv auf das Glück wartet. Sie entwarf sogleich einen kühnen Plan, dessen Verwirklichung sich als das größte Wagnis ihrer Laufbahn erweisen sollte. Sie stand an einem Scheideweg ihres Lebens, und sie wusste das. In dem Augenblick, da die Bourbonenkönige in Frankreich wieder den Thron bestiegen, arbeitete sie unter absoluter Geheimhaltung daran, die Blockaden ein letztes Mal zu umgehen, noch bevor der internationale Handel formell wiedereröffnet wurde. Eingeweiht in ihren Plan waren nur ihr Vertrauter Louis Bohne und ihr russischer Zwischenhändler, Monsieur Boissonet.

Wie sie in diesem Frühjahr festgestellt hatte, waren die Russen ganz versessen auf ihre süßeren, kräftigeren Champagner, und wenn sie ihre Weine vor ihren Konkurrenten ins Zarenreich schaffen konnte, dann stand dort eine ganze Nation Schlange, die nur darauf wartete, erstmals legal französischen Champagner probieren zu dürfen. Ihr Vorhaben war riskant und gefährlich, und es durfte nicht misslingen, denn das wäre das Ende gewesen.

Der Einsatz hätte nicht höher sein können. Es handelte sich um eine große Ladung, und sie schickte sie ohne Erlaubnis und Sicherheit. Damit verstieß sie gegen das Gesetz und gegen alle Regeln des gesunden Menschenverstands. Geplant war, mit einem gecharterten Schiff mehrere Tausend Flaschen Champagner transportieren zu lassen, zunächst in den offenen Hafen von Königsberg, dann, unmittelbar nach Aufhebung des Handelsverbots, weiter ins nicht allzu ferne Russland. Wenn herauskam, dass die Ladung ohne Papiere unterwegs war, würde sie konfisziert und zerstört werden - und ein Großteil des Wunderjahrgangs 1811 wäre für immer verloren.

Schlimmer noch: Sollten ihre Konkurrenten von ihrem Vorhaben Wind bekommen oder zur gleichen Zeit Ähnliches planen, stand ihr der Ruin bevor. Nichts hätte sie mehr verärgert als eine erneute Marktführerschaft Moëts in Russland. Barbe-Nicole wusste: Der Erfolg hing nicht nur davon ab, dass sie ihre Weine nach Russland brachte, sondern auch davon, dass sie es als Erste tat, Wochen bevor andere Ladungen eintrafen, denn nur dann war ihr Champagner der einzig erhältliche in den Häfen und auf den Märkten des Zarenreiches.

In dem Augenblick, da Napoleon abdankte, begann sie Briefe zu schreiben, um heimlich ein Schiff zu chartern. Mitte April kam von Bohne die ermutigende Nachricht, dass Monsieur Rondeaux, ein Reeder in Rouen, ihr behilflich sein könne.[23] Es stünde ein Schiff bereit, ihre Weine aufzunehmen und nach Russland zu verfrachten, nur müsse sie die Ladung schnell nach Rouen schaffen. Für den Fall, dass Russland noch immer nicht zugänglich sein sollte, hatten sie ausgeklügelte Alternativpläne entwickelt. Die Weine, überlegten sie, würden sich sicherlich auch in Königsberg verkaufen oder, wenn nötig, in andere Häfen entlang des Ärmelkanals verschiffen lassen. Sie hatte ihre Lehren gezogen aus dem Fiasko von Amsterdam: Nie wieder würde sie ihre Weine in Lagerhäusern verkommen lassen.

Louis Bohne sollte die Ladung begleiten. Zunächst hatte sie geplant, sechstausend Flaschen Wein zu schicken. Doch dann gab es in letzter Minute nervenaufreibende Verzögerungen. Zwar hatten die ausländischen Truppen Reims verlassen, sodass die Weine sicher transportiert werden konnten, doch gab es nach dem langen Krieg nur wenige Männer in der Gegend, die bei der Arbeit im Keller helfen konnten. »Wie Sie wissen«, schrieb sie an Bohne, »müssen unsere Weine entsprechend vorbereitet und umgefüllt werden, ehe wir sie verschicken können. Leider habe ich für diese notwendigen Vorbereitungen zu wenige geeignete Arbeitskräfte, sodass sich die Lieferung verzögert.«[24] Als es schließlich so weit war und die Weine auf den Wagen verladen wurden, der zunächst nach Paris und dann nach Rouen fahren sollte, ergab die abschließende Zählung zehntausendfünfhundertfünfzig Flaschen edelsten Champagners. Gerade war die Nachricht eingetroffen, dass die Blockade der Ostseehäfen aufgehoben worden war; allerdings durften noch immer keine französischen Weine nach Russland geliefert werden.

Barbe-Nicole war nach wie vor sicher, dass die Russen sich freudig auf ihre Weine stürzen würden. Gewiss kamen jetzt auch andere Händler auf die Idee, den russischen Markt zu erobern. Aber sie würden mehrere Wochen brauchen, bis sie ein Schiff aufgetrieben hatten, und so hatte sie einen erheblichen Vorsprung. Es war ein Wettlauf nach Russland. Jean-Rémy Moët schrieb bereits an den Grafen Tolstoi, den Großmarschall am Sankt Petersburger Zarenhof, und bat um die Erlaubnis, dem Zaren dreißigtausend Flaschen Schaumwein senden zu dürfen.[25] Er schickte sogar binnen weniger Wochen mehrere Tausend Flaschen für den freien Markt nach Russland, einfach auf gut Glück, das heißt in der Hoffnung, dass sie die Zollkontrollen ungehindert passieren würden.

Am 20. Mai verließen Louis und die Weine Reims in Richtung Paris, um von dort aus den Weg nach Rouen und an die Küste zu nehmen. Man fieberte vor Angst. Vielleicht waren andere Weinhändler schneller gewesen. Vielleicht gingen die Weine verloren, bevor sie russischen Boden erreichten, fielen den unruhigen Zeiten und der langen Seereise zum Opfer, die viel zu spät, in der warmen Frühlingszeit, unternommen wurde, um einen Weinproduzenten ruhig schlafen zu lassen.

Louis Bohne stand eine wochenlange Reise mit dem Wein unter harten Bedingungen bevor, und so machte er in Paris Station, um Proviant für die Reise zu besorgen, Grundnahrungsmittel wie getrocknetes Fleisch und Kekse, Tee und Äpfel. Er musste sich zudem um ein Bett und um seine persönlichen Bedürfnisse auf dem Schiff kümmern.

Barbe-Nicole fühlte mit ihm. Zwischen die Weinkisten hatte sie ein Geschenk für Louis gestellt - vor allem ein paar Dinge für die »Kehle«, wie sie ihn wissen ließ.[26] Es war ein Korb voll kleiner Luxusartikel: achtzehn Flaschen ausgezeichneten Rotweins aus dem nahen Cumières, sechs Flaschen Cognac gegen die abendliche Kälte, außerdem eine ledergebundene Ausgabe von Miguel de Cervantes' *Don Quixote*, dem weltberühmten spanischen Roman über einen abenteuerlustigen Ritter, der entschlossen ist, selbst noch die unsinnigsten Schlachten zu schlagen - angesichts der Risiken, die sie eingingen, und der Gewagtheit ihres eigenen Abenteuers ein originelles Geschenk, das von Barbe-Nicoles trockenem Humor zeugte.

Am 10. Juni schließlich, um elf Uhr abends, stach die *Zes Gebroeders*, mit Louis und dem Wein an Bord, unter dem Kommando von Kapitän Cornelis in See. Die frische Nachtluft täuschte freilich darüber hinweg, was Bohne unter Deck erwartete. Das Schiff war voller Läuse und Wanzen, und er fürchtete so sehr um die zerbrechlichen Weinkisten, die im Schiffsraum hin und her rutschten, dass er beschloss, in rauen Nächten sein Lager bei der Ladung aufzuschlagen. Es hätte kaum schlimmer sein können. Wie Bohne nur zu gut wusste, gingen die Flaschen leicht zu Bruch, und sie konnten mit solcher Wucht zerplatzen, dass sie auf einen Schlag eine ganze Kiste zerstörten.

Für den schlaflosen Hüter des kostbaren Guts wurde es eine lange Reise, und Barbe-Nicole zu Hause in Reims kam die Zeit endlos vor. Am 3. Juli, also fast einen Monat nachdem sie Rouen verlassen hatte, lief die *Zes Gebroeders* endlich in Königsberg ein, das damals zu Preußen gehörte. Es war eine raue Überfahrt in einem immer stickiger werdenden Laderaum gewesen. Vielleicht waren die Flaschen geplatzt. Oder die Temperaturschwankungen hatten den

Wein trüb und schlierig werden lassen. Nach Jahren des Krieges und unsäglich schlechten Absatzes hatte die Firma für Misserfolge keinen Spielraum mehr.

Der Morgen, an dem die Ladung gelöscht wurde, begann mit drückender Hitze, und Louis Bohne öffnete schweren Herzens die erste Kiste. Zu seinem Erstaunen waren die Flaschen, die er aus den Verpackungskörben zog, kristallklar, und keine einzige war zu Bruch gegangen. Dasselbe stellte er bei der zweiten und dritten Kiste fest. Die Weine waren in perfektem Zustand, »stark wie die Weine Ungarns, gelb wie Gold und süß wie Nektar«, schrieb er.[27] Das Beste aber war: »Unser Schiff ist seit vielen Jahren das erste, das mit Wein aus der Champagne beladen von Rouen aus nach Norden gesegelt ist.«[28]

Die heimliche List hatte funktioniert. Keiner von Barbe-Nicoles Konkurrenten hatte ihren Plan durchkreuzt, und binnen weniger Tage stritten sich Kaufwillige um den Champagner der Witwe Clicquot. Noch ehe Bohne die Kisten nach Sankt Petersburg weiterverschicken konnte, ja noch ehe die ganze Ladung den Bauch der *Zes Gebroeders* verlassen hatte, belagerten ihn die Kunden in seinem Hotel und bettelten darum, wenigstens ein paar Flaschen erstehen zu dürfen. An den Hafenkais kam es unter den Weinhändlern fast zu Handgreiflichkeiten, als der für Königsberg bestimmte Teil der Ladung zur Neige ging. Mit dem ihm eigenen scharfen Geschäftssinn, den Barbe-Nicole so sehr an ihm bewunderte, schrieb Louis Bohne ausgelassen, er werde nun bewusst für ein knappes Angebot sorgen und Preise verlangen, die sie niemals für möglich gehalten hätte: erstaunliche fünfeinhalb Franc pro Flasche, also gut achtzig Euro in heutiger Währung und damit genauso viel, wie sie ihren Arbeitern pro Woche für ihre Knochenarbeit bezahlte.

Als Barbe-Nicole im dämmrigen Licht ihres Kontors von diesem Triumph erfuhr, hat sie sich vielleicht ein zufriedenes Lächeln erlaubt. Sie muss in diesem Augenblick an François gedacht haben und an die langen Sommertage, als sie gemeinsam durch die Felder der Champagne fuhren, um die kleinen Weinberge bei Bouzy in Augenschein zu nehmen, oder einfach anhielten und den Blick schweigend über die sanften Hügel schweifen ließen. Diesen Wein zu produzieren war sein Traum gewesen, und hier, direkt vor ihr in Gestalt eines Briefes, lag der Beweis dafür, dass ihr Glaube an diesen Traum nicht vergebens gewesen war. Doch von dem, was noch kommen sollte, hätte auch Barbe-Nicole nicht träumen können. Höchstens mag sie an diesem ersten Abend ihres Erfolgs, als ihr allmählich bewusst zu werden begann, dass sie an der Schwelle zu etwas Großem, Wunderbarem stand, ihrer Fantasie für einen Augenblick freien Lauf gelassen haben. Dann griff sie vielleicht zu Stift und Papier, um die sofortige Versendung einer weiteren Ladung ihres glorreichen Champagners zu organisieren.

Ein Komet über Russland: der Jahrgang 1811

Der Erfolg brachte neue Herausforderungen und neue Chancen mit sich – allesamt ebenso riskant wie belebend. Wie ihr Vater war Barbe-Nicole nicht passiv-idealistisch veranlagt, und am nüchternsten agierte sie in Augenblicken der Krise. In einem Zeitalter sozialer Unruhen und ökonomischer Unsicherheit war Nicolas Ponsardin ein Überlebenskünstler. Seine Tochter war es ebenfalls und noch viel mehr.

Die erste Lieferung nach dem Krieg war ein phänomenaler Erfolg, ihr erster großer Coup in den fast sechs Jahren, die sie jetzt an der Unternehmensspitze stand. Er machte sie zu einer lokalen Berühmtheit. Als die Nachricht von ihrem Wagemut und ihrer Weitsicht in Reims eintraf, waren die ersten Reaktionen Staunen und – welch angenehme Veränderung – Eifersucht der Konkurrenten. Schon bald schrieb Louis Bohne voller Ironie von seinen Fantasien, wie man die Mitbewerber vor Neid platzen lassen könnte. »Es langweilt mich jetzt schon, zu sehen, wie sie uns in aller Ruhe Geld verdienen lassen. Zur rechten Zeit … ist Ruhm die logische Folge, und den strebe ich für Sie an. Lieber beneidet als bedauert werden; während sie kläffen, werden wir uns die Taschen füllen, und wenn wir abgesahnt haben, werden wir uns ins Fäustchen lachen, wie sie in ihren Buden das Gesicht verziehen und die Hände ringen. Sie können sich getrost ausruhen … auf dem exklusiven Vertrauen Russlands und auf Ihrem Bankkonto.«[1] Das konnte sie in der Tat: Binnen weniger

Wochen hatte sie Weine im Wert von umgerechnet rund achthunderttausend Euro verkauft.

Bohne konnte nunmehr vermelden, dass sie die ersten zehntausendfünfhundertfünfzig Flaschen Champagner der Marke Veuve Clicquot vollständig abgesetzt hatten. Einen Teil hatte er gleich nach der Ankunft in Königsberg losgeschlagen – gerade genug, um für den Fall einer Katastrophe wenigstens die Kosten zu decken und einen bescheidenen Gewinn zu machen. Den Rest hatte er weiter an Monsieur Boissonet, ihren Zwischenhändler in Russland, geschickt, wo sie noch höhere Preise verlangen konnten. Auf beiden Märkten herrschte eine regelrechte Kaufwut. Atemlos schrieb Barbe-Nicole: »Mein Gott! Was für ein Preis! Was für eine Nachricht! Ich bin außer mir vor Freude und Zufriedenheit. Welch überwältigendes Glück wird diese Veränderung zur Folge haben! Nach all den schrecklichen Augenblicken, die ich durchleiden musste, hat mich der Himmel mit Segnungen überhäuft. Ich danke Ihnen tausend und abertausend Mal.«[2]

So fabelhaft diese Nachrichten vom finanziellen Erfolg auch waren – noch mehr erwärmten die überschwänglichen Reaktionen das Herz. Weine zu produzieren war die Leidenschaft Barbe-Nicoles, und sie wusste, dass sie stets eine fordernde, mitunter sogar lästige Arbeitgeberin gewesen war. Sie beschränkte sich nicht aufs Kontor und überließ die Herstellung der Weine ihren Kellermeistern. Als hartnäckige Perfektionistin mischte sie sich in alles ein. Aber diese Umsicht hatte sich nun eindeutig ausgezahlt.

Louis berichtete aus Königsberg, auf den Straßen der Stadt habe helle Begeisterung geherrscht, als die Menschen Barbe-Nicoles Weine probierten. Der Jahrgang 1811 von Veuve Clicquot – der Wein aus dem Jahr des Kometen –

sei ein außergewöhnliches Ereignis. »Ich werde hier verehrt«, schrieb er, »weil meine Weine verehrungswürdig sind ... was für ein Spektakel.«[3] Mit ihrem Champagner sei angestoßen worden, als der König von Preußen seinen Geburtstag gefeiert habe. »Dank Ihres Nektars liegen Ihnen zwei Drittel der besten Gesellschaft Königsbergs zu Füßen ... Von all den edlen Weinen, die nördliche Köpfe in ihren Bann geschlagen haben, lässt sich keiner mit dem 1811er Cuvée von Madame Clicquot vergleichen. Köstlich im Geschmack, hat er es wahrlich in sich, und wer seine Bekanntschaft machen will, sollte sich vorher an seinem Stuhl festbinden. Andernfalls wird er sich, nachdem er einer Flasche seinen Respekt gezollt hat, bei den Krümeln unterm Tisch wiederfinden.«

Louis Bohne scherzte nicht, wenn er sagte, nach dem Genuss des 1811er-Champagners würden die Leute am nächsten Morgen unter dem Tisch aufwachen. Der Wein war nicht nur köstlich, sondern auch mächtig. Die saftigen, süßen Trauben dieser vollendeten Lese hatten für einen hohen Alkoholgehalt und eine ausgezeichnete *mousse* gesorgt, die den Korken mit einem angenehmen und vernehmlichen Ploppen aus der Flasche fliegen ließ. Was britische Wissenschaftler Ende des 17. Jahrhunderts herausgefunden hatten und was die Champagnerproduktion überhaupt erst ermöglicht hatte, war die schlichte Tatsache, dass die Beimengung von Zucker sowohl den Alkoholgehalt als auch das Perlen verstärkte. Beim Jahrgang 1811 benötigte die Natur keine Unterstützung, und das Ergebnis war im wahrsten Sinne des Wortes berauschend.

In Sankt Petersburg war der Wein der Witwe Clicquot eine noch größere Sensation als in Königsberg. Er verkaufte sich zu höheren Preisen, als Barbe-Nicole es je zu hoffen gewagt hätte. Die adligen Offiziere, die ihren Wein während der Besetzung von Reims schätzen gelernt hatten, waren nun bereit, ihren Champagner um jeden Preis zu erstehen. Schon bald erklärte Zar Alexander I., er werde nichts anderes mehr trinken. Überall fiel der Name der Witwe Clicquot, und überall wurde ihr göttlicher Champagner gepriesen. Louis, der wusste, dass ihr der russische Markt zu Füßen lag, schrieb ihr einen freudigen letzten Brief aus Königsberg, in dem er sie wissen ließ, dass er jetzt sogar auf die örtlichen Läden angewiesen sei, um Wein für ein Abschiedsessen zu kaufen. Er habe restlos alle Flaschen verkauft und mache sich nun auf nach Sankt Petersburg, um neue Vorbestellungen entgegenzunehmen. Bald meldete er von dort: »In meinem Auftragsbuch habe ich schon [Bestellungen für] einen neuen Angriff auf Ihre Kellerverliese.«[4] Barbe-Nicole war darauf vorbereitet – und mehr als nur das.

Nach diesen ersten Augenblicken der unvorstellbaren Freude, als sie Louis Bohnes Brief mit der Nachricht von ihrem Triumph las, stellte sich ein beinah schwindelerregendes Gefühl der Erleichterung ein. Ihr geheimes Wagnis war weitaus größer gewesen, als irgendjemand gewusst hatte, und es hätte selbst den abgebrühtesten Geschäftsmann – oder die abgebrühteste Geschäftsfrau – um den Schlaf gebracht. Nun würde es ihr einen phänomenaleren Erfolg bescheren, als ihre Konkurrenten ihn sich vorstellen konnten.

Noch ehe sie wusste, dass ihr Champagner sensationelle fünfeinhalb Franc pro Flasche erzielte und von einem Hotelzimmer aus verkauft werden konnte – ja, noch bevor sie erfuhr, dass die Weine nach ihrer gefährlichen Seereise in den letzten Tagen des Krieges heil am Bestimmungsort angekommen waren –, hatte sie bereits mit den Planungen für eine zweite, größere Lieferung begonnen. Noch mehr von diesem magischen Jahrgang 1811, den jene, die das Glück hatten, ihn kosten zu dürfen, als spektakulär bezeichneten.

Während sich Louis und die erste Ladung noch auf ihrer ungewissen Reise Richtung Königsberg befanden, hatten die Kaufleute in Reims erfahren, dass der Zar das Einfuhrverbot für französische Flaschenweine aufgehoben hatte. Mit diesem Verbot hatten Napoleons Träume, Champagner zu einem spezifisch französischen Luxusprodukt zu machen, vereitelt werden sollen. Nun aber war Napoleon besiegt, und ganz Sankt Petersburg lechzte nach einem Schluck Champagner.

Die Nachricht vom Ende des Verbots hatte sich mit rasender Geschwindigkeit unter den Geschäftsleuten der Stadt herumgesprochen. In den Kontoren und entlang der Kais am Fluss, wo die Weine ihre lange, gemächliche Reise nach Paris und an die Küste begannen, sprach man von nichts anderem mehr als vom Exporthandel - und von den erstaunlichen Preisen, die Champagner erzielen würde, jetzt, da ganz Europa das Ende eines elenden Krieges feierte. In den Kellern war man schon damit beschäftigt, Tausende von Flaschen für den Transport fertig zu machen.

Barbe-Nicole erkannte rasch, dass sie vor einer weiteren quälenden Entscheidung stand. In den nächsten Wochen würde es unmöglich sein, ein Schiff zu chartern. Überall in Frankreich strengten die Kaufleute sich an, ihre Produkte auf den Exportmarkt zu bringen, und es würde nicht genügend Schiffe für alle geben. Wenn Louis der Husarenstreich gelingen sollte und ihre Weine die Reise überstanden, würde sie ihm so bald keine weiteren Kisten mehr schicken können - es sei denn, sie handelte sofort. Der

Vorteil, als Erste vor Ort zu sein – dies wusste sie –, würde bald schwinden. Aber es ging ja nicht nur um Verkäufe, es ging auch um Marktanteile. Sie wollte nicht nur zehntausend Flaschen Wein verkaufen. Sie wollte den gesamten Markt erobern.

Die zweite Lieferung ins Blaue hinein zu verschicken beinhaltete das Risiko eines großen, wenn nicht desaströsen finanziellen Schadens, falls Louis in Königsberg erfolglos bliebe. Sie musste ein Geschäft mit einem Kapitän abschließen, noch ehe sie genau wusste, wie sie seine Rechnungen bezahlen sollte. Das erforderte Nervenstärke und Entschlossenheit, aber Barbe-Nicole erkannte, dass sie keine Wahl hatte. Sie war nicht so weit gekommen, um die erste seit Jahren sich bietende Chance zu verschenken, nur weil ihr der Mut fehlte.

Glücklicherweise hatte sie keine Angst vor der eigenen Courage bekommen. Als ihre Konkurrenten erfuhren, dass sie ihnen auf dem internationalen Markt zuvorgekommen war, und sich verzweifelt bemühten, Schiffe für den Transport ihrer Weine zu chartern, war sie ihnen zum zweiten Mal voraus. Monsieur Cléroult, der Kapitän der *Bonne Intention*, stand schon in Rouen bereit, weitere zwölftausendsiebenhundertachtzig Flaschen des legendären Jahrgangs von 1811 auszuliefern. Allerdings würde auch diese Überfahrt für die empfindlichen Weine eine heikle Angelegenheit werden, zumal Louis sie nicht würde an Bord begleiten können.

Barbe-Nicoles größter Feind war nun nicht mehr das strapaziöse Wirtschaftsklima zu Kriegszeiten, sondern das sommerliche Wetter. Extreme Temperaturen – zu heiße ebenso wie zu kalte – konnten ihren Wein ruinieren, und es gab nur zwei Zeiträume im Jahr, in denen Champagnerhändler zuverlässig über weite Entfernungen liefern konnten. Champagnerflaschen in der Sommerhitze zu transportieren war der sichere Weg, um am Ende mit zerbrochenem Glas dazustehen. Dasselbe galt, wenn die Weine gefroren. Doch im Frühjahr und Herbst konnte man die Weine, wenn das Wetter es erlaubte, mit dem Lastkahn auf dem breiten Strom transportieren, der die Champagne durchfließt. Barbe-Nicoles zweite Lieferung, mitten im Sommer, ging jedenfalls viel zu spät auf die Reise.

Doch selbst zu den günstigsten Zeiten war es schwierig sicherzustellen, dass die Weine in guter Verfassung ankamen. Barbe-Nicole verfügte noch nicht über die Vorzüge der heutigen Produktionstechniken und modernen Transportmöglichkeiten. Ihre Flaschenweine mussten, lediglich in geflochtene Körbe und Holzkisten verpackt, auf den Straßen und Hafenkais Europas eine holprige und langsame Reise überstehen, auf der sie nicht vor Verzögerungen, Temperaturschwankungen und Raub geschützt waren. Weine, die in Fässern - leicht anzuzapfen und wieder zu versiegeln - transportiert wurden, waren zusätzlich der Gefahr des Panschens ausgesetzt, wenn durstige Händler unterwegs ein wenig von der Ware abzweigten und die fehlende Menge mit Wasser oder Schlimmerem auffüllten.

Erstaunlicherweise überstand aber auch diese Lieferung die Reise unbeschadet. Dem ersten Sieg folgte ein zweiter. In einem Brief an ihre Cousine Jennie, die in Paris noch mit den Mängeln der Kriegszeit zu kämpfen hatte, schwärmte Barbe-Nicole, wie rasch sich in Reims alles zum Besseren wende: »Wenn mein Geschäft sich weiter so entwickelt, wie es dies seit dem Einmarsch der Koalitionstruppen in Frankreich getan hat«, schrieb sie im November, »und wenn meine Tochter einmal verheiratet ist, werde ich genug haben, um wenn nicht in Reichtum, so doch zumindest in Wohlstand leben zu können. Dann wird mein Haus für Dich immer ein Zufluchtsort sein, an den Du Dich, von niemandem mehr abhängig, zurückziehen kannst. Warten wir gemeinsam, was die göttliche Vorsehung für uns geplant hat, so leben wir von Tag zu Tag, ohne zu verzweifeln. Erinnerst Du Dich, in welch erbärmlichem Zustand ich vor einem Jahr um diese Zeit war? ... Ich hatte keinerlei Hoffnung, irgendetwas zustande zu bringen; das Vorrücken der Russen über den Rhein war der letzte Strohhalm. Und jetzt sind aus all diesem Unglück die guten Geschäfte erstanden, die ich getätigt habe, und ich wage, auf mehr zu hoffen. Vielleicht wird auch Dir für den Rest Deines Lebens ein Quantum Glück beschieden sein. Ich habe die Erfahrung gemacht, dass wir nicht immer Pech haben können. Also, meine Liebe: Mut, Geduld und Vertrauen in das Schicksal.«[5]

In der Tat war ihr Glück noch nicht aufgebraucht. Nicht einmal annähernd. Die beiden wagemutigen Lieferungen sollten sie zu einer der berühmtesten Frauen in Europa machen und ihren Wein zu einem der teuersten Artikel des 19. Jahrhunderts. Wie Louis Bohne ihr erklärte, war dieser Erfolg das Ergebnis »Ihrer weitsichtigen Handlungsweise, Ihres ausgezeichneten Weins und des wunderbaren Gleichklangs unserer Vorstellungen, der ein glänzendes gemeinsames Vorgehen ermöglicht hat – wir haben das gut gemacht, und ich danke millionenfach der Großzügigkeit der göttlichen Vorsehung, der es gefiel, mich zu einem Ihrer Werkzeuge für Ihr künftiges Wohlergehen zu machen – und nichts in der Welt könnte mich abhalten, weiter für Sie zu arbeiten, um das grenzenlose Vertrauen zu rechtfertigen, das Sie mit so glücklichem Ausgang in mich gesetzt haben. Aufgrund der Fehlschläge, die Sie hinzunehmen hatten, aufgrund Ihrer Beharrlichkeit und

Ihrer offensichtlichen Talente haben Sie zweifellos allen Ruhm der Welt verdient.«[6] Wie Louis erkannt hatte, waren es nicht nur die Verkaufszahlen und die ausgezeichnete Qualität ihres Weins, die Barbe-Nicole schließlich den Ruf einer legendären Geschäftsfrau einbrachten, sondern auch ihre bewundernswerte Gewitztheit, ihren Champagner als Erste nach Russland zu bringen. Die geheimen Vorablieferungen waren ein atemberaubender K.o. in zwei Schlägen, der den Namen der Witwe Clicquot zu einer Luxusmarke auf einem der größten - und exquisitesten - Märkte der Welt machte.

Dabei hatte der Ruhm, der folgte, wenig mit der Privatperson Barbe-Nicole zu tun. Wie Lord Byron, dessen Verserzählung *Childe Harold's Pilgrimage* zum Bestseller des Jahres 1812 avanciert war, konnte sie wahrheitsgemäß von sich behaupten, sie sei eines Morgens aufgewacht und berühmt gewesen. Doch anders als im Fall des ausschweifenden, tollkühnen jungen Lords kannten nur wenige Menschen, die den Namen der Witwe Clicquot in den ersten Jahren ihres kometenhaften Aufstiegs im Munde führten, die Geschichte der Person, die hinter dem Erfolg stand. Vielleicht war gerade diese seltsame Variante öffentlicher Anonymität - dieselbe pragmatische Art der Selbstverleugnung, die auch aus ihrer Entscheidung sprach, dauerhaft das Schwarz der Witwe zu tragen - einer der Gründe dafür, dass sich ein von einer Frau geführtes Unternehmen in einem immer konservativer werdenden Europa derart bravourös durchsetzen konnte.

Die ersten Jahrzehnte des 19. Jahrhunderts waren ein einzigartiger Zeitraum, in dem sich die Champagnerherstellung wie so viele andere Produktionszweige im nachrevolutionären Europa von einem bäuerlichen Handwerk zum großen Geschäft entwickelte. Die familiengeführten

Weinhandlungen des späten 18. Jahrhunderts standen kurz davor, entweder große Firmen zu werden oder zu verschwinden. Eine Generation zuvor hatte die eigentliche Weinherstellung noch in den Händen der Weinbauern gelegen, die die Reben anbauten, die Weine erzeugten und sie, vor allem im Fall des Champagners, in Flaschen abfüllten. François Ponsardin hatte zu der kleinen Zahl von Weinhändlern gehört, die behutsam dazu übergingen, den Bauern dieses letzte Stadium des Produktionsprozesses aus den Händen zu nehmen, und er hatte manchmal Grund, sich zu fragen, ob die gesteigerten Gewinne es wert waren, sich auf die neuen Risiken einzulassen. Was François begonnen hatte, hatte Barbe-Nicole mit enormem Sendungsbewusstsein fortgeführt; aus diesem Grund konnte sie zu einer wichtigen Gestalt in der Geschichte des Champagners werden.

Champagner sollte nicht lange eine familiäre Handwerksangelegenheit bleiben. Die Zukunft lag im industriellen Geschäftsmodell. Die Branche erlebte einen Boom, und diejenigen, die davon profitierten, waren die Unternehmer, die den Produktionsprozess unter ihre Obhut brachten. Barbe-Nicole, die seit je Freude daran gehabt hatte, bei der Ernte zuzusehen und die Arbeit in der Kellerei zu erlernen, stand an der Spitze dieser Bewegung. Sie füllte nicht nur den überwiegenden Teil ihrer Weine selbst ab, sondern kümmerte sich auch um die Zusammenstellung der Cuvées und um den Reifungsprozess. Sie dachte wie eine Industriellentochter und setzte ihre Lieferanten gnadenlos unter Druck. Im Unternehmensarchiv in Reims finden sich seitenweise Bestellschreiben, in denen sie detailliert angibt, welche Form die zu blasenden Flaschen und welche Qualität die zu schneidenden Korken haben sollen.[7] Die Hersteller wussten, dass sie höchstpersönlich vorbeikam, um sich zu beschweren, wenn dies die einzige Möglichkeit war, zu erhalten, was sie haben wollte. Schon bald kaufte sie auch neue Weinberge hinzu, um über mehr eigene Trauben zu verfügen.

Die Geschäftswelt veränderte sich und mit ihr die Weinbranche. Der Kapitalismus, der heute so selbstverständlich erscheint, war Anfang des 19. Jahrhunderts eine relativ junge Idee. »Der Weltmarkt, der sich allmählich herausbildete, fungierte als Motor des protoindustriellen Wachstums«, und mit ihm entstand die Massenkultur.[8] In diesem sich rasch wandelnden Wirtschaftsklima hatte Barbe-Nicole Glück gehabt - weniger mit der Wahl ihres Ehemanns als vielmehr mit Philippe Clicquot und ihrem Vater. Deren kreativer Anteil an der frühen Industrialisierung der Textilbranche und an der Entwicklung der neuen Ökonomie eines friedlichen Europa wie auch ihre altmodische Bereitschaft, sich mit der Vorstellung einer unternehmerisch tätigen Tochter anzufreunden - zu einem Zeitpunkt, da diese Vorstellung gesellschaftlich inakzeptabel zu werden begann -, waren die Voraussetzung dafür gewesen, dass Barbe-Nicole überhaupt eine Chance hatte. Nur wenige Jahre später war es für eine Frau schon schwerer, in die Geschäftswelt einzutreten. Und ein paar Jahre früher hätte sie nicht miterlebt, wie sich die Wirtschaftswelt veränderte. Das alte Modell der bürgerlichen Geschäftsfrau an der Spitze eines Familienbetriebs war zum Untergang verurteilt, und so ist das eigentlich Bemerkenswerte an Barbe-Nicoles Geschichte die Tatsache, dass sie sich in einer einzigartigen Position befand, um ein neues Modell zu erfinden.

Hätte sie im 18. Jahrhundert versucht, ein Unternehmen zu führen, würde sich heute niemand mehr an sie erinnern. Mir ist in der Champagne niemand begegnet, nicht einmal in der urigsten Kneipe, der mir die Geschichte der Witwe Blanc oder der Witwe Robert hätte erzählen können. Der Aufstieg des Kapitalismus und das Ende der bürgerlichen Familienunternehmerin gingen Hand in Hand. »Die meisten Gender-, ja die meisten Wirtschaftshistoriker stimmen darin überein, dass diese Frauen zwischen dem Ende des 18. und der Mitte des 19. Jahrhunderts verschwanden - verdrängt durch das Zusammenwirken der Ideologie der getrennten Sphären mit strukturellen Veränderungen wie der Industrialisierung, dem Trend zum Einsatz außerfamiliären Kapitals und der ›Managementrevolution‹.«[9] Hätte Barbe-Nicole am alten Rollenmodell für Frauen in der Wirtschaft festgehalten, hätte sie sich möglicherweise durchschlagen können. Aber sie wäre niemals eine der berühmtesten Unternehmerinnen ihres Jahrhunderts geworden.

Doch statt sich an alte Verhaltensweisen zu klammern und in die Sicherheit einer bescheidenen, überholten, wenn auch stillschweigend noch immer akzeptierten unternehmerischen Rolle für Frauen zu flüchten, entwickelte sich Barbe-Nicole zu einer begeisterten Industriellen. Sie war nicht nur die erste Frau, die auf der Grundlage neuer merkantilistischer Prinzipien ein Champagnerhaus aufbaute; sie gehörte auch zu der Handvoll Unternehmer, die dies überhaupt taten. Sie war nicht nur als Geschäfts*frau* erstaunlich, sondern auch hinsichtlich der Art, wie sie ihre Geschäfte abwickelte. Wenn wir uns die Namen der berühmten Champagner in unseren Supermarktregalen ansehen, die sogenannten *grandes marques*, so überrascht es nicht, dass es die Namen von Barbe-Nicoles Konkurrenten im 19. Jahrhundert sind: Jean-Rémy Moët und sein Schwiegersohn Pierre-Gabriel Chandon, Jules Mumm, Louis Roederer, Charles Heidsieck, die Familie ihrer

Großmutter, die bahnbrechenden Ruinarts. Eine kleine Gruppe von Unternehmern modernisierte die Champagnerindustrie und verdiente im Zuge dessen ein Vermögen. Die Witwe Clicquot gehörte von Anfang an dazu.

Die Industriellentochter

Mit Ende dreißig hatte Barbe-Nicole Bemerkenswertes erreicht. Als der Sommer des Jahres 1815 anbrach, stand sie an der Spitze eines international bekannten Geschäftsimperiums – sie war eine der ersten Frauen in der Neuzeit, der das gelungen war. Dabei hatten ihre Chancen alles andere als gut gestanden, war da doch nicht nur die gläserne Decke, also die Barriere, die Frauen am Aufstieg hindert, sondern auch eine Industriekultur, die Frauen zunehmend wissen ließ, dass es für sie keinen Platz in der öffentlichen Welt von Geschäft und Wirtschaft gebe – sie würden nicht einmal auf der untersten Sprosse der Unternehmensleiter Halt finden.

Bedauerlicherweise sind Frauen wie Barbe-Nicole in der modernen Welt der Weinherstellung noch immer eine Seltenheit. Besonders rar gesät sind sie in der Welt des Champagners. In Frankreich wurde nur eine Handvoll Weingüter – prestigeträchtige, wundervolle Orte wie Château Margaux oder Château Mouton Rothschild – von Frauen geleitet.[1] Bei den Champagnerhäusern sieht es noch dürftiger aus: Nur bei Champagne Veuve Clicquot Ponsardin war eine Frau am Ruder, immerhin einige Jahre lang.

Barbe-Nicole besetzte mehr als nur die Vorstandsetage eines weltbekannten Champagnerproduzenten; sie spielte auch eine zentrale Rolle bei der Herstellung der Schaumweine, die ihren Namen tragen. In ganz Europa gibt es heute nicht eine einzige Frau, die beides tut.[2] Wer ein modernes Pendant der Witwe Clicquot finden will, sollte seinen Blick nicht auf die Champagne richten, sondern auf die noch immer aufstrebende Weinregion in Nordkalifornien, auf die goldenen, eichenbestandenen Hügel von Napa und Sonoma. Der Zusammenbruch der kalifornischen Weinindustrie in den 1970er- und 1980er-Jahren hatte den gleichen Effekt wie die Champagnerkrise der 1780er- und 1790er-Jahre: Eine »Branche auf dem Rückzug« öffnete ihre Türen für neue Unternehmer und insbesondere für Kellermeisterinnen.[3]

Bei meiner Reise auf der Suche nach der Witwe Clicquot – danach, wie es für Barbe-Nicole in ihrem ersten Jahrzehnt als Leiterin der eigenen Weinfirma gewesen sein muss – machte ich einige dieser modernen Champagnerfrauen ausfindig. Am meisten erstaunte mich, dass sie den gleichen stählernen Charme und nüchtern-sachlichen Stil an den Tag legten, der Barbe-Nicoles persönliches Merkmal gewesen war. Eine der beeindruckendsten Frauen ist Eileen Crane, bis 2020 Geschäftsführerin und Kellermeisterin der Domaine Carneros im Napa Valley, die ich zunächst wegen eines kuriosen Aspekts der Firmengeschichte besuchte. Denn die Domaine Carneros wurde in den 1980er-Jahren von jenem Champagnerhaus gegründet, das einst von Barbe-Nicoles erstem Geschäftspartner Alexandre Fourneaux gelenkt worden war und heute unter dem Namen Champagne Taittinger bekannt ist.

Ich besuchte die Domaine Carneros an einem warmen, klaren Oktobernachmittag. Als ich in den Wochen nach der Kelter durch die Weinberge der Region fuhr, fiel mir auf, dass diese Ecke Kaliforniens mit ihrem Blattwerk durchaus mit meiner Heimat in Neuengland konkurrieren kann. In den Tagen, bevor der Regen die trockenen Kalkhügel durchtränkt, färben sich die Weinstöcke leuchtend orange und rot. Vor dieser Leinwand aus Laub liegen die Ländereien der Domaine Carneros, und inmitten der Felder erhebt sich ein großartiges französisches Château – oder zumindest die Imitation eines solchen.

Es handelt sich um ein Bauwerk, das Barbe-Nicole vermutlich sofort erkannt hätte. Hier, mitten im Wilden Westen Amerikas, hat das Champagnerunternehmen eine Replik des Château de la Marquetterie errichten lassen, das noch heute in Pierry im Herzen der Champagne steht. Barbe-Nicole kam jeden Herbst daran vorbei, wenn sie auf dem Weg zu den weiter südlich gelegenen, für ihre Chardonnay-Trauben bekannten Weinbergen der Côte des Blancs war. Das Château, das in den 1750er-Jahren auf dem alten Grundbesitz der Mönche von Saint-Pierre aux Monts de Châlons errichtet worden war, trug seinen Namen nach dessen berühmten Weinbergen, wo die dunklen Pinot-noir-Trauben und die weißen Chardonnay-Trauben spielerisch nach dem Schachbrettmuster angebaut wurden – wie ein Stück der unter dem Namen »Marketerie« bekannten Einlegearbeiten aus Holz.[4] 1793, in den ersten Tagen des Terreur, als Barbe-Nicoles Familie in den gefährlichen Wirren jakobinischer Politik gefangen war, gehörte der Besitzer des Schlosses zu den Tausenden, die der Guillotine zum Opfer fielen. Doch schon damals war das Château berühmt aufgrund der Rolle, die es in der Geschichte der Champagne gespielt hatte. Hier nämlich, nur ein paar Kilometer von Hautvillers entfernt, hatte der Mönch Jean Oudart – einer von Dom Pérignons Laienbrüdern und vermutlich einer seiner Mitarbeiter – im 17. Jahrhundert einige der frühesten, heute kaum noch bekannten Experimente mit dem Schaumwein durchgeführt, der damals schlicht *vin mousseux* hieß.

Barbe-Nicole hätte wohl auch Eileen Crane erkannt. Wir saßen in ihrem Büro und blickten auf die Veranda der Domaine Carneros, wo Besucher an Kaffeetischen Eileens Schaumwein probierten, und sie erzählte voller Leidenschaft von der Weinherstellung. Darüber, Champagner nicht nur für die Reichen und Berühmten zu machen, sondern für gewöhnliche Menschen der Mittelschicht, die bereit sind, den Luxus des Alltags zu feiern, und wenn es nur so etwas Wundervolles und Schlichtes wie der Beginn eines Wochenendes ist. Barbe-Nicole hatte dieselbe Vision. Die Menschen, sagte Crane, zerbrechen sich noch immer den Kopf über Champagner: wie man ihn öffnet, wie man ihn serviert. Sie fragen sich, ob sie dabei einen Smoking tragen müssen und ob sie die richtigen Gläser verwenden. Die Wahrheit ist: Champagner passt zur Pizza genauso gut wie zum Schaumbad in der Wanne. Selbst der legendäre Weinkenner Hugh Johnson erklärt (und wer wollte eine so einleuchtende Weisheit in Zweifel ziehen?): »Jedes große Glas ist für Champagner geeignet.«[5] Barbe-Nicole mit ihrer Abneigung gegen eitles Gehabe und ihrer Liebe zum Champagner hätte dem vermutlich zugestimmt.

Ironischerweise verdanken die Gläser, aus denen wir heute üblicherweise Champagner trinken, Barbe-Nicoles Vermächtnis als Weinproduzentin eine ganze Menge. Denn Barbe-Nicole war nicht nur eine brillante Geschäftsfrau, sie gehörte auch zu den wichtigsten technischen Neuerern in der Geschichte des Schaumweins. Ich fragte Eileen Crane, welche Gläser sie für Champagner bevorzugt, und lachend erklärte sie mir, ihre Schwester besitze eine Kollektion von Dutzenden einzelner Champagnergläser, moderner ebenso wie alter, die stilistisch nicht zusammenpassen, die sie aber für Partys verwendet. Jeder Gast sucht sich das Glas aus, das ihm gefällt, und dies, so sagte sie, ist die beste Methode. Sie erinnerte mich aber auch daran, dass in der Frühzeit des Champagners, bevor die Witwe

Clicquot die Bühne betrat, ja noch vor den elegant gerundeten *coupes* Mitte des 18. Jahrhunderts die ersten Champagnergläser wie Miniaturversionen der v-förmigen Stielgläser aussahen, aus denen wir heute Pils trinken, und dass sie aus Milchglas hergestellt wurden.[6] Das war die gängige Praxis, denn lange Zeit wurde Champagner wie Pils serviert - kohlensäurehaltig und leicht trüb. Barbe-Nicole aber war geradezu besessen von der Idee, klaren Wein zu produzieren, der wie Mineralwasser perlte. Ohne die einzigartige Hingabe, mit der sie sich diesem handwerklichen Aspekt widmete, wäre Champagner nie ein Luxusprodukt geworden, das sich auch Käufer aus der Mittelschicht leisten können.

Barbe-Nicole hat sich im Urteil der Nachwelt drei Verdienste erworben: die »Internationalisierung des Champagnermarkts«, die »Schaffung der Markenidentifikation« und die Entwicklung des Verfahrens, das man in Frankreich heute unter der Bezeichnung *remuage sur pupitre* kennt - wörtlich »Rütteln auf dem Pult«.[7] 1815, als ihr Triumph in Königsberg schon legendär war, sprach ihr niemand die Kühnheit auf den internationalen Märkten ab. In frühen Schriften, die von ihren Leistungen kündeten, war davon die Rede, sie habe Russland mit ihrem Champagner erobert - und aus kaufmännischer und kultureller Sicht ist das auch kaum übertrieben. In den ersten Jahren ihres Ruhms war die Witwe Clicquot fast überall in Europa zu einem Synonym für Schaumwein geworden. Schon bald bestellten junge Playboys in den Londoner Clubs einfach »eine Flasche der Witwe«, wenn sie keinen Schampus mehr hatten. In Russland hieß sie Klikoskaja, und in einigen der bedeutendsten Werke der russischen Literatur des 19. Jahrhunderts wurde ihr Name gefeiert.[8] Es war allerdings das zuletzt genannte Verdienst, das Barbe-Nicole zu einer Berühmtheit in der Geschichte der Weinherstellung machte. Ohne ihre Entdeckung des *remuage* – einer wirkungsvollen Methode, den Champagner von dem Hefetrub zu befreien, der nach der zweiten Gärung in der Flasche verbleibt – wäre der Champagner niemals zum berühmtesten Wein der Welt geworden.

Nach ihrem tollen Coup in Russland musste Barbe-Nicole feststellen, dass sich daraus ganz neue Probleme ergaben. Die Produktion bereitete ihr zunehmend Sorgen. Louis Bohne in Sankt Petersburg schlug Kapital aus ihrem Erfolg, und eine wahre Flut an Bestellungen ging in Reims ein. Die Frage war, wie sie all diese Aufträge jemals bewältigen sollte. »Es ist grausam«, schrieb Louis, »Bestellungen ablehnen zu müssen, wie ich das inzwischen zu tun gezwungen bin, wenn ich problemlos zwanzig- oder dreißigtausend Flaschen loswerden könnte.«[9]

Auch das Wetter spielte nicht mit. Die Ernte des Jahres 1815 war jämmerlich, woraus mit Sicherheit ein Angebotsengpass resultieren würde, wenn die Flaschen 1817 auf den Markt kamen. Unmittelbarer hatte der Ernteausfall für die lokalen Bauern zur Folge, dass eine Hungersnot drohte. Die Lage war so ernst, dass Barbe-Nicoles Vater bei den lokalen Geschäftsleuten eine Spendenaktion startete, um die Armen mit Nahrung zu versorgen; sie erbrachte immerhin sechzigtausend Franc – rund eine Dreiviertelmillion Euro in heutiger Währung. Die Unternehmer vor Ort hatten aber auch gute Gründe, sich um ihre Arbeiter zu kümmern, insbesondere Barbe-Nicole. Denn die Weinherstellung war ein arbeitsintensives Unterfangen. Im Winter gab es auf den Märkten kein Getreide mehr zu kaufen, und auf dem Land war es gefährlich geworden.[10] Sie wusste, dass es im Frühjahr auf den Feldern wieder

Probleme geben würde. Natürlich waren ihre Probleme geringfügig im Vergleich zu denen, vor die sich ihre Weinbauern gestellt sahen. Sie machten ihr allerdings Sorgen genug, denn Anfang 1816 lag in den Kellern schlicht und einfach kein fertiger Champagner mehr. Sie hatte all ihre Vorräte verkauft. Nach Jahren mühsamen Kampfes, überhaupt im Geschäft zu bleiben, gab es nichts Frustrierenderes, als Bestellungen ablehnen zu müssen. Schlimmer noch: Wenn sie keinen Champagner liefern konnte, das wusste Barbe-Nicole, lief sie Gefahr, all die Kunden wieder zu verlieren, die sie mit ihren mutigen Abenteuern gewonnen hatte, und das in dem Augenblick, in dem ihr Schaumwein zu einem anerkannten Luxusprodukt auf dem Weltmarkt wurde. Sie brauchte Champagner – ausgezeichneten Champagner –, und sie brauchte ihn bald.

Doch die Geburt eines großen Weins verträgt keine Eile. Barbe-Nicole stand mit grimmigem Gesicht im dämmrigen Licht ihrer Keller und wusste, dass ihre einzige wirkliche Hoffnung darin bestand, eine Lösung für den schlimmsten Engpass bei der Produktion zu finden: die nervtötenden Verzögerungen bei der Degorgierung der Weine. Nach der zweiten Gärung, wenn der Flasche Zucker und Hefe zugesetzt wurden, um den Wein zum Perlen zu bringen, blieb beim jungen Champagner stets eine Schicht von Ablagerungen zurück. Alle traditionellen Methoden, die Rückstände zu entfernen, hatten Nachteile. Die *transvasage* – das Umfüllen der Weine von einer Flasche in eine andere – machte das Perlen teilweise zunichte, und es wurde zu viel guter Wein verschüttet. Die ausgeklügelten Techniken hingegen, mit denen die liegend gelagerten Flaschen degorgiert wurden, indem man sie möglichst sanft nach vorn kippte und schüttelte, kosteten unendlich viel Arbeitskraft und – das war das Schlimmste – dauerten ewig. Den Champagner mithilfe einer *colle* zu filtern, beeinträchtigte seine Qualität und wurde in den Händen einiger Kellermeister geradezu gefährlich. So hielt Robert Tomes in seinem Buch *The Champagne Country* (1867) fest: »Die alte Methode, zu der es gehörte, die Flaschen kopfüber auf die Unterlage zu stoßen, damit sich die Ablagerungen am Korken absetzten, machte von Beimischungen und Klärungsmitteln Gebrauch, die giftig sein konnten. Außerdem nahm sie viele Monate in Anspruch.«[11]

Mit Sicherheit gab es eine bessere Möglichkeit, die Weine zu klären, eine schnellere Methode, die es Barbe-Nicole erlauben würde, in großer Zahl und zu einem akzeptablen Preis Weine von bester Qualität zu produzieren. Doch als sie ihre Kellereiarbeiter zu drängen versuchte, den Prozess zu beschleunigen, erklärten die ihr, dass das nicht möglich sei.

»Ihr habt nur fünfzigtausend Flaschen fertig«, schimpfte sie. »Ich brauche doppelt so viele.«[12]

»Madame«, antworteten sie, »Sie können keine trüben Weine ausliefern.«

»Das will ich auch nicht, ich möchte vollkommen klare Weine verschicken, und zwar in ausreichender Menge.«

»Das werden Sie nie schaffen«, versicherten die Arbeiter. »Eine andere Methode als die, die wir verwenden, ist nicht bekannt.«

»Ich werde schon eine finden«, versprach sie.

Aber ihre Kellereiarbeiter lachten nur, was Barbe-Nicole kränkte und ihre Entschlossenheit nur verstärkte.

Schon bald grübelte Barbe-Nicole über eine neue, erstaunlich simple Idee nach. Wenn man die Flaschen nicht waagerecht, sondern kopfüber – *sur pointe* – lagerte, konnte sich der Hefetrub gründlicher im Flaschenhals ablagern. Als sie den Arbeitern von ihrem Plan erzählte, lachten sie wiederum nur. Das würde nie funktionieren. Sie müsste am Ende alles zweimal machen, prophezeiten sie. »Toller Fortschritt«, flüsterten sie. »Setzt sich der Wein dadurch irgendwie schneller? Schaut euch diesen Unsinn doch nur an. Der Wein ist noch immer trüb, und jetzt müssen wir warten, bis die Rückstände wieder auf den Flaschenboden zurückfallen. Ein Fiasko. Ein völliges Fiasko.«[13]

Doch Barbe-Nicole war entschlossen, sich aus ihrer neuen Geschäftskrise zu befreien. Heimlich hatte sie ihren massiven Küchentisch in den Keller bringen und schräge Löcher hineinbohren lassen, gerade groß genug, dass der Hals einer Champagnerflasche ganz hindurchpasste. Zusammen mit ihrem Kellermeister Antoine Müller schlüpfte sie »Tag für Tag heimlich in den Keller, während ihre Arbeiter beim Essen waren, und steckte persönlich mehrere Hundert Flaschen in das Gestell«[14]; dann begann sie, die Flaschen jeden Tag langsam zu drehen und darauf zu klopfen, sodass sich die Trubstoffe auf dem Korken ablagerten. Nach nur sechs Wochen stellte Barbe-Nicole staunend und zufrieden fest, dass durch ein kurzes Herausziehen des Korkens sämtliche Rückstände aus der Flasche schossen, ohne dass der Wein Schaden nahm. Die mühsame Arbeit des früheren Verfahrens war nicht mehr notwendig. Diese neue Technik sollte es ihr ermöglichen, die Produktion zu beschleunigen und ihren hart erarbeiteten Anteil am Exportmarkt zu halten. Vor allem aber wusste sie, dass die Methode Wachstum bedeutete – und einen unschätzbaren Vorteil, wenn sie sie vor ihren Konkurrenten geheim halten konnte.

Es war insbesondere *ein* Mitbewerber, den Barbe-Nicole aus dem Rennen werfen wollte: Jean-Rémy Moët. In Russland war er ihr größter Konkurrent, und die Befriedigung, ihm mit der Öffnung des Sankt Petersburger Marktes einen

Schlag versetzt zu haben, war groß gewesen. Sie wusste, dass er zusammen mit dem begabten Erfinder und Weinliebhaber André Jullien bereits daran gearbeitet hatte, das Verfahren der *transvasage* zu perfektionieren. Es kursierte das Gerücht von ersten Kellereiexperimenten mit Siphons, »steifen Rohren, die mit einem Hahn versehen waren«, um zu verhindern, dass die wertvollen Bläschen verloren gingen, wenn man den Champagner von einer Flasche in eine andere umfüllte.[15] Moët experimentierte zudem mit neuen pflanzlichen *colles*, den sogenannten Schönungsmitteln. Die Branche war bereit für eine Veränderung, aber es bedurfte durchschlagender Innovationen, um ihr einen wirklichen Schub zu verleihen. Nun, da der Markt für Champagner explodierte, war die Frage, ob die Weinhersteller neue Techniken erfinden würden, um diesen erlesenen Wein massenhaft produzieren zu können – und wer solche neuen Methoden als Erster entdeckte.

Aufgrund des Erfolgs ihrer Experimente ließ Barbe-Nicole alle Arbeiten in ihrem Keller einstellen. Man machte fortan nur noch von ihrem neuen Verfahren, die Weine zu enthefen, Gebrauch. Einige murrten zwar noch immer. Aber sie bat ihre Arbeiter inständig, nichts von dem preiszugeben, was sie schon jetzt als zentrales Betriebsgeheimnis betrachtete, das für die Zukunft des Unternehmens genauso bedeutsam sein würde wie die geheimen Pläne, dank deren sie ihre Weine vor der Konkurrenz nach Russland gebracht hatte. Es ist ein Beweis für die Loyalität, die man ihr entgegenbrachte – und Resultat eines großzügigen Systems der Gewinnbeteiligung, mit dem sie sich einigen ihrer wichtigsten Angestellten verpflichtete –, dass der *remuage* fast ein Jahrzehnt lang geheim blieb.

Was sie und Antoine Müller entdeckt hatten, veränderte die Art und Weise, wie die Champagnerherstellung abgeschlossen wird, bis zum heutigen Tag.[16] In seinem Buch *A History of Champagne* (1882) hat der Weinliebhaber Henry Vizetelly beschrieben, wie der *remuage* im 19. Jahrhundert praktiziert wurde.[17] Ein »loses braunes Sediment«, so Vizetelly, »hat sich gebildet ..., das loszuwerden eine heikle und mühselige Aufgabe ist. Wenn der Zeitpunkt näher rückt, da die Weine für den Transport fertig gemacht werden, werden die Flaschen *sur pointe* gelagert.« Dann ist es Aufgabe der als »Rüttler« (*remueurs*) bezeichneten Kellereiarbeiter, die Flaschen langsam zu drehen; sie werden »mindestens vier oder sechs Wochen lang jeden Tag ruckartig ein Stück in immer dieselbe Richtung gedreht«, bis die Rückstände »unappetitliche Pfropfen gebildet haben ..., die schließlich mit einem Knall aus der Flasche schießen, wenn der vorläufige Korken entfernt wird«. In Barbe-Nicoles Weinkellern wurde der Korken mit einem kleinen hakenförmigen Messer geöffnet, und das Depot konnte entweichen. Die Flasche wurde mit etwas Wein aufgefüllt - der sogenannten *liqueur d'expédition* - und anschließend mit den das Markenzeichen tragenden Korken endgültig verschlossen. Das dafür verwendete Werkzeug wurde sarkastisch »Guillotine« genannt, da es »von diesem tragischen Instrument«, so Robert Tomes, »inspiriert war«.[18] Barbe-Nicole kannte es von den Revolutionstagen ihrer Kindheit aus eigener Anschauung.

Die Technik des Rüttelns, die Barbe-Nicole in ihren Weinkellern anwandte, wird noch heute in vielen Champagnerhäusern praktiziert, auch wenn die großen Hersteller in den letzten Jahren zur mechanisierten, computergesteuerten Rotation in Kästen, den sogenannten »Giropaletten«, übergegangen sind.[19] Traditionell wird noch bei der Herstellung von französischem Jahrgangschampagner gedreht. Ein fähiger Kellereiarbeiter schafft angeblich bis zu fünfzigtausend Flaschen am Tag.[20] Aber natürlich verwenden die Champagnerhäuser keine Küchentische mehr. Seit den 1830er-Jahren benutzten die Weinhersteller überall in der Champagne stattdessen Holzplanken, die ein umgekehrtes V bilden und als *pupitres* - »Pulte« - bezeichnet werden, aber eher altmodischen Staffeleien gleichen, wie man sie aus der Kindheit kennt. Sie finden sich bis heute überall auf der Welt, wo Champagner hergestellt wird, aber auch in Kellern und Antiquitätenläden.

Wenige Monate nach ihrer Entdeckung konnte Barbe-Nicole mit Freude feststellen, dass sie nunmehr in ausreichender Zahl klaren Champagner produzieren konnten. Vielleicht erfuhr sie zu ihrer Befriedigung auch, dass Jean-Rémy Moët schon bald in hektische Aufregung geriet. »Zermartern wir uns das Hirn, um ein ebenso gutes Ergebnis zu erzielen« wie die Witwe Clicquot, schrieb er in einem Brief aus den folgenden Jahren.[21] Ihre sagenhaft klaren Weine machten ihn geradezu rasend. Leider erzeugte die intensive Konkurrenz bei Moët noch andere, gleichermaßen temperamentvolle, aber weniger erfreuliche Empfindungen. Seine Briefe lassen eine bittere Verachtung für Barbe-Nicole erkennen, was auf die tiefsitzenden Geschlechterstereotypen verweist, mit denen sie als Geschäftsfrau weiterhin zu kämpfen hatte. »Das Abenteuer der Madame Clicquot«, schrieb Moët, »ist infam.«[22] Vermutlich, weil sie eine Frau war. Moëts Biograf hat es folgendermaßen formuliert: Diese Briefe seien »aussagekräftig genug, um die Rivalität zu offenbaren, die zwischen Jean-Rémy Moët und der Witwe Clicquot bestand ... Manches von dem, was die beiden Häuser taten, war oder wirkte abgekupfert, und die Versuchung zur Spionage lag beiden nicht fern.«[23]

Doch trotz dieser Versuchung sollte Moët das Geheimnis der Konkurrentin nicht so bald lüften; er übernahm ihr

Verfahren erst 1832.[24] In der Zwischenzeit verschaffte die Entdeckung des *remuage* Barbe-Nicole den Vorsprung, den sie in einer boomenden Branche benötigte, um eine bedeutende internationale Größe zu werden. Im zweiten Jahrzehnt des 19. Jahrhunderts entwickelte sich Champagner von einer regionalen Besonderheit, die nur an den Königshöfen Europas bekannt war, zum bekanntesten Wein der Welt und zu einem Symbol für Festlichkeit und Stil. In den 1860er-Jahren bemerkte Robert Tomes: »Erst in den letzten fünfzig Jahren hat das Geschäft mit Champagner ein bedeutsames Ausmaß erreicht ... Der Ursprung dieses Weins liegt kaum jenseits des 18. Jahrhunderts, und noch zur Mitte dieses Jahrhunderts war er so selten, dass nur einige wenige reiche und privilegierte Liebhaber in seinen Genuss kamen. Noch 1780 hielt man es bei Moët & Chandon ... für ein kühnes Wagnis, in einem Jahr sechstausend Flaschen produziert zu haben.«[25] Und in dem Jahr nach dem legendären 1811er verkaufte Barbe-Nicole keine zwanzigtausend Flaschen.[26] In den 1820er-Jahren hingegen exportierten Branchenführer wie Barbe-Nicole und Jean-Rémy Moët hundertfünfundsiebzigtausend Flaschen im Jahr und mehr.[27] Der Blick ging nie zurück. Doch für Barbe-Nicole sollte es nicht immer so reibungslos weiterlaufen.

Die Weinaristokraten

Als ihr Blick an diesem Winterabend über die versammelten Gäste der kleinen Familienfeier schweifte, sah Barbe-Nicole, wie ihr Vater ihr quer durch den Raum vielsagend zuzwinkerte. Sie lächelte ein wenig gequält zurück. Denn sie wusste, woran er dachte. Sie beobachtete selbst mit leisem Amüsement, wie in einer entfernten Ecke des Salons die Spannung stieg. Zwei infrage kommende Junggesellen buhlten um die Aufmerksamkeit ihrer Tochter Clémentine, die zarte siebzehn Jahre alt war und gerade von ihrer Klosterschule in Paris nach Hause zurückgekehrt war.[1]

Der eine der beiden, der an Clémentines Seite saß und ihr Kartentricks zeigte, schien zu gewinnen, doch vielleicht nur für den Augenblick. Barbe-Nicole hatte gehört, wie er bekannte, er müsse die Stadt am nächsten Morgen verlassen und werde deshalb keine Gelegenheit haben, mit Clémentine in der kommenden Woche auf dem einen oder anderen Ball zu tanzen. Wahrscheinlich meinte der junge Mann den Ball, den Marie Andrieux, eine Nachbarin, veranstaltete. Barbe-Nicole kannte Marie gut und konnte sie besten Gewissens sogar als Freundin bezeichnen. Sie waren seit Jahren miteinander bekannt. Mitunter aber waren Barbe-Nicole die Gesellschaft Florent Simons und das Gespräch mit ihm bedeutend lieber.[2] Der Gatte Maries, ein Mann mit politischen Ambitionen, war als Zweiter Bürgermeister der Stellvertreter ihres Vaters, zugleich aber auch Geschäftsmann, und sein Geschäft war der Champagner.

Marie hingegen unterhielt einen der beliebtesten Salons in der Stadt und plante ständig Bälle und Partys. Clémentine – die sich bei gesellschaftlichen Anlässen nie frei und selbstsicher zu geben wusste – sah dem bevorstehenden »Tanzvergnügen« wie stets schon mit unguten Gefühlen entgegen. Selbst ein bloßes Kartenspiel wie Whist konnte dazu führen, dass das Mädchen anschließend weinend im Bett lag und sich ob seines törichten Wesens schämte. »Weine nicht, Mentine«, hatte ihre Mutter erst kürzlich zu ihr gesagt, »ich kaufe dir Geist, wenn ich dich verheirate.«[3] Clémentine hatte darauf nur noch still vor sich hin geschluchzt.

In der Nähe der beiden – Clémentines und des Kavaliers mit den Kartentricks – stand finster blickend der junge Mann, den Barbe-Nicole für sich respektlos als Clémentines Unterpräfekten bezeichnete. Der stellvertretende Leiter der Polizei von Reims machte Clémentine schon seit Wochen den Hof. Es war erfreulich zu sehen, dass seine Hoffnungen einen Dämpfer erhalten hatten, denn ganz gleich, wie viele Verehrer Clémentine umwarben: die Entscheidung, wen ihre Tochter heiraten würde – und für wie viel Geld –, wollte Barbe-Nicole immer noch selbst treffen. Der ängstliche Unterpräfekt jedenfalls hatte keine Chance.

Dasselbe galt aber, fürchtete sie, für den charmanten jungen Mann an der Seite ihrer Tochter. Er war sagenhaft reich, und als er um Clémentines Hand angehalten hatte, hatte die Mutter die großzügige Mitgift von hunderttausend Franc – rund eineinhalb Millionen Euro in heutiger Währung – in bar vorgeschlagen.[4] Seine Familie wollte das Dreifache, obwohl sie wusste, dass Clémentine ein beträchtliches Vermögen von ihrem Großvater und ihrer Mutter erben würde, war sie doch nicht nur Barbe-Nicoles einziges Kind, sondern auch die einzige Erbin. Barbe-Nicole hatte im Gegenzug eine Apanage von weiteren Hunderttausend Franc pro Jahr angeboten, aber es schien, dass dies nicht reichen würde. In einem Augenblick der Frustration hatte sie bereits gegen die Unsitte protestiert, Mädchen »wie Kohlköpfe auf dem Markt« zu verkaufen.[5]

Doch wusste Barbe-Nicole natürlich, dass der damalige »Heiratsmarkt« - auch ohne unwürdiges Feilschen - das war, was das Wort besagt: ein Markt. Ihre eigene Hochzeit mit François war das Ergebnis ähnlicher Verhandlungen gewesen. Ihrer Cousine Jennie gestand Barbe-Nicole aber, dass ihr das Angst machte. »All dieses Hochzeitsgerede«, schrieb sie an Mademoiselle Gard, »macht mich seit einem Monat ganz wirr im Kopf, so sehr, dass ich nicht mehr schlafen kann.«[6] Das ganze Frühjahr über begleitete sie Clémentine auf ein Fest nach dem anderen, darauf wartend, dass das Mädchen einem möglichen Verehrer ins Auge stach. Für junge Frauen wie Clémentine ging es dabei um viel. Man erwartete von ihnen, dass sie gleich im ersten Jahr nach Abschluss der Schule einen Ehemann fanden - insbesondere, wenn sie Erbin eines großen Champagnervermögens waren. Alles andere wäre peinlich gewesen. Clémentine aber schien auf keiner der Partys Glück zu haben.

Doch dann, eines Abends, eröffnete sich Barbe-Nicole ziemlich unerwartet eine neue Perspektive. Er saß in ihrem Salon. Für einen jungen Mann seiner Herkunft verfügte er nur über bescheidene Mittel, und wenig begüterte Männer waren im eindrucksvollen Domizil der Clicquots nur selten anzutreffen. Doch handelte es sich bei ihm nicht um einen gewöhnlichen jungen Mann. Sein Name war Louis Marie-Joseph Chevigné - Graf von Chevigné. Vater Nicolas wurde ganz schwindlig ob dieser Aussicht.

Seit all den längst vergangenen Jahren vor der Revolution hatte er von Macht und vom Adelsrang geträumt. Nun, da das Kaiserreich Napoleons ebenfalls der Vergangenheit angehörte, hatte er mit Erleichterung zur Kenntnis genommen, dass König Louis XVIII. seinen Titel - Baron Ponsardin - bestätigt hatte.[7] Ein Baron war jedoch nichts im Vergleich zu einem Grafen, und Nicolas fasste - wie der Rest der weitverzweigten Familie Clicquot-Ponsardin - sofort Zuneigung zu diesem vierundzwanzig Jahre alten Adligen mit dem wehenden schwarzen Haar und der ausgeprägten Männlichkeit.

Auch Barbe-Nicole fand Gefallen an ihm, möglicherweise sogar ein wenig zu viel. Louis de Chevigné wusste sicherlich, dass er Clémentine nur heiraten konnte, wenn er ihrer Mutter den Hof machte. Zumindest in einer Variante der Familiengeschichte ist vermerkt, Barbe-Nicole sei »verknallt« gewesen.[8] Briefe seiner Freunde zeigen, dass Louis bei der ganzen Sache durchaus seinen Vorteil im Blick hatte. Er wollte Clémentine heiraten, weil er auf die damit verbundenen Reichtümer aus war: »jetzt ein leichtes Leben und in Zukunft ein opulentes«, wie es einer seiner Freunde auf den Punkt brachte.[9] Die ihn kannten, werden schwerlich geglaubt haben, dass er jemals einen treuen, zuverlässigen Ehemann abgeben werde. Aber er war charmant. So charmant, dass andere Dinge kaum zählten, sowohl für die schrecklich junge Clémentine als auch für die bekanntermaßen eigensinnige Barbe-Nicole - eine Frau, die immerhin weitaus wohlhabendere Anwärter abgelehnt hatte, bevor dieser mittellose junge Graf nach Reims gekommen war.

Vielleicht war es die tragische Lebensgeschichte von Louis, die Barbe-Nicole so anziehend fand. Sie erinnerte sie an ihre Kindheit während der Revolution und an deren

Schrecken, denen sie alle möglicherweise zum Opfer gefallen wären, hätte ihr Vater nicht so ein feines politisches Gespür gehabt. Während die Unternehmerfamilie Ponsardin die Revolution nicht nur überlebt, sondern sogar davon profitiert hatte, war Louis' Familie zerstört worden. 1793, im Jahr der gewaltsamsten Säuberungen, hatten seine Eltern für den republikanischen Pöbel nur Verachtung übrig gehabt. Sie lebten in privilegierten Umständen von unvorstellbarer Großartigkeit. Louis' wunderschöne Mutter schlug sich ihre Nächte auf den Bällen Marie-Antoinettes und im Theater von Versailles um die Ohren.[10] Sein Vater, der Graf, verbrachte seine Tage damit, »in den Kutschen Louis' XVI. durch die Gegend zu fahren und ... Seine Majestät auf die Jagd zu begleiten«. Sie waren geboren, um Frankreich zu regieren und ihren König zu schützen. Der Vater schloss sich den royalistischen Truppen an, die den demokratischen Aufstand niederzuschlagen versuchten, und wusste nicht, dass seine Gattin - wie so viele andere adlige Herren und Damen in diesem Jahr des rasenden *terreur* - ihre letzten Tage halb verhungert und brutal misshandelt in einem schmutzigen Kerker zubringen würde.

Louis war erst ein paar Monate alt, als der Haftbefehl vollstreckt wurde. In jenen Tagen geschah das plötzlich, willkürlich und gewaltsam. Mit einem Mal standen Revolutionäre vor der Haustür, zerrten ihre Opfer auf Heuwagen und zogen sie durch die Straßen, wo sie verhöhnt wurden, wenn ihnen nicht noch viel Schlimmeres widerfuhr. Eine Engländerin, die Zeugin solcher Verhaftungen wurde, war entsetzt. »Es war nicht ungewöhnlich«, schrieb sie, »dass sich ein Haftbefehl auf die Festnahme des ›Bürgers So-und-so und aller Personen, die sich in seinem Haus befinden‹ bezog.[11] Die Enkelin [eines Adligen] wurde in der Nacht verhaftet und, obwohl es in Strömen goss, auf einen offenen Wagen gesetzt, ohne Rücksicht auf ihr Alter, ihr Geschlecht oder ihre Gebrechlichkeit; nachdem sie unterwegs in verschiedenen Gefängnissen auf Stroh geschlafen hatte, wurde sie hierher gebracht, wo unsere heilige Mutter Guillotine am Werk ist. In diesen drei Tagen hat sie elf Priester rasiert, einen *ci-devant* [vormaligen] Adligen, eine Nonne, einen General und einen hochaufgeschossenen Engländer, sechs Fuß groß: da dieser einen Kopf zu groß war, haben wir ihn um einen kürzer gemacht!«

Als sie Louis' Mutter und deren Schwester, die Gräfin de Marmande, holten, nahmen sie alle fünf Kinder – Louis und seine vier älteren Schwestern – gleich mit ins Gefängnis, wo sie auf den Prozess wegen Hochverrats und die sich meist unvermeidlich anschließende Hinrichtung in aller Öffentlichkeit warten sollten.[12] Doch bevor sie der Guillotine, die in diesem Jahr der Raserei als Instrument der Vernunft und Gerechtigkeit gefeiert wurde, zum Opfer fallen konnten, starben Mutter, Tante und drei von Louis' Schwestern an den verheerenden Seuchen, die sich in den verdreckten Kerkerzellen ausbreiteten. In den letzten Stunden ihres Lebens traf seine Mutter eine Entscheidung, die ihr schier das Herz zerrissen haben muss. Sie bat eine Frau, die zufällig vorbeikam, sich um ihre beiden überlebenden Kinder zu kümmern – den kleinen Louis und seine neun Jahre alte Schwester Marie-Pélagie. Vielleicht hoffte sie, sie würden wieder zu ihrem Vater kommen. Doch auch er sollte sterben, noch ehe der Sommer um war, und die Kinder blieben als Waisen zurück, abhängig von der Barmherzigkeit Fremder. Glücklicherweise nahmen sich in aller Stille zwei wohlhabende Frauen in Nantes ihrer an. Madame Andigné adoptierte Marie-Pélagie, und Madame de Rouillon kümmerte sich um den kleinen Louis, der nun Erbe des abgeschafften Grafentitels war und – falls man ihn entdeckte – in großer Gefahr schwebte: jedenfalls so lange, bis irgendwer aus seiner Familie, der Guillotine entronnen, ihn wieder holen kam.

Am Ende gelangten Louis und Marie-Pélagie sowie ihr Onkel, der Graf von Chaffault, lebend durch diese gefährlichen Jahre. Marie-Pélagie wurde als junge Frau verheiratet und hieß seither Madame Urvoy de Saint-Bedan, während Louis, der sich nun in der Obhut seines Onkels befand, mit dreizehn auf ein kaiserliches Internat in Nantes geschickt wurde, wo er sich zum Offizier bei der kaiserlichen Leibwache ausbilden ließ. Er diente zwar Napoleon, war aber in seinem Innersten Royalist. In den letzten Tagen des Kaiserreichs, als Napoleon aus dem Exil zurückkehrte, um bei Waterloo seine letzte Schlacht zu schlagen, kämpfte der zweiundzwanzigjährige Louis für die Restauration und die Rückkehr der Bourbonenkönige. Zur Belohnung gab Louis XVIII. dem jungen Grafen all seine Titel zurück. Das Familienvermögen jedoch konnte niemand wiederherstellen. Louis, ein enteigneter junger Mann mit dem nicht gerade fürstlichen, aber auch nicht an der Armutsgrenze liegenden Jahreseinkommen von rund achttausend Franc (etwa hundertzwanzigtausend Euro in heutiger Währung), zog sich auf ein kleines Anwesen seines Onkels in Boursault zurück, einem Bergdorf am südlichen Ufer der Marne, mitten im Herzen der Champagne.

Nun fand sich Louis im Salon einer der reichsten Familien von Reims wieder und hielt um die Hand der einzigen Tochter des Hauses an. Mit ihren fast vierzig Jahren träumte Barbe-Nicole genauso von Macht und Beziehungen zum Adel, wie ihr Vater Nicolas es von jeher getan hatte. Paradoxerweise dachte diese stets auf ihre Unabhängigkeit bedachte Frau niemals daran, dass ihre Tochter möglicherweise in ihre Fußstapfen treten könnte. Es kam nicht infrage, dass Clémentine unverheiratet blieb und die Leitung dieses weiblichen Geschäftsimperiums übernahm. Es kam nicht einmal infrage, dass Clémentine einen reichen Unternehmer heiratete, der sie in stiller Teilhaberschaft an der Seitenlinie zuhören ließ, wie Barbe-Nicole dies in den ersten Jahren ihrer Ehe mit François hatte tun dürfen - nicht jetzt, da die Chance bestand, eine Gräfin aus ihr zu machen oder sie an einen Mann mit dem magisch anziehenden Charisma Louis de Chevignés zu verheiraten. Doch Barbe-Nicole war nicht nur hingerissen von Louis' Charme. Wenn sie ihre Tochter zu einer Gräfin machte, wäre das auch gut fürs Geschäft. In den Boomjahren der Champagnerindustrie »war es eine raffinierte Marketingstrategie, sich Adelstitel zu verschaffen«, denn es mehrte Glanz und Attraktivität des Firmennamens - und die Gewinne in der Kasse.[13]

Die Eheschließung war in ihrem Kern ein Geschäftsabschluss, und dass Louis es schaffte, dabei besser abzuschneiden als die andere Seite, zeugt davon, wie sehr sich Barbe-Nicole selbst zu dem Gatten ihrer Tochter hingezogen fühlte. Sie hatte sich geweigert, von der Mitgift von hunderttausend Franc abzurücken, um Clémentine an einen Mann mit großem Vermögen zu verheiraten. Der besitzlose Louis klagte zwar öffentlich über diesen Betrag - doch in den eigenen vier Wänden wusste er, dass »eine Mutter mit nur einer einzigen Tochter um der Liebe willen mehr tun wird, als sie auf dem Papier versprochen hat«.[14] In den Briefen, die Louis während der Verhandlungen mit seinen Freunden wechselte, zweifelte niemand daran: Je mehr Barbe-Nicole von Louis zu sehen bekäme, »desto weniger wird sie ihm verweigern können«.[15]

Sie hatten recht. Zunächst hatte Barbe-Nicole sich gegen Verhandlungen gesperrt. Auch soll die schüchterne

Clémentine, die die Parade der Bewerber möglicherweise satthatte, einmal damit gedroht haben, auf Dauer in ihr Pariser Kloster zurückzukehren.[16] Barbe-Nicole aber konnte einfach nicht Nein sagen zu diesem die Sinne verwirrenden jungen Grafen. Beim letzten Mal hatte sie noch wütend verlauten lassen, jeder Betrag von mehr als hunderttausend Franc würde ihren – ausgesprochen komfortablen – Lebensstil gefährden. »Ich werde mich nicht arm machen«, schrieb sie an eine ihrer Cousinen, »es wäre zu schmerzlich, die eigenen Kinder anbetteln zu müssen.«[17] Jetzt bot sie Louis zweihunderttausend und eine jährliche Apanage von weiteren zwanzigtausend Franc – plus freies Wohnen des jungen Paares im Familienanwesen an der rue de l'Hôpital auf Jahre hinaus.[18] Es wurde natürlich erwartet, dass die beiden im Haus der Familie Wohnung nehmen würden. Und Louis wusste: Wenn Barbe-Nicole starb, würde es noch mehr Geld geben. Einer seiner Freunde erinnerte ihn ziemlich abgebrüht, dass es sich lohne, »den Rest der Erbschaft abzuwarten – es dürfte nicht allzu lange dauern«.[19]

Im Juli wurde die Verlobung formell verkündet, und schon bald wurden Pläne gemacht für eine glanzvolle Hochzeit in der nahe gelegenen Kathedrale. In den elegant gestalteten Einladungen, von denen sich einige in den Genealogien der Familie Clicquot bis heute erhalten haben, teilte Barbe-Nicole mit, die Eheschließung sei für den 10. September in Reims anberaumt.[20] Wie es sich für Monsieur le Comte geziemte, beklagte Louis sich sogleich, dass Clémentines Kleider nicht raffiniert und prachtvoll genug seien, um auf seine adligen Freunde Eindruck zu machen – und schon hatte Barbe-Nicole ihrem künftigen Schwiegersohn die Entscheidung über Clémentines Hochzeitskleid überlassen, mitsamt dem dafür vorgesehenen Budget. Viele der Spitzen und Seidenwaren gab ihre Cousine in Paris in Auftrag, und Barbe-Nicole kapitulierte und beschränkte sich aufs Bezahlen. »Was die Brautausstattung betrifft, vereinbare mit Monsieur de Chevigné, was Du für richtig hältst«, schrieb sie. »Ich kenne mich in diesen Dingen nicht aus und weiß nur, dass es meistens hinausgeworfenes Geld ist.«[21]

Doch dann, als die Hochzeitsvorbereitungen gerade ihrem Höhepunkt zustrebten, kamen schreckliche Nachrichten. Im August, nur ein paar Wochen vor der Zeremonie, wurde Barbe-Nicoles Bruder Jean-Baptiste tot aufgefunden; woran er gestorben war, wurde nie offiziell bekannt. Ein rauschendes Hochzeitsfest, wie Louis de Chevigné es so eifrig plante, kam jetzt natürlich nicht mehr infrage. Die gesamte Familie war in Trauer, und die Konvention verlangte, dass man in den folgenden Monaten respektvoll Zurückhaltung und Ernst an den Tag legte. Es wurde also nicht das große gesellschaftliche Ereignis der Saison, vielmehr heiratete Clémentine - wie ihre Mutter vor ihr - im Rahmen eines stillen familiären Gottesdienstes.

Obwohl sie sich niemals gewünscht hätte, dass ihrem Onkel oder ihrer Tante Thérèse etwas so Schreckliches zustoßen würde, muss Clémentine insgeheim erleichtert gewesen sein, den Zwängen eines gesellschaftlichen Großereignisses zu entgehen. Sie war ein durchaus hübsches Mädchen, doch hatten die Klosterschule und eine dominante Mutter aus ihr eine gehorsame und spröde Jungfer gemacht, die stets ängstlich darauf achtete, sich richtig zu benehmen. Ihr frisch angetrauter Ehemann hingegen war auf natürliche Weise kultiviert und soigniert - und sehr darauf bedacht, dass seine Frau dieselbe Ausstrahlung hatte.

Auch auf sexuelle Dinge wird die Klosterschule Clémentine nicht vorbereitet haben, während Louis fraglos von der lüsternen Sorte war. Es ist schwer, nicht mit der armen Clémentine zu fühlen. Nach der Hochzeitsnacht empfand das Mädchen tiefe Scham. Erst Wochen später konnte Barbe-Nicole vermelden, dass »Clémentine ihrem Ehemann gegenüber keine Schüchternheit mehr an den Tag legt, sondern ihn inzwischen duzt (*tutoies*)«.[22] Dass Clémentine ihre Ehe mit der förmlichen französischen Anrede begann und nicht mit dem vertrauten *tu*, ist trauriger Beweis dafür, wie wenig Einfluss sie auf die Wahl ihres Gatten gehabt hatte und wie wenig Erfahrung mit Männern allgemein. Barbe-Nicole, die durch ihre eigene Ehe und ihren jahrelangen harten Kampf in der Geschäftswelt pragmatisch geworden war, verzehrte sich nicht gerade vor Sorge.

Wie viel mehr hätte Clémentine sich im ersten Jahr ihrer Ehe geschämt, hätte sie von den Briefen gewusst, die Louis bald schon schrieb und empfing. Sein selbstgefälliger, draufgängerischer Charme war, diesen Briefen nach zu urteilen, eher von der rüpelhaften als von der einnehmenden Sorte. Aber wie dem auch gewesen sein mag, Clémentine wurde gleich schwanger, und es dauerte nicht lange, bis Louis' Freund Richard Castel Anzüglichkeiten über das »hübsche ›Weizenscheffel‹« der Gräfin und Louis' Eroberungen im Schlafzimmer vom Stapel ließ.[23] Doch das war nichts im Vergleich zu dem, was noch kommen sollte. Diese plumpen Anspielungen auf das Intimleben des jungen Paares waren nur ein Vorspiel zu den gewagten erotischen Erzählungen, die Louis in den folgenden Jahren veröffentlichen sollte. Vielleicht sammelte er bereits Material dafür. Ein Besucher, der Louis in Reims begegnete, hielt jedenfalls rückblickend fest: »Der Comte de Chevigné, der seine [erotischen] Fabeln noch nicht geschrieben hatte, war wohl noch damit beschäftigt, sie zu leben.«[24]

Clémentine und Louis hatten auf dem Höhepunkt der Erntesaison geheiratet, und die ersten vierzehn Tage der Flitterwochen verbrachten die drei – das frisch vermählte Paar und Barbe-Nicole – gemeinsam auf dem Familiengut in Bouzy, wo sie bei der *vendange* zusehen und den kleinen Kelterraum betreten konnten, in dem Barbe-Nicole Jahre zuvor erstmals in einige Geheimnisse der Weinherstellung eingeweiht worden war. Hier zog Barbe-Nicole endlich eine Grenze. Louis hatte geglaubt, sich am Champagnergeschäft beteiligen zu können, und damit begonnen, ihre Weinberge zu inspizieren und die Winzer auszufragen. Doch so sehr Barbe-Nicole ihren Schwiegersohn verehrte, so sehr sie auch bereit war, ihm all seine Launen zu verzeihen, sogar die kostspieligen, die Firma wollte sie ihm nicht überlassen. Am Anfang war dies das einzige Spannungsfeld zwischen ihnen. Doch schon bald sollten weitere hinzukommen.

Dabei ging es stets ums Geld. Denn Louis, so war zu hören, war nicht nur Frauenheld, sondern auch Spieler, und in jenen Tagen spielten Männer von Welt um erschreckend hohe Beträge. In London verlor sogar eine Frau, die Gräfin von Devonshire – eine Vorfahrin Prinzessin Dianas – Millionen an den Pharo-Tischen, sodass ihr Ehemann gezwungen war, eine Hypothek auf den seit Generationen unangetasteten Familienbesitz aufzunehmen.[25] Selbst das profane Sandwich war ein Ausdruck dieser Leidenschaft.[26] Es wurde erfunden, als Lord Sandwich, der entschlossen war, sich in einer »Spielhölle«, wie diese Räumlichkeiten damals hießen, selbst in den Ruin zu treiben, sich weigerte, das Spiel fürs Abendessen zu unterbrechen. Die Bediensteten brachten ihm stattdessen ein Stück Fleisch, das zwischen zwei Scheiben Brot geklemmt war. Es ist die Ansicht vertreten worden, das Glücksspiel sei »ein Protest gegen die bürgerliche und kapitalistische Moderne« gewesen.[27] Demnach wäre Louis' Rebellion ein Teil seines Insistierens auf seiner aristokratischen Identität gewesen – einer Identität, die durch seine Ehe mit einer Erbin aus der Mittelschicht an Kontur verloren hatte. Dummerweise fand die pragmatische und eiserne Barbe-Nicole ausgerechnet Männer aufregend und anziehend, die sich in Risiken stürzten. Vielleicht stammte diese Neigung aus ihrer Kindheit, als die Familiengeheimnisse der Ponsardins und die politischen Ambitionen ihres Vaters für eine erregende Atmosphäre der Gefahr gesorgt hatten.

Schon bald wünschte Louis ein repräsentatives Haus für seine gesellschaftlichen Veranstaltungen und seine Ausflüge nach Paris. Das Paar wohnte noch immer bei Barbe-Nicole, aber nachdem im Herbst 1818 Clémentines Baby, ein Mädchen namens Marie-Clémentine, zur Welt gekommen war, verbrachte die junge Familie die Wintermonate in einem neuen Haus in der Hauptstadt. Barbe-Nicole, die seit ihren Kindertagen nicht mehr in Paris gewesen war, begleitete sie jetzt manchmal. Nach diesem Pariser Domizil kaufte sie, außerstande, diesem Schwiegersohn auch nur eine seiner kostspieligen Grillen zu verweigern, ein Landhaus an der Marne, ganz in der Nähe des Grundstücks seines Onkels gelegen – ein kleines Château oben auf einer Felsnase in Boursault, wo Louis ausschweifende abendliche Partys feierte und von neuen, teuren Renovierungs- und Erweiterungsplänen träumte.

Heute sind Barbe-Nicoles Besitzungen in Boursault für die Öffentlichkeit nicht zugänglich, doch können Besucher des an einem Berghang gelegenen Städtchens zumindest einen Blick auf das ursprüngliche Haus erhaschen, wenn sie das kleine Weingut besuchen, das die Besitzer unterhalb desselben betreiben. Der Champagner des Château de Boursault wird niemanden in Ekstase versetzen – wobei das kleine Restaurant gleich gegenüber der Dorfkirche, die einzige Attraktion im Ort, allerdings ein noch unentdecktes Juwel der französischen Landküche nach Hausmacherart ist. Der Schaumwein aus Boursault ist immerhin einer der wenigen Weine in der Region, die noch zu hundert Prozent aus einer einzigen Lage stammen, und es ist ein schöner Gedanke, dass er aus Trauben gewonnen wird, deren Reben Barbe-Nicole einst gehegt und gepflegt hat. Umgeben von einschüchternd hohen Steinmauern ist das Haus ein imposanter grauer Klotz mit anheimelnden Rundtürmchen und einem großen gekiesten Vorplatz. Dahinter erstrecken sich mehrere Hektar idyllischer Gärten. Für Barbe-Nicole hatte das Château den unschlagbaren Vorzug, inmitten der Weinberge der Familie Moët zu liegen. Hier eröffnete sich endlich eine Möglichkeit, Jean-Rémy seine Grenzen aufzuzeigen. Und zwar im Wortsinne.

Barbe-Nicole, die in diesem aristokratischen Lebensstil aufging und voller Stolz auf ihre so angesehene Familie blickte – nun, da ihr Vater Bürgermeister von Reims und ihre Tochter eine Gräfin war –, bedauerte die Ausgaben nicht wirklich. Doch obwohl das Unternehmen jährlich Champagner im Wert von umgerechnet rund neun Millionen Euro verkaufte, hatte sie ihre finanzielle Sicherheit zum Teil aufgegeben, um Louis seine extravagante Mitgift zu ermöglichen. Louis seinerseits hatte stets vorgehabt, mehr zu verlangen. Es überrascht deshalb nicht, dass Barbe-Nicole in diesen ersten Jahren der Ehe ihrer Tochter mit dem Gedanken zu spielen begann, die Firma jemand anderem zu übertragen – jemandem, dem sie zutrauen konnte, dieser Aufgabe gewachsen zu sein.

Mit einem Mal schien es sogar dringlich, sich derlei Gedanken über die Zukunft zu machen. Philippe Clicquot, der Barbe-Nicole seit den ersten Tagen ihres Unternehmertums unterstützt hatte, starb Ende 1819 zu Hause bei der Familie in der rue de la Vache.[28] Fast genau ein Jahr später verschied im Alter von dreiundsiebzig Jahren, nach langer, qualvoller Krankheit, auch ihr Vater Nicolas.[29] Damit hatte sie auch zwei ihrer engsten Berater verloren, Männer, auf die sie sich stets hatte verlassen können. Eine feierliche Prozession aus Würdenträgern der Stadt und Angehörigen der Garde Nationale begleitete den Sarg des Vaters zu seiner letzten Ruhestätte, und in bemerkenswerter Offenheit würdigte man ihn als einen Mann, der »in seinen Überzeugungen anpassungsfähig und pragmatisch gewesen war ..., von großer Intelligenz und mit Gespür für Autorität und Macht«.[30] Er war jedoch auch aufrichtig, ehrenhaft und, wie es einer seiner Biografen formulierte, »geschickt im Umgang mit seinen Bekannten« gewesen.[31]

Barbe-Nicole erbte somit unerwartet das Familienanwesen rund um das Hôtel Ponsardin. Eigentlich hätte es Jean-Baptiste als dem einzigen Sohn zufallen sollen. Aber Jean-Baptiste war tot. Mit dem Ableben des Vaters war es deshalb auf sie zugekommen – samt den sozialen Verpflichtungen, die mit dem Besitz einer der vornehmsten Immobilien der Stadt einhergingen.

Eines Tages würde auch dieses Anwesen Louis und Clémentine gehören, zusammen mit Barbe-Nicoles Heim an der rue de l'Hôpital, den Landhäusern in Oger und Bouzy, dem Domizil in Paris und dem Schloss oberhalb von Boursault. Doch 1821 lag Louis seiner Schwiegermutter mit dem Wunsch nach einem eigenen Landsitz in den Ohren, auf dem er seinen vornehmen Hobbys, der Gärtnerei und der Botanik, nachgehen wollte. Barbe-Nicole gab schließlich nach und erwarb ein weiteres großes Grundstück nördlich von Reims, in Villiers-en-Prayères. Zu dieser Zeit war sie sich schon im Klaren darüber, was mit der Firma geschehen sollte: Sie war fest entschlossen, Clémentine und Louis so weit wie möglich davon fernzuhalten.

Louis Bohne wäre der naheliegende Kandidat gewesen, die Firma zu führen, wenn sie zu alt dafür sein würde. Gemeinsam hatten sie Veuve Clicquot Ponsardin & Cie. zu einem weltweit bekannten Unternehmen gemacht, und einen Teil ihres sagenhaften Reichtums verdankte sie ihm und dem ausgeprägten Geschäftssinn, den er als Handelsvertreter bewiesen hatte. Sie wusste, dass er sich über die Nachfolgefrage ebenso leidenschaftlich Gedanken machte wie sie selbst. Doch musste sie im Winter 1821 die Nachricht von seinem plötzlichen Tod verkraften. Nach all den Jahren, in denen er quer durch den vom Krieg zerrissenen Kontinent gereist war, nach all den Gefahren, mit denen er in Russland auf dem Höhepunkt des Konflikts als vermeintlicher Spion zu kämpfen gehabt hatte, war er einen Tod von absurder Banalität gestorben: Er war von einer vereisten Brücke gestürzt.[32]

Also wandte sie sich einem anderen ihrer Angestellten zu, einem schnell sprechenden Träumer namens Georg Christian von Kessler. Er war während der mageren Jahre vor dem Triumph in Russland einer ihrer Handelsvertreter gewesen und fungierte seit 1815 als eine Art Juniorpartner der Geschäftsführung. Im Dezember schockierte Barbe-Nicole ihr Personal und ihre Familie mit der Ankündigung, sich in drei Jahren – also mit Anfang vierzig – zurückziehen und »Georges« das gesamte Unternehmen als Geschenk übertragen zu wollen.[33]

Eine so außergewöhnliche Entscheidung wirft natürlich die Frage auf, ob Barbe-Nicoles Beziehung zu Georg von Kessler mehr als nur geschäftlicher Natur war. Für die Richtigkeit dieser Vermutung gibt es aber keine konkreten

Anhaltspunkte. In diesem neuen Zeitalter der braven Hausfrau und guten Mutter konnte es sie wohl auch kaum geben, doch ist es andererseits schwer vorstellbar, dass Barbe-Nicole mit siebenundzwanzig Jahren jeden Gedanken an Sex und Intimität aufgegeben haben sollte. Zudem war Kessler kurz zuvor Witwer geworden, und Trauer sorgt nicht selten dafür, dass Menschen zueinanderfinden. Aber vielleicht ist es noch einfacher. Barbe-Nicole wurde eine Schwäche für hübsche junge Männer nachgesagt, und wer wollte ihr die aus heutiger Sicht verdenken? Reiche Männer haben oft ein Leben lang ihre Sekretärinnen verführt, und Barbe-Nicole war den Männern gegenüber, die sie bewunderte, zumindest hartnäckig loyal.

Doch gleich das ganze Familienunternehmen wegzugeben war etwas anderes, als eine Beförderung auszusprechen. Fast genauso unglaublich ist die Vorstellung, dass Barbe-Nicole ausgerechnet in diesem Augenblick an Rückzug dachte. Zu Beginn des Jahrhunderts, als sie und François erstmals mit der kommerziellen Herstellung von Schaumwein experimentierten, gab es zehn Champagnerhäuser.[34] Im Jahr 1821 waren es - vor allem dank ihrer und ihrer Konkurrenten Erfolge - mehr als fünfzig, die alle verzweifelt bemüht waren, genügend Wein zu produzieren, um die sagenhafte Nachfrage nach diesem neuen Luxusprodukt zu befriedigen. Schon gab es Anzeichen, dass ein neuer riesiger Markt Gefallen an Champagner zu finden begann. In den 1820er-Jahren verlangte es die Amerikaner mehr und mehr nach dem perlenden Getränk. Die Perspektiven, die sich daraus ergaben, hat Charles Heidsieck so formuliert: »Es gibt kein Land, in dem man so leicht ein Vermögen verdienen kann, indem man ein Produkt liefert, das den Leuten gefällt und gut zu verkaufen ist.«[35]

Gewiss, Barbe-Nicole hatte ihr Vermögen bereits gemacht, aber der Druck, der mit der Aufgabe verbunden war, ein immer komplexer und anspruchsvoller werdendes Geschäft zu führen, war nicht zu leugnen. Trauer und Niedergeschlagenheit - sowie emotionale Verwicklungen, wenn man den Gerüchten glaubt - machten es ihr noch schwieriger. Jedenfalls rang sie mit sich, wie ihre Zukunft aussehen sollte. Sie hatte große persönliche Verluste erlitten, die allein schon genügt hätten, jemanden ins Wanken zu bringen. Doch bald schon revidierte sie ihre vorschnelle Entscheidung. Im Sommer 1822, nicht einmal ein Jahr nach der Ankündigung ihres Rückzugs, widerrief Barbe-Nicole von einem Tag auf den anderen ihr Versprechen, Kessler die Firma zu überlassen. In den Geschäftskreisen von Reims sorgte das für weiteren Gesprächsstoff. Die Klatschgeschichten machten - vielleicht nicht ohne Grund - darauf aufmerksam, dass ein neuer junger Mann als Buchhalter in die Firma Veuve Clicquot eingetreten war. Es handelte sich um einen gut aussehenden zwanzigjährigen Deutschen namens Eduard Mathias Werle, der sich bald schon, französisiert, Édouard Werlé nennen sollte.[36]

In seinem bereits erwähnten Buch *The Champagne Country* (1867) hat Richard Tomes die Geschichte treffend so zusammengefasst: »Werle ... kam als armer Junge aus dem Herzogtum Nassau nach Reims. Nachdem ihn die Witwe Clicquot zunächst als einen Burschen für alle möglichen Arbeiten beschäftigt und nur mit ein paar Francs pro Woche entlohnt hatte, bescherte ihm seine Anstelligkeit einen raschen Aufstieg. Gerüchten zufolge sollen die blauen Augen, das rötliche Gesicht und die breiten Schultern des jungen Mannes der bislang untröstlichen Witwe gefallen, ihre Wertschätzung seiner moralischen und geistigen

Qualitäten im Kontor noch gesteigert und seinem Vorankommen einen unwiderstehlichen Schub versetzt haben.«[37] Schon nach kurzer Zeit war er ihr ständiger Begleiter im Keller, ja sie hatte ihm die Verantwortung für die riesigen Weinberge und die Auswahl der Weine übertragen. Eines Tages würde sie ihn zu ihrem Nachfolger machen. Doch einstweilen hatte sie neue Energie getankt und jeden Gedanken an baldigen Rückzug aufgegeben.

Wir können nur spekulieren, was Georg von Kessler angesichts dieser Schicksalswendung und der in Reims kursierenden Gerüchte über Barbe-Nicole und ihr Faible für diesen kräftigen jungen Mann empfand. Wenn man bedenkt, dass er mit der neuen Entwicklung das Geschenk eines großen internationalen Unternehmens verloren hatte, kann man sich vorstellen, dass er geknickt war. Doch er hat natürlich nicht gekündigt. Vielmehr ermunterte er, gemeinsam mit Louis de Chevigné, Barbe-Nicole immer wieder, in neue Richtungen zu expandieren. Möglicherweise war den beiden Männern längst klar, dass die Champagnerfirma an Édouard Werlé gehen würde. Vielleicht hatte von Kessler die Idee, einen anderen Geschäftszweig aufzubauen, und Barbe-Nicole glaubte, er sei anderswo als in ihren Kellern besser aufgehoben. Vielleicht dachte sie sogar, damit für ihn nur sein Bestes zu wollen. Wie auch immer, im Sommer 1822 verlegte sich Barbe-Nicole auf zwei neue Geschäftsfelder. Sie kehrte zur Textilindustrie zurück, die die Familien Ponsardin und Clicquot reich gemacht hatte. Und sie eröffnete das Bankhaus Veuve Clicquot Ponsardin & Cie. Es sollte sich als die verheerendste unternehmerische Entscheidung ihres Lebens erweisen.

Der Flirt mit der Katastrophe

Es war ein ungünstiger Augenblick, in dem Barbe-Nicole diese wichtigen Entscheidungen traf. Durch den Tod ihres Vaters und das unerwartete Ableben Louis Bohnes hatte sie Orientierung und festen Halt verloren. Vielleicht hatte sie sich auch, nach fast zehn Jahren fabelhafter Erfolge, in dem gefährlichen Glauben eingerichtet, dass nichts mehr ernstlich schiefgehen könne. In ihrem Bestreben, der Zukunft eine Richtung zu geben, machte sie zunächst, im Sommer 1822, Werlé zu ihrem Kellermeister. Antoine Müller verließ zu diesem Zeitpunkt die Firma, und Barbe-Nicole war entschlossen, die frei werdende Stelle Édouard zu übertragen – ungeachtet der Tatsache, dass dieser junge Angestellte, der Sohn eines Postmeisters, erst ein Jahr bei ihr beschäftigt war und auf dem Gebiet der Champagnerherstellung so gut wie keine Erfahrung hatte.

Barbe-Nicole ging in diesem Sommer zudem auf große Einkaufstour. Dank ihrer Verfeinerung des *remuage*-Verfahrens konnte das Champagnerhaus Veuve Clicquot Ponsardin effizient produzieren, und so war es gelungen, aus einem kleinen familiären Nebenerwerb ein dynamisches Produktionsunternehmen zu machen. Mit der Einstellung Kesslers war Barbe-Nicole sogar auf dem Weg zur Managementrevolution vorangegangen, was ihre Gewinne in die Höhe getrieben, aber auch das Ende der alten Tradition der familiengeführten Firmen, vor allem der Tradition der Familienunternehmerin, beschleunigt hatte. Ergebnis all dessen war, dass Barbe-Nicole zu den reichsten

Industriellen in der Champagne – und zu den reichsten Mittelschichtfrauen in ganz Frankreich – gehörte.

In erster Linie war sie daran interessiert, Grundbesitz zu kaufen. Das Haus an der rue de l'Hôpital, das sie und François geerbt hatten, war ein großzügiges Bürgerhaus, das sicher geräumig und elegant genug war für die kleine Familie, die es bewohnte: für Clémentine, Louis und Töchterchen Marie-Clémentine. Die meisten Winter verbrachten der Graf und die Gräfin von Chevigné – wie Louis und Clémentine sich nennen durften – ohnehin in Paris, während es sie im Sommer auf das türmchenbewehrte Château in Boursault oder jedenfalls auf die Ländereien in Villiers-en-Prayères zog. Barbe-Nicole plante daher, im Familienanwesen die Geschäftsräume des frisch gegründeten Bankhauses Veuve Clicquot Ponsardin & Cie. unterzubringen. Sie selbst wollte fortan in dem palastartigen Haus wohnen, das in Reims unter dem Namen Hôtel le Vergeur bekannt war, einem weitläufigen Bauwerk mit drei Giebeln und Fachwerkfassade. Im Innern war dieses Haus ein karnevaleskes Wunderwerk, das an die nahe gelegene große Kathedrale erinnerte. In einem Raum war die Decke mit aus den Balken hervortretenden Schnitzereien verziert, die Köpfe mit fratzenhaften Gesichtern, Affen, ja sogar Drachen darstellten.[1] Der ursprüngliche Bau aus dem 14. Jahrhundert wurde während des Ersten Weltkriegs zerstört, das rekonstruierte Gebäude beherbergt heute ein lokalgeschichtliches Museum. Im Zuge ihres Plans zur Geschäftserweiterung fand Barbe-Nicole an der rue du Temple, nicht weit entfernt vom Haus ihrer Kindheit, auch neue Räumlichkeiten für das Weinunternehmen. Heute liegen in diesen Gebäuden, die diskret hinter Eisentoren und einem schattigen gekiesten Vorplatz versteckt sind, die Geschäftsräume des Weltunternehmens, das ihren Namen trägt.

Eines hat sich in der Geschäftswelt bis heute nicht geändert: Die häufigste Ursache dafür, dass solide Unternehmen zugrunde gehen, ist übermäßige Expansion.[2] Und Barbe-Nicole baute nicht nur ihr Unternehmen aus, sie betrat binnen eines Sommers sogar zwei neue Geschäftsfelder. Die Versuchung ist nur zu verständlich. Auch das moderne Bankwesen steckte zu Beginn der Industriellen Revolution noch in den Kinderschuhen, und jahrelang waren Barbe-Nicole und Louis Bohne gezwungen gewesen, komplizierte Kredite von Bankiers aus dem fernen Paris in Anspruch zu nehmen. Die Champagnerherstellung zwang alle großen Häuser, in den Kellern Unmengen an Kapital zu binden, mitunter für Jahre, und bis die Geschäftsbücher Zahlungen aus dem Ausland verbuchen konnten, dauerte es manchmal fast genauso lange.

Am wichtigsten aber war: Das Bankgeschäft stellte für das Unternehmen einen weiteren wichtigen Schritt in Richtung »vertikaler Integration« dar, eine Vorstellung, die den Kern von Barbe-Nicoles Produktionsmodell bildete. Immerhin spielten die Bankiers bereits eine zwar nachgeordnete, aber unverzichtbare Rolle im Produktionszyklus des Champagners.[3] Ohne Kredite war es mitunter unmöglich, genügend Geld für die Herstellung neuen Champagners aufzubringen, während die alten Bestände noch im Keller lagerten, und Barbe-Nicole hatte schon seit Jahren als ihr eigener Bankier fungiert. Zu ihren ersten Kunden hatten, ob willentlich oder nicht, ihre Angestellten gehört. Ein *voyageur* oder *commis voyageur* (Handelsreisender) war üblicherweise verpflichtet, seinem Arbeitgeber seine persönlichen Ersparnisse zu leihen, und zwar zu einem Zinssatz von fünf Prozent.[4] Das war Teil ihres Engagements für die Firma. Männer wie Bohne – Vorläufer des modernen Unternehmensmanagers – bekamen ein Gehalt und einen

Anteil am Unternehmensgewinn, aber sie mussten auch in die Firma investieren, bei deren Aufbau sie halfen. Eine Bank zu eröffnen, die auch den anderen Weinproduzenten in der Champagne zu Diensten sein konnte, war also eine logische Fortführung dieser Praxis. Jean-Rémy Moët begann schon 1819, seine Produktionskosten selbst zu finanzieren, und Barbe-Nicole war entschlossen, dem noch eins draufzusetzen.[5] Von nun an auch die Finanzierung des Handels mit Wein zu kontrollieren - vor allem, wenn sich daraus zusätzliche Gewinne ziehen ließen - schien der naheliegende nächste Schritt zu sein.

Die Entscheidung, das Textilgeschäft wieder aufzunehmen, dürfte noch einleuchtender gewesen sein. Schließlich wären die lukrativen Beteiligungen der Familie an der Stoffproduktion nach dem Tod des Vaters und des einzigen Bruders Barbe-Nicoles sonst einfach wertlos geworden. Dank der Mechanisierung der Textilindustrie und der Entstehung dessen, was William Blake die »dark satanic mills«, die »finsteren satanischen Mühlen«, genannt hat, ließ sich damit ein Haufen Geld verdienen.[6] Barbe-Nicole strotzte nur so vor Optimismus, und diese Zuversicht wurde durch Georg von Kesslers Begeisterung weiter genährt.

Zunächst hatte Barbe-Nicole also keinerlei Grund, an ihrem unternehmerischen Instinkt oder an der Sicherheit ihrer Zukunft zu zweifeln. Das Champagnergeschäft hatte sie ungeheuer reich gemacht, und sie zählte zu den berühmtesten Unternehmern und Unternehmerinnen ihrer Zeit. Ihr Haus war eines der prächtigsten in Reims - so prächtig, dass 1825, bei der Königskrönung von Charles X. in der Kathedrale von Reims, nach alter Tradition ein Mitglied der königlichen Familie bei ihr zu Gast war: Louis-Philippe, der Herzog von Orléans, ein Mann mit Sympathien für die Republik, der aber bald der letzte König von Frankreich werden sollte.[7]

Als die Bank eröffnete, liefen die Geschäfte zunächst blendend, die Einlagen flossen nur so ins Haus. Zusammen mit Georg als Partner und professionellem Manager begann Barbe-Nicole auch das Textilgeschäft auszubauen, indem sie neue Spinnereien in Deutschland erwarb und diese Zukäufe durch umfangreiche Kredite der Bank finanzierte. Wie es weiterging, ist bekannt. Kessler spielte schließlich weniger mit seinem als mit ihrem Geld, und schon bald gab es schlechte Investitionen. 1825, nach drei Jahren dieses finanziellen Abenteuers, war es Zeit, sich den Tatsachen zu stellen. Das Champagnergeschäft lief noch immer bestens, doch die Spinnereien fern der Stadt hatten schwer zu kämpfen. Bald belasteten die Verluste auch die Bank.

Wenn Barbe-Nicole jetzt bis spät in die Nacht über den Geschäftsbüchern saß und die Zahlen betrachtete, stellten sich hämmernde Kopfschmerzen ein. Auch Selbstzweifel müssen sie gequält haben. Binnen weniger Jahre war sie tief in die roten Zahlen gerutscht, die Verluste beliefen sich auf siebenhunderttausend Franc, also umgerechnet rund zehn Millionen Euro.[8] Sie zweifelte nicht an ihrem kaufmännischen Können. Hätten sich diese Spinnereien in Reims befunden, wo sie persönlich aufkreuzen und nach dem Rechten sehen konnte, so hätte sich die Sache vielleicht noch retten lassen. Aber sie waren weit entfernt, an Orten, wo sie sich auf andere Leute verlassen musste. Eine Frau, selbst eine schon etwas gesetztere Witwe, unternahm keine Reisen ohne einen männlichen Verwandten an ihrer Seite, und es gibt keinen Anhaltspunkt dafür, dass Barbe-Nicole je über Frankreichs Grenzen hinausgekommen ist. Die Tatsache, dass sie jahrzehntelang ein internationales Unternehmen führte und Märkte eroberte, die sie nie persönlich besuchte, macht ihre Geschichte nur umso erstaunlicher.

Nein, nicht an ihrem kaufmännischen Können, sondern an ihrer Urteilsfähigkeit in persönlichen Dingen musste Barbe-Nicole zweifeln. Solange sie ihr Herz aus den Geschäften heraushalten konnte, vermochte sie Charaktere hervorragend einzuschätzen. Doch sie hatte auch eine weiche, großzügige Seite, und die gewann manchmal die Oberhand. Das hatte sich schon im Falle Louis de Chevignés gezeigt. Es war schmerzvoll für sie, ihn zu enttäuschen, wenn er sich wieder etwas Extravagantes in den Kopf gesetzt hatte. Also enttäuschte sie ihn nicht. Jeder wusste, dass es im Geschäftlichen genauso war. Es gehörte zu ihrem Charme. Als man einen weinerlichen, schüchternen jungen Kerl schickte, um eine Ladung fehlerhafter und unbrauchbarer Glasflaschen abzuliefern, wusste jeder, dass Barbe-Nicole es nicht übers Herz bringen würde, sie zurückzuweisen.[9] Die Kisten wurden mit Sicherheit abgeladen. Natürlich wurden sie am nächsten Tag mit einem bösen Brief an den Hersteller zurückgeschickt, aber sie wollte auf keinen Fall, dass der Junge in Tränen ausbrach.

Irgendetwas an Georg und ihrer Beziehung zu ihm hatte sie gehindert, diese Investitionen mit dem nötigen kühlen Kopf zu tätigen. Sie sollte einen hohen Preis dafür zahlen. Ähnlich wie Louis de Chevigné hatte Georg eine Vorliebe dafür, ein Problem durch Geldausgeben zu lösen, und er und Barbe-Nicole hatten monatelang über die Investitionen gestritten. Édouard Werlé drängte sie, das finanzielle Ausbluten der Bank zu beenden, und Barbe-Nicole wusste, dass es Zeit für eine schmerzliche Entscheidung war. Im Frühjahr 1826 beschloss sie, dem schlechten Geld kein gutes mehr hinterherzuwerfen. Sie und Georg mussten getrennte Wege gehen. Noch eine Reihe anderer Dinge fanden in diesem Jahr ein Ende, dabei hatte es mit den finanziellen Verlusten erst begonnen ...

Die schlimmsten Verluste dieses Jahres waren jedoch persönlicher Art. In der Familie gab es einen weiteren Todesfall, diesmal unter schrecklichen Umständen. Das Bild verfolgte sie noch jahrelang: Ihr vierundzwanzigjähriger Neffe Adrien wurde im Mai von einem tollwütigen Hund angefallen und totgebissen, was die Familie in tiefe Trauer stürzte. Barbe-Nicoles Schwägerin war untröstlich. Innerhalb von zehn Jahren hatte die bedauernswerte Thérèse ihren Mann und ihr Kind verloren, und da sie keine weiteren Söhne hatte, war dies das Ende der Familienlinie Ponsardin.[10]

Die anderen Verluste wogen weit weniger schwer, waren deshalb aber nicht weniger real. Der von Barbe-Nicole verehrte Édouard heiratete im Sommer eine junge Frau namens Louise-Émilie Boisseau.[11] Die neue Madame Werlé war mit einer der führenden Persönlichkeiten bei Champagne Roederer, einem Konkurrenten der Firma, näher verwandt, und Édouard - der sich nicht schämte, die feineren Dinge im Leben vorzuziehen - hatte mit allen Instinkten eines gewieften Geschäftsmanns geheiratet. Barbe-Nicole hatte ihn bei der Arbeit beobachtet, wo er mit eiserner Hand über die Angestellten gebot, und sie konnte sich vorstellen, dass Louise-Émilie es nicht leicht mit ihm haben würde. Sollten Barbe-Nicole und Édouard, wie man sich in Reims erzählte, tatsächlich ein Verhältnis gehabt haben, wäre die Sache aber noch deutlich komplizierter gewesen ...

Und dann war da natürlich auch das Ende der Beziehung zu Kessler. Nach den monatelangen Streitigkeiten über geschäftliche Belange und Geld, nach der Entscheidung, sich zu trennen, war von der früheren warmherzigen Freundschaft nicht mehr viel übrig. Georg war jetzt mit der Tochter eines hohen Beamten in Deutschland verlobt, und so bestanden nur geringe Chancen, dass sie ihn jemals wiedersehen würde.[12] Bei der Auflösung ihrer Geschäftspartnerschaft war er damit einverstanden, die ausländischen Spinnereien zu übernehmen, und so verschwand er, um ein neues Leben zu beginnen. Ausgestattet mit etwas Familienkapital betrieb er die Textilfabriken und gründete schon bald seine eigene Schaumweinfirma – die im 19. Jahrhundert allenfalls mäßig erfolgreich war, heute aber Deutschlands älteste und renommierteste Sektkellerei ist.

In Reims blieb Barbe-Nicole noch die Bank. Es erwies sich jedoch, dass es schwieriger war, eine Bank zu schließen, als sie zu eröffnen. Daher bot Barbe-Nicole Édouard Werlé eine Beteiligung an den Firmengewinnen, wenn er im Gegenzug zumindest einen Teil der komplizierten Managementaufgaben übernahm. Sie leitete ja jetzt ein Großunternehmen – allein die Champagnerfirma hatte zu verschiedenen Zeiten des Jahres Hunderte von Beschäftigten.[13] Und während langsam die Liquidation der Bank begann, musste sich ihre Besitzerin noch mit anderen geschäftlichen Sorgen herumschlagen. Die Champagnerbranche veränderte sich so rasant, dass Barbe-Nicole ständig darum kämpfen musste, an der Spitze neuer Entwicklungen zu stehen und den Wettbewerbsvorsprung zu wahren, der sie zu einer der Großen in diesem Geschäft gemacht hatte.

Am irritierendsten waren die neu entstandenen Probleme mit Betrügern, die in Russland ihren Namen benutzten, um billigen Champagner zu Luxuspreisen zu verkaufen, und damit beschädigten, was das Geschäft am

Laufen hielt: ihren guten Ruf. Zum Teil war es der fast unverschämte Preis für eine Flasche Veuve Clicquot, der für die »Überlegenheit der Marke« sorgte, wie ein Enthusiast es genannt hat.[14] Barbe-Nicole war bekannt, was die Historikerin Kolleen Guy entdeckt hat: »Der Preis für Wein [aus der Champagne] hing im Wesentlichen vom Ruf des jeweiligen Herstellers ab; Wein, der Markenzeichen und Etikett eines bekannten oder berühmten Produzenten trug, [ließ sich] doppelt so teuer verkaufen wie der gleiche Wein mit einem unbekannten Markenzeichen.«[15] Das Problem war, dass - von den Gefährdungen der Marke durch Fälscher und Betrüger abgesehen - der Kunde eine Flasche Veuve Clicquot allein an dem Markenzeichen erkennen konnte, das in den Korken eingebrannt war. Man stelle sich den Kauf einer Flasche Wein in der heutigen Zeit vor, wenn sich das einzige Marketingelement noch immer oben auf dem Korken befände, und bedenke dabei, dass die meisten Korken heute mit Aluminiumfolie überzogen sind! Diese Kappen sollen übrigens die Wachssiegel imitieren, die in früheren Tagen den Flaschenhals schützten. Barbe-Nicole verwendete prinzipiell solche Siegel.

In den 1820er-Jahren Wein zu kaufen ähnelte also einer Blindverkostung. Weinetiketten kamen zu dieser Zeit in den Kellereien erst allmählich in Gebrauch. Barbe-Nicole hatte erstmals 1814 etikettierte Flaschen ausgeliefert, als die Kunden noch bereit waren, astronomische Preise für den legendären 1811er-Jahrgang ihres roten Bouzy zu zahlen, aber sich zunehmend misstrauisch fragten, was tatsächlich in den teuren Flaschen war. Reinweiße Etiketten, auf denen lediglich das Jahr, der Ort des Weinbergs und ein paar schmückende Blumenmuster zu finden waren, dienten der kostengünstigen Beruhigung des Käufers. Ein Etikett erhielten die Flaschen weiterhin nur dann, wenn die Kunden danach verlangten, und es sollte fast ein weiteres Jahrzehnt dauern, bis *étiquettes* in ihren Kellern wie auch in der Champagne allgemein üblich waren. Dennoch begann Barbe-Nicole, sich zu fragen, ob es nicht angebracht sei, ihren guten Namen aggressiver zu verteidigen.[16] Um sich gegen Fälschungen zu schützen und mit Blick auf die Zukunft nahm sie deshalb die Mühe auf sich, ihren Korken mit dem Brandzeichen des Kometen bei den örtlichen Behörden als Marke eintragen zu lassen.[17]

Die Herstellung von Champagner erfuhr Ende der 1820er-Jahre eine zunehmende Mechanisierung, und Barbe-Nicole wusste, dass ihr System des *remuage* – das allmählich auch in anderen Kellern der Champagne Anwendung fand, da es sich nicht mehr geheim halten ließ – dazu beigetragen hatte, die Produktionsrate zu steigern. Da sie nicht mehr auf den Wettbewerbsvorteil ihres geheimen Verfahrens bauen konnte, bestand nun real die Möglichkeit, hinter die Konkurrenz zurückzufallen. Die in der Champagnerherstellung verwendeten Flaschen wurden bereits massenhaft und maschinell in einheitlicheren Formen und Größen produziert. Es war also mit einem Mal möglich, in den Kellern mehr Flaschen sicher übereinanderzustapeln.

In Jean-Rémy Moëts Kellerei arbeitete André Jullien schon seit gut einem Jahrzehnt an einem Verfahren, mit dem man den Vorgang der Degorgierung beschleunigen konnte, und jetzt, im Jahr 1825, tauchten in Frankreich die ersten mechanischen Abfüllmaschinen auf.[18] Zwei Jahre später wurde ein Gerät annonciert, mit dem sich die Flaschen industriell verkorken ließen. In den 1830er-Jahren kündete Cyrus Reddings monumentales Werk *History and Description of Modern Wines* (1833) von neuen, modernen Weinpressen mit »zwei hölzernen Zylindern, die sich in entgegengesetzte Richtungen drehen«.[19] In den 1840er-Jahren ließ sich Adolphe Jacquesson – Sohn von Napoleons bevorzugtem Lieferanten Memmie – den Drahtverschluss für die Korken von Schaumweinen (*muselet*) sowie die kleinen Verschlusskapseln aus Metallfolie (*capsulet*) patentieren. Jean-Baptiste François revolutionierte die Champagnerindustrie durch seine Methode zur Messung des Restzuckers (»Zuckerönometer«), wodurch die *mousse* sich besser kontrollieren ließ und weniger Flaschen zu Bruch gingen, und Dr. Jules Guyot veränderte das Aussehen der Weinberge überall auf der Welt: Er zeigte den Winzern, welche Vorteile es hatte, die Rebstöcke in den uns heute bekannten Reihen anzupflanzen statt in den traditionellen kreisförmigen Haufen. Die ganze Branche wusste, dass der Wettlauf zum letzten Stadium der Industrialisierung des Champagners eröffnet war – eines Weins, der paradoxerweise dafür berühmt ist, dass er »händisch« hergestellt wird, ja bis heute gar nicht rein maschinell produziert werden kann.

Gerade als Barbe-Nicole sich mit diesen neuen möglichen Kosten konfrontiert sah und entscheiden musste, wie weitgehend sie in die Mechanisierung ihrer Kellereien investieren wollte, stand sie mit einem Mal vor einer weiteren Herausforderung, die ihren Grund in der Finanzwelt hatte. 1827 steckte Frankreich mitten in einer schmerzlichen Rezession. Zwei Jahre später – als Werlé noch immer damit beschäftigt war, Barbe-Nicole von ihren Investitionen in die hauseigene Bank zu befreien – war daraus eine ausgewachsene Depression geworden. Überall in Frankreich gab es massive Ernteausfälle, was unzählige Arbeiterfamilien ins Elend stürzte.[20] In Industriezentren wie Lyon und Reims standen selbst die Webstühle still, als die Textilindustrie die Krise zu spüren bekam. Barbe-Nicole hatte zu viel Kapital in das Unternehmen Clicquot-Bank gesteckt, und sie wusste, dass sie sich damit eine gefährliche Blöße gegeben hatte.

In diesem Winter verließ sie die Stadt für mehrere Wochen, um auf den Ländereien ihres Onkels in der Vendée Zeit mit Clémentine und Louis zu verbringen. Plötzlich, als sie zu weit weg war, um eingreifen zu können, kam es zur Katastrophe. Sie hatte die Kapitalreserven der Clicquot-Bank zum großen Teil bei Poupart de Neuflize deponiert, einem etablierten, umsatzstarken Geldinstitut, das seit Langem enge Beziehungen zum französischen Wollwarenhandel unterhielt.[21] Was sie nicht wusste: Poupart de Neuflize stand - wie viele andere europäische Banken in jenem Winter - am Rande des Bankrotts. Als die Firma in eine Kreditklemme geriet, wurden die Konten eingefroren, und die Investoren gerieten in Panik. Innerhalb weniger Stunden war Édouard Werlé von Kunden belagert, die ihre Einlagen zurückforderten. Es gab einen wahren Ansturm auf das Bankhaus Clicquot, und er sollte Barbe-Nicole finanziell das Genick brechen.

Édouard wusste, dass Barbe-Nicole und ihre Firma vor dem Ruin standen, und traf eine mutige Entscheidung. Er riskierte sein eigenes Vermögen, um ihres zu retten. Dank seinem Anteil an den Unternehmensgewinnen und einer klugen Heirat war dieses Vermögen beträchtlich. Nachdem er seine Besitzurkunden zusammengestellt hatte, machte er sich eiligst auf nach Paris. Es waren rund hundertdreißig Kilometer bis in die Hauptstadt, und mit der Kutsche war man auf den staubigen Straßen des nachnapoleonischen Frankreich Stunden unterwegs. Als Werlé außerhalb von Reims an all den Weinbergen vorbeifuhr, muss ihm klar geworden sein, wie dumm es gewesen war, angesichts einer weitgehend sorgenfreien Zukunft ein so riskantes Spiel zu wagen. Während die Landschaft der Champagne langsam in die Ebene des Pariser Beckens überging, wanderten seine Gedanken zu dem Ziel seiner Kutschfahrt: dem Kontor des alten Geschäftspartners Rougemont de Löwenberg, eines Bankiers, der sich auf die Vergabe von Krediten an Weinhändler spezialisiert hatte. Er musste diesen umsichtigen Finanzier dazu bringen, ihm zwei Millionen Franc in bar zu leihen. Und noch in der Nacht musste er damit nach Reims zurückkehren, sonst würde Barbe-Nicole zur vollständigen Geschäftsauflösung gezwungen sein und der Champagner der Witwe Clicquot der Vergangenheit angehören.

Natürlich war Édouard Werlé erfolgreich. Er strahlte Vernunft und Selbstdisziplin aus. Die Bank lieh der Firma eine Million Franc in bar und gewährte einen Kredit über die zweite Million, die er zur Rettung des Geschäfts benötigte. Als Barbe-Nicole die Nachricht erhielt, bei der ihr fast das Herz stehen geblieben sein dürfte, stand ein erschöpfter und entschlossener Édouard schon in den geöffneten Geschäftsräumen der Bank - bereit, jedem Kunden, der es wollte, sein Guthaben auszuzahlen. Doch da die Investoren ihr Geld nun für sicher hielten, fand der Run auf die Bank rasch ein lautloses Ende, und Barbe-Nicole - die Verluste von insgesamt zweihundertsiebzigtausend Franc zu verkraften hatte - blieb weiter im Geschäft.[22]

Als sie erfuhr, dass sie nur knapp dem Ruin entronnen war, war sie entschlossen, das Bankgeschäft nicht mehr lange zu betreiben. Es sollte noch einmal mehr als zehn Jahre dauern, bis sie ihr Kapital vollständig aus diesem törichten Unternehmen herausgezogen hatte, aber in Bezug auf ihre neue Unternehmensstrategie war sie nicht mehr im Zweifel. Sie würde sich fortan nur noch auf eine einzige Sache konzentrieren: auf den Champagner. Und der würde, wie sie verkündete, nur der allerbeste sein. Ihre finanziellen Möglichkeiten überreizend hatte sie alles riskiert und hätte beinahe alles verloren – ihr palastartiges Zuhause im Hôtel le Vergeur, den Landsitz in Oger mit seinen großen Fenstern und dem Blick über die Weiten der Weinberge. Das Schloss in Boursault wäre ebenso *perdu* gewesen wie der üppige Lebensstil, den sie Clémentine und dem ausgabefreudigen Comte de Chevigné noch immer finanzierte. Ausgeträumt der Traum von einer glanzvollen Hochzeit, die Barbe-Nicole eines nicht allzu fernen Tages für die jetzt elf Jahre alte Marie-Clémentine würde ausrichten können.

Sie hatte den Sturm überstanden, was einzig und allein Édouard Werlé zu verdanken war. Dennoch hatte das Geschäft einen schweren finanziellen Schlag erlitten. Vor allem hatte die Streuung der Energien zur Folge, dass das Haus Veuve Clicquot zum ersten Mal seit dem großen Triumph auf dem russischen Markt 1814 hinter seine Konkurrenten zurückfiel. 1821 hatte Barbe-Nicole noch erstaunliche zweihundertachtzigtausend Flaschen Champagner verkauft; jetzt, genau zehn Jahre später, war ihr gesamter Absatz auf unter hundertfünfundvierzigtausend Flaschen gesunken – weit weniger, als Moët in den 1820er-Jahren hatte vorweisen können.[23] Wenn sie ihre Verluste wieder hereinholen und auch in Zukunft an der Spitze eines der weltweit größten Champagnerhäuser stehen wollte, musste sie sich bemühen, die alte Marktposition wiederzuerlangen. Doch es waren wieder einmal unruhige politische Zeiten, in denen sie mit dem Neuaufbau ihres Geschäfts beginnen musste.

Die Wirtschaftskrise von 1829, die die Clicquot-Bank fast in den Ruin getrieben hätte, war nur ein Symptom weit größerer Probleme, und wie in den Jahren vor der blutigen Revolution von 1789 führte die verzweifelte wirtschaftliche Lage zu wütenden Aktionen. Der Juli 1830 war trocken und heiß, und seit der endgültigen Niederlage Napoleons 1815 herrschten wieder die Bourbonen über Frankreich. In dem Glauben, die Sommerferien, in denen Paris wie ausgestorben war, könnten der richtige Zeitpunkt sein, verkündete König Charles X. neue repressive Reformen: Sie schränkten die Pressefreiheit ein, gewährten Wahlrecht nur noch den reichsten Bürgern und – das erzürnte die Leute am meisten – versagten der wohlhabenden Mittelschicht die Möglichkeit, höchste öffentliche Ämter zu bekleiden.

Die Mittelschicht war außer sich vor Wut. Die Geschäftsleute und Bankiers legten die Stadt lahm. Sie schlossen Büros und Fabriken, weil sie wussten, dass das die ohnehin stotternde Wirtschaft völlig zum Erliegen bringen würde, und die Journalisten machten dafür allein den König verantwortlich. Verglichen mit den blutigen Ereignissen von 1789 handelte es sich um einen begrenzten und dezidiert ökonomischen Protest, aber er entfachte einen Flächenbrand. Bald war die Empörung nicht mehr auf die Mittelschicht beschränkt.[24] In Paris lebte schon mehr als die Hälfte der Bevölkerung in Elend und Armut.[25] Im Juli des Jahres hatten in einer Stadt mit siebenhundertfünfundfünfzigtausend Einwohnern sage und schreibe zweihundertsiebenundzwanzigtausend Familien Brotkarten beantragt – Gutscheine, die es den Notleidenden erlaubten, Lebensmittel verbilligt zu beziehen. Waren schon die Jahre zuvor von hoher Arbeitslosigkeit geprägt gewesen, so standen jetzt Tausende weitere Arbeiter und Tagelöhner auf der Straße. Die Folge war eine erneute Revolution.

Drei Tage lang, vom 26. bis zum 28. Juli 1830 – in Frankreich spricht man noch heute von den »Trois Glorieuses«, den drei glorreichen Tagen –, herrschte Aufruhr in den Straßen von Paris. François-René Chateaubriand, der zu dieser Zeit in der Stadt eintraf, hat die Szenerie beschrieben. Der Junge, der die Kutsche lenkte, »hatte seine Jacke mit den [königlichen] *fleur-de-lis*-Knöpfen schon abgelegt«.[26] Die alte Trikolore der Revolution flatterte wieder heftig im Wind, sie hing aus den Fenstern und von den Dächern. »Hier und da stiegen weiße Rauchwolken zwischen den Häusern auf«, erinnerte sich Chateaubriand, »Kanonendonner und die Schüsse von Musketen vermischten sich mit dem Lärm der Alarmglocken. ... Ich beobachtete, wie der alte Louvre fiel.« Schon nach wenigen Stunden war der König, der sich nur zu gut an das Schicksal seiner bourbonischen Vorfahren erinnerte, auf der Flucht und verließ eilig das Land.

Auch Barbe-Nicole erfüllten die Ereignisse mit Sorge – und das aus gutem Grund. Wenn der Aufruhr der Arbeiterklasse von den Pariser Straßen auf die großen Handelszentren wie Reims übergriff, würden Tricks diesmal nicht helfen. Im nahen Épernay revoltierten die Winzer bereits, und das Rathaus war gestürmt worden.[27] In den östlichen Provinzen Frankreichs war die Abneigung gegen die Bourbonenkönige – und ihre Anhänger – besonders ausgeprägt.[28] Ihr Vater hatte von der vorigen Revolution, die Barbe-Nicole noch immer lebhaft in Erinnerung war, profitiert, weil er die Königstreue der Familie zu verbergen gewusst hatte, doch die adlige Familie Louis de Chevignés hatte nicht überlebt. Jetzt, das wusste Barbe-Nicole, standen sie wieder kurz vor einer Bauernrevolte. Und ihre Tochter war Gräfin. Bürgerliche Wurzeln allein würden diesmal nicht reichen, um sie alle zu retten. Die einzige »Versicherung« bestand darin, sich mit den Protestierenden solidarisch zu erklären, und Louis de Chevigné tat sein Bestes. Der Graf - dessen Mutter auf den Bällen Marie-Antoinettes getanzt hatte - erklärte, er sei ein Mann des Volkes und Liberaler.

Für einen Mann seines Standes war das keine leichte Entscheidung. Noch schwerer würde es werden, damit zu leben. In diesem Augenblick der politischen Geschichte Frankreichs ging es nicht um die Wahl zwischen Monarchie und Republik. Wäre es so gewesen, hätte Louis mit ziemlicher Sicherheit den König unterstützt. All seine familiären Beziehungen verbanden ihn mit dem Adel. Nein, 1830 ging es um die Entscheidung zwischen zwei Formen von Königsherrschaft - der autokratischen und prunkvollen Aristokratie des Ancien Régime und ihrer Erben auf der einen Seite und der Vision von einem modernen König mit bürgerlichen Wertvorstellungen auf der anderen.

Einfacher ausgedrückt: Für Louis war es eine Entscheidung zwischen zwei Ästen der weitverzweigten Familie, die die herrschende Klasse Frankreichs bildete: zwischen den »legitimistischen«, aber repressiven Bourbonen und dem radikalen, ja revolutionären Louis-Philippe, dem Herzog von Orléans, den Barbe-Nicole und ihre Familie vor nicht einmal einem Jahrzehnt bei sich beherbergt hatten. Louis-Philippe hatte ein Leben wie im Roman geführt, und es war schwer, von diesem energischen Edelmann nicht eingenommen zu sein. In den stürmischen Jahren der Revolution war er glühender Verfechter von Reformen und Freiheit gewesen und darin so weit gegangen, dass er sich den radikalen Jakobinern anschloss und - schockierenderweise - für die Hinrichtung Louis' XVI. votierte. Schon bald aber war sein eigenes Haupt in Gefahr gewesen, und so war der junge Herzog mit neunzehn Jahren in ein armseliges und gefährliches Exil geflohen. Gezwungen, seine Identität zu verheimlichen, hatte er sich manchmal als Landstreicher ausgegeben und später eine Anstellung als unterbezahlter Lehrer angenommen – zunächst in der Schweiz, danach in Amerika. Er war also in der Welt herumgekommen. Erst nach Napoleons Vertreibung war Frankreich wieder sicher für ihn, und er konnte nach Hause zurückkehren – nach mehr als zwanzig Jahren in der Fremde. Jetzt gehörte der Herzog wieder zu den wichtigsten Persönlichkeiten des Adels und konnte seine Gastgeber mit sagenhaften Geschichten erfreuen. Barbe-Nicole und ihre Familie waren von ihm und seinem Besuch begeistert. Auch das französische Volk hatte er für sich eingenommen. Die Mittelschicht setzte auf ihn, und er war der Liebling der Arbeiterklasse. Einige sprachen bereits davon, man solle ihn zum König machen.

Obwohl er wusste, dass ein Teil seiner Familie dies als Verrat empfinden würde, rang sich der Graf von Chevigné dazu durch, die »orleanistische« Revolution zu unterstützen. Als die Nationalgarde wieder ins Leben gerufen wurde, um für die demokratischen Rechte des Volkes zu kämpfen, schloss Louis sich ihr sogleich an und schwenkte die Trikolore einer früheren, radikaleren Generation.[29] Doch es war kompliziert, wie er seinem alten Freund Richard Castel gestand: »Meine Gefühle sind geteilt«, schrieb er, »und mehr als um alles andere tut es mir um die Familienbande leid; [dennoch,] ich bin mit den Julitagen und den Gunsterweisen, die mir zuteilgeworden sind, reichlich belohnt worden.«[30]

Im Unterschied zu Louis brauchte Barbe-Nicole um ihre Entscheidung nicht zu ringen. Nicolas Ponsardin war ein eiskalter Pragmatiker gewesen, und sie folgte ihm darin. Wie schon von der letzten Revolution sollte ihre Familie auch von dieser profitieren. Tatsächlich sollten die nachfolgenden Jahre zum goldenen Zeitalter der Unternehmer aus den französischen Oberschichten werden. Louis-Philippe, der Herzog von Orléans, erwarb sich den Beinamen des »Bürgerkönigs« und regierte in einer Weise, die ein Historiker wie folgt bilanziert hat: »Die Regentschaft Louis-Philippes war ein Unternehmerregime«, dessen Motto lautete: »Enrichissez-vous!« - bereichert euch.[31] Zwar war es die Arbeiterklasse gewesen, die diese zweite Revolution auf den Straßen ausgefochten hatte, aber ausgegangen war sie von den Mittelschichten, und diese sollten auch zu ihren Hauptprofiteuren werden. Louis-Philippe regierte Frankreich in relativer Ruhe fast zwanzig Jahre lang, Jahre, die überwiegend von einem neuen Wirtschaftsboom bestimmt waren.[32] Und Barbe-Nicole machte sich mit ihrer auf nur noch ein Ziel ausgerichteten Vision ein weiteres Mal daran, eine der großen Firmenlegenden Europas neu aufzubauen.

Das Champagnerimperium

Dass Barbe-Nicole sich auf ein Geschäft konzentrierte, sollte sich als richtig erweisen. Es gab nämlich nur ein schmales »Zeitfenster«, und das schloss sich rasch. Die Champagnerindustrie veränderte sich, unterstützt von Louis-Philippe, in den kommenden Jahrzehnten dramatisch. Die meisten berühmten Champagnerhäuser der Welt etablierten sich um die Mitte des 19. Jahrhunderts als starke Konkurrenten mit globaler Reichweite. Schon im Sommer 1831, als die Reben auf den Feldern reiften und in den Kellereien Ruhe herrschte, stattete der neue König der Champagne seinen ersten Besuch ab – bald sollten zahlreiche weitere folgen.[1] In seiner Leidenschaft für Schaumwein konnte Louis-Philippe mit Napoleon konkurrieren, aber Champagner war ja schon immer das Getränk der Könige gewesen. Barbe-Nicole, die den neuen Wachstumsschub für die Branche spürte, beschloss, sich erneut mit einem Geschäftspartner zu verbinden, denn um die Finanzen ihres Unternehmens wieder in Ordnung zu bringen, würde sie Hilfe benötigen. Louis und Clémentine verwehrte sie dabei zum zweiten Mal den Zugang zur Welt des Handels und der Industrie. Für eine Investition von hunderttausend Livres – umgerechnet nicht mehr als etwa eineinhalb Millionen Euro – erhielt Édouard Werlé einen fünfzigprozentigen Anteil an der Champagnerfirma. Und da es sich um eine Art finanzielle Eheschließung handelte, trug das Unternehmen fortan nicht nur den Namen der Witwe Clicquot, sondern auch den seinen.

Dass Édouard nun gleichberechtigter Teilhaber an der Champagnerfirma war, die Barbe-Nicole in einem Großteil der Welt bereits zu einem klingenden Namen gemacht hatte, war Pech für Louis, den Grafen von Chevigné. Édouard hatte sie gedrängt, den Geldhahn zuzudrehen, als die Textilinvestitionen ihre Finanzreserven bedrohten, und denselben Rat gab er ihr für den Umgang mit ihrem charmanten Schwiegersohn. Doch Barbe-Nicole konnte Louis nichts abschlagen, und irgendetwas wollte er immer. Er wollte die weitläufigen Gärten rund um das Château in Villiers-en-Prayères umgestalten. Er brauchte mehr Geld, um weiter seinen aristokratischen Lebensstil pflegen zu können. Und natürlich war er ständig bemüht, seine Spielschulden zu begleichen, was unter Gentlemen eine Sache der Ehre war. Daher machte es sich Édouard schon bald zur Gewohnheit, sich selbst mit Louis' üppigsten Forderungen zu befassen.

Barbe-Nicoles Bereitschaft, hart zu arbeiten, hatte dem Grafen und der Gräfin von Chevigné ein privilegiertes und bequemes Leben ermöglicht. Während sie, inzwischen in den Fünfzigern, weiterhin von früh bis spät arbeitete, vierzehn Stunden am Tag, und sicherzustellen bemüht war, dass ihr Unternehmen nach der Katastrophe mit der Bank wieder Fuß fasste, konnten Louis und Clémentine bis zum Morgengrauen tanzen gehen und bis mittags schlafen. Sie führten das sorglose Leben reicher Aristokraten im verstörenden Zeitalter des Industrialismus.

Doch muss es sie geschmerzt haben, so abrupt und entschieden aus dem Unternehmen hinausbugsiert worden zu sein. Durch ihre Vereinbarung mit Édouard hatte Barbe-Nicole die Hälfte eines äußerst lukrativen Familienunternehmens weggegeben – an einen Mann, der zunächst nicht mehr als ein hübscher, cleverer Angestellter gewesen war. Einige erinnerten sich noch an die Gerüchte, was wohl der Grund für diesen kometenhaften Aufstieg sei, und vielleicht hatte ihre Entscheidung ja auch eine emotionale Komponente. Wenn es nur um nackte Zahlen gegangen wäre, hätte Barbe-Nicole die ganze Firma für weitaus mehr als Édouard Werlés bescheidene Investition verkaufen und sich dann in den Ruhestand zurückziehen können. Aber sie wusste, dass Édouard in den vergangenen zehn Jahren mehr gewesen war als nur ein loyaler Angestellter. In ihm hatte sie einen Mitunternehmer gefunden, auf den sie sich uneingeschränkt verlassen konnte. Und sie hatte nicht vergessen, dass er sie gerettet hatte. Ohne sein Eingreifen in den prekären ersten Stunden des Runs auf die Bank wäre nicht viel von der Firma übrig geblieben, was man hätte weitergeben können. Nachdem sie so nah dran gewesen war, alles zu verlieren, hatte Barbe-Nicole als Unternehmerin ihren zweiten Auftrieb bekommen und auch einen neuen Partner gefunden. Sie war voller Ambitionen, wollte es den Konkurrenten zeigen und sollte dabei maßgeblich auch die Geschäftsmodelle des 19. Jahrhunderts beeinflussen.

Barbe-Nicole, die schon immer sensibel auf Veränderungen des Geschäftsklimas reagiert hatte, stand wieder einmal an der Spitze der Entwicklung. Es war nicht zuletzt diese Eigenschaft, die sie zur Legende werden ließ. In den kommenden Jahren sollte das Geschäftsmodell im produzierenden Gewerbe es erforderlich machen, in Kategorien eines Großunternehmens, nicht eines Familienbetriebs zu denken, und damit sollte einhergehen, was die Historiker als »Managementrevolution« bezeichnen – das Aufkommen der angestellten Manager und Firmenvorstände, wie wir sie heute kennen.[2] Bezeichnenderweise war es gerade dieses neue Modell der professionellen Managerklasse, das mehr als alles andere das Ende der traditionellen Chancen unerfahrener Bürgerfrauen in Familienunternehmen signalisierte. Barbe-Nicole traf so kluge Entscheidungen wie nur möglich, um auf einem sich wandelnden Markt konkurrenzfähig zu bleiben, und sie brauchte jemanden, der bereit war, in das Unternehmen denselben anstrengenden Arbeitstag zu investieren, den sie sich selbst abverlangte. Für den hübschen Grafen wäre das nichts gewesen. Indem sie Werlé in die Firma einband, zunächst in führender Position mit Gewinnbeteiligung, später als gleichberechtigten Teilhaber, machte sie einen weiteren Schritt, das Weinunternehmen Veuve Clicquot in ein Traditionsunternehmen zu verwandeln. Es war eine kluge Entscheidung. Die nackten Tatsachen besagen, dass »Mitte der 1840er Jahre [sogar] vom Inhaber persönlich geführte Unternehmen ... sich spezialisiert, auf eine einzige Funktion und ein einziges Produkt konzentriert hatten«.[3] Die Ökonomie der Industrialisierung verlangte dies, und bald schon ging es auch nicht mehr ohne Vollzeitpersonal fürs Management: ohne Profis männlichen Geschlechts, die in der Lage waren, große Unternehmen zu führen. Barbe-Nicole trug somit zu einer Entwicklung bei, die anderen begabten und unerfahrenen jungen Frauen die Chance verwehrte, in die Geschäftswelt einzusteigen.

In den nächsten zehn Jahren widmete sich Barbe-Nicole dem Wiederaufbau ihres Champagnerimperiums. Fast war es ihr aus den Händen geglitten, aber nun war sie entschlossen, seine Zukunft zu sichern. Es war ein entscheidender Augenblick in der Geschichte des Unternehmens. Wäre sie an dieser Wegmarke zurückgefallen, hätten die Weine der Witwe Clicquot möglicherweise das gleiche Schicksal erlitten wie die der Witwe Binet, die einst von der Stadt Reims als führende Champagnerherstellerin geführt worden war.[4] Von der Geschichte der Witwe Binet – und von ihrer Firma – ist nichts geblieben. In den späten 1830er-Jahren veränderte sich die Wirtschaftswelt rasant. Erfolg setzte die Fähigkeit voraus, auf dem schmalen Grat zwischen Handwerk und Industrialisierung zu balancieren. Schon wurden die ersten Eisenbahnschienen in Frankreich verlegt, und in der Champagne wurde das Kanalsystem modernisiert, das die Provinz mit der Hauptstadt verband.[5] Bald sollte die Dampflokomotive das Geschäftsklima und die ökonomische Landschaft in Europa verändern. Es dauerte freilich noch mehr als zehn Jahre, bis der erste Zug Reims erreichte, und für den Augenblick mussten sich Barbe-Nicole und Édouard Werlé der althergebrachten Transportmittel bedienen: Pferdewagen und Lastkähne brachten die edlen Weine zu den Häfen und nach Paris. Doch sorgten die künftigen Eisenbahnlinien bereits für das Wachstum der Massenmärkte – und für die Notwendigkeit, dort Werbung für sich zu machen. Eine Folge davon war das Aufkommen des Champagneretiketts in den nächsten Jahren. Doch bis es so weit war, begab sich Werlé auf die Reise, um Kunden für das Unternehmen zu werben, genauso wie Louis Bohne es vor ihm getan hatte. Er war dafür auch genauso talentiert. Schon bald hatte sich der Absatz verdoppelt.

Barbe-Nicole arbeitete mit wilder Entschlossenheit, ohne darüber die Familie zu vergessen. So wenig sie den typischen Großmüttern ihrer Generation glich, so wichtig war ihr die Familie. Vor allem dachte sie viel über das Muttersein nach. Als ihre eigene Mutter Jeanne-Clémentine 1837 siebenundsiebzigjährig in aller Stille verschied, empfanden Barbe-Nicole und ihre Schwester diesen Verlust, obwohl schon lange erwachsen, als wären sie zu Waisen geworden. Barbe-Nicole wusste, dass dies das Ende einer alten Lebensform war, das Ende ihrer eigenen bürgerlichen Wurzeln. Sie war in einer Welt aufgewachsen, die ganz anders war als die, die ihre Tochter jetzt bewohnte. Und sie war froh. In jenen Tagen der Ungewissheit vor der Besetzung von Reims hatte ihre größte Sorge dem Luxus und dem Leben gegolten, das Clémentine verlieren würde. Und sie glaubte noch immer, dass die Firma - wenn es ihr gelang, sie wieder nach vorne zu bringen - das Wohlergehen ihrer Familie zu garantieren vermochte. Unter der Obhut Édouard Werlés konnte das Geschäft zu einer Absicherung für die Zukunft werden, zu einer stillen Quelle von Reichtümern.

Im Sommer 1839 waren diese Reichtümer Grundlage für neue Feierlichkeiten und Anlass für weiteres Nachdenken über die Familie. Enkelin Marie-Clémentine, nunmehr einundzwanzig Jahre alt, heiratete mit großem Pomp. Barbe-Nicole, die den ganzen Winter über die eifrigen Vorbereitungen verfolgte, musste lächeln bei dem Gedanken, wie sehr ihr Vater Nicolas sich gefreut hätte. Denn Marie war nicht nur die Tochter eines Grafen, sie heiratete auch einen: den frommen und kreuzbraven, einer der berühmtesten Adelsfamilien ganz Frankreichs entstammenden Louis Samuel Victurnien de Rochechouart de Mortemart. Auf den Porträts, die von ihm überliefert sind, sitzt er stocksteif da, umgeben von dem Glanz, der ihm schon in die Wiege gelegt war. Er war ein feinsinniger Mensch, der mit Leidenschaft seltene und wundervolle Orchideen züchtete und als dilettierender Künstler über bemerkenswertes Talent verfügte.[6] Nach der feierlichen Trauungszeremonie in der Kathedrale wand sich eine lange Schlange von Kutschen hinauf nach Boursault, wo ausgiebig gefeiert und eine Kiste feinsten Clicquot'schen

Champagners nach der anderen geöffnet wurde. Barbe-Nicoles Hochzeitsgeschenk war unglaublich: Es war das Schloss, in dem sie feierten.

Der nüchterne Graf von Mortemart war eine vernünftige Wahl für die kleine, pummelige Marie, die ihm bald eine Tochter namens Pauline schenkte, Barbe-Nicoles erste Urenkelin. 1841 kam ein Junge zur Welt, der auf den wenig einfallsreichen Namen Paul getauft wurde. Ihm folgte ein weiteres Mädchen, Anne, in das Barbe-Nicole geradezu vernarrt war. Das Champagnerhaus Veuve Clicquot - unter diesem Namen war es weiterhin bekannt, auch wenn die Geschäftsbücher Édouard Werlés Namen trugen - stand wieder auf solidem Fundament. Zehn Jahre umsichtigen Managements und harter Arbeit waren dafür nötig gewesen, aber die Firma hatte sich nicht nur erholt, sie erlebte einen Boom. Sie hatte sich wieder fest als eines der wichtigsten Champagnerhäuser der Region - und damit der Welt - etabliert. Die Gewinne, die die Firma abwarf, machten Barbe-Nicole wieder zu einer schwerreichen Frau, und die einzige Option ihres weiteren Wirkens bestand darin, zu expandieren und mehr Führungspersonal einzustellen.

Für Barbe-Nicole war außerdem klar, dass Édouard sie nicht mehr jeden Tag in der Firma brauchte. Sie würde nie bereit sein, das Unternehmen, das sie aufgebaut hatte, völlig aus der Hand zu geben, und hatte nicht einmal entfernt im Sinn, es zu verkaufen. 1841 jedoch, mit vierundsechzig Jahren, zog sich die Witwe Clicquot zurück. Es war an der Zeit. Aus Épernay kam die Nachricht, dass ihr alter Konkurrent Jean-Rémy Moët gestorben war, und damit trat eine ganze Generation ab. Ihre Generation. Moët hatte seine Firma in die geschickten Hände seines Sohnes Victor und seines adligen Schwiegersohns Pierre-Gabriel

Chandon de Briailles gelegt; die beiden sollten unter dem Namen Moët & Chandon ein weltberühmtes Unternehmen aufbauen. Barbe-Nicole wusste, dass auch sie ihr Geschäft schon bald auf die eine oder andere Weise ganz Édouard Werlé würde anvertrauen müssen.

Deshalb beschloss sie, nicht länger zu warten, jedenfalls nicht, was die formellen Dinge betraf. Es war auch kein wirklicher Rückzug. Barbe-Nicole war das, was man heute als Workaholic bezeichnen würde, und sie war entschlossen, auch weiterhin die Richtung des Geschäfts, dem sie ihr Leben gewidmet hatte, mitzubestimmen. Rückzug bedeutete einfach, dass sie fortan mehr Zeit in Boursault verbringen konnte, und in den 1840er-Jahren verbrachte sie nur noch die Winter in Reims. Vielleicht fühlte sie sich alt mit ihren vierundsechzig Jahren, aber wenn Louis de Chevigné geglaubt haben sollte, er würde in absehbarer Zeit zu seinem Erbe kommen, so hätte er sich getäuscht. Entgegen allen Erwartungen und in einer Zeit, da die durchschnittliche Lebenserwartung von Frauen in Frankreich bei nicht einmal vierundfünfzig Jahren lag, hatte Barbe-Nicole noch ein langes Leben vor sich.[7] Und in dessen Mittelpunkt sollte auch weiterhin das Champagnerhaus stehen, das sie von einem kleinen Familienbetrieb zu einem der großen Geschäftsimperien weltweit gemacht hatte. Viele Jahre später erinnerte sich der Reisende Robert Tomes an »Madame Clicquot [als] eine zwergenhafte, verhutzelte alte Frau von neunundachtzig Jahren, deren ganze Seele der Firma gehörte und die jeden Tag bis zu ihrem letzten die Geschäftsbücher des Unternehmens studierte, dem sie ihren Namen gegeben hatte«.[8]

Gleichwohl war Barbe-Nicole jetzt damit einverstanden, dass Édouard Werlé die Firmenleitung übernahm, und sie gestattete, dass er zwei neue Partner einbrachte. Monsieur

Dejonge wurde das, was man heute als Finanzchef des Unternehmens bezeichnen würde; er war für die immer komplexer werdende Buchhaltung verantwortlich. Und als Édouard Werlé zum Vorstandsvorsitzenden befördert wurde (um bei den modernen Bezeichnungen zu bleiben), war die Stelle für den Kellermeister frei, dem die Aufsicht über den gesamten Herstellungsprozess oblag. Dieser Posten – und die zweite neue Partnerschaft – ging an Monsieur de Sachs. Umgeben von all den Grafen und Baronen und beseelt von dem Wunsch, auf gleicher Stufe mit ihnen zu stehen, entsann sich der neue Kellermeister schon bald eines eigenen adligen Vorfahren in Deutschland. Ein Besucher formulierte es so: »Er ist ebenfalls Deutscher, angeblich ein Neffe [Édouard] Werles. Er rühmt sich eines deutschen Adelstitels, war aber in seiner Jugend nicht viel besser dran als sein armer und abenteuerlustiger Onkel.«[9]

In dieser Unternehmensorganisation stellte Barbe-Nicole den nur aus ihr bestehenden Aufsichtsrat. International war sie bereits zu einer Ikone geworden – zu einer Ikone, die leider allzu oft kein Gesicht hatte. In den Augen der Welt wurde sie rasch zu einem bloßen Namen, wenngleich zu einem berühmten und eleganten. Nicht nur, dass das Wort »Clicquot« um 1842 gleichbedeutend mit Champagner war; vielmehr begann die Wendung »eine Flasche Veuve« eine allgemeinere kulturelle Rolle zu spielen. Champagner der Marke Veuve Clicquot tauchte in einigen der bedeutendsten literarischen Werke des Jahrhunderts auf. Doch als Frau verschwand Barbe-Nicole mit ihrem Rückzug aus dem öffentlichen Blickfeld. Während ihre Partner sich der weiteren Expansion des Unternehmens widmeten, dessen Verkaufszahlen in naher Zukunft bei vierhunderttausend Flaschen Champagner jährlich lagen, versuchte Barbe-Nicole, ihre Rolle als Großmutter zu genießen. »Hier habe ich meine Enkel und Urenkel um mich«, schrieb sie 1842 an ihre Cousine.[10] »Es erinnert mich daran, dass ich nicht mehr jung bin und bald schon meine Sachen packen und Abschied nehmen werde - allerdings so spät wie möglich.« Sie hat ihre Ankündigung wahr gemacht.

Doch so sehr sie sich auch bemühte, dem Modell der häuslichen Großmutter, wie es im 19. Jahrhundert vorherrschte, gerecht zu werden - so richtig gelang ihr das nie. Nachdem sie ihr Leben lang mindestens zwölf Stunden am Tag gearbeitet hatte, waren ihr ein paar lebhafte Kinder nicht genug. Sie widmete sich wieder ihrer Leidenschaft, Häuser zu kaufen (und sie aufwendig auszugestalten). So bot sie, um dem Grafen und der Gräfin Mortemart die Schmach eines bescheidenen Landschlosses zu ersparen, unter anderem an, der Familie ein riesiges neues zu bauen. Geld spielte ja keine Rolle, da die Firma Veuve Clicquot Ponsardin & Werlé jetzt einen Jahresumsatz von umgerechnet mehr als zwanzig Millionen Euro machte.

Die Familien Chevigné und Mortemart, inzwischen fester Bestandteil der Adelsfamilien Frankreichs, verkehrten in den besten Kreisen, und Barbe-Nicole genoss die aufwendigen festlichen Familienfeiern, die insbesondere Louis mit Hingabe arrangierte. Für den Festtag ihrer Namenspatronin, der heiligen Barbara, organisierte er zu ihren Ehren in jedem Jahr Anfang Dezember eine üppige Geburtstagsfeier, auf der er schmeichlerische Gedichte improvisierte, um sie und ihre adligen Bewunderer zu unterhalten. Wie ihr Vater und auch Édouard Werlé war sie von allen Insignien des Adels fasziniert. »Ich treffe Vorbereitungen«, schrieb Barbe-Nicole, »mich aufs Land zurückzuziehen, da M[onsieur] de Mortemart ... mit einem seiner

Freunde und seinem Schwager, dem Marquis d'Avaray, kommen wird. Mein altes Château ist so klein, dass ich nicht viele Besucher gleichzeitig beherbergen kann, aber wir bauen ein neues, das bis zu zwanzig Gästen und ebenso vielen Bediensteten Platz bieten wird; das dürfte mir manche Peinlichkeit ersparen und dafür sorgen, dass ich weit mehr Leute aufnehmen kann, ohne mein eigenes Bett abtreten zu müssen.«[11]

Der Bau des neuen Hauses nahm Jahre in Anspruch – und kostete Hunderttausende von Franc. Da Barbe-Nicole bezahlte, konnte sie ihrer Fantasie freien Lauf lassen. Vor allem der Renaissancestil hatte es ihr von jeher angetan. Das Hôtel le Vergeur zierte eine klassische Fassade. Aber anders als ihr Domizil in Reims sollte das neue Anwesen nicht das beeindruckende Haus einer reichen Geschäftsfrau sein. Sie wollte einen Palast und verfiel gemeinsam mit dem Architekten Jean-Jacques Arveuf-Fransquin auf die Idee, ein Château zu bauen, das den berühmten Schlössern an der Loire nachempfunden war – und es nach Möglichkeit mit ihnen aufnehmen konnte. Errichtet aus Steinen in warmem Goldton und mit luftigen Türmchen bewehrt, wirkt es grazil und ätherisch.

Über seinen Bau kursierte im 19. Jahrhundert eine amüsante Geschichte unter den Einheimischen.[12] »Da sie mit dem altmodischen Haus am Fuße nicht zufrieden war«, habe Barbe-Nicole »oben auf dem Hügel einen imposanten Bau errichten lassen. Mit seinen Pfefferbüchsentürmen gleicht er einem veritablen Château immerhin so weit, wie die Phantasie des ehrgeizigen Architekten und der Reichtum der Clicquots es erlaubten. Seine enorme Geräumigkeit und das luxuriöse Grundstück versetzen jeden *badaud* [Schaulustigen] aus Paris und jeden Besucher vom Land in Erstaunen. Zu den Attraktionen gehört ein Speisezimmer, dessen Täfelung mit feinsten Wappengravuren verziert ist, in die die Initialen C und M – für Chevigné und Mortemart – eingeflochten sind. Eines Tages besuchten Bauern aus der Nachbarschaft das Schloss. ... Als sie das Speisezimmer betraten, wies der Cicerone sie mit sichtlichem Stolz, einer so vornehmen Herrschaft dienen zu dürfen, auf die geschnitzten, von einer Krone überwölbten und mit den goldenen Initialen C. und M. versehenen Wappen hin. ›Sehen Sie‹, sagte er, ›... diese Buchstaben stehen für *Chevigné-Mortemart.*‹ – ›Bah!‹, erwiderte einer der schlauen Landleute. ›Sie bedeuten *Champagne Mousseux.* Haben sie damit nicht ihr Vermögen verdient?‹« Mag Barbe-Nicole heute auch als Mutter einer Gräfin bekannt sein – die Einheimischen erinnern einen stets daran, dass sie und ihre Familie bürgerlich-kaufmännische Wurzeln hatten. Sie wissen nur zu gut, dass all dieser Glanz vom Champagner, nicht von altehrwürdigen Familientiteln finanziert worden ist.

Mehr als hundert Jahre später hat sich eine der weiblichen Nachfahren Barbe-Nicoles an ihre Kindheit in Boursault erinnert: »Es war ein weitläufiges Schloss, ganz in Weiß gehalten. Es schmiegte sich an einen bewaldeten Hügel und lag ... inmitten eines riesigen Parks, in dem es nach frischem Wasser, nach Stachelbeeren, Honig und Blumen duftete.«[13] Ein Besucher beschrieb das »Speisezimmer ..., das mit modernen Wandteppichen und reich verzierten Täfelungen geschmückt sowie mit einem monumentalen Kaminsims aus Burgunderstein ausgestattet ist«.[14] Barbe-Nicoles Nichte Juliette erinnerte sich, dass der Salon »sich zu einer Bibliothek hin öffnete, die in einem der Türme untergebracht war« – ein Zeugnis für die Liebe ihrer Tante zu Büchern und deren Welt der Ritterromantik.

Heute kann man nur aus der Ferne einen Blick auf Barbe-Nicoles Schloss werfen, über eine Steinmauer hinweg von einer Stelle aus, an der der eingefriedete Park eine Senke aufweist und die schmale Landstraße, die im Süden an ihm vorbeiführt, sanft die höher gelegene Erhebung erklimmt. Oder man muss sein Glück beim Besitzer des Weinguts versuchen, das sich gleich hinter dem Eingang zum Park befindet – einem freundlichen, gut aussehenden Mann, der makellos in Kaschmir gekleidet und fest entschlossen ist, die Privatsphäre der jetzigen Schlossherren zu wahren. Nachdem ich an einem späten Nachmittag im Gespräch mit ihm von meiner Leidenschaft geschwärmt hatte, wurden wir zu einem genau bemessenen Kurzbesuch eingelassen: zehn Minuten auf dem Grundstück, um das Gebäude anzuschauen und einen Blick durch die Fenster zu werfen. Das Château erhebt sich eindrucksvoll aus dem bewaldeten Park ringsum. Lässt man das Auge über die mächtige Zufahrt in Richtung des opulenten Haupteingangs wandern, erblickt man die noch immer vorhandene schlichte lateinische Inschrift, die Barbe-Nicole anbringen ließ: *Natis Mater* – Die Mutter ihren Kindern. Sie war in übertriebenem Maße großzügig. Sie war aber auch eine bestimmende und hartnäckige Mutter.

Barbe-Nicole hatte bereits seit Jahren die Matriarchin gespielt und die Familie allmählich aus dem wohlhabenden Bürgertum in den Kreis der herrschenden Klassen geführt. Paradoxerweise war es zum Teil gerade ihre Ablehnung der damals geltenden Stereotypen, die ihr in der eigenen Familie diese Statur und Macht verlieh. Natürlich gab es Dinge, auf die sie keinen Einfluss hatte, und dazu gehörte offenbar auch das Liebesleben der jungen Marie-Clémentine. Niemand weiß, ob es sich um eine vereitelte Herzensangelegenheit oder nur um eine einseitige

Obsession handelte. Aber wie auch immer, es gibt eine Möglichkeit, einen genaueren Blick auf das Château de Boursault zu werfen. Ein liebeskranker Bewunderer Maries, der große Industrielle und Erneuerer des Eisenbahnwesens Adalbert Deganne, den die Familie 1839 nach vier Jahren hingebungsvollen Werbens als Eheanwärter abgelehnt hatte, ließ nämlich im Südwesten Frankreichs, am Strand des Seebads Arcachon, später einen exakten Nachbau des Schlosses errichten. Degannes Bau - ein extravaganter Beweis seiner Verehrung für die unterdessen zur Matrone gewordene Marie - beherbergt heute eines der prächtigen Kasinos der Stadt. Im Innern fällt es inmitten all der Spielautomaten, die seltsame Töne von sich geben, schwer, an große Ähnlichkeiten zwischen diesem Château und dem in der ländlichen Stille Boursaults gelegenen zu glauben, doch aus der stillen Distanz eines Kaffeetischs an einem Sommerabend und nach einigen sündhaft teuren Cocktails wirkt das Ambiente bezaubernd.

Das andere, worüber Barbe-Nicole keine Macht besaß, waren Louis de Chevignés Spendierfreudigkeit und seine sexuellen Ausschweifungen. Er spielte noch immer leidenschaftlich und hatte folglich stets Schulden. Da er ein reicher Mann war und eine Schwiegermutter hatte, die seinen Lebensstil finanzierte, muss er einfach unglücklich gewesen sein. Louis litt ohne Zweifel noch immer unter Barbe-Nicoles Entscheidung, ihn aus dem Familienbetrieb herauszuhalten. Und Édouard Werlé, der die Finanzen des Unternehmens strenger kontrollierte, setzte seinem Lebensstil ebenfalls Grenzen. Louis wusste zwar, dass er bei *chère maman* bis zu einem gewissen Punkt auf seinen Charme vertrauen konnte. Doch er fragte sich allmählich, ob dieser Punkt nicht vielleicht schon erreicht war. Das Problem war, dass er ständig Schulden hatte, und zwar nicht Schulden, die sie - wie etwa Extrakosten für die Gärten oder exquisite Geschenke für Clémentine oder Marie - bezahlte, sondern Spielschulden. Und außerdem waren da noch Schulden aus den anderen zweifelhaften abendlichen Vergnügungen, in die ein ungestümer Adliger nach ein paar Gläsern zu viel leicht hineingezogen wurde ...

Was sollte ein adliger Müßiggänger auch anderes tun, als aus seinen Leidenschaften Nutzen zu schlagen? Neben dem Glücksspiel hatte er deren drei: ausgefallene Kleidung zu tragen, schlechte Gedichte zu schreiben und den Playboy zu spielen. Charles Monselet, der die Familie in Boursault besuchte, erinnerte sich, dass »der Comte de Chevigné ... das Paradebeispiel eines Dandys war: Er hatte die ins Auge fallende Erscheinung des modebewussten Mannes und einen Wohlstandsbauch. ... Sein Reichtum hatte es ihm erlaubt, sich den Freuden der Dichtkunst hinzugeben.« Seine Ausgaben für den Schneider zu reduzieren war für ihn undenkbar. Doch seine Übersetzungen einiger klassischer lateinischer Gedichte waren freundlich aufgenommen worden, und er wusste, dass seine Freunde seine derben Verse witzig fanden. Improvisierte Trinksprüche waren eines seiner gesellschaftlichen Markenzeichen, und einige der besseren seiner einschlägigen kleinen Kompositionen hatte er gesammelt. Seine lyrischen Vergnügungen gingen jedoch mehr und mehr in eine unanständige Richtung. In den ersten Jahren seiner Ehe mit Clémentine hatte er seine Freunde mit privaten Details ergötzt - und sie hatten um mehr davon gebeten. So hatte er sich dem Schreiben erotischer Verse zugewandt, die philosophisch und verwegen zugleich sein sollten.

Leider war Louis kein begabter Dichter. Doch Mangel an Talent hat einen reichen Mann noch nie davon abgehalten, seine poetischen Ergüsse zu veröffentlichen. Unter dem Titel *Les contes rémois* (Reimser Erzählungen) hatte Louis 1836 in einem Pariser Verlag zum ersten Mal einige seiner erotischen Gedichte publiziert, worauf seine Begabung in einer Rezension treffend so zusammengefasst worden war: Diese »Nachahmungen Boccaccios und La Fontaines ... haben nichts vom Witz und der Anmut dieser Autoren, aber all ihre Grobheit«.[15] Für Clémentine war das Ganze peinlich. Auch wenn Louis seinen Namen auf der Titelseite nicht genannt hatte, wusste doch jeder im Bekanntenkreis, dass der Graf der Verfasser war. Er war stolz auf seine Leistung. Die weltlich eingestellte, aber konservative Barbe-Nicole hingegen zeigte sich alles andere als erfreut, wird aber gehofft haben, dass das Bändchen still und heimlich wieder verschwinden würde. Und das wäre wohl auch geschehen, wenn Louis nicht wieder Geld gebraucht hätte.[16]

Als 1843 der Bau des neuen Schlosses in Boursault begann, kündigte Louis eine zweite, erweiterte Auflage seiner »Erzählungen« an, und 1858 erschien eine dritte, illustrierte Auflage. Dies waren jedoch nur die ersten von zahlreichen Auflagen, die die Familie immer wieder peinlich berühren sollten. Doch statt Louis am Portepee zu fassen, griff Barbe-Nicole bald zu dem, was ihr als einfache Lösung erschien. Jedes Mal, wenn eine neue Auflage herauskam – und in den folgenden zwanzig Jahren waren es Dutzende –, kaufte Barbe-Nicole so viele Exemplare wie möglich auf. Das war eine clevere, aber nicht besonders erfolgreiche Strategie, Louis' anzügliche Gedichte aus dem Verkehr zu ziehen. Selbst heute findet man in Antiquariaten ohne große Mühe und zu überraschend gemäßigten Preisen Ausgaben der *Contes rémois* aus dem 19. Jahrhundert. Louis hat wohl nie Verdacht geschöpft, dass hinter dem Verkaufserfolg jeder neuen Ausgabe seine Schwiegermutter stehen könnte. Gleichwohl war jede Neuveröffentlichung des Buches eine Art emotionale Erpressung auf Umwegen, und sie sorgte dafür, dass Louis in den kommenden Jahren über ausreichend Geld verfügte.

La Grande Dame

Im Hinblick auf die ersten fünfundzwanzig Jahre im Leben Barbe-Nicoles sind nur wenige Details überliefert, die die Frau hinter dem Namen kenntlich werden lassen. Dasselbe gilt für das letzte Vierteljahrhundert ihres Lebens. Als sie sich zurückzog, um wieder Mutter und Großmutter zu sein, eine Frau, die Häuser baute und ausgestalten ließ, die wunderbare Soireen gab und das Familienleben genoss, die sich der Wohltätigkeit und guten Taten widmete, fügte sie sich - zumindest dem äußeren Anschein nach - wieder in die traditionelle Rolle einer Dame des 19. Jahrhunderts. Mit dem Abschied aus der öffentlichen Sphäre des Geschäftslebens verschwindet ihr Dasein - so außergewöhnlich und so viel bewundert es gewesen war - in die Schattenbereiche der nicht dokumentierten Geschichte. Natürlich lebte der Name fort. Man kannte weiterhin den Wein der Witwe Clicquot. Aber nur noch wenige Menschen hielten ihre persönlichen Eindrücke von dieser Frau fest.

Selbst die nackten biografischen Tatsachen zeigen jedoch, dass die Jahre nach 1850 für den Haushalt Clicquot-Mortemart traurig waren. Zu Beginn des genannten Jahres war Marie-Clémentine Mutter von drei kleinen Kindern. An dessen Ende hatte sie ihr Erstgeborenes zu Grabe getragen - die zehn Jahre alte Pauline. Die Familie verzehrte sich vor Angst, auch die anderen zu verlieren. Und die Befürchtungen bestätigten sich schon bald. Nur drei Jahre später erkrankte der Bruder des Mädchens, Paul, an dem, was die Ärzte damals Blutandrang nannten und was möglicherweise eine Folge der Choleraepidemie war, die Europa in den 1840er- und 1850er-Jahren erfasste.[1] Gepeinigt von Krampfanfällen und einem Infekt hatte der zwölfjährige Junge mehrere Tage lang schrecklich zu leiden; seine Schwester Anne, die 1847 zur Welt gekommen war, hat in ihren Erinnerungen später Einzelheiten vom Tod des Bruders berichtet.

»Ich war schon sechs, als mein Bruder krank wurde«, schrieb sie.[2] »Ich liebte Paul so sehr, dass ich gegen alle Verbote sein Zimmer betrat ... und mich hinter einem Schrank versteckte.« Als die Familie das verängstigte Mädchen entdeckte, musste der Vater die Weinende und Bettelnde schweren Herzens mit Gewalt aus dem Zimmer bringen. »Paul *will*, dass ich bleibe«, schrie sie. Der aber bat sie, mit seinen letzten Worten, zu gehen. Die Gefahr der Ansteckung war einfach zu groß, und der Gedanke, beide Kinder zu verlieren, unerträglich. Als sie am nächsten Morgen erwachte, standen die Eltern an ihrem Bett und weinten leise. Sie waren gekommen, um ihr zu sagen, dass Paul tot war – und um sich zu vergewissern, dass ihr letztes Kind noch atmete. Doch bald schon mussten sie sich auch um Anne Sorgen machen. Nach wenigen Tagen stellte sich heraus, dass auch sie sich angesteckt hatte, und eine Zeit lang sah es so aus, als würde sie ebenfalls sterben.[3] Unten in den verödeten großen Wohnräumen eines totenstillen Hauses hielten Barbe-Nicole, Louis und Clémentine traurig Wache.

Anne überstand die Krankheit, aber ihre Familie sollte nie mehr dieselbe sein wie vorher. Nach Pauls Tod verlief das Leben im Schloss von Boursault in Abgeschiedenheit und Einsamkeit. Im Angesicht der Tragödie war Barbe-Nicole stark und entschlossen gewesen, nun aber konnte sie nichts tun, um die Trauer ihrer Enkelin zu lindern und ihre verzehrende Angst zu beschwichtigen. Marie-Clémentine und der Graf von Mortemart lebten in ständiger Furcht, eine Seuche oder Krankheit könnte auch ihr letztes Kind dahinraffen; plötzlich schien die Welt jenseits der Gärten von Boursault, jenseits der das Anwesen umgebenden Mauer gefährlich zu sein. Als die Cholera 1854 erneut ausbrach, verschob man die zur Gewohnheit gewordenen Besuche auf entferntere Landsitze.[4] Da so viele in Frankreich an der Seuche starben, war es mit Empfängen und Hausgästen vorbei, und jede Reise erschien als Einladung zur Katastrophe. Wenn sie irgendwohin fuhren, dann nach Norden und weiter aufs Land, auf den Familienruhesitz in Villiers-en-Prayères mit seinen ausladenden Gärten und seinem noch größeren Park. Es war ein geschütztes Dasein für ein Mädchen, um dessen junges Leben die schlimmsten Ängste der Familie kreisten.

Anne erinnerte sich an eine ernste Kindheit, die geprägt war »von traurigen Eltern und betagten Großeltern«, ohne gleichaltrige Spielgefährten und in einem Haus, in dem zunehmend Spannungen spürbar wurden.[5] Vor allem die beiden Männer kamen nicht miteinander aus.[6] Der Graf von Mortemart war ein nüchterner und gläubiger Mensch, und so war es keine Überraschung, dass es zu Konflikten mit Louis de Chevigné kam, der sich immer darin gefallen hatte, die Rolle des geistreichen und respektlosen Libertin zu spielen. Auch in politischen Fragen waren sie unterschiedlicher Ansicht. Marie-Clémentine, eine selbst unter besten Umständen ängstliche Frau, brach unter dem Druck zusammen und verfiel in zielloses Grübeln. »Meine liebe Mutter hatte einen so schwachen Charakter«[7], schrieb Anne, »dass ich manchmal das Gefühl hatte, *sie* sei *mein* Kind, für das ich verantwortlich sei ... das Leben war nicht immer einfach.«[8] Großmutter Clémentine war eine ähnlich verzagte und nervöse Frau, ganz im Gegensatz natürlich zu Barbe-Nicole. Doch diese verehrte noch immer Louis de Chevigné, was nicht dazu beigetragen haben kann, die Spannungen in der Familie abzubauen. Zu oft, so Urenkelin Anne, »herrschten Animositäten vor«.[9]

Vielleicht sind diese häuslichen Spannungen der Grund dafür, dass auf dem Porträt von Barbe-Nicole, das irgendwann in den 1850er-Jahren gemalt wurde, nicht der leiseste Anflug eines Lächelns zu sehen ist. Es handelt sich um das berühmte Bild der Witwe Clicquot, das von dem französischen Maler Léon Cogniet angefertigt und in der einzigen zu ihren Lebzeiten veröffentlichten Biografie, in Victor Fiévets *Madame Veuve Clicquot (née Ponsardin), son histoire et celle de sa famille* (1865), reproduziert wurde.[10] Wieder abgedruckt wurde es für ein englischsprachiges Publikum in Henry Vizetellys wunderbar illustriertem Buch *Facts about Champagne and Other Sparkling Wines, Collected during Numerous Visits to the Champagne and Other Viticultural Districts of France ... with One Hundred and Twelve Illustrations* (1879). Beide Bücher sind heute außerordentlich selten, separate Lithografien des Porträts fast ebenso schwer zu finden.

Während meiner Beschäftigung mit der Witwe habe ich irgendwann eine horrende Summe für eine große, wundervolle Reproduktion ausgegeben; Barbe-Nicole blickt mich aus ihr und, wie ich mir gern vorstelle, auch aus der Vergangenheit heraus an. Sie sitzt in einem großen, imposanten Sessel, und der düstere Ernst jener Jahre lässt sich von ihrem breiten Mund ablesen. Der Blick ist intelligent, aber hart und vielleicht ein wenig müde; es ist der Blick einer Frau, mit der nicht zu spaßen ist. In ihren Augen ist immer noch ein wildes Funkeln, und auf dem Originalgemälde weist ihr goldbraunes Haar noch immer jene rötlichen Strähnen auf, die ihr Bürgerausweis aus Kindertagen als »glühend blond« bezeichnet hatte. Noch immer findet sich keine Spur von Grau in diesem Haar - zumindest in der idealisierten Sicht des Malers. Sie trägt die weiße Spitzenkappe einer vornehmen französischen Witwe und eine monumentale schwarze Robe mit purpurfarben gefütterten Ärmeln, die eher wie das Gewand meiner frommen puritanischen Vorfahrinnen aussieht als wie das Kleid einer Frau, die der Welt ihren glamourösesten Wein geschenkt hat. Das überrascht mich am meisten.

Von ihrem Reichtum und ihren neu erworbenen Adelsprivilegien ist nichts zu ahnen, und so ist das Bild ungeachtet des Luxus, den sie verkaufte und den sie selbst genoss, das Porträt einer bürgerlichen Frau. Auf ihrem Schoß liegt ein aufgeschlagenes Buch, und sie legt gerade ein mit Bändern versehenes Lesezeichen zwischen die Seiten. Vielleicht handelt es sich, wie der adrette Herr glauben möchte, der mir die Lithografie in einem kleinen Antiquariat an der Rive Droite in Paris verkaufte, um ein Buch über die Kunst der Weinherstellung. Ich vermute, dass es eher einer dieser epischen Wälzer ist, die sie immer geliebt hatte, ein *Don Quixote* oder ein früher Roman von Victor Hugo. Vielleicht las sie auch gerade, wenn ihr nach Ernsthaftem und Gelehrtem war, die *Histoire des Girondins* (1847) von Alphonse Marie Louise de Lamartine, dem bürgerlichen Revolutionär.[11] Er stand kurz an der Spitze der republikanischen Regierung, die 1848 die Kontrolle über Frankreich übernahm und die Abdankung Louis-Philippes und damit das Ende seiner sogenannten Julimonarchie erzwang. Für kurze Zeit gab es nämlich eine Zweite Republik in Frankreich, mit Charles Louis-Napoleon Bonaparte, dem Neffen des berühmten Eroberers, an der Spitze.[12] Doch zu der Zeit, da Barbe-Nicoles Porträt gemalt wurde, war die Republik durch einen Staatsstreich schon wieder abgeschafft worden, und Louis-Napoleon führte fortan den kaiserlichen Titel Napoleon III.

Arbeiterinnen hatten im Mittelpunkt der Revolution von 1848 gestanden, nachdem sie in den Jahren davor, so ein Historiker, »zu einem umstrittenen, heftig diskutierten Phänomen geworden« waren.[13] Junge Mädchen strömten in neue Niedriglohnjobs in den Fabriken, als die Industrielle Revolution Fahrt aufnahm, aber selbst gegen diese emanzipatorischen Fortschritte liefen die Meinungsmacher Sturm. »Die Frau wurde nicht dazu geschaffen«, schrieb ein Journalist, »in unseren Fabriken zu arbeiten und unsere Produkte herzustellen. Sie soll sich der Erziehung ihrer Kinder widmen und um den Haushalt kümmern.«[14] Nicht dazu geschaffen, in unseren Fabriken zu arbeiten? Falls Barbe-Nicole die Zeitungen las, wird sie sich verschmitzt gefragt haben, was solche Leute wohl über eine Frau sagen würden, die eine Fabrik leitete.

Eines können wir mit Sicherheit sagen: dass es sich bei dem Buch auf dem Porträt nicht um Louis de Chevignés *Les contes rémois* handelt. Aber vielleicht fiel die Entstehung des Gemäldes mit dem Erscheinen der dritten Auflage von Louis' Gedichten im Jahr 1858 zusammen, einem Ereignis, das kaum dazu angetan war, den häuslichen Konflikt mit dem einfallslosen Schwiegersohn zu besänftigen. Waren Louis' dichterische Eskapaden ein weiterer Tiefpunkt – und ein weiterer Grund für Spannungen in Boursault –, so stellte zumindest die Ernte dieses Jahres einen der positiven Höhepunkte in diesem Jahrzehnt der Trauer dar: 1858 war einer der wenigen großen Jahrgänge des 19. Jahrhunderts, und sein Wein konnte es sogar mit jenem »süßesten aller Mörder« aufnehmen, dem Champagner aus dem Kometenjahr 1811.

Seit den fernen Tagen ihrer Ehe mit François hatte Barbe-Nicole Gefallen daran, bei der Weinlese zuzuschauen und über die sanft gewellten Weinberge zu blicken, die sich in den frühen Morgenstunden wie ein grüner Schleier aus dem Dunst erhoben. In Boursault konnte sie die Ernte von den Fenstern des oberen Stockwerks aus beobachten. Von fern waren der Klang gedämpfter Stimmen und die knarzenden Räder der Eselskarren zu hören, die kleine Körbe reifer Trauben durch die Felder in den *vendangeoir*, das Kelterhaus, brachten.[15] Es roch nach Holz und Früchten und trockenen Sommergräsern. All dies war, wie es immer gewesen war. In Bouzy, im hügeligen Osten, gab es noch immer die alte Holzpresse, die breiten offenen Eichenholzbalken und die kühlen Steinböden, und sie erinnerte sich an die lange zurückliegenden Herbsttage, in denen sie die Geheimnisse ihres Handwerks kennengelernt hatte.

Aber es gab auch Unterschiede. Ihr Weingeschäft war kein kleiner Betrieb mehr, sondern ein riesiges Handelsunternehmen. In einem immer stärker von der Industrialisierung geprägten Zeitalter war Champagner (und er ist es bis heute) ein produktionstechnischer Widerspruch in sich - ein handgemachter Luxuswein, der in massenmarktüblichen Mengen in die Welt hinausgeht. Ein Kelterhaus von Clicquot-Werlé verfügte jetzt über acht Pressen, die aus den Trauben pro Ernte tausend Fässer Wein gewinnen konnten.[16] In den Kellern unter der rue du Temple in Reims, in denen die Cuvée zusammengestellt wurde, hievten mechanische Kräne Dutzende Fässer aus den *caves*, und der Wein wurde in Bottichen vervollkommnet, die so groß waren, dass man den internationalen Markt mit Hunderttausenden von Flaschen des berühmten Champagners versorgen konnte.[17] Jede Traube aber wurde sorgfältig per

Hand vom Stock geschnitten. In der Champagne pflegt man diese altehrwürdige Tradition bis heute.

Natürlich würde der Wein aus der außerordentlichen 1858er-Lese die Exportmärkte nicht so bald erreichen. Jahrgangsweine lagerten lange in Barbe-Nicoles Kellern. Sie hatte aber keinen Zweifel, dass sie eines Tages etwas Vorzügliches darstellten. Das hier war eine selten gute Ernte gewesen, und überall in der Region wurden die Weine dieses Jahres als Champagner mit dem »Konsulatssiegel« bekannt - ein wenig Werbeglanz, der an den früheren Jahrgang mit dem Kometensymbol erinnerte.[18]

Ermöglicht wurde dieses neue Marketing durch Etiketten. Als eine der Ersten hatte Barbe-Nicole ihre Flaschen damit schon 1814 versehen, als eine Art Garantie für misstrauische Kunden. Aber sie hatte diesen Verkaufskniff nicht perfektioniert, ja im Grunde hatte sie ihn bisher kaum genutzt. Bis in die 1850er-Jahre hatte das niemand konsequent getan. Doch als die Eisenbahn endlich auch Épernay und Reims erreichte, veränderten die Geschwindigkeit und die Effizienz dieses neuen, modernen Transportmittels auch die Handelskultur. Plötzlich war der Markt wirklich international, und selbst heikle Produkte wie Champagner konnten ihren Weg in Ladenregale und zu Lieferanten überall auf der Welt finden, ohne dass sie von Endverbrauchern bestellt worden waren. Angewiesen waren Letztere aber natürlich auf Werbung, die ihnen bei der Kaufentscheidung half - auf etwas, das sie in größerer Zahl als je zuvor zu den kleinen Luxusdingen des Lebens greifen ließ.

Die Folge war, dass die Weinetiketten sich explosionsartig vermehrten. In der Unternehmenszentrale von Clicquot-Werlé wusste jeder, dass der beste Vermarktungstrick ein ganz naheliegender war: der Name der Witwe. Auf den ersten Etiketten war schlicht und einfach zu lesen: »Veuve Clicquot Ponsardin, Reims«. Édouard Werlé und die anderen Partner machten sich klugerweise die Tatsache zunutze, dass sie, wenn es um Champagner ging, *die* Witwe war. Und die Witwe war Champagner. Um 1860 war ihr Etikett auf der Welt so bekannt wie ihr Name. »Vielen ist zweifellos das Wort RHEIMS aufgefallen, das auf den Etiketten einer Flasche *Clicquot* oder *Konsulatssiegel* oder auf denen einer der zahlreichen anderen, wenn auch weniger bekannten Champagnermarken deutlich zu lesen ist«, vermerkte ein loyaler Weinliebhaber.[19] Es handelte sich freilich noch nicht um das gelbe Etikett, das heute auf der ganzen Welt als Markenzeichen von Champagne Veuve Clicquot Ponsardin bekannt ist. Bis dahin sollte es noch einige Jahre dauern und einer weiteren sehr wichtigen Wendung in der Geschichte dieses Schaumweins und der Geschichte der anderen großen Champagnerwitwe bedürfen.

Barbe-Nicoles Geschichte näherte sich langsam ihrem Ende: 1858 war sie einundachtzig Jahre alt. Sie hatte miterlebt, wie ihre Weine sich unter die großen Champagner der Welt einreihten, und mit dem Geschäft, das sie durch die Anfänge der Industriellen Revolution in Frankreich hindurchgeführt hatte, ein gigantisches Vermögen erwirtschaftet. Dasselbe galt für Édouard Werlé. Innerhalb der wenigen Jahrzehnte ihrer Partnerschaft war er zum »reichsten Mann in Reims und zu einem der reichsten in Frankreich geworden, angeblich mit einem Vermögen von vier oder fünf Millionen Dollar«, die einem Betrag von etwa hundertsechzig oder zweihundert Millionen Dollar nach heutigem Geldwert entsprechen.[20] Barbe-Nicole verfügte noch über deutlich mehr Geld. Zu einer Zeit, da nur wenige Frauen mächtige Wirtschaftsimperien lenkten, gehörte sie zu den reichsten Unternehmerinnen der Welt.

Ihrer Familie gegenüber war sie stets großzügig, aber sie verfügte auch über Bürgersinn. Zwar bekleidete sie nie ein öffentliches Amt und übte nie die gleiche Art von Einfluss aus wie die Männer um sie herum, aber sie spendete in ihren letzten Jahrzehnten unermüdlich für gute Zwecke. So unterstützte sie mit achtzigtausend Franc die Einrichtung eines Heims für bedürftige Kinder und setzte sich dafür ein, den antiken römischen Triumphbogen in Reims vor dem Einsturz zu bewahren.[21] Darüber berichtete Prosper Mérimée einem Freund: »Es ist eine Sache von dreißig- oder vierzigtausend Francs. ... Madame Clicquot ... ist die Königin von Reims und ... hat ihren obersten Angestellten zum Bürgermeister gemacht. ... Es bedarf nur eines Wortes von ihr, und der Bogen ist gerettet.«[22] Am berühmtesten ist der Brunnen, den sie der Stadt Épernay überließ. Aus unbekannten Gründen war die öffentliche Wasserversorgung der Stadt zum Erliegen gekommen. Barbe-Nicole jedoch besaß auf ihrem nahe gelegenen, in den Wäldern zwischen Boursault und der berühmten Champagnerstadt im Osten versteckten Grundstück in Vauciennes eine wichtige Quelle. Diese schenkte sie der Gemeinde. Und weil sie wusste, dass ihre Konkurrenten das Wasser zum Ausspülen ihrer Champagnerflaschen verwenden würden, scherzte sie: »Ich habe euch bei eurer Arbeit und Produktion geholfen. Werft mir also bitte niemals vor, eifersüchtig zu sein.«[23] Die Einheimischen reagierten darauf mit dem für Frankreich typischen trockenen Humor, indem sie sagten, die Witwe Clicquot sei so großzügig, dass sie sogar Monsieur Moët zu trinken gegeben habe. Aber auch wenn man in Barbe-Nicole natürlich nicht nur die hartgesottene Geschäftsfrau, sondern auch eine Dame mit Herz sehen möchte, in Wahrheit hatte diese großzügige Schenkung auch den Zweck, sie zu einer

Legende und zu einer Institution zu machen, zur *grande dame* der Champagne.

Édouard Werlé war jetzt ebenfalls eine wichtige Persönlichkeit in Reims, aber sein Erfolg zeigt deutlich, warum Barbe-Nicole als Frau nie dieselbe politische Macht hätte besitzen können - nicht einmal als Großindustrielle. Er trat in die Fußstapfen ihres Vaters und wurde zum Bürgermeister von Reims ernannt - ein Amt, das er fast zwanzig Jahre lang innehaben sollte.[24] Wie die meisten Mitglieder der herrschenden Industriellenklasse Frankreichs war er »ein glühender Anhänger des Imperialismus« und unterstützte begeistert die Politik Napoleons III.[25] Wie vor ihm Jean-Rémy Moët avancierte er zum persönlichen Freund des neuen Kaisers, und Louis-Napoleon zeigte sich erkenntlich: Schon bald trug Édouard das rote Band der Kaisertreuen. Für seine Kinder hatte er, wie so viele Unternehmer an der Spitze der großen Champagnerhäuser der Region - unter ihnen ja auch Barbe-Nicole -, glänzende politische Ehen arrangiert.

Eines aber tat der Kaiser nicht einmal für seinen Freund Monsieur Werlé - und das war etwas, das die Zukunft des Unternehmens gefährdete. »Der Kaiser«, hieß es, »wird alles für seinen bevorzugten Weinhändler tun, nur seinen Champagner wird er nicht trinken.«[26] Louis-Napoleon mochte ihn nämlich nicht. Er hatte in England gelebt und bestand auf trockenem Champagner. Das Problem war - in den Worten zeitgenössischer Beobachter -, dass die reiche Veuve Clicquot zu ihrer Zeit zwar »die raffinierteste Manipulantin der prickelnden Produkte aus Aÿ und Bouzy«[27], »der Clicquot-Wein aber von Anfang an auf den russischen Geschmack ausgerichtet [gewesen sei], der süßen und starken Champagner bevorzugt ... Und obwohl es sich ohne Zweifel ausnahmslos ... um gute Weine handelt, werden ihre Qualitäten, welcher Art sie auch sein mögen, völlig vom Zucker erstickt. Im Unterschied zu anderen Häusern passt das Unternehmen der Witwe Clicquot seinen Wein nie den sich verändernden Geschmäckern an. Der Clicquot-Wein verliert derzeit schnell an Prestige und wird schon bald obsolet sein, wenn er nicht dem anspruchsvolleren Geschmack heutiger Konsumenten angepasst wird.«[28]

Wieder einmal war man im Hause Clicquot zu Veränderungen genötigt, wenn man überleben wollte - wobei Überleben jetzt nicht mehr das Fortbestehen einer bescheidenen mittelständischen Existenz bedeutete. Doch man schob die Sache auf die lange Bank. Es schien einfach unmöglich, dass der britische Markt je von Bedeutung sein könnte. Nur ein Bruchteil der jährlichen Verkäufe - vielleicht ein paar Tausend Flaschen - ging dorthin. Vor allem Barbe-Nicole konnte nie vergessen, dass es selbst Louis Bohne 1801 bei seinem verheerenden Abstecher nicht gelungen war, ihre Weine in London zu verkaufen.

Während die leitenden Persönlichkeiten bei Clicquot-Werlé zögerten und zauderten und halbherzige Versuche unternahmen, über den riesigen russischen Markt hinauszublicken, der ihnen ein Vermögen eingebracht hatte, ergriff eine andere Frau - die selbst gerade Witwe geworden und mit zwei kleinen Kindern zurückgeblieben war - die Gelegenheit beim Schopf. Es war eine Gelegenheit, die die junge Frau ohne Barbe-Nicoles Karriere in der Weinbranche vielleicht nicht einmal erkannt hätte. Jeanne Alexandrine Louise Pommery (geborene Mélin) war 1858 neununddreißig Jahre alt, und die frisch Verwitwete kannte Madame Clicquot natürlich. Die Witwe Clicquot gehörte zu den berühmtesten Frauen ihres Jahrhunderts, auch wenn die meisten Konsumenten, die ihre Weine priesen, nur wenig über die Frau wussten, die sich hinter dem Etikett verbarg. Louise Pommery stand vor der gleichen Entscheidung, mit der Barbe-Nicole ein halbes Jahrhundert zuvor, nach dem Tod von François, konfrontiert gewesen war, und obwohl das kulturelle Klima die Ambitionen angehender junger Geschäftsfrauen alles andere als ermutigte, kam sie zum selben Schluss: Sie übernahm die Führung des Familienunternehmens. Ihre Entschlossenheit, den britischen Markt zu erobern, glich Barbe-Nicoles Leidenschaft für die »Unterwerfung« Russlands, und so sollte die Entscheidung, massenhaft Schaumwein an die Briten zu verkaufen, Louise Pommery zur zweiten großen »Champagnerwitwe« ihres Jahrhunderts machen und – mehr, als es die schüchterne und häusliche Clémentine je gewesen war – zur kulturellen Erbin Barbe-Nicoles.

Wie Barbe-Nicole erbte Louise Pommery weder ein großes Unternehmen noch ein etabliertes Champagnerhaus. In dieser Hinsicht waren die beiden Frauen einzigartig in der Geschichte des Champagners. Und ebenfalls wie Barbe-Nicole kam Louise mit bemerkenswert wenig Erfahrung aus erster Hand ins Weingeschäft. Ihr Mann Alexandre, auch er einer der mäßig erfolgreichen Reimser Wollwarenhändler, war Partner eines Handelsreisenden in Sachen Wein namens Narcisse Greno geworden, und zwar in einer Firma, die sich erst zwei Jahre zuvor auf lokale Stillweine spezialisiert hatte.[29] Die Büros der Firma, die versteckt in einer kleinen Gasse im Schatten der großen Kathedrale lagen, waren nicht weit entfernt vom Hôtel Ponsardin und den Kellern der Witwe Clicquot. Alexandre war zwar neu im Weinhandel, besaß aber große Weinberge in den Hügeln über Reims und hatte viel Geld in das neue Unternehmen investiert – so viel, dass Louise nach seinem Tod nur zwei Optionen hatte: das Unternehmen entweder selbst zu führen oder es aufzulösen.

Sie entschied sich für die erste Option. Voller Enthusiasmus übernahm sie die Leitung des Weinunternehmens Pommery & Greno. Der Partner, der sich dem Rentenalter näherte, war froh, ins zweite Glied treten zu können, und so wandte Louise sich gemeinsam mit ihrem neuen *voyageur* und Verkaufsleiter Henri Vasnier, dem Bruder eines alten Schulfreundes, der Massenproduktion erlesenster Champagner zu. Dafür bedurfte es enormer Investitionen, und es war mühsam, auf einem Markt, der damals von einer Handvoll Unternehmen dominiert wurde, zu einem der Großen zu werden. Aber Louise war erfahren in der Kunst der Vermarktung und der Eigenwerbung, und sie strahlte entschieden Autorität aus. Einer ihrer Zeitgenossen formulierte es so: »Sie hätte ebenso gut eine Regierung wie ein Unternehmen führen können.«[30] An ihrer unternehmerischen Begabung und ihrer scharfen Intelligenz konnte jedenfalls kein Zweifel bestehen. Binnen wenig mehr als einem Jahrzehnt machte sie das Haus Veuve Pommery & Cie. zu einem ungeheuer profitablen und bedeutenden Unternehmen, das bald mehr als eine Million Flaschen Schaumwein im Jahr verkaufte – mehr, als selbst in den betriebsamen Kellern der Witwe Clicquot produziert wurde.[31]

Madame Pommerys Erfolg basierte auf Innovationen, und eine ihrer kommerziellen Entdeckungen sollte die Art des Champagners, der auf der Welt getrunken wird, verändern. Ein halbes Jahrhundert zuvor, zu Beginn der Industriellen Revolution, hatte Barbe-Nicole ihre Firma zu einem der berühmtesten Unternehmen Europas gemacht, indem sie den Weg in Richtung Massenproduktion von Champagner beschritt. Im Zuge dessen hatte sie auch zur Entwicklung eines neuen Modells für die Rolle der modernen Geschäftsfrau beigetragen. In den 1850er-Jahren veränderte vor allem die Werbung die Champagnerindustrie, und Louise war bereit, auf dem Weg in die Massen*vermarktung* voranzuschreiten. Sie machte sich auf nach Großbritannien, um die Chancen auszuloten, und kehrte zurück mit der Erkenntnis, dass es dort jede Menge Kunden gab, dass diese Kunden aber etwas ganz anderes wollten: einen knackigen, trockenen Champagner. Sie wusste nun, welche Richtung sie einzuschlagen hatte. 1860 »erfand« sie jenen Champagner, den wir noch heute als *brut* genießen: Schaumwein ohne die sirupartige Süße, die so lange in Mode gewesen war.[32] Heute ist es diese leichte, als Aperitif oder als erfrischendes Getränk in einem sommerlichen Picknickkorb geeignete Art von Champagner, die viele seiner größten Bewunderer als ideal empfinden.

Nach wenig mehr als einem Jahrzehnt hatte Madame Pommery sich einen beachtlichen Anteil am wachsenden Champagnermarkt gesichert, und das mit der gleichen Energie, die Barbe-Nicole zuvor in diesem Jahrhundert besessen hatte. Wie Barbe-Nicole vergeudete Louise auch keine Zeit damit, ein prachtvolles Château errichten zu lassen oder ihre Tochter an den Adel zu verheiraten. Das Schloss der Pommerys wurde jedoch in Vorahnung der Begeisterung für den Weintourismus entworfen, der sich in der Form, wie wir ihn heute kennen, in den folgenden zwanzig Jahren zu entwickeln begann. Louises *domaine* war nicht den großen Schlössern an der Loire nachempfunden, sondern wurde im Stil der britischen Adelssitze erbaut – ein strategisch intendiertes einladendes Kopfnicken zu dem Markt hin, dem sie ihr Vermögen verdankte.[33] Und da die Zeiten sich geändert hatten, wurde dieses Schloss nicht auf dem Land errichtet, mit Blick auf Weinberge und Ernte, sondern als extravagante und verspielte Champagnerfabrik im Zentrum der Handelsstadt Reims. Die

Keller dieser Frau mit Gespür fürs Marketing waren nach den Großstädten benannt, in die sie ihre Ware lieferte - nach London, Manchester, Leeds und bald schon Dutzenden weiteren Metropolen überall auf der Welt. Zudem wurden sie mit großartigen Steinmetzarbeiten versehen.[34] Die Besucher kamen in Scharen, um die Firmenräume zu besichtigen und, natürlich, um Champagner zu kaufen.

Louise Pommery - die so selbstbewusst in die Fußstapfen Barbe-Nicoles trat - gehörte zur letzten Generation von Frauen, die in Sachen Champagner gleichermaßen einflussreich waren. Nur die verwitwete Lily Bollinger sollte, in den 1940er-Jahren, noch einmal in brillanter Weise eines der großen Champagnerhäuser leiten. Aber sie baute die Firma nicht auf; sie hatte sie geerbt. Champagne Bollinger hatte bereits in den 1880er-Jahren zu den Großen der Branche gehört und das königliche Privileg besessen, die britische Monarchin Victoria mit Champagner versorgen zu dürfen. Die Witwe Bollinger stand an der Spitze eines Familienunternehmens, das bereits ein Vermächtnis war. Barbe-Nicole und Louise Pommery hingegen hatten mit ihren Unternehmen nach bescheidenen Anfängen spektakuläre Höhen erklommen.

Doch auch wenn Louise die letzte Frau war, die ein Champagnerimperium errichtete, und eine von zweien, die nicht nur internationalen Ruhm erlangten, sondern in ihrer Branche, der sie einen Weltmarkt erobern halfen, auch beherrschende Rollen spielten, es gab noch andere Weinproduzentinnen im 19. Jahrhundert. Die Umstände ermutigten Frauen zwar nicht, in der Wirtschaft tätig zu werden, und nur erstaunlich wenige Mittelständler beiderlei Geschlechts waren in der Lage, mit der Industrialisierung und der Entstehung des »big business« Schritt zu halten. Doch gab es nach dem märchenhaften Erfolg von

Barbe-Nicole durchaus Frauen aus dem Bürgertum, die es versuchten.

So gründete 1808 die Witwe von Nicolas-Simon Henriot, Apolline, ein kleines Champagnerhaus, das nie mehr als bescheidene Erfolge errang. Es ist jedoch durchaus ungewöhnlich für das Weinland Frankreich, dass sieben Generationen später noch immer Nachfahren Apollines Champagne Henriot als florierende Weinhandlung betreiben.[35] Nach dem Tod von Louis Roederer 1880 leitete dessen Schwester, Madame Jacques Olry, eine Zeit lang eines der ältesten und erfolgreichsten Champagnerhäuser der Region. Viele glauben, es sei in den 1860er-Jahren sogar »das größte und reichste« aller lokalen Unternehmen gewesen.[36] Leider hatte Madame Olry nicht so viel Glück oder Talent wie Barbe-Nicole und Louise Pommery. Sie hatte eines der Juwelen der Branche geerbt, doch erlebte das Geschäft unter ihrer Führung einen Niedergang. In den letzten Jahren des Jahrhunderts führte Mathilde-Émilie Laurent-Perrier nach dem Tod ihres Mannes Eugène das große Champagnerunternehmen seiner Familie unter dem Namen Veuve Laurent-Perrier & Cie. weiter. Auch sie verdiente ein Vermögen mit dem Verkauf des trockenen Champagners, den Louise Pommery erfunden hatte. Die Blütezeit ihrer Firma währte bis zum Ersten Weltkrieg. In den 1920er-Jahren jedoch stand Mathilde am Rande des Konkurses, und ihre Nachfolgerin, die Witwe Nonancourt, hatte jahrzehntelang schwer zu kämpfen.

Champagner war schon immer ein schwieriges Geschäft gewesen. 1858 war er auch ein großes Geschäft geworden. In der zweiten Jahrhunderthälfte hatten im Wesentlichen reiche Industrielle und jene Männer - nur gelegentlich Frauen - Erfolg, die mit Weitsicht und Hartnäckigkeit schon Jahrzehnte zuvor in den sich auf immer weniger

Anbieter konzentrierenden Markt für Wein eingetreten waren. Nun, angesichts des Aufstiegs der modernen Werbung und verlässlicher Transportmittel, angesichts der Industrialisierung und der Technologien für die Massenproduktion von den Kellern bis zu den Weinbergen, bestand die Herausforderung darin, auf einem boomenden Markt, der sich fast so schnell veränderte wie die Welt ringsum, an vorderster Front zu bleiben. Édouard Werlé und Barbe-Nicole erkannten schließlich, dass sich auch ihre Art und Weise, das Geschäft zu betreiben, ändern musste. Innerhalb des nächsten Jahrzehnts sollte ihr Haus mit der Tradition brechen und den Weg einschlagen, auf dem Louise Pommery vorangegangen war. Der *brut* Champagner von Clicquot-Werlé zielte fortan auf den »englischen Kunden aus der Oberschicht, [der] nach trockenem Champagner verlangt«, und wurde mit einem hellgelben Etikett vermarktet.[37] Heute ist dieses Etikett – ein geschütztes Warenzeichen des Unternehmens in der »Farbe des Dotters aus den Eiern der berühmten, mit Mais gefütterten Bresse-Hühner« – für jeden Weinliebhaber sogleich als Markenzeichen von Veuve Clicquot erkennbar.[38]

Die Königin von Reims

Als sie dem Maler so steif und bewegungslos Modell saß, konnte Barbe-Nicole in der Ferne durch die großen Fenster ein Stück Himmel sehen. Um sie herum waren die gedämpften Geräusche des Haushalts zu vernehmen, die Bediensteten gingen ihren täglichen Verrichtungen nach, und Urenkelin Anne, jetzt vierzehn, wurde langsam unruhig.

Es sollte das letzte Porträt von Barbe-Nicole werden. In den 1860er-Jahren war Léon Cogniet zurückgekehrt, um ein zweites Abbild der berühmten Witwe Clicquot zu malen, diesmal ganz in graue Seide gekleidet, eine Stickarbeit auf dem Schoß und das Kind zu ihren Füßen. Obwohl das Bild mit Sicherheit im Haus angefertigt wurde, vor einem sonnigen Fenster und umgeben von dem geschmackvollen Luxus, den ihr Champagnerimperium ihr beschert hatte, ist es das Bild einer bescheidenen häuslichen Dame, die auf einer Terrasse sitzt, mit den sanft gewellten Hügeln der Champagne im Hintergrund. Der einzige Hinweis auf ihr großes Vermögen und das Geschäft, mit dem sie es verdient hat, ist das Château de Boursault, das in der Ferne andeutungsweise zu erkennen ist.

Barbe-Nicole wusste, dass das Bild mehr der Fantasie als der Realität geschuldet war. Der Maler wollte das Ganze ins Freie verlegen, sie jedoch war zu alt, um stundenlang draußen zu sitzen, während er mit seinen Pinseln hantierte. Sie war zu alt, um überhaupt noch so lange reglos Modell zu sitzen. Und sosehr dieser Mann sie sich als Großmutter im

Ruhestand vorzustellen beliebte, sosehr sie vielleicht auch bemüht war, diese Rolle zu spielen – ihr ganzes Herz hatte der Firma gehört. Und gehörte ihr noch immer. Viel hatte sich verändert in diesen mehr als fünfzig Jahren, seit sie von François Abschied genommen und sich in ihr eigenes Abenteuer gestürzt hatte. Aber ihre Hingabe ans Geschäft war nie ins Wanken geraten. Sie hatte Édouard Werlé und sich selbst zu vielfachen Millionären gemacht. Sie hatte erlebt, wie sich Frankreich zur Industrienation entwickelt hatte, die kreuz und quer von Eisenbahnlinien durchzogen war und industrielle Ballungsräume gebildet hatte. Vor allem aber hatte sie viel vom Leben gesehen und in traurigem Übermaß frühe Tode hinnehmen müssen – die ihres Mannes, ihres Bruders, ihres Vaters, ja sogar zweier Urenkel binnen weniger Jahre. Doch noch immer brütete sie über ihren Geschäftsbüchern, noch immer lebte sie auf, wenn Édouard ihr von seinen Zukunftsplänen für das Unternehmen berichtete. Er erzählte ihr auch von seinen politischen Ambitionen und von seiner Bewerbung um einen Sitz im Parlament seines Freundes Louis-Napoleon. Wie sehr er doch ihrem Vater glich!

Barbe-Nicole war jetzt eine alte Frau, die die Jahre, in denen die meisten ihrer Altersgenossen von Krankheit oder durch Unfälle dahingerafft worden waren, längst überlebt hatte, und sie wusste, dass ihr nicht mehr viel Zeit beschieden war. Um sie herum starben ständig Menschen, und mitunter konnte sie sich nicht einmal vorstellen, wer die Familientradition fortführen sollte. Ihre Schwester Clémentine machte unermüdlich weiter, und manchmal saßen die beiden Schwestern zusammen und erinnerten sich an all die Veränderungen, deren Zeugen sie gewesen waren, und an all die Dinge, die sie in acht Lebensjahrzehnten gemeinsam erlebt hatten. Barbe-Nicole musste jedoch mit ansehen, wie es mit der Gesundheit ihrer Tochter Clémentine, der Gräfin von Chevigné, bergab ging. Noch im selben Jahr 1863 war sie tot. Nachdem Barbe-Nicole ihr einziges Kind zu Grabe getragen hatte, galten ihre Gedanken Anne – einem hübschen Mädchen mit braunen Haaren, das schon fast zur Frau geworden war und sicher bald heiraten würde. Anne und ihre älteren Cousinen brachten viel Leben in die förmliche Atmosphäre der Räume von Boursault. Und da das Mädchen nun alt genug war, um an der Gesellschaft der Erwachsenen teilzuhaben, gab es auch wieder Feste und elegante Hausgäste auf Schloss Boursault. Schließlich war Anne die einzige Erbin eines der größten Vermögen Frankreichs, und die Neugier, »die kleine Mortemart« kennenzulernen, war grenzenlos.

Aus aller Welt kamen aber auch Menschen, um die Witwe Clicquot zu sehen. So schrieb ihr Biograf 1865: »Fremde und Besucher wurden mit Gastfreundschaft, wohlwollender Höflichkeit und Weltläufigkeit willkommen geheißen. ... Aller Welt begegneten die Gastgeber ohne Vorbehalt.«[1] Mit der Eisenbahn kamen immer mehr Freunde aus Paris zu ihren Festen. Und Touristen gab es natürlich auch. Boursault bot wunderbare Blicke auf die malerische Landschaft der Weinbauregion, und die Bahnlinie führte unmittelbar am Fuß des Felsens vorbei, auf dem das Schloss sich erhob. Nichts war einfacher, als eine Wallfahrt zur Witwe Clicquot zu unternehmen, und für Urlauber und Weinliebhaber »gehörte das Château de Boursault zu den Dingen, die man unbedingt gesehen haben musste«.[2] Die Welt war bei ihr zu Gast. Zumindest wirkte es so.

Schriftsteller und bildende Künstler, Fürsten und Politiker, sie alle fanden den Weg zu dem Schloss oben auf dem Hügel und wurden dort glänzend unterhalten. Barbe-Nicole sagte ihnen lachend, dass sie nur auf eines unwiderruflich bestehe: Sie dürften nur Champagner trinken. Der selbstherrliche Louis XIV. hatte verkündet: »*L'état, c'est moi*«, der Staat, das bin ich. Sie scherzte mit ernstester Miene: »*Le vin, c'est moi.*« Unter den Gästen waren nur wenige Revolutionäre. Der Schriftsteller Charles Monselet erinnerte sich, man habe bei einem Besuch in ihren Salons leicht den Eindruck gewinnen können, dass die Witwe Clicquot Exklusivlieferantin »aller Fürsten, Zaren, Erzherzöge, Kardinäle, Geschäftsleute und Oberbürgermeister« der Welt sei.[3] Während ihrer wohlwollenden Herrschaft hatten sie alle geschworen, nichts anderes zu trinken als ihren Champagner.

Trotz ihres Alters war Barbe-Nicole noch immer sehr vital. Victor Fiévet schrieb, ihre Züge seien »zart und zugleich doch voller Energie gewesen ... Unter der Bürde der Jahre und des körperlichen Nachlassens war ihr Geist noch immer Herrin und Königin. ... Die lebhafte Intelligenz und der außerordentliche Tatendrang von Madame Clicquot ließen sie niemals ruhen. In den ruhigen Abendstunden, wenn sie die Nadel zur Hand nahm und stickte oder nähte, ruhte ihr lebendiger und durchdringender Blick niemals auf der Arbeit; sie sah hierhin und dorthin, die Gedanken gingen auf Wanderschaft, und der Geist war ganz woanders.«[4]

Barbe-Nicole erkannte etwas von diesem unbezähmbaren Geist in Anne wieder. Es hatte seinen Grund, dass sie nie wieder geheiratet hatte, denn sie konnte es nicht ertragen, gehätschelt oder eingeschränkt zu werden. Sie hatte ein Leben draußen in der Welt führen wollen. Dasselbe konnte sie sich für ihre Urenkelin vorstellen. Anne, die jetzt im heiratsfähigen Alter war, lehnte stur alle Bewerber ab. Eine Ehe, so glaubte sie, passe nicht zu ihr, und so ließ sie eine Menge gebrochener Herzen und frustrierter adliger Mütter zurück. Die Hälfte der französischen Herzöge und der König von Serbien hielten um ihre Hand an.[5] Anne ließ sie alle abblitzen. Barbe-Nicole sah das, wenn nicht mit Zustimmung, so doch mit einer gehörigen Portion Bewunderung.

Was vom Leben Barbe-Nicoles überliefert ist, lagert in einem kleinen Haus aus Stein gleich am Eingang zu den Bürogebäuden von Champagne Veuve Clicquot Ponsardin in Reims. Innen ist ein ganzer Raum Aufzeichnungen vorbehalten über das Unternehmen, das sie führte, und über die Weinberge, die sie erwarb. Jede Flaschenlieferung, jede Lohnzahlung, jede bearbeitete Bestellung sind hier für die Nachwelt dokumentiert, und manchmal ist Barbe-Nicoles Stimme aus all dem Material herauszuhören. Meistens jedoch, so die Archivare, ist das nicht der Fall. Umso bedeutsamer sind deshalb die wenigen persönlichen Briefe, die erhalten geblieben sind. In den letzten Jahren ihres Lebens schrieb sie einen an Anne, der klarer als jedes andere Dokument erkennen lässt, was für eine Frau Barbe-Nicole war und wie sie in Erinnerung bleiben wollte. Der Brief ist ihr Lebensbericht, reduziert auf das Wesentliche.

»Meine Liebe«, schreibt sie an ihr letztes noch lebendes Urenkelkind, »ich will Dir ein Geheimnis verraten. ... Du ähnelst mir mehr als jeder andere Mensch, Du, die Du so mutig bist. Das ist eine wertvolle Eigenschaft, die mir im Laufe meines langen Lebens sehr von Nutzen gewesen ist ... bestimmte Dinge vor anderen zu wagen ... Man nennt mich heute die Grande Dame der Champagne! Schau Dich um, dieses Schloss, diese unverrückbaren Hügel, ich kann kühner sein, als es vielleicht den

Anschein hat. Die Welt ist ständig in Bewegung, und wir müssen die Dinge von morgen erfinden. Man muss sich vor den anderen aufmachen, muss entschlossen und tatkräftig sein. Lass Deine Intelligenz Dein Leben leiten. Handle verwegen. Vielleicht wirst Du auch einmal berühmt ...!!«[6]

Das ist der Kern von Barbe-Nicoles Geschichte. Eine Frau, die ihr Leben mit Wagemut und Intelligenz lebte, die über Weitblick verfügte und ihr Schicksal in einem Augenblick selbst in die Hand nahm, in dem es das Natürlichste gewesen wäre, sich in Trauer, Trübsal und Passivität zu flüchten.

Anne war auch weiterhin ungeheuer begehrt, wenngleich sie nie die Berühmtheit ihrer legendären Urgroßmutter erreichte. 1867 verliebte sie sich nach einem furchtbaren Unfall gänzlich unerwartet in einen ihrer Jagdgenossen, Emmanuel de Crussol. Im Sommer heiratete sie ihn, den Herzog von Uzès und Kopf der ehrwürdigsten Adelsfamilie Frankreichs. Die Hochzeit war ein großartiges, geradezu märchenhaftes Ereignis, mit livrierten, gepuderte Perücken tragenden Dienern und goldenen Kutschen, die durch die Straßen rollten.

Barbe-Nicole erlebte dieses Freudenfest nicht mehr. In den letzten Julitagen des Vorjahres, als die Gärten von Château Boursault ihre betörenden Düfte aussandten und die Trauben an den Weinstöcken, die den Hügel unterhalb des Schlosses säumten, zu reifen begannen, hatte die Witwe Clicquot ihren letzten Atemzug getan. Sie war neunundachtzig Jahre alt geworden und hatte als nahezu einziges Mitglied ihrer Familie nie einen Adelstitel getragen. Gleichwohl gedachte man der Verstorbenen als der ungekrönten Königin von Reims.

Als Frau wie als Unternehmerin hatte Barbe-Nicole in den langen Jahrzehnten des 19. Jahrhunderts von ihrer Bereitschaft profitiert, sich der Zukunft zuzuwenden. Diese Zukunft war nun anderen aufgegeben. Zunächst lag sie in den Händen ihrer Urenkelin Anne und ihres alten Freundes Édouard Werlé. Den Tod ihrer Schwester Clémentine 1867 erlebte Barbe-Nicole nicht mehr, und sie hatte schwerlich geahnt, dass noch vor Ende des nächsten Jahrzehnts fast die gesamte Familie dahingegangen sein würde.

Nach ihrem Tod kam Louis, der verwitwete Graf von Chevigné, an das Vermögen, dessen baldigen Besitz ihm schon 1817 ein Freund so zuversichtlich prophezeit hatte. Nun erbte er endlich Barbe-Nicoles Anteil am Unternehmensvermögen. Es bestand aus Weinbergen, Firmenkontoren und Immobilien, die zu erwerben ihr ungeheurer Reichtum ihr erlaubt hatte, sowie aus dem Hôtel Ponsardin, in dem jetzt Stille herrschte. Die Entscheidung, Louis und Clémentine aus der Firmenleitung herauszuhalten, war schon viele Jahre zuvor getroffen worden. Das Unternehmen sollte weiterhin von Édouard Werlé geführt werden. Was als bescheidener Familienbetrieb begonnen hatte, war behutsam und überlegt in ein modernes Geschäftsunternehmen verwandelt worden. Louis war ja auch nicht mehr der Jüngste und hätte so spät in seinem Leben nicht mehr die geistigen Fähigkeiten oder die Energie besessen, ein so großes und komplexes Geschäft zu übernehmen. Immerhin war der Graf in dem Sommer, da Anne heiratete, schon vierundsiebzig.

Doch sollte Louis die letzten Jahre seines Lebens nicht in friedvoller Zurückgezogenheit verbringen, inmitten seiner Gedichte und geliebten Gärten. Der Graf von Chevigné hatte die Bühne des Lebens in revolutionären Zeiten betreten, und in den 1870er-Jahren standen wieder politische

Ereignisse vor der Tür. Er gehörte zu einer kleinen Zahl von Menschen, die mit Fug und Recht von sich behaupten konnten, viermal Zeuge von Frankreichs Bemühen gewesen zu sein, eine moderne Republik zu werden: bei der Revolution von 1793, bei der er fast seine ganze Familie verloren hatte, bei den drei glorreichen Tagen der Julirevolution von 1830, beim Aufstand vom Sommer 1848, als er schon mittleren Alters war und dem Müßiggang frönte, und im Herbst 1870, als Napoleon III. mit hunderttausend Mann in der Schlacht von Sedan, nicht weit von der alten Champagne, gefangen genommen worden war.[7] Diese Niederlage war das Ende des Zweiten Kaiserreichs und der Beginn der sogenannten Dritten Republik in Frankreich. Und beinahe hätten die Ereignisse auch den Grafen von Chevigné das Leben gekostet.

Die Geschehnisse von 1870/71 sind als Deutsch-Französischer Krieg in die Geschichte eingegangen, doch hatte der Konflikt schon lange zuvor geschwelt. Seit dem Staatsstreich von 1851 war Napoleon III. politisch von allen Seiten bedrängt gewesen. Das Land war innenpolitisch zerrissen zwischen den Verfechtern von mehr demokratischen Rechten und den Imperialisten, die sich ein glanzvolleres Ansehen Frankreichs auf der Weltbühne wünschten - und auf neue Territorien aus waren. Im Ausland gab es Regimes, die erwartungsvoll der Wiedereinsetzung der Bourbonendynastie und dem Ende der parvenühaften Bonaparte-Herrschaft entgegensahen. Am Schluss hatte Napoleon versucht, seine Kritiker durch militärische Macht zum Schweigen zu bringen, aber dieses Spiel hatte er verloren. Der Kaiser zog sich in ein komfortables Exil in Großbritannien zurück. Der Kampf um die politische Führungsrolle ging jedoch weiter, und in einer Art Vorspiel zu den Spannungen des Ersten Weltkriegs besetzten

Preußen und andere deutsche Staaten einen Großteil Zentral- und Ostfrankreichs – darunter auch die Champagne. Édouard Werlé wurde als Bürgermeister von Reims verhaftet. Louis drohte sogar Schlimmeres. Das Schloss von Boursault stand auf einem steil abfallenden Hügel. Genau unterhalb der Felsnase jedoch, die einen grandiosen Ausblick auf die Landschaft ringsum gewährte, verlief in einem engen Tal eine wichtige Eisenbahnlinie.[8] Nachdem es im November auf den Gleisen unmittelbar vor Louis' Haustür zu einem tödlichen Sabotageakt gekommen war, stand plötzlich die preußische Militärpolizei vor ihm und forderte als Entschädigung einen Betrag von fünfhunderttausend Franc.[9] Falls er nicht bereit sei zu zahlen, würde man ihn verhaften. Und man würde dafür sorgen, dass Boursault und alles, was ihm lieb sei, zerstört würde.

In diesem Augenblick muss Louis zurückgedacht haben an den Mut, den seine Mutter im Angesicht des sicheren Todes in einem verdreckten Gefängnis aufgebracht hatte. Ihm stand vor Augen, was seine Schwester Marie-Pélagie und sein Onkel durchgemacht hatten. Ihm fielen seine Jahre erbärmlicher Abhängigkeit ein und vielleicht auch Barbe-Nicole. Sie war gegenüber allen Herausforderungen immer standhaft geblieben. »Ich bin ein alter Mann«, erklärte er dem Kommandeur, dem Grafen Blücher, »und mein Leben ist diesen Betrag nicht wert.«[10] Bei all seinen menschlichen Schwächen – seinen Allüren, seiner Derbheit, seiner Verschwendungssucht, seiner Neigung zum Glücksspiel und seiner Zügellosigkeit –, Louis hatte sich bei zahlreichen Gelegenheiten auch als ehrenhafter und tapferer Mann erwiesen. Manche werden vielleicht sagen, er habe törichten Mut gezeigt, da er natürlich prompt festgenommen wurde. Als er sich nach zwei Wochen noch immer weigerte, die preußischen Forderungen zu erfüllen, erklärte man ihm, dass man ihn hinrichten werde. Das entbehrte nicht einer gewissen Ironie: Er hatte als Kind eine Revolution überlebt und sollte nun als alter Mann einer anderen zum Opfer fallen. Als man ihm die Nachricht überbrachte, blieb er standhaft. Er bat lediglich darum, einen Abschiedsbrief an seine Enkelin Anne schreiben zu dürfen. Diesen Brief voller Würde und Heldenmut hat sie stets in Ehren gehalten. Ohne es zu wollen, hatte Louis die Preußen aber verunsichert und genötigt, ihre Entscheidung zu überdenken. Beeindruckt von der stoischen Gelassenheit des alten Grafen ließ der Kommandeur ihn frei. Louis verschwand anschließend klugerweise, er ging ins Exil und wartete dort das Ende des Krieges ab.

Es war das letzte dramatische Ereignis in Louis' Leben. Sieht man von Anne ab, war es überhaupt das letzte dramatische Ereignis für ein Mitglied der Familie Chevigné-Mortemart. 1873 starb sein Schwiegersohn, der Graf von Mortemart, mit Anfang sechzig. Drei Jahre später war auch der Graf von Chevigné tot. Immerhin dreiundachtzigjährig, starb er im Herbst in aller Stille im Hôtel Ponsardin. In seinem Testament hatte er, vielleicht in Erinnerung an die düsteren 1850er-Jahre und daran, wie wertvoll Annes Leben damals für sie alle gewesen war, der jungen Frau einen letzten Abschiedsgruß zugedacht. »Ich danke meiner Enkelin«, hieß es da, »für die Freude, die sie der Familie bereitet hat.«[11] Nun waren von der Familie, die Barbe-Nicole jahrzehntelang behütet hatte, nur noch Marie-Clémentine und Anne übrig. Als ein Jahr später auch Marie-Clémentine mit erst fünfundfünfzig Jahren starb, war Anne die letzte Verbliebene.

Wie ihrer Urgroßmutter war es auch der Herzogin bestimmt, als junge Frau Witwe zu werden. Emmanuel, der Herzog von Uzès, starb 1878, und sie blieb mit vier kleinen Kindern und einem riesigen Erbe zurück – zu dem auch der gesamte Besitz ihrer Urgroßmutter gehörte. Anne machte sich jedoch in anderer Weise einen Namen, als kunstsinnige Aristokratin, die keinerlei Neigung zeigte, ein Champagnerimperium zu regieren. Sie hatte nicht die Absicht, die Rolle der bürgerlichen Kapitalistin zu spielen. Ihren Anteil an der Firma ließ sie von Geschäftsführern verwalten, während sie selbst sich auf die Landsitze im Süden Frankreichs und nach Paris zurückzog. Boursault verfiel, und das Hôtel Ponsardin wurde an die Stadt Reims verkauft. Die Weinberge der Familie Clicquot und der Grundbesitz, den Barbe-Nicole im Lauf der Zeit erworben hatte, gingen in die Obhut Édouard Werlés über. Er und seine Nachfahren – sein Sohn Alfred und die Söhne und Schwiegersöhne, die nach ihm kamen – sollten die Firma Veuve Clicquot ins 20. Jahrhundert und durch allerlei Unbill führen: durch die Schädlingsplage, die die Champagne heimsuchte, und die beiden Weltkriege, die die Region erneut in ein Schlachtfeld verwandelten, durch die russische Revolution und den Zusammenbruch des Marktes, der der Firma einst ein Vermögen eingebracht hatte.[12] Mehr als hundertdreißig Jahre lang sollte keine Frau mehr das Champagnerhaus führen, das Barbe-Nicole aus bescheidenen Anfängen zu einem der legendären Unternehmen der Welt gemacht hatte. Doch als sie das Unternehmen den Männern um sie herum übergab, hat sie – vielleicht ohne es zu wissen – auch den Weg für neue Generationen von Frauen in der Wirtschaft geebnet.

Nachwort

Im *Oxford English Dictionary* lautet eine der Bedeutungen des Stichworts *widow* noch heute Champagner. Der kurze Eintrag erzählt jedoch eine umfassendere Geschichte, als mit ihm intendiert ist. Übersetzt lautet er: »Die Witwe: Champagner. Von ›Veuve Clicquot‹, dem Namen einer Firma von Weinhändlern.« Für manche ist »Veuve Clicquot« heute vielleicht tatsächlich nur der Name eines Unternehmens. In der offiziellen Geschichte der englischen Sprache – diesem linguistischen Zeugnis von ihrem Ruhm und ihren Errungenschaften – ist Barbe-Nicole Clicquot-Ponsardin jedenfalls nirgends zu finden. Aber wenn durstige junge Lords in den Londoner Spielhöllen des 19. Jahrhunderts eine Flasche der Witwe bestellten, war sie noch eine Frau. Bis zum Ende des Jahrhunderts hatte sich das geändert. Die Geschichte der Witwe war nicht mehr die Geschichte der Geschäftsfrau, sondern zur Geschichte eines Unternehmens geworden, das ihren Namen trägt. Das ist erstaunlich. Barbe-Nicole hatte ein nach allen Maßstäben bemerkenswertes Leben geführt. Doch meine Suche nach dem inneren Reichtum und der Intensität dieses Lebens und nach der Frau hinter dem Etikett musste ich häufiger, als ich gern zugebe, damit verbringen, auf Straßenecken oder windige Landstraßen zu starren. Den Rest verbrachte ich im flackernden Neonlicht von Bibliotheken.

Die Arbeit in diesen Bibliotheken war nicht unkompliziert. Ihre persönlichen Briefe, so schien es, hatten nicht überlebt. Die Unternehmensarchive in Reims enthielten zwar viele Schätze für Ökonomen und Wirtschaftshistoriker, bargen aber nur wenige Geheimnisse, wie ich sie suchte. Die frühen Biografien durchzulesen war Sache eines Nachmittags, auch wenn ich achttausend Kilometer reisen musste, um ein einziges Exemplar der ersten Lebensbeschreibung zu finden – einen kurzen Abriss von Barbe-Nicoles Leben, der 1865 von einem Lokalhistoriker veröffentlicht worden war. Die zweite Biografie, eine dreiundfünfzig Seiten umfassende Broschüre, war in den 1950er-Jahren erschienen, verfasst von einer angesehenen Nachfahrin Édouard Werlés und Frau des Unternehmensdirektors. Die einzige biografische Skizze, die heute noch erhältlich ist, ist Teil eines Bildbands über die Geschichte des Unternehmens, der den schlichten Titel *Veuve Clicquot: La grande dame de la Champagne* trägt. Ich habe natürlich von all diesen Texten profitiert.

Dennoch, die biografische Bilanz ist erstaunlich dünn, wenn man bedenkt, wie berühmt Barbe-Nicole war und was sie geleistet hat. Dieses Buch zu schreiben war somit eine Übung in der indirekten Rede. Ich wollte, wie ich eingangs gesagt habe, vor allem eines ausfindig machen: die Erfahrung der Frau, deren Geschichte kurz und knapp auf einem Kärtchen zu lesen war, das sich in einer Kiste Jahrgangschampagner fand. Ich wollte nicht nur herausfinden, wann sie gelebt und was sie getan hatte, sondern auch, wie sie es vermocht hatte, zum einen sich für sich selbst eine andere als die ihr von der Gesellschaft bestimmte Zukunft vorzustellen, zum anderen ihre dem Leser nunmehr bekannten Prüfungen der Trauer, der Verzweiflung und der Chance so zu bestehen, wie sie es getan hatte. Das herauszufinden bedurfte es mitunter beträchtlicher Vorstellungskraft. Die behaupteten Fakten in dieser Geschichte sind wahr. Aber die Lebensgeschichte einer anderen Frau zu erzählen erfordert, wie ich erfahren habe, Einfühlungsvermögen genauso sehr wie Faktenkenntnis.

Jeder neugierige Historiker steht vor einem simplen Dilemma: Ohne dieses Einfühlungsvermögen herrscht Stille. Viele der Dinge, die Barbe-Nicole gehört hatten, sind dank großer Sorgfalt erhalten geblieben: ihre Häuser, ihre Möbel, ihr Grundbesitz und natürlich ihr Unternehmen. Es gibt sogar ein Verzeichnis der Bücher, die sich in der Bibliothek der Familie Clicquot befanden und die 1843, als die Arbeiten am Schloss von Boursault begannen, auf einer Pariser Auktion verkauft wurden. Aber was geschah mit dem Verzeichnis ihrer geheimsten Gedanken und ihrer nächtlichen Sorgen aus fast neunzig Lebensjahren? In den frühen Morgenstunden, da die Straßen von Reims noch nicht erfüllt waren von Stimmengewirr und reger Geschäftigkeit, kann man sich Barbe-Nicole gut über ein Tagebuch gebeugt vorstellen, in dem die täglichen Termine und die Aufgabenlisten einer viel beschäftigten Unternehmerin zugunsten privater Gedanken zurücktraten. Einsamkeit, Entschlossenheit und Ehrgeiz beanspruchten hier ihren Platz neben Haushaltsabrechnungen und Kleidermaßen. Einkaufslisten und Speisenfolgen für abendliche Empfänge standen hier neben den Titeln von Büchern, die sie mit Freude gelesen hatte oder zu lesen hoffte, und neben Adressen für Briefe, die sie zu schreiben gedachte. Ihrer Cousine in Paris schrieb sie ausführlicher, unterhaltsame Berichte über das Familienleben und neu geborenen Nachwuchs. Sie machte sich Gedanken über Hochzeitskleider und Geburtstagsgeschenke, später über Krankheiten und häusliche Spannungen.

Aber wer hätte, als sie starb, daran gedacht, ein Büchlein mit Notizen und privaten Gedanken aufzubewahren? Was waren in den 1850er-Jahren längst überholte familiäre

Neuigkeiten wert, die sich zwei alte Frauen brieflich mitgeteilt hatten? Sie hatten keinen literarischen Wert, in dieser Hinsicht hatte Barbe-Nicole keine Ambitionen. Vielleicht lagen sie noch einige Zeit nach ihrem Tod in einer verstaubten Schachtel in einem nicht mehr genutzten Kleiderschrank. Vielleicht wollte jemand sie aufbewahren. Doch dann wurde das Haus verkauft, und der Krieg kam. Schließlich dienten die Blätter dazu, eine Truhe auszukleiden oder ein Feuer zu entzünden. Nur von erschreckend wenigen Frauen haben Briefe und Tagebücher ihren Weg in die Archive gefunden. Die von Barbe-Nicole gehörten nicht dazu.

Doch wenn unsere Bücher und Biografien nur jene persönlichen Geschichten erzählen, die in den Archiven reich dokumentiert sind, resultiert daraus eine seltsame Geschichtsschreibung. Nicht alle Menschen mit interessanten Lebensläufen und beeindruckenden Charaktereigenschaften waren Könige oder berühmte Dichter. Und wenn sie es nicht waren, saßen sie nicht immer zu mitternächtlicher Stunde bei Kerzenschein am Tisch und hielten ihre intimen Gedanken für die Nachwelt fest. Manchmal waren sie einfach zu beschäftigt oder zu müde. Vielleicht ist dies nirgends wahrscheinlicher als in der Geschichte von Frauen in der Wirtschaft. So exzeptionell Barbe-Nicole als Person auch war, sie war keine Ausnahme, sondern eine von Hunderten, vielleicht Tausenden von Unternehmerinnen aus der Mittelschicht, die ihre Begabungen und Träume in der Geschäftswelt manifestieren konnten. Natürlich war sie weitaus begabter und erfolgreicher als die allermeisten anderen. In diesem Sinne begeistert ihre Geschichte wie keine zweite. Aber sie stand nicht allein.

Eine Ende der 1860er-Jahre verfasste Darstellung der Geschichte der Frauen erinnert uns, wie es damals war:

»In Paris, ja überall auf dem europäischen Kontinent stehen Frauen an der Spitze einiger der größten Geschäftshäuser.[1] Vielen Lesern wird der Name von Veuve Clicquot, einem der größten Champagnerhersteller, geläufig sein.« Doch es gab auch die heute vergessene Mrs. Hart, die ein Druckerei-Imperium leitete. An der Spitze von Englands exklusivster Bank stand Angela Burdett-Coutts, Erbin eines der weltweit größten Vermögen. Der englische König Edward VII. erinnerte sich an sie als die »nach meiner Mutter bemerkenswerteste Frau im ganzen Land« (seine Mutter war keine Geringere als Queen Victoria gewesen).[2] Und dann gab es natürlich die berühmte Madame Louise Pommery, deren Biografie noch zu schreiben ist.

Barbe-Nicole hatte an der Spitze und an vorderster Front einer kulturellen Bewegung gestanden, die in Europa und Amerika am Ende des 19. Jahrhunderts, das sie mitbestimmt hatte, gerade flügge geworden war: Gemeint ist der allmähliche, leise Aufstieg der modernen Geschäftsfrau. Die ersten fünfzig Jahre der Industriellen Revolution waren Unternehmerinnen nicht wohlgesinnt gewesen, und es sollte bis weit ins 20. Jahrhundert dauern, ehe sie in größerer Zahl die Unternehmensleitern erklommen hatten. In den letzten Jahrzehnten der Belle Époque jedoch gelang es Frauen mit Entschlossenheit, Intelligenz und ein wenig Glück, auf den untersten Sprossen dieser Leiter Fuß zu fassen, worauf sie die nächsten hundert Jahre in den Schattenbereichen der Wirtschaftswelt arbeiteten. In der Baker Library an der Harvard Business School sind Hunderte von Amerikanerinnen verzeichnet, die den Schritt in die Welt des Business wagten. »Entgegen den stereotypen Ansichten«, erklärt uns die Leiterin der Bibliothek, »waren Frauen im 18. und 19. Jahrhundert kaufmännisch tätig, sowohl im Handel als auch im produzierenden Gewerbe.«[3] Sie führten Plantagen in den Südstaaten und Textilfabriken im Norden.[4] Am häufigsten waren sie natürlich in Branchen mit »weiblichem Touch« zu finden: in Modehäusern und Schneidereien, in Blumengeschäften und auf dem Hausarzneimittelsektor. Einige wenige wie die Kataloge versendende Saatguthändlerin Carrie Lippincott und die Arzneimittelherstellerin Lydia Pinkham verdienten in den 1880er- und 1890er-Jahren ein Vermögen.[5] Sie waren ungewöhnlich wagemutig und scherten sich nicht um die zeitgenössischen Geschlechterrollen. Und wie ihre europäischen Kolleginnen blieben sie oft unsichtbar; kein eifriger Historiker dachte je daran, ihre vielschichtigen Vitae zu dokumentieren.

Was Barbe-Nicole von ihnen unterscheidet, ist, dass sie die erste berühmte Geschäftsfrau war. Einige sind sogar der Meinung, sie sei überhaupt die erste Frau in der Geschichte gewesen, die ein internationales Handelsimperium führte. Mit Sicherheit aber war sie die erste Frau – und eine von nur wenigen bis heute –, die an der Spitze eines der großen Champagnerhäuser dieser Welt stand. Da sie gerade in dem Augenblick in die Welt der Wirtschaft eintrat, in dem die ersten Erschütterungen der Industriellen Revolution das Leben in Frankreich zu verändern begannen, brachte sie die Wertvorstellungen der Familienunternehmerin ins Zeitalter der Massenproduktion ein. Barbe-Nicole war nicht nur eine außergewöhnliche Frau, sie war auch eine außergewöhnliche Unternehmerin.

In diesem Zeitalter der großen Industriellen gehörte auch Barbe-Nicole zu den Räuberbaronen. In den 1870er-Jahren war der Champagner schon auf dem besten Weg, den Status des rechtlich geschützten Monopolartikels zu erhalten, den er bis heute innehat, eines Artikels, der damals schon weitgehend in den Händen dieser neuen Klasse von Weinaristokraten lag. Barbe-Nicole gehörte nicht nur zu ihnen, sondern wirkte auch selbst auf die Gewährung dieses Monopolstatus hin - der es mutigen Jungunternehmern und -unternehmerinnen, wie sie eine war, im 20. Jahrhundert praktisch unmöglich machte, mit Champagner ein Vermögen zu verdienen. Durch die Begrenzung des Anbaugebiets und durch die Erntevorschriften, durch die Kontrolle darüber, wer den Namen zu welchem Preis verwenden durfte, hatten die großen Häuser - und die Männer, die mehr und mehr an deren Spitze standen - Ende des 19. Jahrhunderts ein apartes und exklusives Kartell errichtet. Schon 1880 protestierte der britische Weinhistoriker Charles Tovey dagegen. »Von allen bestehenden Monopolen«, schrieb er, »hat keines so viel Unheil angerichtet wie das jener Champagnerhäuser, die die glücklichen Besitzer der renommierten Marken sind. Es ist in Wahrheit das Monopol dieser Marken, das es den Besitzern ermöglicht, zu ihren angehäuften Profiten Jahr für Jahr weitere hinzuzufügen. ... Ihre Vermögen, Anhäufungen enormer Profite, sind an den palastartigen Residenzen und riesigen Besitzungen abzulesen, die den Magnaten von Reims und Épernay gehören. Und ihr immenser Reichtum ist nicht der einzige Vorteil, den sie aus ihren Profiten ziehen; sie bilden eine Plutokratie - sie sind Weinaristokraten ... Helden, die in Liedern gefeiert und von der Geschichtsschreibung unsterblich gemacht werden. Wer von meinen Lesern das nicht glauben will, dem empfehle ich einen Blick in die Biografie von Mons[ieur] J.R. Moët und seinen Nachfolgern oder in die von Madame Clicquot.«[6] Barbe-Nicole wurde von der Geschichte natürlich keineswegs in den Rang der

Unsterblichkeit erhoben. Nur das Unternehmen, das sie geschaffen, und der Name, den sie berühmt gemacht hatte, lebten über das Ende des 19. Jahrhunderts hinaus fort. Ich hoffe, dass sie zumindest in diesem Buch die Heldin ihrer Geschichte gewesen ist.

Dank

Ich habe dieses Buch mit Liebe geschrieben und möchte den vielen Freunden danken, die mir bei der ausgiebigen »Primärforschung« so begeistert, mit einer Flasche Veuve Clicquot in der Hand, Gesellschaft geleistet haben. In nüchterneren Augenblicken habt ihr mir aber mehr als nur gute Gesellschaft geleistet. Ich möchte Abby Laukka, Jon Hardy und Erica Mazzeo dafür danken, dass sie sich mit mir auf dieses Abenteuer eingelassen haben, und Bill Hare für seinen unerschrockenen Charme, der mir in Frankreich so viele Türen geöffnet hat. Jeremy und Paula Lowe haben, wie immer, selbst wenig aussichtsreiche Pläne treu unterstützt, Jeffery McLain und Jérémie Fant haben Weinkenntnis und von Herzen kommendes Lachen beigesteuert und für fachkundig betreute Geschmacksabenteuer gesorgt. Dank an J.J. Wilson für die Vormittagsspaziergänge, die mir Kraft zum Weiterschreiben gaben, und an meine Eltern, die sich die ersten Entwürfe anhörten und mir mit ihren Kommentaren halfen, Faden für Faden gutes Garn zu spinnen. Ianthe Brautigan, Anna-Lisa Cox, Adrian Blevins und Noelle Oxenhandler haben mir mit selbstloser Großzügigkeit ihre weit größeren Begabungen zur Verfügung gestellt, und ihr ausgeprägter Cockney-Akzent hat – wie bei allem – in entscheidenden Momenten seinen fröhlichen Zauber entfaltet. Stacey Glick und Genoveva Llosa haben alles erst möglich gemacht, und ein tief empfundenes Dankeschön auch an Toni Sciarra und Matt Inman, meine großartigen Lektoren bei HarperCollins.

Um Thaine Stearns, Noelle Baker und Roberta Maguire angemessen zu danken, fehlen mir die Worte. In jenem Winter des Missvergnügens wart ihr der einzige Grund, Champagner zu trinken, und so habe ich dieses Buch auch für euch geschrieben.

Ohne die Unterstützung zahlreicher Bibliothekare, Archivare und Winzer hätte dieses Buch nicht geschrieben werden können. Besonders dankbar bin ich den hilfsbereiten Menschen in der Sonoma County Wine Library Collection in Healdsburg, in der Bibliothèque Carnegie in Reims, in der Médiathèque d'Épernay, in der Napa Valley Wine Library Collection in Saint Helena, in den Universitätsbibliotheken in Cambridge und Edinburgh, in der British Library und in der Colby College Library. Mein Dank gilt außerdem Eileen Crane, bis 2020 Geschäftsführerin der Domaine Carneros im Napa Valley, Philippe Bienvenu von Champagne Cattier, dem freundlichen Personal der Forschungsbibliothek von Champagne Moët & Chandon und der Verkostungsräume von Champagne Pommery sowie vor allem den großzügigen Mitarbeitern der Abteilung für Unternehmensgeschichte bei Champagne Veuve Clicquot Ponsardin, insbesondere Fabienne Huttaux und Isabelle Pierre.

Ausgewählte Literatur

Amerine, Maynard A. (Übers.): *Wines of Champagne and Sparkling Wines.* Paris: Encyclopédie Agricole, 1930.

Anonym: *A Residence in France, During the Years 1792, 1793, 1794, and 1795; Described in a Series of Letters from an English Lady.* Hg. v. John Gifford. London: T. N. Longman, 1797. www.gutenberg.org/etext/11995.

—: »The Comet«, in: *Robert Merry's Museum* (November 1858): S. 137–139.

—: *A Glimpse of a Famous Wine Cellar, in Which Are Described the Vineyards of Marne and the Methods Employed in Making Champagne. Translated from the French.* New York: Francis Draz & Co., 1906.

—: »Entertaining the Son of the ›Bourgeois King‹«, in: *Bulletin of the Business Historical Society* 3 (1929), Nr. 4, S. 15–17.

—: *London at Table: or, How, When, and Where to Dine and Order a Dinner, and Where to Avoid Dining, with Practical Hints to Cooks.* London: Chapman & Hall, 1851.

—: *Description de la fête patriotique, célébrée à Rethel le 14 Juillet 1790, & jours suivants.* Reims: Jeunehomme, Imprimeurs du Rois, 1790.

Anzilotti, Cara: »Autonomy and the Female Planter in Colonial South Carolina«, *Journal of Southern History* 63 (1997), Nr. 2, S. 239–268.

Assier, Alexandre: *Légendes, curiosités et traditions de la Champagne et de la Brie.* Paris: Techener Librairie, 1860.

—: *Napoléon Ier à l'École Royale Militaire de Brienne d'après des documents authentiques et inédits, 1779–1784.* Paris: Champion et. al., 1874.

Aston, Nigel: *The End of an Élite: The French Bishops and the Coming of the Revolution, 1786–1790.* Clarendon: Oxford University Press, 1992.

Baines, Edward: *History of the cotton manufacture in Great Britain, with a notice of its early history on the East, and in all the quarters of the globe: A description of the great mechanical inventions, which have caused its unexampled extension in Britain: And a view of the present state of the manufacture, and the conditions of the classes engaged in its several departments.* London: H. and R. Fisher, P. Jackson, 1835.

Bakalinsky, A.T.: »Sulfites, Wine and Health«, in: *Wine in Context: Nutrition, Physiology, Policy: Proceedings of the Symposium on Wine and Health.* Hg. v. Andrew L.Waterhouse und R.M. Rantz. Davis: American Society for Enology and Viticulture, 1996.

Barker, Hannah: *Business of Women: Female Enterprise and Urban Development in Northern England 1760-1830.* Oxford: Oxford University Press, 2006.

Barker, Richard J.: »The Conseil General des Manufactures under Napoléon (1810-1814)«, in: *French Historical Studies* 6 (1969), Nr. 2, S. 185-213.

Bercé, Yves-Marie: *Vignerons et vins, de Champagne et d'ailleurs, XVIIe-XXe siècle.* Reims: Université de Reims, Centre d'Études Champenoises, Departement d'Histoire, 1988.

Bésème-Pia, Lise: *Vignoble champenois: Lexique du paysan et du vigneron champenois.* Rethel: Binet Sarl, 1997.

Bidet, Nicolas: *Traité sur la culture des vignes, sur la façon du vin, et sur la manière de le gouverner: Ouvrage orné de figures, & en particulier de celle d'un pressoir d'une nouvelle invention.* Paris: Chez Savoye, 1752.

Bignicourt, Arthur Barbat de: *Les Massacres à Reims en 1792 après des documents authentiques.* Reims 1872.

—: *Un salon à Reims en 1832.* Reims 1879.

Black, Charles Bertram: *Guide to the North East of France, including Picardy, Champagne, Burgundy, Lorraine, and Alsace.* London: Sampson Low & Co., 1873.

Blayo, Yves: »La mortalité en France de 1740 à 1829«, in: *Population* (November 1975), S. 124-142.

Bonal, François: *Dom Pérignon: Vérité et légende.* Langres: D. Guéniot, 1995.

—: *Champagne Mumm: Un champagne dans l'histoire.* Paris: Arthaud, 1987.

—: *Le livre d'or du Champagne.* Lausanne: Bonal Éditions du Grand Pont, 1984.

Bonnedame, Raphaël: *Notice sur la maison Moët et Chandon d'Épernay.* Épernay: Imprimerie de R. Bonnedame, 1894.

—: *Notice sur la maison Veuve Pommery, Fils & Cie.* Épernay 1892.

Boralevi, Lea Campos: *Bentham and the Oppressed.* New York: Walter de Gruyter, 1984.

Bourgeois, Armand: *Le vin de Champagne sous Louis XIV et sous Louis XV.* Paris: Bibliothèque d'art de »La Critique«, 1897.

—: *Promenade d'un touriste dans l'arrondissement d'Épernay.* Châlons-sur-Marne: Martin Frères éditeurs, 1886.

Brennan, Thomas: *Burgundy to Champagne: The Wine Trade in Early Modern France.* Baltimore: Johns Hopkins University Press, 1997.

Briailles, Raoul Chandon de; Bertal, Henri: *Sources de l'histoire d'Épernay.* 2 Bde., Paris: H. Leclerc, 1906.

Briailles, Raoul Chandon de: *Vins de Champagne et d'ailleurs: La bibliothèque de Raoul Chandon de Briailles.* Paris: Fédération française pour la coopération des bibliothèques, 2000.

Brocket, Linus Pierpont: *Woman: Her Rights, Wrongs, Privileges, and Responsibilities.* Cincinnati: Howe's Book Subscription Concern, 1869.

Bruce, Evangeline: *Napoleon und Josephine. Das grandiose Bild einer Epoche.* Bern: Scherz, 1996.

Buchan, William: *Domestic medicine, or, A treatise on the prevention and cure of diseases, by regimen and simple medicines: With an appendix, containing a dispensatory for the use of private practioners.* Philadelphia: Richard Folwell, 1797.

Buffenoir, Hippolyte: *Grandes dames contemporaines: La Duchesse d'Uzès.* Paris: Librairie du Mirabeau, 1893.

Busby, James: *Journal of a recent visit to the principal vineyards of Spain and France: Giving a minute account of the different methods pursued in the cultivation of the vine and the manufacture of wine.* New York: C. S. Francis, 1835.

Byron, George Gordon Noel: *The Works of Lord Byron: With His Letters and Journals, and His Life*, hg. v. Thomas Moore. 6 Bde. London: John Murray, 1854.

Byron, George Gordon Noel: *Byron's Letters and Journals*, hg. v. Leslie A. Marchand, 10 Bde. Cambridge: Harvard University Press, 1974.

Caraman-Chimay, Jean Princesse de: *Madame Veuve Clicquot Ponsardin: sa vie, son temps*. Reims: Debar, 1956. Eine stark gekürzte deutsche Fassung enthält der Band *Frei und Frau. Sieben eigenwillige Lebensbilder*. Düsseldorf: Bollmann, 1993, S. 97–122.

Carter, E.J.: »Breaking the Bank: Gambling Casinos, Finance Capitalism, and German Unification«, in: *Central European History* 39 (2006), S. 185–213.

Carter, Jenny; Duriez, Therese: *With Child: Birth Through the Ages*. Edinburgh: Mainstream Publishing, 1986.

Champenoises: Ecomusée de la région de Fourmies Trélon. Trélon: Atelier-Musée du Verre Trélon, 2000. Ausstellungskatalog.

Chandler Jr., Alfred D.: »The Emergence of Managerial Capitalism«, in: *Business History Review* 58 (1984), Nr. 4, S. 473–503.

Chaptal, Jean-Antoine, Comte de: *L'Art de faire le vin*. Paris: Madame Huzard, 1819.

Chateaubriand, François-René de: *Mémoires d'outre-tombe* (1849–1850); vollständige elektronische Edition verfügbar unter http://www.bacdefrancais.net/memoires_texte.html.

Choudhury, Mita: *Convents and Nuns in Eighteenth-Century French Politics and Culture*. Ithaca: Cornell University Press, 2004.

Clark, Christopher: *Preußen. Aufstieg und Niedergang 1600–1947*. München: DVA, 2007.

Cochrane, Laura: »From the Archives: Women's History in Baker Library's Business Manuscripts Collection«, in: *Business History Review* 74 (Herbst 2000), S. 465–476.

Code Napoléon; or, The French Civil Code. Literally Translated from the Original and Official Edition, Published at Paris, in 1804. London: William Benning, 1827.

Conner, Susan P.: »Public Virtue and Public Women: Prostitution in Revolutionary Paris, 1793–1794«, in: *Eighteenth-Century Studies* 28 (1994), Nr. 2, S. 221–240.

Constant, Louis: *Mémoires de Constant, premier valet de chambre de l'empereur, sur la vie privée de Napoléon, sa famille, et sa cour.* Transkribiert von P. Pinkerton. 4 Bde. London: H. S. Nichols, 1896.

Coon, David L.: »Eliza Lucas Pinckney and the Reintroduction of Indigo Culture in South Carolina«, in: *Journal of Southern History* 42 (1976), Nr. 1, S. 61–76.

Craig, Béatrice: »Where Have All the Businesswomen Gone? Images and Reality in the Life of Nineteenth-Century Middle-Class Women in Northern France«, in: *Women, Business and Finance in Nineteenth-Century Europe: Rethinking Separate Spheres.* Hg. v. Robert Beachy, Béatrice Craig und Alastair Owens. Oxford: Berg Publishers, 2006.

Crestin-Billet, Frédérique: *Veuve Clicquot: La grande dame de la Champagne.* Grenoble: Éditions Glénat, 1992.

Crouzet, François: *L'économie britannique et le blocus continental.* Paris: Economica, 1987.

Cuthell, Edith: *An Imperial Victim: Marie Louise, Archduchess of Austria, Empress of the French, Duchess of Parma.* London: Brentanto's, 1912.

D'Arnould, Charles-Albert: *La vigne, voyage autour des vins de France, étude physiologique, anecdotique, historique, humoristique et même scientifique.* Paris: Plon, 1878.

Daniels, Walter: *Saint-Évremond en Angleterre.* Versailles: L. Luce, 1907.

David, Jacques-Louis, und Werkstatt: *La mort de Marat*, ca. 1794, Öl auf Leinwand. Reims: Musée des Beaux-Arts de la Ville de Reims, Geschenk von Paul David, 1879.

Davis, C. R., et al.: »Practical Implications of Malolactic Fermentation: A Review«, in: *American Journal of Enology and Viticulture* 36 (1985), Nr. 4, S. 290–301.

DeGroat, Judith A.: »The Public Nature of Women's Work: Definitions and Debates During the Revolution of 1848«, in: *French Historical Studies* 20 (1997), Nr. 1, S. 31–47.

DeJean, Joan: *The Essence of Style: How the French Invented High Fashion, Fine Food, Chic Cafés, Style, Sophistication, and Glamour.* New York: Free Press, 2005.

Delpal, Jacques-Louis: *Merveilles de Champagne.* Paris: Éditions de la Martinière, 1993.

Delpierre, Madeleine: *Dress in France in the Eighteenth Century.* New Haven: Yale University Press, 1997.

Desbois-Thibault, Claire: *L'extraordinaire aventure du Champagne Moët et Chandon, une affaire de famille.* Paris: Presses Universitaires de France, 2003.

Dexter, Elisabeth Anthony: *Colonial Women of Affairs: Women in Business and the Professions in America Before 1776.* Boston: Houghton Mifflin Co., 1924.

Diderot, Denis: *Encyclopédie; ou Dictionnaire raisonné des sciences, des arts et des métiers.* Neufchastel [sic]: Samuel Faulche, 1765.

Dion, Roger: *Histoire de la vigne et du vin en France.* Paris 1959.

Dumbrell, Roger: *Understanding Antique Wine Bottles.* San Francisco: Antique Collector's Club, 1983.

Etienne, Michel: *Veuve Clicquot Ponsardin, aux origines d'un grand vin de Champagne.* Paris: Economica, 1994.

Evelyn, John: *Sylva, or, A discourse on forest-trees, and the propagation of timber in His Majesties dominions. By J.E. Esq. As it was deliver'd in the Royal Society the* XV*th of October,* MDCLXII ... *To which is annexed Pomona; or, An appendix concerning fruit-trees in relation to cider.* London: Joseph Martyn & James Allestry, 1664.

Fagan, Brian: *The Little Ice Age: How Climate Made History.* New York: Basic Books, 2000.

Fauvelet, Louis-Antoine: *Memoirs of Napoleon Bonaparte.* London: Richard Bentley, 1836.

Fiévet, Victor: *Histoire de la ville d'Épernay.* Épernay: V. Fiévet, 1868.

—: *Jean-Rémy Moët et ses successeurs.* Paris: E. Dentu, 1864.

—: *Madame Veuve Clicquot (née Ponsardin), son histoire et celle de sa famille.* Paris and Épernay: Dentu, 1865.

Forman, Amanda: *Georgiana: Duchess of Devonshire.* New York: Random House, 1999.

Freeman, William G., *Current Investigations in Economic Botany*, in: *New Phytologist* 6 (1907), Nr. 1, S. 18–23.

Gabler, James: *Passions: The Wines and Travels of Thomas Jefferson*. Baltimore: Bacchus Press, 1995.

Galeron, Edmond: *Journal historique de Reims depuis la fondation de cette ville jusqu'à nos jours, avec les synchronismes de l'histoire romaine et de l'histoire de France*. Reims 1853.

Gandihon, René: *Naissance du champagne, Dom Pierre Pérignon*. Paris: Hachette, 1968.

Gautier, Théophile: *Voyage en Russie*. 2 Bde. Paris 1867.

Geffré, Claude; Jossua, Jean-Pierre: *1789: The French Revolution and the Church*. Edinburgh: T. & T. Clark, 1989.

Gelbart, Nina Rattner: *The King's Midwife: A History and Mystery of Madame du Coudray*. Berkeley: University of California Press, 1998.

Gillespie-Peck, Helen: *Wine Woman@Bergerac.France*. Ely: Melrose Books, 2005.

Glatre, Eric: *Chronique des vins de Champagne*. Paris: Castor et Pollux, 2001.

Glatre, Eric; Clause, Georges: *Le Champagne: Trois siècles d'histoire*. Paris: Éditions Stock, 1997.

Glatre, Eric; Roubinet, Jacqueline: *Charles Heidsieck: Un pionnier et un homme d'honneur*. Paris: Stock, 1995.

Gleeson, Janet: *Privilege and Scandal: The Remarkable Life of Harriet Spencer, Sister of Georgiana*. New York: Crown, 2007.

Gmeline, Patrick de (Hg.): *La Duchesse d'Uzès*. Paris: Librairie Académique Perrin, 1986.

Gmeline, Patrick de: *Ruinart, la plus ancienne maison de champagne, de 1729 à nos jours*. Paris: Stock, 1994.

Godinot, Jean: *Manière de cultiver et de faire le vin en Champagne* (1722). Hg. v. François Bonal. Langres: Dominique Guéniot, 1990.

Goode, Jamie: *The Science of Wine: From Vine to Glass*. Berkeley: University of California Press, 2005.

Goodrich, Frank: *Court of Napoléon; or, Society under the First Empire.* Philadelphia: J.B. Lippincott, 1880.

Gough, Jerry B.: »Winecraft and Chemistry in Eighteenth-Century France: Chaptal and the Invention of Chaptalization«, in: *Technology and Culture* 39 (1998), Nr. 1, S. 74–104.

Grosley, Pierre-Jean: *A Tour to London, or, New Observations on England and Its Inhabitants.* London: Lockyer Davis, 1772.

Guthrie, William: *Remarks upon Claret, Burgundy, and Champagne, Their Dietetic and Restorative Uses, Etc.* London: Simpkin, Marshall & Co., 1889.

Guy, Kolleen: *When Champagne Became French: Wine and the Making of National Identity.* Baltimore: Johns Hopkins University Press, 2003.

—: »›Oiling the Wheels of Social Life‹: Myths and Marketing in Champagne During the Belle Epoque«, in: *French Historical Studies* 22 (1999), Nr. 2, S. 211–239.

—: »Drowning Her Sorrows: Widowhood and Entrepreneurship in the Champagne Industry«, in: *Business and Economic History* 26 (1997), Nr. 2, S. 505–512.

Hanson, Joseph Mills: *The Marne, Historic and Picturesque.* Chicago: A.C. McClurg, 1922.

Hau, Michel: *Croissance économique de la Champagne de 1810 à 1969.* Paris: Éditions Ophrys, 1976.

Healey, Edna: *Lady Unknown: Life of Angela Burdett-Coutts.* London: Sidgwick & Jackson, 1984.

Heidsieck, Marcel; Heidsieck, Patrick: *Vie de Charles Heidsieck.* Reims: Société Charles Heidsieck, 1962.

Hely-Hutchinson, Mary Sophia: *Fashion in Paris: The Various Phases of Feminine Taste and Aesthetics from the Revolution to the End of the 19th Century.* London: W. Heinemann, 1901.

Houssaye, Arsène: *Notre-Dame de Thermidor: Histoire de Madame Tallien.* Paris: H. Plon, 1866.

Houssaye, Henry: *Napoleon and the Campaign of 1814.* Uckfield: Naval and Military Press, 2006.

Hughes, William: *The Compleat* [sic] *Vineyards, or, A most excellent way for the planting of wines not onely* [sic] *according to the German and French way, but also long experimented in England.* London: W. Crooke, 1665.

Jadart, Charles Henri: *Dom Thierry Ruinart ... Notice suivie de documents inédits sur sa famille, sa vie, ses œuvres, ses relations avec D. Mabillon.* Paris 1886.

James, David G.: »Opportunities for Reducing Pesticide Use in Management of Leafhoppers, Cutworms, and Thrips«, Conference proceedings of the Washington State Grape Society (2002), www.grapesociety.org.

James, Henry: *Eine kleine Frankreich-Tour* (1885). München: List, 1986.

Jefferson, Thomas: »Memorandum on a Tour from Paris to Amsterdam, Strasburg and Back to Paris« (3. März 1788), in: *Jefferson's Memorandum Books: Accounts, with Legal Records and Miscellany, 1767–1826.* 2 Bde. Hg. v. James A. Bear Jr. und Lucia C. Stanton. Princeton: Princeton University Press, 1997.

Johnson, James H.: »Versailles, Meet Les Halles: Masks, Carnival, and the French Revolution«, in: *Representations* 73 (Winter 2001), S. 89-116.

Johnson, Hugh: *Wine.* New York: Simon & Schuster, 1979.

Jolicœur, Henri: *Description des ravageurs de la vigne: Insectes et champignons parasites.* Reims: Michaud, 1894.

Joseph, Robert: *Weine aus Frankreich. Die schönsten Weingüter - die besten Sorten.* Starnberg: Dorling Kindersley, 2000.

Jullien, André: *Manuel du sommelier, ou Instruction pratique sur la manière de soigner les vins.* Paris: Encyclopédie de Roret, 1836. Eine veränderte und erweiterte deutsche Fassung ist *Der erfahrne Weinkellermeister. Enthaltend gründliche Belehrungen über die Bereitung des Weines ...: für einen jeden, der Wein bereitet, bearbeitet oder Handel damit treibt.* 3. Aufl., Quedlinburg: Basse, 1836.
—: *The Topography of All the Known Vineyards: Containing a Description of Their Kind and Quality of Their Products, and a Classification.* London: G. & W. B. Whittaker, 1824.

Kertzer, David I.; Barbagli, Marzio: *Die Geschichte der Familie.* Bd. 1: *Frühe Neuzeit 1500–1789,* Düsseldorf: Patmos, 2007.

Kladstrup, Don; Kladstrup, Petie: *Champagner. Die dramatische Geschichte des edelsten aller Getränke.* Stuttgart: Klett-Cotta, 2007.

Kriedte, Peter: *Peasants, Landlords, and Merchant Capitalists: Europe and the World Economy, 1500–1800.* Leamington Spa: Berg, 1983.

Kwolek-Folland, Angel: *Engendering Business: Men and Women in the Corporate Office, 1870–1930.* Baltimore: Johns Hopkins University Press, 1994.

Lallemand, George: *Le Baron Ponsardin.* Reims: Chamber of Commerce/ Société des Amis de Vieux Reims, 1967.

Lamartine, Alphonse Marie Louise de: *Histoire des Girondins.* Paris: Furne et Cie., 1847.

Laurent, Gustave: *Reims et la region rémoise à la veille de la Revolution.* Reims: Imprimerie Matot-Braine, 1930.

Le Play, Frédéric: *La reforme sociale* (1872), in: *On Family, Work and Social Change.* Hg. v. Catherine Bodard Silver. Chicago: University of Chicago Press, 1982.

Lewis, Gwynne: »Proto-Industrialization in France«, in: *Economic History Review* 47 (1994), Nr. 1, S. 150–164.

Liger-Belair, Gérard: *Entkorkt! Wissenschaft im Champagnerglas.* München: Spektrum Akademischer Verlag, 2006.

Ligne, Charles Joseph: *Mémoires et mélanges historiques et littéraires.* Paris: A. Dupont, 1827–1829.

Lloyd, Ward: *A Wine Lover's Glasses: The A. C. Hubbard Jr. Collection of Antique English Drinking Glasses and Bottles.* Yeovil: Richard Dennis, 2000.

Loubere, Leo: *The Red and the White: The History of Wine in France and Italy in the Nineteenth Century.* Albany: State University of New York Press, 1978.

Louis-Perrier, Jean-Pierre Armand: *Mémoire sur le vin de Champagne* (1886). Merfy: Librairie J.-Jacques Lecrocq, 1984.

MacLean, Natalie: »The Merry Widows of Mousse«, in: *International Sommelier Guild* 3 (2003), Nr. 63AJ, S. 1f.

Maher, Michael: »In Vino Veritas? Clarifying the Use of Geographic

References on American Wine Labels«, in: *California Law Review* 89 (2001), Nr. 6, S. 1881-1925.

Martineau, Harriet: *The Autobiography of Harriet Martineau.* Boston: James R. Osgood, 1877.

Matasar, Ann B.: *Women of Wine: The Rise of Women in the Global Wine Industry.* Berkeley: University of California Press, 2006.

Maynard, Diane de: *La descendance de Madame Clicquot-Ponsardin, preface de la Vicomtesse de Luppé.* Mayenne: Joseph Floch, 1975.

Menon, Pierre-Louis; Lecotté, Roger: *Au village de France, les traditions, les travaux, les fêtes: La vie traditionelle des paysans.* Entrépilly: Christian de Bartillat, 1993.

Merey, Soufflon de: *Considérations sur le réetablissement des jurands et maîtresses; précédées d'observations sur... un projet de status et règlements de MM. Les Marchands de Vin.* Paris: A. J. Marchant, 1805.

Mérimée, Prosper: *Œuvres completes.* Hg. v. Pierre Trahard und Edouard Champion. Paris: H. Champion, 1927.

Merrett, Christopher: *Some Observations Concerning the Ordering of Wines.* London: William Whitwood, 1692.

Moreau, Émile: *Le culte de Saint Vincent en Champagne.* Épernay: Éditions le Vigneron de la Champagne, 1936.

Moreau, Jacques: *De la connoissance* [sic] *des fièvres continues, pourprées et pestilentes.* Paris: Laurent D'Houry, 1689.

Murphy, Charles: *Observations on the character and culture of the European vine, during a residence of five years in the vine growing districts of France, Italy, and Switzerland, to which is added, the manual of the Swiss vigneron.* New York: Oaksmith & Co., 1859.

Navier, Jean-Claude: *Question agitée dans les Ecoles de la Faculté de médecine de Reims le 14 mai 1777 par M. Navier fils, Docteur-Régent de la Faculté de Médecine en l'Université de Reims, de l'Académie des Sciences, Arts et Belles Lettres de Chalons-sur-Marne, sur l'usage du Vin de Champagne Mousseux contre les Fièvres putrides et autres Maladies de même nature.* Reims: Cazin, 1778.

Newman, Edgar Leon: »The Blouse and the Frock Coat: The Alliance of the Common People of Paris with the Liberal Leadership and the Middle Class During the Last Years of the Bourbon Restoration«, in: *Journal of Modern History* 46 (1974), Nr. 1, S. 26–59.

Orton, Diana: *Made of Gold: Biography of Angela Burdett-Coutts.* London: Hamilton, 1979.

Pacottet, Paul; Guittonneau, L.: *Vins de Champagne et vins mousseux.* Paris: J.-B. Bailliere, 1930.

Paczensky, Gert von: *Champagner.* Weil der Stadt: Hädecke, 1987.

Pellus, Daniel: *Femmes célèbres de Champagne.* Amiens: Éditions Martelle, 1992.

Pevitt, Christine: *Madame de Pompadour: Mistress of France.* New York: Grove Press, 2002.

Peynaud, Émile: *Connaissance et travail du vin.* Paris: Dunod, 1981.

Phillips, Roderick: *Die große Geschichte des Weins.* Frankfurt/M., New York: Campus, 2001.

Philpott, Don: *The Champagne Almanac.* Orpington: Eric Dobby Publishing, 1993.

Picard, Liza: *Dr. Johnson's London.* New York: St. Martin's Press, 2000.

Pilbeam, Pamela: »The ›Three Glorious Days‹: The Revolution of 1830 in Provincial France«, in: *Historical Journal* 26 (1983), Nr. 4, S. 831–844.

Pinckney, Eliza: *The Letterbook of Eliza Lucas Pinckney 1739–1762.* Hg. v. Elise Pinckney. Chapel Hill: University of South Carolina Press, 1997.

Pinkney, David H.: »A New Look at the French Revolution of 1830«, in: *Review of Politics* 23 (1961), Nr. 4, S. 490–506.

Poindron, Éric: »Promenade et *Conte rémois*, en guise d'introduction, ou, Tentative de nouvelle essai à la manière modeste des *Contes* de Louis de C[hevigné]«, http://blog.france3.fr/cabinet-de-curiosites/tb.php?id=59083.

The Professional Chef: The Culinary Institute of America. New York: John Wiley & Son, 2002.

Rack, John: *The French wine and liquor manufacturer: A practical guide and receipt book for the liquor merchant ... including complete instructions for manufacturing champagne wine.* New York: Dick & Fitzgerald, 1868.

Ray, Cyril: *Bollinger: The Story of a Champagne.* London: Peter Davies, 1971.

Redding, Cyrus: *A History and Description of Modern Wines.* London: Whittaker, Treacher, & Arnot, 1833.

—: *French Wines and Vineyards and the Way to Find Them.* London: Houlston & Wright, 1860.

Redlich, Fritz: »Jacques Laffitte and the Beginnings of Investment Banking in France«, in: *Bulletin of the Business Historical Society* 22 (1948), Nr. 4–6, S. 137–161.

Refait, Michel: *Moët & Chandon: De Claude Moët à Bernard Arnault.* Paris: Dominique Gueniot, 1998.

Rheims and Battles for Its Possession. Paris: Michelin, 1919.

Rhodes, Anthony: *Princes of the Grape.* London: Weidenfeld & Nicholson, 1975.

Rhone-Converset, J. L.: *La vigne, ses maladies - ses ennemis - sa défense en Bourgogne et Champagne, etc.* Paris: Châtillon-sur-Seine, 1889.

Ribeiro, Aileen: *Fashion in the French Revolution.* New York, Holmes & Meier, 1988.

Roche, Emile: *Le commerce des vins de Champagne sous l'ancien régime.* Diss. Châlons-sur-Marne: Imprimerie de l'Union Républicaine, 1908.

Roman, Gustavo C.: »Cerebral Congestion: A Vanished Disease«, in: *Archives of Neurology* 44, (1987), Nr. 4, Abstract.

—: »On the History of Lacunes, *État Criblé,* and the White Matter Lesions of Vascular Dementia«, in: *Cerebrovascular Diseases* 13 (2002), Nr. 2, S. 1–6.

Rose, Elise Whitlock: *Cathedrals and Cloisters of the Isle de France: Including Bourges, Troyes, Reims, and Rouen.* New York: G. P. Putnam's Sons, 1910.

Rothenberg, Gunther: *Die Napoleonischen Kriege.* Berlin: Brandenburgisches Verlagshaus, 2000.

Roubinet, Jacqueline; Nolleau, Gilbert und Marie-Thérèse: *Jean-Rémy Moët: un seigneur du champagne et un politique de talent.* Paris: Stock, 1996.

Rudé, George: *Europa im Umbruch. Vom Vorabend der Französischen Revolution bis zum Wiener Kongreß.* München: Heyne, 1981.

Saint-Marceaux, [Augustin Marie de Paul] de: *Notes et documents pour servir a l'histoire de la ville de Reims pendant les quinze années de 1830 à 1845.* Reims: Brissart-Binet, 1853.

Saint-Pierre, Louis de: *The Art of Planting and Cultivating the Vine; as also of Making, Fining, and Preserving Wines, &c.* London 1722, *Research Publications, The Eighteenth Century,* Reel 6365, Item 1, Woodbridge o. J.

Salleron, Jules; Matieu, Louis-Joseph: *Études sur le vin mousseux.* Paris: Éditions J. Dujardin, 1895.

Schelleken, Jona: »Economic Change and Infant Mortality in England, 1580 bis 1837«, in: *Journal of Interdisciplinary History* 32 (2001), Nr. 1, S. 1–11.

Senior, Nancy: »Aspects of Infant Feeding in Eighteenth-Century France«, in: *Eighteenth-Century Studies* 16 (1983), Nr. 4, S. 367–388.

Sharrer, G. Terry: »The Indigo Bonanza in South Carolina, 1740–1790«, in: *Technology and Culture* 12 (1971), Nr. 3, S. 447–455.

Silverman, J. Herbert: »From Hautvillers to Waterloo: The First Century of Champagne«, in: *Wine and Spirits* (Juni 1992), S. 16–20.

Simon, André: *History of the Champagne Trade in England.* London: Wyman & Sons, 1905.

Smith, Bonnie G.: *Ladies of the Leisure Class: The Bourgeoisies of Northern France in the Nineteenth Century.* Princeton: Princeton University Press, 1981.

Somerville, Edith; Ross, Martin: *In the Vine Country.* London: W.H. Allen, 1893.

Stevenson, Tom: *Champagner.* München: Gräfe & Unzer, 1987.

—: *World Encyclopedia of Champagne and Sparkling Wine.* San Francisco: Wine Appreciation Guild, 1999.

—: *Champagne and Sparkling Wine Guide.* San Francisco: Wine Appreciation Guild, 2002.

Stockley, C. S.: »Histamine: The Culprit for Headaches?«, in: *Australian and New Zealand Wine Industry Journal* 11 (1996), S. 42–44.

Sutaine, Max: *Essai sur l'histoire des vins de la Champagne.* Reims: L. Jacquet, 1845.

Taittinger, Claude (Hg.): *Saint-Évremond ou le bon usage des plaisirs.* Paris: Perrin, 1990.

Taylor, George V.: »Notes on Commercial Travelers in Eighteenth-Century France«, in: *Business History Review* 38 (Herbst 1964), Nr. 3, S. 346–353.

Techener, Jacques: *Catalogue d'une précieuse collection de livres anciens et rares… provenant de la bibliothèque de M. F. Clicquot, de Reims: La vente aura lieu de 22 avril 1843 et jours suivants.* Paris: Librairie Techener, 1843.

This, Hervé: *Molecular Gastronomy: Exploring the Science of Flavor.* New York: Columbia University Press, 2006.

Tomes, Robert: *The Champagne Country.* New York: Hurd & Houghton, 1867.

Tovey, Charles: *Champagne: Its History, Properties, and Manufactures.* London: James Camden Hotten, 1870.

—: *Wine Revelations.* London: Whittaker & Co., 1883.

Troyat, Henri: *Alexander of Russia: Napoleon's Conqueror.* New York: Grove Press, 2003.

Vitry, Paul: *L'Hôtel le Vergeur, notice historique.* Reims: Société des Amis du Vieux Reims/Henri Matot, 1932.

Vizetelly, Henry: *A History of Champagne, with Notes on the Other Sparkling Wines of France.* New York: Scribner & Welford, 1882.

—: *Facts About Champagne and Other Sparkling Wines, Collected During Numerous Visits to the Champagne and Other Viticultural Districts of France and the Principal Remaining Wine-Producing Countries of Europe.* London: Ward, Lock & Co., 1879.

Vogüé, Alain de: *Une maison de vins de Champagne au temps du blocus continental, 1806–1812.* Diplomarbeit 1948.

Vogüé, Bertrand de: *Madame Clicquot à la conquête pacifique de la Russie.* Reims: Imprimerie du Nord-Est, 1947.

Wahrman, Dror: *The Making of the Modern Self: Identity and Culture in Eighteenth-Century England.* New Haven: Yale University Press, 2004.

Walpole, Robert: *A Letter from a Member of Parliament to His Friends in the Country Concerning the Duties on Wine and Tobacco.* London: T. Cooper, 1733.

Weber, Caroline: *Queen of Fashion: What Marie Antoinette Wore to the Revolution.* New York: Henry Holt & Co., 2006.

Wheatcroft, Andrew: *The Habsburgs.* New York: Penguin, 1997.

Whymark, H.J.; Lee, Alfred: »Champagne Charlie Was His Name«, gesungen von Billy Morris. Sheet music. Boston: Oliver Ditson, n. d. H-Music files, Sonoma County Library.

Williams, D.: »A Consideration of the Sub-Fossil Remains of ›Vitis vinifera‹ L. as Evidence of Viticulture in Roman Britain«, in: *Britannia* 8 (1977), S. 327–334.

Williams, Helen Maria: *Letters Written in France.* Hg. v. Neil Fraistat und Susan S. Lanser. Peterborough: Broadview, 2001.

Wilson, Joan Hoff: »The Illusion of Change: Women and the American Revolution«, in: *The American Revolution.* Hg. v. Alfred F. Young. Dekalb: Northern Illinois University Press, 1976.

Winik, Marion: »The Women of Champagne«, in: *American Way,* 1. März 1997, S. 113.

Woodhall, Clyde E.; Faver Jr., William H.: »Famous South Carolina Farmers«, in: *Agricultural History* 33 (1959), Nr. 3, S. 138–141.

Woolf, Virginia: *Ein eigenes Zimmer. Drei Guineen. Zwei Essays.* Frankfurt/M.: S. Fischer, 2001.

Wordsworth, Dorothy: *The Grasmere Journals.* Hg. v. Pamela Woof. Oxford: Oxford University Press, 1991.

Young, Arthur: *Travels in France and Italy During the Years 1787, 1788, and 1789.* London: J.M. Dent & Sons, 1927.

Young, David Bruce: »A Wood Famine? The Question of Deforestation in Old Regime France«, in: *Forestry* 49 (1976), Nr. 1, S. 45 f.

Zambonelli, Carlo, et al.: »Effects of Lactic Acid Bacteria Autolysis on Sensorial Characteristics of Fermented Foods«, in: *Food Technology/Biotechnology* 40 (2002), Nr. 4, S. 347–351.

Zoecklein, Bruce: »A Review of *Méthode Champenoise* Production«, Virginia State University/Virginia Tech, Cooperative Extension Publication, Publication Number 463-017, Dezember 2002, www.ext.vt.edu/pubs/viticulture/463-017/463-017.html.

Werbematerialien von folgenden Firmen: Champagne Château de Boursault, Champagne Taittinger, Champagne Cattier, Champagne Jeansson, Champagne Veuve Clicquot Ponsardin, Champagne Pommery, Champagne Moët & Chandon, Domaine Carneros, Château d'Yquem, Grgich Hills, Champagne Henriot, Champagne Laurent-Perrier, Champagne Ruinart und Champagne G. C. Kessler. Unternehmensarchiv der Firma Veuve Clicquot Ponsardin.

Anmerkungen

Einleitung

1 *Byron's Letters and Journals*, hg. v. Leslie A. Marchand, 10 Bde. (Cambridge: Harvard University Press, 1974), Bd. 2; Brief vom 25. September 1812: »A woman should never be seen eating or drinking, unless it be lobster salad and Champagne, the only true feminine & becoming viands.«

2 »Champagne is the only wine that leaves a woman beautiful after drinking it«, zitiert in: Don und Petie Kladstrup, *Champagner. How the World's Most Glamorous Wine Triumphed over War and Hard Times* (New York: William Morrow, 2005), S. 50. Vgl. die deutsche Übersetzung: Don und Petie Kladstrup, *Die dramatische Geschichte des edelsten aller Getränke* (Stuttgart: Klett-Cotta, 2007), S. 60. – Das Originalzitat lautet offenkundig anders, als die Autorin es im Haupttext wiedergibt (Anm. d. Ü.).

3 Dem Weinexperten Tom Stevenson zufolge war es »das erste Mal, dass ein LVMH-Haus – oder überhaupt eine *grande marque* – eine Frau zu ihrer Vorstandsvorsitzenden gemacht hat«. *Harper's*, 20. Dezember 2000, verfügbar unter www.harpers.co.uk. Seit 1987 gehört der Champagnerhersteller Veuve Clicquot ebenso wie Champagne Moët & Chandon zum Luxusgüterkonzern LVMH (Louis Vuitton Moët Hennessy).

4 Die Geschichte des Musical-Schlagers vom »Champagner-Charlie« ist ein kurioses Beispiel für Weinvermarktung. Das Lied wurde Ende der 1860er-Jahre durch den Sänger George Leybourne berühmt, der von der Firma Moët & Chandon beauftragt worden war, für ihre Marke eine eingängige Melodie zu komponieren. Schon bald aber hatte Leybournes Konkurrent Alfred Vance mit der Witwe Clicquot vereinbart, mit einer Melodie zu ihren Ehren zurückzuschlagen. Die Folge war eine hitzige Bühnenschlacht, die dazu beitrug, die Popularität des Champagners in Großbritannien zu steigern. Viele sind jedoch der Ansicht, Charles Camille Heidsieck sei das eigentliche Vorbild für den »Champagner-Charlie« gewesen. Der geflügelte Name war nämlich ein geläufiger Spitzname für den umtriebigen Weinhändler, der seine Bekanntheit in den 1850er-Jahren auf seinen Verkaufstouren durch die Vereinigten Staaten genutzt hatte, um massenhaft Bestellungen zu akquirieren und seiner Marke Wiedererkennungswert

zu verschaffen. Heidsieck vermarktete auch Jahrgangschampagner mit dem Namen »Champagne Charlie«, und im kulturellen Gedächtnis wird das Lied zumeist mit seiner Firma in Verbindung gebracht. Die beste Darstellung dieser Geschichte findet sich auf der offiziellen Website der Union des Maisons de Champagne (www.maisons-champagne.com); siehe auch Marcel und Patrick Heidsieck, *Vie de Charles Heidsieck* (Reims: Société Charles Heidsieck, 1962) sowie Eric Glatre und Jaqueline Roubinet, *Charles Heidsieck: Un pionnier et un homme d'honneur* (Paris: Stock, 1995).

5 »Champagne Charlie« ist »[d]er Titel eines 1868 erschienenen Liedes ... Der ursprüngliche *Charley* soll ein Weinhändler gewesen sein, der seine Freunde mit Champagner zu beschenken pflegte.« *Oxford English Dictionary*, Stichwort »Champagne Charlie«.

6 Gérard Liger-Belair, *Entkorkt! Wissenschaft im Champagnerglas* (München: Spektrum Akademischer Verlag, 2006), S. 17, spricht von achtundzwanzigtausendfünfhundert Hektar. Die Anbaufläche ist traditionell auf vierunddreißigtausend Hektar begrenzt; über die Zulassung von vierzig neuen *communes* wurde im November 2007 entschieden. Siehe Giles Fallowfield, »France aims to extend Champagne region«, Decanter.com (10. November 2007).

7 Das Unternehmen erwarb die Weinberge bei Hautvillers 1794, begann jedoch erst in den 1930er-Jahren mit der Produktion des Dom-Pérignon-Jahrgangschampagners; Informationsmaterial des Unternehmens.

8 Don und Petie Kladstrup zufolge existierten Ende des 18. Jahrhunderts nur zehn Firmen, in den 1860er-Jahren aber bereits dreihundert; Kladstrup/Kladstrup, *Champagner*, S. 95.

9 Zahlen nach Thomas Brennan, *Burgundy to Champagne: The Wine Trade in Early Modern France* (Baltimore: Johns Hopkins University Press, 1997), S. 272.

10 Zwar ist das englische Wort *feminism* laut *Oxford English Dictionary* erst seit den 1890er-Jahren nachweisbar, doch »im Allgemeinen gilt Mary Wollstonecrafts 1792 veröffentlichte Schrift *Vindication of the Rights of Women* als erstes Dokument des modernen Feminismus«; Lea Campos Boralevi, *Bentham and the Oppressed* (New York: Walter de Gruyter, 1984), S. 23. In Frankreich fanden sich ähnliche Ideen im Werk von Olympe de Gouges, deren *Déclaration des droits de la Femme et de la Citoyenne* 1791 veröffentlicht wurde.

11 Vgl. Anthony Rhodes, *Princes of the Grape* (London: Weidenfeld & Nicholson, 1975), S. 8, und Ann B. Matasar, *Women of Wine: The Rise of Women in the Global Wine Industry* (Berkeley: University of California Press, 2006), S. 25 f.

Kind der Revolution, Kind der Champagne

1 Das bekannte Schlagwort »*liberté, égalité, fraternité*« (»Freiheit, Gleichheit, Brüderlichkeit«) wurde während der Revolution der 1790er-Jahre von Maximilien Robespierre geprägt, erlangte jedoch erst im Zuge der Revolution von 1848 Popularität in Frankreich; siehe Tristram Hunt, »A National Motto? That's the Last Thing Britain Needs«, in: *The Guardian*, 18. Oktober 2007, S. 32.

2 Augustin Marie de Paul de Saint-Marceaux, *Notes et documents pour servir à l'histoire de la ville de Reims pendant les quinze années de 1830 à 1845* (Reims: Brissart-Binet, 1853), S. 44. Saint-Marceaux, von 1832 bis 1837 und von 1839 bis 1845 Bürgermeister von Reims, schätzte, dass die Stadt 1793 zwischen siebenundzwanzigtausend und dreißigtausend Einwohner gehabt habe.

3 Siehe etwa Mita Choudhury, *Convents and Nuns in Eighteenth-Century French Politics and Culture* (Ithaca, NY: Cornell University Press, 2004). Frühe Hinweise auf revolutionäre Exzesse finden sich bei Hippolyte Taine in dessen zehnbändigem, in den 1870er-Jahren erschienenen Werk *Origines de la France contemporaine.*

4 Ein Detail, das in den Berichten über die Kindheit Barbe-Nicoles immer wieder auftaucht; die umfassendste Darstellung gibt Michel Etienne, *Veuve Clicquot Ponsardin, aux origins d'un grand vin de Champagne* (Paris: Economica, 1994), S. 22. Nähere Informationen zum Kloster Saint-Pierre-les-Dames finden sich in *Rheims and Battles for Its Possession* (Paris: Michelin, 1919), S. 98 f.

5 Einzelheiten bei Jean Princesse de Caraman-Chimay, *Madame Veuve Clicquot Ponsardin: sa vie, son temps* (Reims: Debar, 1956), S. 2; siehe auch Patrick de Gmeline, *La Duchesse d'Uzès* (Paris: Librairie Académique Perrin, 1986), S. 15.

6 Siehe etwa den anonymen Bericht *A Residence in France, During the Years 1792, 1793, 1794, and 1795: Described in a Series of Letters from an English Lady*, hg. v. John Gifford (London: T.N. Longman, 1797); elektronische Fassung ohne Paginierung verfügbar unter www.gutenberg.org/etext/11995.

7 Am detailliertesten ist diese Episode geschildert bei Caraman-Chimay, *Madame Veuve Clicquot Ponsardin*, S. 2. Frédérique Crestin-Billet behauptet, es sei Barbe-Nicoles Schwester gewesen; Crestin-Billet, *Veuve Clicquot: La grande dame de la Champagne* (Grenoble: Editions Glénat, 1992), S. 15.

8 Diese und andere Einzelheiten zum Wetter, das in diesem Jahr herrschte, in Brian Fagan, *The Little Ice Age: How Climate Made History* (New York: Basic Books, 2000), S. 155.

9 Roderick Phillips, *Die große Geschichte des Weins* (Frankfurt/M., New York: Campus, 2001), S. 199; Kladstrup/Kladstrup, *Champagner*, S. 67, 72. Siehe auch François Furet, *Revolutionary France 1770–1880* (Oxford: Blackwell, 2000) sowie Brennan, *Burgundy to Champagne*. Im vorrevolutionären Frankreich war die Abgabenlast für die Bürger auf dem Land kaum zu tragen; zu ihr gehörten der »Zehnte«, der an die Kirche ging, der *vingtième* (»Zwanzigste«), eine Einkommensteuer von fünf Prozent, Verkaufs- und Besitzsteuern, lokale Abgaben, *banalités* für die Nutzung öffentlicher Einrichtungen wie Mühlen, Öfen und Weinpressen, schließlich sogar eine in Form von unbezahlter Arbeit zu entrichtende Steuer (*corvée*).

10 Lynn Hunt, »Local Elites and the End of the Old Regime: Troyes and Reims, 1750–1789«, in: *French Historical Studies* 9 (1976), Nr. 3, S. 379–399, hier S. 385.

11 Crestin-Billet, *Veuve Clicquot*, S. 11, spricht von vierzigtausend französischen Franc. Zu der Schwierigkeit, historische Geldwerte in heutige Währungseinheiten umzurechnen, siehe S. 118 f.

12 Victor Fiévet, *Madame Veuve Clicquot, née Ponsardin* (Paris: E. Dentu, 1865), S. 21; siehe auch Elise Whitlock Rose, *Cathedrals and Cloisters of the Isle de France: Including Bourges, Troyes, Reims, and Rouen* (New York: G. P. Putnam's Sons, 1910).

13 10, rue Cérès; Jacques-Louis Delpal, *Merveilles de Champagne* (Paris: Éditions de La Martinière, 1993), S. 33.

14 Patrick de Gmeline (*La Duchesse d'Uzès*, S. 14) schreibt: »Sie war stets sein Liebling.«

15 Brennan, *Burgundy to Champagne*, S. 11.

16 Gmeline, *La Duchesse d'Uzès*, S. 14.

17 Einzelheiten zur Revolution in Reims und zu den Festen, mit denen sie gefeiert wurde, finden sich in der anonymen Schrift *Description de la fête patriotique: Célébrée à Rethel le 14 Juillet 1790, & jours suivants* (Reims: Jeunehomme, Imprimeurs du Rois, 1790), bei Gustave Laurent, *Reims et la region rémoise à la veille de la Révolution* (Reims: Imprimerie Matot-Braine, 1930), Arthur Barbat de Bignicourt, *Les massacres à Reims en 1792 après des documents authentiques* (1872) sowie in dem anonymen Text *A Residence in France, During the Years 1792, 1793, 1794, and 1795*. Die Verfasserin von *A Residence in France* hat beschrieben, wie im November 1793 »Mademoiselle Maillard, ein Mitglied der Grand Opéra, auf Männerschultern von der Kirche zum Konvent getragen wurde – als Göttin der Vernunft, in weißem Gewand und mit blauer Kappe«. Und sie fügte hinzu: »Vielerorts wurden wertvolle Gemälde und Statuen verbrannt bzw. zerschlagen. ... Die meisten Anwesenden schauten

mit stummem Entsetzen und Befremden zu, derweil andere, im Rausch oder wahrscheinlich dafür bezahlt, dieses skandalöse Schauspiel aufzuführen, rasend vor Begeisterung um die Flammen tanzten.« Die in den Krankenhäusern arbeitenden Ordensschwestern »wurden beschuldigt, ihren adligen Patienten mehr Fürsorge angedeihen zu lassen als den bewaffneten Freiwilligen und Republikanern; und aufgrund dieser seltsamen Vorwürfe wurden sie fast unbekleidet auf Karren gesetzt, von einem Département ins nächste verfrachtet und auf verschiedene Gefängnisse verteilt, wo sie an Kälte, Krankheit und Hunger sterben!«

Heiratsversprechen und Familiengeheimnisse

1 Dror Wahrman, *The Making of the Modern Self: Identity and Culture in Eighteenth-Century England* (New Haven: Yale University Press, 2004).

2 Madeleine Delpierre, *Dress in France in the Eighteenth Century* (New Haven: Yale University Press, 1997), S.150 f. Siehe auch Caroline Weber, *Queen of Fashion: What Marie Antoinette Wore to the Revolution* (New York: Henry Holt & Co., 2006).

3 Mary Sophia Hely-Hutchinson, *Fashion in Paris: The Various Phases of Feminine Taste and Aesthetics from the Revolution to the End of the 19th Century* (London: W. Heinemann, 1901); Aileen Ribeiro, *Fashion in the French Revolution* (New York: Holmes & Meier, 1988).

4 *Memoirs of Madame Maldan*, zitiert nach Crestin-Billet, *Veuve Clicquot*, S. 15.

5 Etienne, *Veuve Clicquot Ponsardin*, S. 22.

6 Siehe Ribeiro, *Fashion in the French Revolution*; zum nationalen »Dresscode« und zur Französischen Revolution siehe James H. Johnson, »Versailles, Meet Les Halles: Masks, Carnival, and the French Revolution«, in: *Representations* 73 (2001), S. 89–116.

7 Thérésa, geb. Cabarrús (1773–1835), während der Revolution Pariser Gesellschaftsdame und politische Widersacherin von Maximilien Robespierre (1758–1794), dem Mann, der im Zuge des Terreur (1794) die tödlichen Säuberungen durchführen ließ. Madame Tallien heiratete später in die adlige Familie Riquet aus Chimay (Belgien) ein und wurde 1805 Gräfin von Caraman-Chimay. Louis de Chevigné begegnete in seinem Exil in Chimay während des Deutsch-Französischen Krieges ihrem Sohn. Siehe Arsène Houssaye, *Notre-Dame de Thermidor: Histoire de Madame Tallien* (Paris: H. Plon, 1866).

8 Die quasistaatliche Autorität der katholischen Kirche in Frankreich gilt vielen Historikern als eine der Ursachen für die Französische Revolution. 1793 wurde die Religionsausübung formal verboten; an ihre Stelle trat schon bald der Kult der Vernunft, der später vom Kult des höchsten

Wesens abgelöst wurde. Die antireligiösen Affekte erreichten ihren Höhepunkt 1794, doch gehörte der Klerus die ganzen Jahre zu den Hauptzielen revolutionärer Gewalt. Die Verbote wurden 1795, nach der Hinrichtung Robespierres, zwar gelockert, aber der Katholizismus blieb formal geächtet und wurde bis 1801 strafrechtlich verfolgt. Siehe dazu Claude Geffré und Jean-Pierre Jossua, *1789: The French Revolution and the Church* (Edinburgh: T. and T. Clark, 1989) sowie Nigel Aston, *The End of an Élite: The French Bishops and the Coming of the Revolution, 1786–1790* (Clarendon: Oxford University Press, 1992).

9 Caraman-Chimay, *Madame Veuve Clicquot Ponsardin*, S. 3; Gmeline, *La Duchesse d'Uzès*, S. 15.

10 Pierre-Louis Menon und Roger Lecotté, *Au village de France, les traditions, les travaux, les fêtes: La vie traditionnelle des paysans* (Entrépilly: Christian de Bartillat, 1993), S. 43, 101, 138.

11 Diane de Maynard, *La descendance de Madame Clicquot-Ponsardin, préface de la Vicomtesse de Luppé* (Mayenne: Joseph Floch, 1975), ohne Seitenzählung.

12 Robert Tomes, *The Champagne Country* (New York: Hurd & Houghton, 1867), S. 94 f.: »Der Graf von Brimont [Jean-François Irénée Ruinart de Brimont] ist Champagnertrinkern durch seinen Familiennamen Ruinart bekannt. Er ist Nachfahre – vermutlich in einer Seitenlinie – eines Dom [Thierry] Ruinart [1657–1709], der zur heiligen Bruderschaft des Klosters von Hautvillers gehörte ... die Weinmanufaktur, deren Eigentümer er ist, ist eine der ältesten in der Champagne. ... Sein Wein war in früheren Zeiten sehr beliebt, und seine Flaschen kann man auch heute noch gelegentlich zu Gesicht bekommen.«

Die Champagnerfirma Ruinart wurde von Nicolas Ruinart (1697–1769) gegründet, und zwar unmittelbar nach dem königlichen Erlass vom 25. Mai 1728, der den Kaufleuten von Reims das Exklusivrecht zugestand, die lokalen Schaumweine in Flaschen zu transportieren. Nach dem Tod des Vaters leitete Marie-Barbe-Nicole Ruinarts Bruder Claude das Familienunternehmen. Er heiratete die Tochter eines anderen Champagnerhauses, Hélène Héloïse Françoise Tronsson von Champagne Tronsson. Nach Claudes Tod erbte sein Sohn Irénée (1770–1850) das Unternehmen; Irénée, der eine Zeit lang auch Bürgermeister von Reims war und den Orden der französischen Ehrenlegion erhielt, war ein enger Weggefährte von Nicolas Ponsardin. Laut Werbematerial von Champagne Ruinart produzierte die Firma um 1769 Champagner in der Größenordnung von vierzigtausend Flaschen im Jahr und gehörte damit zusammen mit Champagne Moët zu den großen Champagnerhäusern des späteren 18. Jahrhunderts; Anfang

des 19. Jahrhunderts schrumpfte das Unternehmen. – Marie-Barbe-Nicole Le Tertre, geborene Ruinart, wurde um 1733 geboren.
Wissenschaftliche Darstellungen der Familie Ruinart und des Geschäftsklimas bei den Weinhändlern der Champagne im 18. Jahrhundert bieten Patrick de Gmeline, *Ruinart, la plus ancienne maison de champagne, de 1729 à nos jours* (Paris: Stock, 1994) und Charles Henri Jadart, *Dom Thierry Ruinart ... Notice suivie de documents inédits sur sa famille, sa vie, ses œuvres, ses relations avec D. Mabillon* (Paris 1886).

13 Etienne (*Veuve Clicquot Ponsardin,* S. 10, Anm. 9) meint, es handele sich um die heutige rue de la Nanteuil.

14 Nach Crestin-Billet, *Veuve Clicquot,* S. 36.

15 Bertrand de Vogüé, *L'Éducation d'un jeune bourgeois de Reims sous la Révolution* (o. O.: Marsh, 1942); siehe auch Etienne, *Veuve Clicquot Ponsardin,* S. 10–17.

16 Etienne, *Veuve Clicquot Ponsardin,* S. 11–19.

17 Ebd., S. 11–14.

18 Charles Tovey, *Champagne: Its History, Properties, and Manufactures* (London: James Camden Hotten, 1870), S. 50; ähnlich bei Fiévet, *Madame Veuve Clicquot,* der mit fragwürdiger Exaktheit schreibt: »ein Offizier, der sich aufgrund seiner Verwundungen aus dem aktiven Dienst zurückzog« (S. 55).

19 Tom Stevenson, *Champagne and Sparkling Wine Guide* (San Francisco: Wine Appreciation Guild, 2002), S. 204; vgl. Tom Stevenson, *Champagner* (München: Gräfe & Unzer, 1987), S. 54 ff. und 277 ff.; für Einzelheiten zur Geschichte der Regulierung und Bewertung in der Weinindustrie des frühen 20. Jahrhunderts siehe auch die offizielle Website des Syndicat Professionnel des Courtiers en Vins de Champagne: www.spcvc.com/historique.php?go=3&art=2.

20 Robert Joseph, *Weine aus Frankreich. Die schönsten Weingüter – die besten Sorten* (Starnberg: Dorling Kindersley, 2000), S. 35.

21 Denis Diderot, *Encyclopédie; ou Dictionnaire raisonné des sciences, des arts et des métiers* (Neufchastel [*sic*]: Samuel Faulche, 1765), Bd. 17, S. 292.

22 Werbematerial im Verkostungsraum von Champagne Veuve Clicquot Ponsardin.

23 Detail, das in verschiedenen Quellen erwähnt wird, unter anderem bei Gmeline, *La Duchesse d'Uzès,* S. 16, und Caraman-Chimay, *Madame Veuve Clicquot Ponsardin,* S. 3.

24 David G. James, »Opportunities for Reducing Pesticide Use in Management of Leafhoppers, Cutworms, and Thrips«, Conference Proceedings of the Washington State Grape Society (2002), verfügbar unter www.grapesociety.org. James schreibt: »Seit vielen Jahren und aus vielfältigen

Gründen werden in Europa und Australien in Weinbergen und deren Umfeld Rosen gepflanzt ... als Indikatoren für Mehltau.« (S. 3).

25 Interview mit Philippe Bienvenue, 19. Januar 2007; siehe auch das Werbematerial von Champagne Cattier.

26 Brennan, *Burgundy to Champagne*, S. 269.

Champagnerträume

1 Brennan, *Burgundy to Champagne*, S. 269.

2 Stevenson, *Champagne and Sparkling Wine Guide*, S. 200; vgl. das Syndicat Professionnel des Courtiers en Vins de Champagne, verfügbar unter www.spcvc.com/memento.php?go=6.

3 Tomes, *The Champagne Country*, S. 68; siehe auch Henry Vizetelly, *Facts About Champagne and Other Sparkling Wines, Collected During Numerous Visits to the Champagne and Other Viticultural Districts of France and the Principal Remaining Wine-Producing Countries of Europe* (London: Ward, Lock, & Co., 1879), S. 192, 198, 214.

4 Werbematerial für den 2001er-Jahrgang, verfügbar unter www.yquem.fr; Werbematerial Grgich Hills, verfügbar unter www.grgich.com.

5 *Oxford English Dictionary*, Stichwort »champagne«; 1903 hieß es unter demselben Stichwort, es handele sich um »einen wunderbaren Farbton von hellem Stroh, mit einem Hauch Pink darin«.

6 Anonym [S. J.], *The Vineyard, Being a Treatise Shewing the Nature and Method of Planting, Manuring, Cultivating, and Dressing Vines* (London: W. Mears, 1727), S. 46. Korrekt lautet der französische Ausdruck »œil-de-perdrix«.

7 Phillips, *Die große Geschichte des Weins*, S. 227.

8 Charles Joseph Ligne, Prince de, *Mémoires et mélanges historiques et littéraires* (Paris: A. Dupont, 1827–1829).

9 Umfassende Richtlinien für Champagne-Winzer werden von den führenden Berufsverbänden herausgegeben, unter anderem vom Comité Interprofessionnel du Vin de Champagne, verfügbar unter www.champagne.fr, und dem Institut National de l'Origine et de la Qualité, verfügbar unter www.inao.gouv.fr. Eine historische Darstellung der Vorschriften für Champagner findet sich bei Kolleen Guy, *When Champagne Became French: Wine and the Making of National Identity* (Baltimore: Johns Hopkins University Press, 2003).

10 André Simon, *History of the Champagne Trade in England* (London: Wyman & Sons, 1905): »In der zweiten Hälfte des 18. Jahrhunderts ... gab es keinerlei Etiketten welcher Art auch immer, und kein Verbraucher fragte nach dem Namen dessen, der den Wein produziert hatte.« (S. 59).

11 Liger-Belair, *Entkorkt!* S. 14; Champagner wird heute im Allgemeinen mit einem Druck von bis zu sechs bar in Flaschen abgefüllt. Da sich der Druck in der Flasche verringert, wenn die Temperatur gesenkt wird, halten sich die Bläschen in gekühltem Champagner länger.

12 Roger Dion, *Histoire de la vigne et du vin en France* (Paris: Flammarion, 1959).

13 Verschiedene Quellen, darunter Liger-Belair, *Entkorkt!* S. 11; siehe auch René Gandilhon, *Naissance du Champagne: Dom Pierre Pérignon* (Paris: Hachette, 1968); François Bonal, *Dom Pérignon: Vérité et légende* (Langres: D. Guéniot, 1995).

14 Zu den Wachstumstendenzen in der britischen Schaumweinindustrie siehe Mark Phillips, »Global Warming Spawns Wine in U.K.«, in: *CBS Evening News*, 25. September 2006, verfügbar unter www.cbsnews.com/stories/2006/09/25/eveningnews/main2037991.shtml, und Valerie Elliott, »English Wine Sparkles as Global Climate Warms Up«, in: *The Times*, 11. September 2006, verfügbar unter www.timesonline.co.uk/tol/news/uk/article 635009.ece. Es gibt historische Belege dafür, dass Großbritannien einst über einen florierenden Weinhandel verfügte; siehe D. Williams, »A Consideration of the Sub-Fossil Remains of ›Vitis vinifera‹ L. as Evidence of Viticulture in Roman Britain«, in: *Britannia* 8 (1977), S. 327–334, und William Hughes, *The Compleat* [sic] *Vineyards, or, A Most Excellent Way for the Planting of Wines Not Onely* [sic] *According to the German and French Way, but Also Long Experimented in England* (London: W. Crooke, 1665).

15 Klassifiziert ist dieser Wein im »Working Paper« der Europäischen Kommission, Generaldirektion für Landwirtschaft und ländliche Entwicklung, zum Thema »Wine. Common Market Organisation« (2006), in dem sein Export verboten wird; siehe http://ec.europa.eu/agriculture/markets/wine/studies/rep_cmo2006_en.pdf, S. 21.

16 Kladstrup/Kladstrup, *Champagner*, S. 57.

17 Brennan, *Burgundy to Champagne*, S. 251.

18 Diese These wurde erstmals aufgestellt in Tom Stevenson, *World Encyclopedia of Champagne and Sparkling Wine* (San Francisco: Wine Appreciation Guild, 1999).

19 Siehe Ward Lloyd, *A Wine Lover's Glasses: The A. C. Hubbard Jr. Collection of Antique English Drinking Glasses and Bottles* (Yeovil: Richard Dennis, 2000); Roger Dumbrell, *Understanding Antique Wine Bottles* (San Francisco: Antique Collector's Club, 1983).

20 Geboren als Charles de Marguetel de Saint-Denis, Seigneur de Saint-Évremond (1613–1703); eine Sammlung seiner Schriften über Gaumenfreuden ist, herausgegeben von Claude Taittinger, erschienen unter dem Titel *Saint-Évremond, ou, Le bon usage des plaisirs* (Paris: Perrin, 1990). Zu Saint-

Évremonds Zeit in Großbritannien siehe Walter Daniels, *Saint-Évremond en Angleterre* (Versailles: L. Luce, 1907).

21 Merretts Ausführungen: Christopher Merrett, *Some Observations Concerning the Ordering of Wines* (London: William Whitwood, 1692).

22 John Evelyn, *Sylva, or A Discourse of Forest-Trees, and the Propagation of Timber in His Majesties Dominions. By J. E. Esq. As it was deliver'd in the Royal Society the XVth of October, MDCLXII ... To which is annexed Pomona; or, an appendix concerning fruit-trees in relation to cider* (London: Joseph Martyn & James Allestry, 1664).

23 Liger-Belair, *Entkorkt!*, S. 11 f.; Brennan, *Burgundy to Champagne*, S. 249; Delpal, *Merveilles de Champagne*, S. 127.

24 Kladstrup/Kladstrup, *Champagner*, S. 62; siehe auch Christine Pevitt, *Madame de Pompadour: Mistress of France* (New York: Grove Press, 2002).

25 Brennan, *Burgundy to Champagne*, S. 255.

Anonymität im Blut

1 Die Geschichte der Napoleonischen Kriege (die oft als Fortsetzungen jener Kriege dargestellt werden, zu denen es infolge der Französischen Revolution gekommen war) lässt sich in groben Umrissen verstehen, wenn sie auf eine Abfolge von Koalitionen bezogen wird. In Wahrheit aber waren Dutzende von Ländern und Fürstentümern involviert, die oftmals in fürchterlich komplexe multilaterale Konflikte verstrickt waren.

Der erste Koalitionskrieg endete formell 1797 mit einem französischen Sieg im Wesentlichen über Österreich und die italienischen Staaten und erweiterte die Grenzen Frankreichs bis zum Rhein. Wirtschaftlich war dies insbesondere für die Region der Champagne von Bedeutung. Frankreich blieb nach dem Frieden von Campo Formio allerdings im Krieg gegen Großbritannien.

Der zweite Koalitionskrieg dauerte von 1798 bis etwa 1805. Diesmal sah sich Frankreich Großbritannien, Österreich, Russland, dem Osmanischen Reich und mehreren italienischen Staaten gegenüber. Im Februar 1801 wurde mit Österreich und den meisten anderen Mitgliedern der Koalition der Friede von Lunéville geschlossen, und ein Jahr später, im März 1802, beendete der Vertrag von Amiens den Krieg mit Großbritannien. Bis Mai 1803 - vierzehn Monate lang - herrschte anschließend in Frankreich Frieden.

1804 krönte sich Napoleon zum Kaiser von Frankreich. 1805 hatte sich eine dritte Koalition gebildet, die in erster Linie aus Russland, Großbritannien und Österreich bestand. Diese Phase des Konflikts war vor allem von Napoleons Plänen bestimmt, Großbritannien zu erobern - Plänen, die mit der Niederlage in der Schlacht bei Trafalgar im Herbst ein Ende fanden. Im Dezember besiegte Napoleon die Österreicher in der berühmten Schlacht von Austerlitz.

Im vierten Koalitionskrieg standen Frankreich in erster Linie Preußen und einige andere deutsche Staaten sowie Russland und Großbritannien gegenüber. Er endete mit Napoleons Eroberungssiegen über Preußen 1806 und Russland 1807. 1806 verhängte Frankreich die sogenannte Kontinentalsperre - eine Reihe von Handelsbeschränkungen, die den Zweck hatten, Großbritannien vom Welthandel abzuschneiden und ökonomisch in die Knie zu zwingen. Doch spätestens 1810 wurde in Frankreich unter Umgehung des Boykotts, der noch bis 1812 andauern sollte, viel Schmuggelware gekauft und verkauft.

Im fünften Koalitionskrieg von 1809 bis 1812 standen vor allem Großbritannien und Österreich gegen Frankreich. Für Barbe-Nicoles Champagnerträume war von Bedeutung, dass der russische Markt für französische Händler zwischen 1807 und 1812 theoretisch (wenn nicht sogar praktisch) offen stand. Russlands Weigerung, britische Waren zu blockieren, war jedoch zum Teil für Napoleons katastrophal endenden Russlandfeldzug 1812 verantwortlich.

Nach Napoleons winterlichem Rückzug aus Russland bildete sich die sechste Koalition, um die Schwächung Frankreichs auszunutzen. Diesmal taten sich Preußen und die anderen deutschen Staaten mit Österreich, Russland und Großbritannien zusammen. Im Sommer 1813 herrschte von Anfang Juni bis Mitte August kurz Frieden, und im Frühjahr 1814 wurde Napoleon abgesetzt. Die Monarchie wurde wiederhergestellt, und Napoleon begab sich in sein Exil auf Elba, um im folgenden Jahr nach Frankreich zurückzukehren und seine Herrschaft der Hundert Tage zu beginnen, den letzten verzweifelten Versuch, sein Imperium zu retten. Schließlich wurde er bei Waterloo von der siebten Koalition, von Russland, Preußen und den anderen deutschen Staaten, Österreich und Großbritannien besiegt. Einen detaillierten historischen Überblick bietet Gunther Rothenberg, *Die Napoleonischen Kriege* (Berlin: Brandenburgisches Verlagshaus, 2000).

2 Zur Kinder- und Müttersterblichkeit im Frankreich des 18. Jahrhunderts siehe Yves Blayo, »La mortalité en France de 1740 à 1829«, in: *Population* (November 1975), S. 124–142, Nancy Senior, »Aspects of Infant Feeding in Eighteenth-Century France«, in: *Eighteenth-Century Studies* 16 (1983), Nr. 4, S. 367–388, Nina Rattner Gelbart, *The King's Midwife: A History and Mystery of Madame du Coudray* (Berkeley: University of California Press, 1998)

sowie Jenny Carter und Therese Duriez, *With Child: Birth Through the Ages* (Edinburgh: Mainstream Publishing, 1986). Zur Sterblichkeit in England siehe Jona Schellekens (auch allgemein interessanten) Aufsatz »Economic Change and Infant Mortality in England, 1580 bis 1837«, in: *Journal of Interdisciplinary History* 32 (2001), Nr. 1, S. 1–11.

3 Thérèse Pinchart (1775–1859) hatte 1795 Jean-Louis Doé de Maindreville (1768–1798) geheiratet, einen Parlamentsadvokaten. Im Jahr darauf war ihr Sohn Pierre (1796–1870) zur Welt gekommen. Witwe geworden war sie 1798.

4 Crestin-Billet, *Veuve Clicquot*, S. 15.

5 Susan P. Conner schreibt in ihrem Aufsatz »Public Virtue and Public Women: Prostitution in Revolutionary Paris, 1793–1794«, in: *Eighteenth-Century Studies* 28 (1994), Nr. 2, S. 221–240, man habe »Marie-Antoinette, die exemplarische Hure des 18. Jahrhunderts, im Namen der ›Tugend‹ hingerichtet« (S. 222). Die Liebschaften von Joséphine Bonaparte waren legendär; zu dem politischen Nutzen, den ihre Gegner aus ihren Indiskretionen zogen, siehe etwa Evangeline Bruce, *Napoleon und Josephine. Das grandiose Bild einer Epoche* (Bern: Scherz, 1996).

6 Virginia Woolf, *Ein eigenes Zimmer. Drei Guineen. Zwei Essays* (Frankfurt/M.: S. Fischer, 2001), S. 53.

7 Zitiert nach ebd., S. 58; siehe auch Janet Gleeson, *Privilege and Scandal: The Remarkable Life of Harriet Spencer, Sister of Georgiana* (New York: Crown, 2007).

8 Bonnie G. Smith, *Ladies of the Leisure Class: The Bourgeoisies of Northern France in the Nineteenth Century* (Princeton: Princeton University Press, 1981), S. 47; *Code Napoléon; or, The French Civil Code. Literally Translated from the Original and Official Edition, Published at Paris, in 1804* (London: William Benning, 1827).

9 Dem zuständigen Tourismusbüro zufolge erwirtschaftet der Weintourismus allein im kalifornischen Sonoma County jährlich Umsätze von mehr als einer Milliarde Dollar; statistische Daten sind verfügbar unter www.sonomacounty.com.

10 Tomes, *The Champagne Country*, S. 173.

11 Ann B. Matasar, *Women of Wine: The Rise of Women in the Global Wine Industry* (Berkeley: University of California Press, 2006), S. 75.

12 Brennan, *Burgundy to Champagne*, S. 261 f.

13 Brennan, *Burgundy to Champagne*, S. 261; Claire Desbois-Thibault, *L'extraordinaire aventure du Champagne Moët et Chandon, une affaire de famille* (Paris: Presses Universitaires de France, 2003), S. 31; Etienne, *Veuve Clicquot Ponsardin*, S. 59.

14 Béatrice Craig, »Where Have All the Businesswomen Gone? Images and

Reality in the Life of Nineteenth-Century Middle-Class Women in Northern France«, in: *Women, Business and Finance in Nineteenth-Century Europe: Rethinking Separate Spheres*, hg. v. Robert Beachy, Béatrice Craig und Alastair Owens (Oxford: Berg Publishers, 2006), S. 54.

15 Alain de Vogüé, *Une maison de vins de champagne au temps du blocus continental, 1806–1812*, Diplomarbeit 1948, S. 3.

16 Ebd.

17 Gavin Daly, »Napoleon and the ›City of Smugglers‹, 1810–1814«, in: *Historical Journal* 50 (2007), Nr. 2, S. 333–352; eine umfassendere Darstellung der englisch-französischen Handelsbeziehungen zur Zeit Napoleons bietet François Crouzet, *L'économie britannique et le blocus continental* (Paris: Economica, 1987).

18 Etienne, *Veuve Clicquot Ponsardin*, S. 96.

19 Brennan, *Burgundy to Champagne*, S. 261.

20 Werbebroschüren, Champagne Moët & Chandon, Reims; die Porträts sind reproduziert in Victor Fiévet, *Jean-Rémy Moët et ses successeurs* (Paris: E. Dentu, 1864).

21 Brennan, *Burgundy to Champagne*, S. 198.

22 Etienne, *Veuve Clicquot Ponsardin*, S. 96.

23 Dorothy Wordsworth, *The Grasmere Journals*, hg. v. Pamela Woof (Oxford: Oxford University Press, 1991), S. 125.

24 Zitiert nach Etienne, *Veuve Clicquot Ponsardin*, S. 36; Brief vom 20. August 1802.

25 Brennan, *Burgundy to Champagne*, S. 252.

26 Fiévet, *Madame Veuve Clicquot*, S. 56.

Die Herstellung der Cuvée

1 Jean-Antoine-Claude Chaptal, Comte de Chanteloup, *L'art de faire le vin* (Paris: Madame Huzard, 1819).

2 Jerry B. Gough, »Winecraft and Chemistry in Eighteenth-Century France: Chaptal and the Invention of Chaptalization«, in: *Technology and Culture* 39 (1998), Nr. 1, S. 74–104, hier S. 102.

3 Ebd.

4 Brennan, *Burgundy to Champagne*, S. 250.

5 Louis Saint-Pierre, *The Art of Planting and Cultivating the Vine; and Also of Making, Fining, and Preserving Wines, &c.* (London 1722), S. 230.

6 Émile Moreau, *Le culte de Saint Vincent en Champagne* (Épernay: Éditions le Vigneron de la Champagne, 1936).

7 Desbois-Thibault, *L'extraordinaire aventure*, S. 35.

8 Napoleon verbrachte fünf Jahre an der Militärakademie in Briennes-le-Château (Aube); siehe das Stichwort »Napoleon I« in der *Encyclopaedia Britannica Online*, verfügbar unter http://www.search.eb.com.prxy5.ursus.maine.edu/eb/article-9108752; siehe auch Alexandre Assier, *Napoléon Ier à l'École Royale Militaire de Brienne d'après des documents authentiques et inédits, 1779–1784* (Paris 1874). Jean-Rémy Moët besuchte dieselbe Akademie, und eine rührende Geschichte erzählt, wie die jungen Männer als Studenten Freundschaft schlossen. Leider ist sie nicht wahr: Die beiden waren zu verschiedenen Zeiten in Briennes. Es ist jedoch wahrscheinlich, dass die gemeinsamen Erfahrungen an der Akademie die Grundlage für die warmherzige persönliche Beziehung bildeten, die sich in späteren Jahren entwickelte. Zu Moëts Ausbildung siehe Desbois-Thibault, *L'extraordinaire aventure*, S. 26, Anm. 1.

9 Jean Godinot, *Manière de cultiver et de faire le vin en Champagne* (1722), hg. v. François Bonal (Langres: Dominique Guéniot, 1990); Nicolas Bidet, *Traité sur la culture des vignes, sur la façon du vin, et sur la manière de le gouverner: Ouvrage orné de figures, & en particulier de celle d'un pressoir d'une nouvelle invention* (Paris: Chez Savoye, 1752).

10 Die sogenannten *bans de vendange* hatten ihren Ursprung im mittelalterlichen Feudalismus; heute regelt das Comité Interprofessionnel du Vin de Champagne, eine Standesorganisation, die Weinbauern und Champagnerproduzenten umfasst, in Abstimmung mit der französischen Regierung alle Aspekte der Champagnerherstellung; Einzelheiten finden sich unter www.champagne.fr.

11 Etienne, *Veuve Clicquot Ponsardin*, S. 32.

12 Anonym [S. J.], *The Vineyard*, S. 49–52.

13 Die Mediziner unterscheiden zwischen einer normalen, milden Reaktion auf Rotwein, dem sogenannten »Rotweinkopfschmerz« (*red wine headache*, RWH), der vermutlich eine Histamin- oder Prostaglandinreaktion darstellt oder aber eine Unverträglichkeitsreaktion auf Tannine, und einer viel schwereren, potenziell tödlichen Sulfitallergie. Siehe etwa A. T. Bakalinsky, »Sulfites, Wine and Health«, in: *Wine in Context: Nutrition, Physiology, Policy: Proceedings of the Symposium on Wine and Health*, hg. v. Andrew L. Waterhouse und R. M. Rantz (Davis, Calif.: American Society for Enology and Viticulture, 1996) und C. S. Stockley, »Histamine: The Culprit for Headaches?«, in: *Australian and New Zealand Wine Industry Journal* 11 (1996), S. 42–44.

14 Godinot, *Manière de cultiver*, S. 65.

15 *The Professional Chef: The Culinary Institute of America* (New York: John Wiley & Son, 2002), S. 300–303.

16 André Jullien, *Manuel du sommelier, ou Instruction pratique sur la manière de soigner les vins* (Paris: Encyclopédie de Roret, 1836), S.189.

17 Carlo Zambonelli et al., »Effects of Lactic Acid Bacteria Autolysis on Sensorial Characteristics of Fermented Foods«, in: *Food Technology/Biotechnology* 40 (2002), Nr. 4, S. 347-351.

18 Stevenson, *Champagne and Sparkling Wine Guide*, S. 9.

19 Liger-Belair, *Entkorkt!*, S. 129.

20 Hervé This, *Molecular Gastronomy: Exploring the Science of Flavor* (New York: Columbia University Press, 2006), S. 232.

21 Siehe *Champenoises: Ecomusée de la région de Fourmies Trélon* (Trélon: Atelier-Musée du Verre de Trélon, 2000), mit freundlicher Genehmigung der Forschungsbibliothek von Champagne Moët & Chandon. Das Buch schildert u. a. Barbe-Nicoles Probleme, Flaschen in gleichbleibender Größe und Qualität zu bekommen. Die Champagnerproduktion erforderte spezielle Flaschen, was Form, Farbe, Druck- und Säureresistenz sowie die *embouchure* (die Öffnung) betrifft. Schlechtes Glas war ein entscheidendes Hindernis für die Entwicklung der Champagnerindustrie. In den 1820er-Jahren machte Barbe-Nicole präzise Angaben bei ihren Bestellungen, aber die Glasproduzenten »hatten große technische Schwierigkeiten und auch Vorbehalte, dieses Modell zu fabrizieren«, da ihre Auftraggeberin funktionale, zylindrische und ästhetisch ansprechende Flaschen wünschte, deren Zeit noch nicht gekommen war (S. 80). Besonders missfiel ihr das Aussehen der birnenförmigen Flaschen: »Diese Form hat keinerlei Eleganz«, schrieb sie in einem Brief vom März 1856 (S. 152). In den 1830er-Jahren begann Barbe-Nicole zudem, die Flaschenform als Marketinginstrument zu betrachten, und bestand darauf, dass in »ihrer Form« hergestellte Flaschen nicht an Konkurrenten geliefert wurden (S. 151; Brief an Haumont vom Oktober 1831). Infolge ihrer Beharrlichkeit und ihres Kaufvolumens (Barbe-Nicole bezog in fünfundsechzig Geschäftsjahren schätzungsweise fünfundsechzig Millionen Flaschen) entwickelte sich die Glasindustrie auf dem Weinsektor Mitte des 19. Jahrhunderts rasant, und die mehr als siebenhundert Briefe zu diesem Thema, die im Unternehmensarchiv vorhanden sind, machen deutlich, welche Rolle Barbe-Nicole »bei der Entwicklung der Champagnerflasche«, wie wir sie heute kennen, gespielt hat (S.148).

22 Dumbrell, *Understanding Antique Wine Bottles*, S. 16.

23 Jamie Goode, *The Science of Wine: From Vine to Glass* (Los Angeles: University of California Press, 2005), S. 170.

24 This, *Molecular Gastronomy*, S. 236.

25 Ebd., S. 250.

Die Champagnerwitwe

1 Etienne, *Veuve Clicquot Ponsardin,* S. 269.

2 Zu dieser Zeit teilten sich im Großen und Ganzen zwei Staaten die Macht über Mittel- und Osteuropa: das habsburgische Österreich und das unabhängige Königreich Preußen. Auch wenn sich die Territorialgrenzen immer wieder verschoben, vor allem in der napoleonischen Epoche: Im Allgemeinen umfasste Preußen Teile der heutigen Staaten Deutschland und Polen, Gebiete an der Ostsee sowie mehrere der späteren Staaten der Sowjetunion. Zur Habsburgermonarchie gehörten außer einem Großteil des heutigen Österreich Ungarn und Rumänien sowie zahlreiche Staaten an der Adria, darunter der Nordosten des heutigen Italien. Das Osmanische Reich befand sich im frühen 19. Jahrhundert zwar schon im Niedergang, kontrollierte aber noch immer weitgehend die Gebiete im Süden, darunter die heutige Türkei, einige der umkämpften Adriastaaten, die meisten Gebiete rund um das Schwarze Meer sowie große Teile des Nahen und Mittleren Ostens wie auch Nordafrikas. Eine umfassendere Darstellung der politischen Geografie zu Beginn des 19. Jahrhunderts bieten Christopher Clark, *Preußen. Aufstieg und Niedergang 1600–1947* (München: DVA, 2007), und Andrew Wheatcroft, *The Habsburgs* (New York: Penguin, 1997).

3 Zitiert nach Etienne, *Veuve Clicquot Ponsardin,* S. 262.

4 Alain de Vogüé, *Une maison de vins,* S. 5.

5 Zitiert nach Etienne, *Veuve Clicquot Ponsardin,* S. 263.

6 Ebd., S. 95, 269.

7 William Buchan, *Domestic Medicine, or, A Treatise on the Prevention and Cure of Diseases, by Regimen and Simple Medicines: With an Appendix, Containing a Dispensatory for the Use of Private Practioners* (Philadelphia: Richard Folwell, 1797), Kap. 10.

8 Fiévet, *Madame Veuve Clicquot,* S. 59.

9 Jean-Claude Navier, *Question agitée dans les Ecoles de la Faculté de médecine de Reims ... sur l'usage du Vin de Champagne Mousseux contre les Fièvres putrides et autres Maladies de même nature* (Reims: Cazin, 1778).

10 Ebd., S. X.

11 Jacqueline Roubinet, Gilbert und Marie-Thérèse Nolleau, *Jean-Rémy Moët: un seigneur du champagne et un politique de talent* (Paris: Stock, 1996), S. 38.

12 Siehe etwa Jacques Moreau, *De la connoissance* [sic] *des fièvres continues, pourprées et pestilentes* (Paris: Laurent D'Houry, 1689), und William Guthrie, *Remarks upon Claret, Burgundy, and Champagne, Their Dietetic and Restorative Uses, Etc.* (London: Simpkin, Marshall & Co., 1889).

13 Charles Tovey, *Champagne: Its History, Properties, and Manufactures* (London: James Camden Hotten, 1870), S. 105; wiederholt in Charles Tovey, *Wine Revelations* (London: Whitaker, 1880), S. 38.

14 Zitiert nach Crestin-Billet, *Veuve Clicquot*, S. 69.

15 Jacques-Louis David, *La mort de Marat*, ca. 1794, Öl auf Leinwand, Reims, Musée des Beaux-Arts de la Ville de Reims, Geschenk von Paul David, 1879 (879.8); Marat war während der Revolution von Charlotte Corday ermordet worden.

16 Buchan, *Domestic Medicine*, Kap. 10.

17 Zitiert nach Etienne, *Veuve Clicquot Ponsardin*, S. 12.

18 Tomes, *The Champagne Country*, S. 66.

19 Alain de Vogüé, *Une maison de vins*, S. vi.

20 Smith, *Ladies of the Leisure Class*, S. 46.

Partner und Lehrling

1 Etienne, *Veuve Clicquot Ponsardin*, S. 179–181; Crestin-Billet, *Veuve Clicquot*, S. 68.

2 Nach einem der Artikel durfte »eine Ehefrau [nicht] in eigenem Namen, ohne die Erlaubnis ihres Ehemanns, vor Gericht erscheinen, auch nicht, wenn sie Händlerin [war]«, *Code Napoléon*, Kapitel 6, Abschnitt 4.

3 Etienne, *Veuve Clicquot Ponsardin*, S. 178–181. Frankreich hatte im 19. Jahrhundert ein kompliziertes Währungssystem. Um der Klarheit willen werden alle Werte in Franc angegeben, obwohl viele Quellen von »livres« oder sogar »napoléons« sprechen. Das Livre (Pfund), das 1795 von der Revolutionsregierung abgeschafft wurde, entsprach in etwa dem Wert des Franc.

4 Zeitgenössische Zahlen aus L. und D. Noack, »Cost of Living in Daumier's Times«, verfügbar unter www.daumier.org/index.php?id=176; siehe auch Gilles Postel-Vinay und Jean-Marc Robin, »Eating, Working, and Saving in an Unstable World: Consumers in Nineteenth-Century France«, in: *Economic History Review* 45 (1992), Nr. 3, S. 494–513; Vergleichszahlen für Großbritannien finden sich in Liza Picard, *Dr. Johnson's London* (New York: St. Martin's Press, 2000).

5 Etienne, *Veuve Clicquot Ponsardin*, S. 180.

6 Alain de Vogüé, *Une maison de vins*, S. 5.

7 Etienne, *Veuve Clicquot Ponsardin*, S. 39–41.

8 Alain de Vogüé, *Une maison de vins*, S. 8.

9 This, *Molecular Gastronomy*, S. 254.

10 Goode, *The Science of Wine*, S. 145.

11 Etienne, *Veuve Clicquot Ponsardin*, S. 74.

12 Siehe C. R. Davis et al., »Practical Implications of Malolactic Fermentation: A Review«, in: *American Journal of Enology and Viticulture* 36 (1985), S. 290–301, und Émile Peynaud, *Connaissance et travail du vin* (Paris: Dunod, 1981).

13 Zitiert nach Etienne, *Veuve Clicquot Ponsardin*, S. 116.

14 Alain de Vogüé, *Une maison de vins*, S. 8.

15 Ebd., S. 10.

16 Ebd., S. 16.

17 Ebd., S. 20.

18 Ebd., S. 28.

19 Das Kind namens Maria Alexandrowna, das angeblich von ihrem Liebhaber Adam Czartoryski, einem polnischen Fürsten, stammte, lebte nur vierzehn Monate (1799–1800); Henri Troyat, *Alexander of Russia: Napoleon's Conqueror* (New York: Grove Press, 2003), S. 43–46.

20 Laut dem Office of Champagne's Cultivation Regulations (dem US-Ableger des Comité Interprofessionnel du Vin de Champagne, CIVC) dürfen Trauben der »Appellation Champagne« nur in streng kontrollierten Lagen angebaut werden, und die Weinbauern müssen sich verpflichten, Vorschriften zu befolgen, die vom Abstand zwischen den Rebstöcken über das Ausmaß und den Zeitpunkt des Rebschnitts bis zum Höchstertrag je Hektar und Zeitpunkt der Lese alles und jedes regeln; Einzelheiten sind zu finden unter www.champagne.us/index.cfm?pageName=appellation_cultivationregs.

21 Die Verwendung der Angabe *méthode champenoise bzw.* »Flaschengärung im Champagnerverfahren« für außerhalb der »Appellation Champagne« hergestellte Weine wurde 1994 vom Europäischen Gerichtshof untersagt (*SMW Winzersekt GmbH gegen Land Rheinland-Pfalz, Rechtssache C-306/93 [1994], Sammlung der Rechtsprechung 1994*, S. I-05555; verfügbar unter http://eur-lex.europa.eu/LexUriServ/LexUriServ.do?uri=CELEX:61993J0306:DE:HTML). In den USA ist die Verwendung der Bezeichnung kompliziert: Wenn ein Produzent eine von sechzehn Bezeichnungen für Wein, darunter auch »Kalifornischer Champagner«, vor dem 10. März 2006 für sein Produkt verwendet hat, darf er das auch weiterhin uneingeschränkt tun; für Erzeugnisse nach März 2006 jedoch nicht mehr (vgl. https://vinepair.com/wine-blog/loophole-california-champagne-legal/). Die Geschichte des amerikanischen »Champagners« ist dokumentiert in William Heintz et al., *A History of Champagne in California and the United States: With Particular Emphasis on How the Word »Champagne« Has Been Used by Journalists and Writers and the Understanding of Its Definition by the American Wine Consumer*, unveröffentlichtes Achivmaterial, 1984, Saint Helena Public Library, Napa, Kalifornien.

22 Alain de Vogüé, *Une maison de vins*, S. 58–60.

23 Ebd., S. 65.

24 Ebd., S. 76.

25 Ebd., S. 72.

26 Etienne, *Veuve Clicquot Ponsardin*, S. 269.

27 Alain de Vogüé, *Une maison de vins*, S. 96.

Allein am Rande des Ruins

1 Werbematerial von Champagne Taittinger, verfügbar unter www.taittinger.com; siehe auch Delpal, *Merveilles de Champagne*, S. 58.

2 George Lallemand, *Le Baron Ponsardin* (Reims: Chamber of Commerce/Société des Amis de Vieux Reims, 1967).

3 Marie Louise von Österreich (1791–1847); siehe Edith Cuthell, *An Imperial Victim: Marie Louise, Archduchess of Austria, Empress of the French, Duchess of Parma* (London: Brentanto's, 1912).

4 Fiévet, *Madame Veuve Clicquot*, S. 24.

5 Champagne Veuve Clicquot Ponsardin, Unternehmensarchiv, 1A E 086, *Copie de lettres du 1er Julliet au 9 Novembre 1812*, S. 243; Brief vom 3. März 1810.

6 Interview mit Fabienne Huttaux, Unternehmensarchivarin von Champagne Veuve Clicquot Ponsardin, Reims, 8. Januar 2007.

7 Werbematerial von Champagne Jacquesson, verfügbar unter www.champagnejacquesson.com.

8 Etienne, *Veuve Clicquot Ponsardin*, S. 184.

9 Crestin-Billet, *Veuve Clicquot*, S. 89.

10 Delpal, *Merveilles de Champagne*, S. 173.

11 Desbois-Thibault, *L'extraordinaire aventure*, S. 57.

12 Werbematerial in den Verkostungsräumlichkeiten von Champagne Veuve Clicquot Ponsardin.

13 Etienne, *Veuve Clicquot Ponsardin*, S. 44.

14 Ebd., S. 47–49.

15 Caraman-Chimay, *Madame Veuve Clicquot Ponsardin*, S. 31.

16 »Die Frauen versuchten, ihren Familiensinn mit der allgemeinen unternehmerischen Ausrichtung ihres Lebens in Einklang zu bringen ... die Zeugnisse scheinen aber nicht darauf hinzudeuten, dass die Unternehmerinnen viel Zeit jenseits der Geschäftswelt verbracht hätten«; Smith, *Ladies of the Leisure Class*, S. 45.

17 Siehe etwa Caraman-Chimay, *Madame Veuve Clicquot Ponsardin*, S. 31–42.

18 Champagne Veuve Clicquot Ponsardin, Unternehmensarchiv, 1A E 086, *Copie de lettres du 1er Juillet 1809 au 9 Novembre 1812*, S. 429; Brief vom 19. Oktober 1810.

19 Caraman-Chimay, *Madame Veuve Clicquot Ponsardin*, S. 18.

20 Anonym, *London at Table: or, How, When, and Where to Dine and Order a Dinner, and Where to Avoid Dining, with Practical Hints to Cooks* (London: Chapman & Hall, 1851), Bd. 2, S. 45.

21 This, *Molecular Gastronomy*, S. 257.

22 Caraman-Chimay, *Madame Veuve Clicquot Ponsardin*, S. 17.

23 Die Zitate hier und im Folgenden stammen aus Bertrand de Vogüé, *Madame Clicquot à la conquête pacifique de la Russie* (Reims: Imprimerie du Nord-Est, 1947), S. 8.

24 Alain de Vogüé, *Une maison de vins*, S. 112.

25 Etienne, *Veuve Clicquot Ponsardin*, S. 269.

26 Crestin-Billet, *Veuve Clicquot*, S. 77.

27 Tomes, *The Champagne Country*, S. 129.

28 Harriet Martineau, *Autobiography* (Boston: James R. Osgood, 1877).

29 Anonym, »The Comet«, in: *Robert Merry's Museum* (November 1858), S. 137–139, hier S. 137.

30 Alain de Vogüé, *Une maison de vins*, S. 118.

31 Aufgrund der Kontinentalsperre während der Napoleonischen Kriege waren gefragte britische Kolonialwaren wie Zucker und Baumwolle knapp und teuer. Da man für die Weinproduktion – vor allem für die Herstellung von Champagner – Zucker benötigte, »hatte die französische Weinbranche zu leiden«, und um Schaden von seiner Lieblingsindustrie abzuwenden, sorgte Napoleon dafür, dass »in Frankreich geforscht wurde, um Ersatzstoffe für die britischen Kolonialprodukte zu finden«; so arbeitete man unter anderem daran, aus den im eigenen Land angebauten roten Rüben Zucker zu gewinnen; William G. Freeman, *Current Investigations in Economic Botany*, in: *New Phytologist* 6 (1907), Nr. 1, S. 18–23, hier S. 20. Siehe auch Phillips, *Die große Geschichte des Weins*, S. 183–186. Robert Tomes zufolge verwendeten die Weinproduzenten damals lieber Rohrzucker, weil Rübenzucker »angeblich den Wein vergiftet« und ihm ein »widerliches Aroma« verleiht; Tomes, *The Champagne Country*, S. 145.

32 Bertrand de Vogüé, *Conquête pacifique de la Russie*, S. 8.

33 Alain de Vogüé, *Une maison de vins*, S. 125.

34 Zitiert nach George Rudé, *Europa im Umbruch. Vom Vorabend der Französischen Revolution bis zum Wiener Kongreß* (München: Heyne, 1981), S. 313.

35 Victor Fiévet, *Histoire de la ville d'Épernay* (Épernay: V. Fiévet, 1868), S. 151.

36 Eine ausführliche Darstellung des Russlandfeldzugs findet sich bei Henry Houssaye, *Napoleon and the Campaign of 1814* (Uckfield: Naval and Military Press, 2006).

Der Krieg und der Triumph der Witwe

1 Alain de Vogüé, *Une maison de vins*, S. 64, 123.
2 Kladstrup/Kladstrup, *Champagner*, S. 81.
3 Caraman-Chimay, *Madame Veuve Clicquot Ponsardin*, S. 38.
4 Bertrand de Vogüé, *Conquête pacifique de la Russie*, S. 26.
5 Fiévet, *Madame Veuve Clicquot*, S. 33.
6 Kladstrup/Kladstrup, *Champagner*, S. 99; Caraman-Chimay, *Madame Veuve Clicquot Ponsardin*, S. 24.
7 Kladstrup/Kladstrup, *Champagner*, S. 99.
8 Caraman-Chimay, *Madame Veuve Clicquot Ponsardin*, S. 24.
9 Desbois-Thibault, *L'extraordinaire aventure*, S. 35.
10 Louis Antoine Fauvelet, *Memoirs of Napoleon Bonaparte* (London: Richard Bentley, 1836); siehe auch Houssaye, *Napoleon and the Campaign of 1814*.
11 Tomes, *The Champagne Country*, S. 67.
12 Einzelheiten nach »The Noble Art of Sabrage«, verfügbar unter www.champagnesabering.com.
13 Nach Fiévet, *Madame Veuve Clicquot*, hieß es in dem Brief unter anderem: »Sire, in diesem Moment sind die Stadt und die, die sie beschützen, Eurer Macht unterstellt.« (S. 39).
14 Fiévet, *Madame Veuve Clicquot*, S. 19.
15 Caraman-Chimay, *Madame Veuve Clicquot Ponsardin*, S. 24.
16 Kladstrup/Kladstrup, *Champagner*, S. 80.
17 Tomes, *The Champagne Country*, S. 67.
18 *The Works of Lord Byron: With His Letters and Journals, and His Life*, hg. v. Thomas Moore. 6 Bde. (London: John Murray, 1854), Bd. 3, Brief vom 9. April 1814.
19 Caraman-Chimay, *Madame Veuve Clicquot Ponsardin*, S. 24.
20 Brennan, *Burgundy to Champagne*, S. 272.
21 Roubinet/Nolleau, *Jean-Rémy Moët*, S. 43.
22 Bertrand de Vogüé, *Conquête pacifique de la Russie*, S. 9.
23 Ebd., S. 11.
24 Caraman-Chimay, *Madame Veuve Clicquot Ponsardin*, S. 26.
25 Michel Refait, *Moët & Chandon: De Claude Moët à Bernard Arnault* (Paris: Dominique Gueniot, 1998), S. 41.
26 Bertrand de Vogüé, *Conquête pacifique de la Russie*, S. 12.
27 Ebd., S. 15.
28 Ebd., S. 12.

Ein Komet über Russland: der Jahrgang 1811

1 Bertrand de Vogüé, *Conquête pacifique de la Russie*, S. 18.

2 Ebd., S. 17.

3 Zitate in diesem Abschnitt aus ebd., S. 14.

4 Ebd., S. 18.

5 Ebd., S. 20.

6 Ebd., S. 19.

7 Interview mit Fabienne Huttaux, Unternehmensarchivarin von Champagne Veuve Clicquot Ponsardin, 8. Januar 2007.

8 Peter Kriedte, *Peasants, Landlords, and Merchant Capitalists: Europe and the World Economy, 1500–1800* (Leamington Spa: Berg, 1983), S. 13, zitiert nach Gwynne Lewis, »Proto-Industrialization in France«, in: *Economic History Review* (New Series) 47 (1994), Nr. 1, S. 150–164, hier S. 155.

9 Craig, »Where Have All the Businesswomen Gone?«, S. 52.

Die Industriellentochter

1 Matasar, *Women of Wine*, S. 2.

2 Interview mit Eileen Crane, Geschäftsführerin der Domaine Carneros, Napa, Kalifornien, Oktober 2007.

3 Ebd.

4 Werbematerial von Champagne Taittinger, verfügbar unter www.taittinger.com.

5 Hugh Johnson, *Wine* (New York: Simon & Schuster, 1979), S. 71.

6 Ebd., S. 63.

7 Matasar, *Women of Wine*, S. 27.

8 So Natalie MacLean, »The Merry Widows of Mousse«, in: *International Sommelier Guild* 3 (2003), Nr. 63AJ, S. 1f., hier S. 1. Zu den literarischen Darstellungen der Witwe Clicquot siehe insbesondere Anton Tschechows *Erzählung über einen Eisenbahner* und Alexander Puschkins Verserzählung *Eugen Onegin*, in der sich die berühmten Verszeilen finden:

»Gesagt, getan: in kurzem prangen
Moët und Veuve Clicquot, ganz frisch
In Eis gekühlt und froh empfangen,
Vor unsrem Dichter auf dem Tisch.
...
Was hat sein [des Champagners] Strom uns nicht an Glück,
An sel'gen Räuschen spenden müssen,
Bei Scherz und Streit, Gesang und Glut
Und fessellosem Übermut!«

Alexander Puschkin, *Gedichte. Poeme. Eugen Onegin* (Berlin, 1947), S. 348 (Str. 45, V. 1–14). Der Champagner der Witwe Clicquot begegnet uns auch in verschiedenen literarischen Werken des 20. Jahrhunderts, unter anderem in Kapitel 7 von Ernest Hemingways Roman *Fiesta* (1926).

9 Bernard de Vogüé, *Conquête pacifique de la Russie*, S. 18.

10 Fiévet, *Madame Veuve Clicquot*, S. 41 f.: »Viele Bauern wurden in ihrer Not zu Landstreichern und Räubern.«

11 Tomes, *The Champagne Country*, S. 150.

12 Fiévet, *Madame Veuve Clicquot*, S. 65.

13 Die Zitate in diesem Abschnitt stammen aus Fiévet, *Madame Veuve Clicquot*, S. 66. Auch Kolleen M. Guy, »Drowning Her Sorrows: Widowhood and Entrepreneurship in the Champagne Industry«, in: *Business and Economic History* 26 (1997), Nr. 2, S. 505–512, ist auf diesen Aspekt eingegangen: »Anfang des 19. Jahrhunderts war man der Ansicht, diese Form der Weinbehandlung würde den Prozess der Sedimententfernung nicht beschleunigen, sondern die empfindlichen Weine nur weiter trüben. Clicquots ersten Experimenten begegneten ihre männlichen Zeitgenossen mit Spott und Sarkasmus.« (S. 508)

14 Tomes, *The Champagne Country*, S. 154.

15 Jullien, *Manuel du sommelier*, S. 139.

16 Fiévet, *Madame Veuve Clicquot*, S. 68: »Der Esprit und die Hartnäckigkeit einer Frau triumphierten über diese verbohrten Kellereiarbeiter, die stur an ihren gewohnten Arbeitsweisen festhielten. Inzwischen hat die gesamte Champagne Madame Clicquots Methode übernommen.«

In seiner *History of Champagne, with Notes on the Other Sparkling Wines of France* (New York: Scribner & Welford, 1882) hat Henry Vizetelly Müller das Verdienst zugeschrieben, Barbe-Nicole auf die Idee gebracht zu haben: »Schon 1806 ... wurden die Flaschen mit dem Kopf nach unten gelagert – genauso wie heute; doch wurde dann jede Flasche einzeln aus ihrem Loch genommen, hochgehoben und mit der Hand geschüttelt, damit der Weinstein und das Depot, die darin enthalten waren, zum Korken hinabsanken. ... Das ging so bis 1818, als ein Mann namens Müller ... ihr vorschlug, die Flaschen im Pult zu belassen, während man sie schüttelte, und die Löcher schräg hineinzubohren ... Das versuchten die beiden, und weil sie das neue Verfahren geheim halten wollten, schlossen sich Müller und Madame Clicquot jeden Tag in den Kellern ein, um unbeobachtet an den Flaschen zu rütteln.« (S. 161 f., Anm. 1)

Im Hinblick auf Berichte wie diese kam Matasar, *Women of Wine*, zu folgendem Schluss: »Es besteht Uneinigkeit darüber, welchen Anteil die Witwe

Clicquot persönlich an diesem Verfahren hatte. Ihre Verächter, darunter die Weinproduzenten ihrer Zeit, die ihre Experimente aus sexistischen Gründen abtaten, schreiben alles Verdienst an der Erfindung Müller zu. Manche aber attestieren nur ihr allein erfinderisches Genie. Mit Sicherheit hat sie den Anstoß zu den Forschungen gegeben und zu ihnen ermuntert, und mit Sicherheit war sie auch an der Entwicklung des Verfahrens beteiligt. Und als Besitzerin der Firma konnte sie natürlich Anspruch auf das Patent erheben.« (S. 27 f.)

Vizetelly nennt 1818 als das Jahr, in dem der *remuage* erfunden wurde; einige neuere Quellen, darunter Crestin-Billet, *Veuve Clicquot*, und Etienne, *Veuve Clicquot Ponsardin*, schlagen 1816 vor.

17 Die Zitate hier und im folgenden Abschnitt stammen aus Vizetelly, *History of Champagne*, S. 160 f.

18 Tomes, *The Champagne Country*, S. 159.

19 Interview Champagne Cattier, 19. Januar 2007; siehe auch Bruce Zoecklein, »A Review of *Méthode Champenoise* Production«, Virginia State University/Virginia Tech, Cooperative Extension Publication, Publikationsnummer 463-017, Dezember 2002, verfügbar unter www.ext.vt.edu/pubs/viticulture/463-017/463-017.html.

20 Vizetelly, *History of Champagne*, S. 161.

21 Zitiert nach Desbois-Thibault, *L'extraordinaire aventure*, S. 47.

22 Ebd., S. 50.

23 Ebd., S. 49.

24 Man ist sich nicht ganz einig, wie lange Barbe-Nicole den *remuage* geheimhalten konnte. Roderick Phillips behauptet, das Verfahren sei nur ein paar Jahre lang Betriebsgeheimnis geblieben und bereits in den 1820er-Jahren in der Region weit verbreitet gewesen; siehe Phillips, *Die große Geschichte des Weins*, S. 226. Es spricht jedoch alles dafür, dass Jean-Rémy Moët – trotz seiner Begeisterung für technische Neuerungen in der Champagnerindustrie – diese Technik erst 1832 anwandte: was befremdlich wäre, sollte der *remuage* in der Champagne tatsächlich schon bekannt gewesen sein. Zu Moëts Verwendung des *remuage* siehe Desbois-Thibault, *L'extraordinaire aventure*, S. 49.

25 Tomes, *The Champagne Country*, S. 74.

26 Etienne, *Veuve Clicquot Ponsardin*, S. 277. Moët verkaufte 1812 annähernd fünfunddreißigtausend Flaschen: siehe Desbois-Thibault, *L'extraordinaire aventure*, S. 36.

27 Desbois-Thibault, *L'extraordinaire aventure*, S. 36; Crestin-Billet, *Veuve Clicquot*, S. 88.

1 Caraman-Chimay, *Madame Veuve Clicquot Ponsardin*, S. 31-33.

2 Florent Simon Andrieux (1761-1835) und Marie, geborene Lasnier (1768-1842). Die Besuche Barbe-Nicoles, Édouards und ihrer Familie im Salon der Andrieux wurden von Maries Enkel Arthur Barbat de Bignicourt (1824-1888) in seinem Buch *Un salon à Reims en 1832* (Reims 1879) erwähnt. 1820 wurde die Verbindung der beiden Familien noch enger, als der Stiefsohn von Barbe-Nicoles Schwester Clémentine Barrachin, ein junger Mann namens Augustin (1797-1883), eine der Töchter der Andrieux heiratete, nämlich Elisabeth (1799-1846). Augustins Mutter war Jean-Nicolas Barrachins erste Ehefrau, Charlotte Augustine, geb. Raux.
Florent Simon war von 1828 bis 1835 Bürgermeister von Reims, nachdem sich Nicolas Ponsardin aus diesem Amt zurückgezogen hatte. Im frühen 19. Jahrhundert waren die Champagnerhändler in städtischen Institutionen stark vertreten; zu den Notabeln gehörten unter anderem Barbe-Nicoles entfernte Verwandte Irénée Ruinart de Brimont (Champagne Ruinart, 1820-1827) und später Édouard Werlé (Champagne Veuve Clicquot Ponsardin, 1852-1868). Einzelheiten finden sich unter www.reims.unblog.fr/tag/generale.

3 Gmeline, *La Duchesse d'Uzès*, S. 20; Caraman-Chimay, *Madame Veuve Clicquot Ponsardin*, S. 31.

4 Caraman-Chimay, *Madame Veuve Clicquot Ponsardin*, S. 31-33.

5 Crestin-Billet, *Veuve Clicquot*, S. 24.

6 Caraman-Chimay, *Madame Veuve Clicquot Ponsardin*, S. 31.

7 Fiévet, *Madame Veuve Clicquot*, S. 47.

8 Caraman-Chimay, *Madame Veuve Clicquot Ponsardin*, S. 42.

9 Ebd., S. 35.

10 Tomes, *The Champagne Country*, S. 95; Fiévet, *Madame Veuve Clicquot*, S. 115.

11 Anonym, *A Residence in France During the Years 1792, 1793, 1794, and 1795.*

12 Die Einzelheiten zu Familie und Kindheit Louis de Chevignés stammen aus Gmeline, *La Duchesse d'Uzès*, S. 21-25.

13 Kolleen Guy, »›Oiling the Wheels of Social Life‹: Myths and Marketing in Champagne during the Belle Epoque«, in: *French Historical Studies* 22 (1999), Nr. 2, S. 211-239, hier S. 218.

14 Caraman-Chimay, *Madame Veuve Clicquot Ponsardin*, S. 35.

15 Ebd.

16 Éric Poindron, »Promenade et *Conte rémois*, en guise d'introduction, ou, tentative de nouvelle essai à la manière modeste des *Contes* de Louis de C[hevigné]«, verfügbar unter http://blog.france3.fr/cabinet-de-curiosi tes/tb.php?id=59083.

17 Caraman-Chimay, *Madame Veuve Clicquot Ponsardin*, S. 32, 38.

18 Zu den üblichen familiären Arrangements im Frankreich des 19. Jahrhunderts siehe David I. Kertzer und Marzio Barbagli, *Die Geschichte der Familie*, Bd. 1: *Frühe Neuzeit 1500–1789* (Düsseldorf: Patmos, 2007), sowie Frédéric Le Play, *La reforme sociale* (1872), wiederabgedruckt in: Catherine Bodard Silver (Hg.), *On Family, Work and Social Change* (Chicago: University of Chicago Press, 1982).

19 Caraman-Chimay, *Madame Veuve Clicquot Ponsardin*, S. 35.

20 Ein Faksimile der Hochzeitseinladung findet sich in Maynard, *La descendance de Madame Clicquot-Ponsardin.*

21 Caraman-Chimay, *Madame Veuve Clicquot Ponsardin*, S. 36.

22 Gmeline, *La Duchesse d'Uzès*, S. 23; Caraman-Chimay, *Madame Veuve Clicquot Ponsardin*, S. 37.

23 Caraman-Chimay, *Madame Veuve Clicquot Ponsardin*, S. 40 f.

24 Barbat de Bignicourt, *Un salon à Reims en 1832* (1879), zitiert nach Eugène Dupont, *La vie rémoise*, hg. v. Jean-Yves Sureau, verfügbar unter www.lavieremoise.free.fr.

25 Siehe Amanda Forman, *Georgiana: Duchess of Devonshire* (New York: Random House, 1999).

26 Einem zeitgenössischen Reisebericht zufolge wurde das Sandwich von John Montagu, dem vierten Earl of Sandwich (1718–1792), am Spieltisch erfunden; siehe Pierre Jean Grosley, *A Tour to London, or, New Observations on England and Its Inhabitants* (London: Lockyer Davis, 1772).

27 E. J. Carter, »Breaking the Bank: Gambling Casinos, Finance Capitalism, and German Unification«, in: *Central European History* 39 (2006), S. 185–213, hier S. 186.

28 Als genaues Todesdatum ist der 23. Oktober 1819 verzeichnet; siehe Lallemand, *Le Baron Ponsardin.*

29 Fiévet, *Madame Veuve Clicquot*, S. 50, nennt als Datum den 25. Oktober 1820.

30 Ebd., S. 51.

31 Ebd., S. 50.

32 Crestin-Billet, *Veuve Clicquot*, S. 89.

33 Ebd., S. 91.

34 Die Details stammen von der Website der Union des Maisons de Champagne, verfügbar unter www.maisons-champagne.com.

35 Siehe »L'insertion de la maison Pommery dans le négoce du champagne«, verfügbar unter www.patrimonieindustriel-apic.com, S. 8.

36 Crestin-Billet, *Veuve Clicquot*, S. 91–94.

37 Tomes, *The Champagne Country*, S. 87.

Der Flirt mit der Katastrophe

1 Paul Vitry, *L'Hôtel le Vergeur, notice historique* (Reims: Société des Amis du Vieux Reims/Henri Matot, 1932), S. 11. Städtischen Unterlagen zufolge kaufte ein Herr namens Vanin-Clicquot, Fabrikant in Reims und wahrscheinlich mit den Champagner-Clicquots verwandt, das Anwesen am 27. Brumaire des Jahres II. Er renovierte und modernisierte das Gebäude und verkaufte es 1822 an Barbe-Nicole. 1895 wurde es von Familie Werlé weiterveräußert, die nach Barbe-Nicoles Tod in seinen Besitz gekommen war.

2 Siehe etwa Carlos Grande, »Stretching the Brand: The Risk of Extension«, in: *Financial Times*, 4. Juni 2007, verfügbar unter www.ft.com, und Dennis Berman, »Growing Danger: Relentless Prosperity Is Forcing a Choice on Many Small Companies: Expand or Die«, in: *Business Week*, 8. Oktober 1999, verfügbar unter www.businessweek.com.

3 Desbois-Thibault, *L'extraordinaire aventure*, S. 80.

4 George V. Taylor, »Notes on Commercial Travelers in Eighteenth-Century France«, in: *Business History Review* 38 (1964), Nr. 3, S. 346-353, hier S. 348.

5 Desbois-Thibault, *L'extraordinaire aventure*, S. 80 f.

6 Aus einem mit dem Vers »And did those feet in ancient times« beginnenden Gedicht, das sich im Vorwort zu Blakes Epos *Milton* (1804) findet. Zu diesem Zeitpunkt der britischen Industriegeschichte waren die Fabriken in und um London in erster Linie mit Wasserkraft betriebene Textilmühlen; dampfgetriebene Maschinen wurden erst später üblich: siehe Sir Edward Baines, *History of the cotton manufacture in Great Britain, with a notice of its early history on the East, and in all the quarters of the globe: A description of the great mechanical inventions, which have caused its unexampled extension in Britain: And a view of the present state of the manufacture, and the conditions of the classes engaged in its several departments* (London: H. & R. Fisher, P. Jackson, 1835).

7 Siehe Fiévet, *Madame Veuve Clicquot*, S. 23. Charles-Philippe, Comte d'Artois, der jüngere Bruder Louis' XVI. und Schwager Marie-Antoinettes, wurde 1824, nach dem Tod Louis' XVII., im Alter von siebenundsechzig Jahren als Charles X. zum König gekrönt. Während der Revolution von 1830 wurde er abgesetzt und Louis-Philippe I. durch Willensbekundung des Volkes zum König ernannt.

8 Crestin-Billet, *Veuve Clicquot*, S. 91.

9 Interview mit Fabienne Huttaux, Unternehmensarchivarin von Champagne Veuve Clicquot Ponsardin, 8. Januar 2007.

10 Adrien lebte von 1802 bis 1826; Pierre, ihr Sohn aus erster Ehe, lebte bis 1870.

11 Crestin-Billet, *Veuve Clicquot*, S. 43.

12 Vizetelly, *History of Champagne*, S. 192, schreibt: »Die Schaumweinfabrik G. C. Kessler & Co. in Esslingen - vormals eine der wichtigsten Freien Reichsstädte, malerisch am Neckar gelegen - wurde 1826 gegründet und bezeichnet sich als älteste Sektkellerei Deutschlands.« Details aus Werbematerial der Firma G. C. Kessler, verfügbar unter www.kessler-sektkellerei.de.

13 Bei Vizetelly findet sich der Hinweis, dass ihre Konkurrenten bei Moët & Chandon 1879 rund fünfzehnhundert Beschäftigte hatten (*History of Champagne*, S. 113).

14 Fiévet, *Madame Veuve Clicquot*, S. 63.

15 Guy, »Oiling the Wheels of Social Life«, S. 216, Anm. 20; zitiert wird hier das US-Außenministerium, Depesche des amerikanischen Konsuls in Reims vom 15. Januar 1869.

16 Delpal, *Merveilles de Champagne*, S. 173.

17 Crestin-Billet, *Veuve Clicquot*, S. 134.

18 Desbois-Thibault, *L'extraordinaire aventure*, S. 141; Fiévet, *Histoire de la ville de Épernay*, S. 82, erörtert ausführlicher die Mechanisierung der Branche gegen Ende der 1830er-Jahre. Siehe auch François Bonal, *Champagne Mumm: Un champagne dans l'histoire* (Paris: Arthaud, 1987).

19 Cyrus Redding, *A History and Description of Modern Wines* (London: Whittaker, Treacher & Arnot, 1833), S. 56.

20 David H. Pinkney, »A New Look at the French Revolution of 1830«, in: *Review of Politics* 23 (1961), Nr. 4, S. 490–506, hier S. 492.

21 Fritz Redlich, »Jacques Laffitte and the Beginnings of Investment Banking in France«, in: *Bulletin of the Business Historical Society* 22 (1948), Nr. 4–6, S. 137–161; Richard J. Barker, »The Conseil General des Manufactures under Napoléon (1810–1814)«, in: *French Historical Studies* 6 (1969), Nr. 2, S. 185–213, hier S. 196, Anm. 36.

22 Crestin-Billet, *Veuve Clicquot*, S. 93.

23 Ebd., S. 88, 94; Desbois-Thibault, *L'extra-ordinaire aventure*, S. 333.

24 Edgar Leon Newman, »The Blouse and the Frock Coat: The Alliance of the Common People of Paris with the Liberal Leadership and the Middle Class during the Last Years of the Bourbon Restoration«, in: *Journal of Modern History* 46 (1974), Nr. 1, S. 26–59, hier S. 31.

25 Die Zahlenangaben hier und im Folgenden stammen aus Pinkney, »A New Look at the French Revolution of 1830«, S. 494.

26 François-René de Chateaubriand, *Mémoires d'outre-tombe* (1849–1850), Buch 31, Kapitel 8, verfügbar unter http://www.bacdefrancais.net/memoires_texte.html.

27 Fiévet, *Histoire de la ville d'Épernay*, S. 318–320.

28 Pamela Pilbeam, »The ›Three Glorious Days‹: The Revolution of 1830 in Provincial France«, in: *Historical Journal* 26 (1983), Nr. 4, S. 831–844, hier S. 837.

29 Die *Garde nationale* gewann vor allem im nahe gelegenen Département Haut-Marne wieder an Macht; sie stand insbesondere für die Wiederbelebung der *tricolore* und die demokratische Wahl von Offizieren, die lokale Führungspositionen ziviler und militärischer Art bekleiden sollten; siehe Pilbeam, »The ›Three Glorious Days‹«, S. 836.

30 Zitiert nach Poindron, »Promenade et *Conte rémois*«.

31 Anonym, »Entertaining the Son of the ›Bourgeois King‹«, in: *Bulletin of the Business Historical Society* 3 (1929), Nr. 4, S. 15–17, hier S. 15.

32 Pilbeam, »The ›Three Glorious Days‹«, S. 832.

Das Champagnerimperium

1 Fiévet, *Histoire de la ville d'Épernay*, S. 334 f.

2 Alfred D. Chandler Jr., »The Emergence of Managerial Capitalism«, in: *Business History Review* 58 (1984), Nr. 4, S. 473–503, hier S. 473.

3 Ebd., S. 483.

4 Zu historischen Einzelheiten über die Witwe Binet siehe die Union des Maisons de Champagne, verfügbar unter www.maison-champagne.com.

5 Fiévet, *Histoire de la ville d'Épernay*, S. 108.

6 Tomes, *The Champagne Country*, S. 95; Gmeline, *La Duchesse d'Uzès*, S. 30, 170.

7 »Data on Healthy Life Years in the European Union«, verfügbar unter http://ec.europa.eu/health/ph_information/indicators/lifeyears_data_en.htm.

8 Tomes, *The Champagne Country*, S. 68.

9 Ebd., S. 89.

10 Zitiert nach Crestin-Billet, *Veuve Clicquot*, S. 94.

11 Die Einzelheiten hier und im Folgenden aus Fiévet, *Madame Veuve Clicquot*, S. 94.

12 Tomes, *The Champagne Country*, S. 96 f.

13 Maynard, *La descendance de Madame Clicquot-Ponsardin*, Vorwort.

14 Die Zitate hier und im Folgenden stammen aus Caraman-Chimay, *Madame Veuve Clicquot Ponsardin*, S. 50 f.

15 Tomes, *The Champagne Country*, S. 97.

16 Gmeline, *La Duchesse d'Uzès*, S. 25.

La Grande Dame

1 Gmeline, *La Duchesse d'Uzès*, S. 2; Gustavo C. Roman, »Cerebral Congestion, a Vanished Disease«, in: *Archives of Neurology* 44 (April 1987), Nr. 4, Abstract: »Er wurde nicht nur für Hirnblutungen verantwortlich gemacht,

sondern auch für *lacunae* (Dechambre, 1838), *etat crible* [sic; siebartige Lückenbildungen in der Gehirnsubstanz] (Durand-Fardel, 1842), Depressionen, manische Anfälle, Kopfschmerzen, Koma und anfallartige Krämpfe. Laut Hammond (1871, 1878) ›[kam Blutandrang] häufiger vor als jede andere Erkrankung des Nervensystems‹.« Siehe auch Gustavo C. Roman, »On the History of Lacunes, *État Criblé*, and the White Matter Lesions of Vascular Dementia«, in: *Cerebrovascular Diseases* 13 (2002), Nr. 2, S. 1–6. Einige Autoren haben die These vertreten, mit diesem Blutandrang sei die Malaria beschrieben worden; wahrscheinlicher ist, dass es sich um die Cholera handelte. In den 1820er-Jahren hatte sich das aus der Chinarinde gewonnene Chinin als relativ zuverlässiges Mittel gegen Malaria erwiesen, die gewöhnlich am Schüttelfrost erkennbar war. Die Symptome ähneln denen der Cholera, die in der ersten Hälfte der 1850er-Jahre in Europa noch immer pandemisch auftrat. Der Blutandrang kann aber auch Folge einer Vielzahl anderer Krankheiten gewesen sein.

2 Gmeline, *La Duchesse d'Uzès*, S. 1 f.

3 Ebd., S. 31.

4 Ebd., S. 2.

5 Ebd., S. 3.

6 Ebd., S. 35.

7 Ebd., S. 30.

8 Ebd., S. 7.

9 Ebd.

10 Veröffentlicht auf besonderen Wunsch von Louis de Chevigné, der mit dem Verfasser Kontakt aufnahm, nachdem er dessen frühere Biografie über Jean-Rémy Moët gelesen hatte.

11 Französischer Romancier und Politiker (1790–1869), Verfasser einer *Histoire des Girondins* (Paris: Furne et Cie., 1847).

12 Nach der Abdankung von König Louis-Philippe und dem Ende der sogenannten Julimonarchie 1848. Louis-Napoleon ließ sich 1852 zum Kaiser ausrufen und trug diesen Titel bis zu seiner Absetzung während des Deutsch-Französischen Krieges 1870.

13 Judith A. De-Groat, »The Public Nature of Women's Work: Definitions and Debates During the Revolution of 1848«, in: *French Historical Studies* 20 (1997), Nr. 1, S. 31–47, hier S. 32.

14 *L'Atelier*, 4. Januar 1841, zitiert nach ebd., S. 34.

15 Vizetelly, *History of Champagne*, S. 119.

16 Ebd., S. 39.

17 Tomes, *The Champagne Country*, S. 68.

18 Anzeige in *Harper's Weekly,* 25. Juli 1868, zitiert nach ebd., S. 62.

19 Ebd., S. 59.

20 Ebd., S. 87. Für den Geldwert eines US-Dollars aus dem Jahr 1850 hätten im Jahr 2024 etwa 40 US-Dollar ausgegeben werden müssen; statistische Einzelheiten sind verfügbar unter https://www.officialdata.org/us/inflation/1850?amount=1.

21 Fiévet, *Madame Veuve Clicquot,* S. 103.

22 Prosper Mérimée, *Œuvres complètes de Prosper Mérimée,* hg. v. Pierre Trahard und Edouard Champion (Paris: H. Champion, 1927); Brief vom 26. Juli 1853.

23 Fiévet, *Madame Veuve Clicquot,* S. 73 f.

24 Einzelheiten finden sich unter www.reims-web.com/reims/champagne-reims-veuve-clicquot.html.

25 Tomes, *The Champagne Country,* S. 88.

26 Ebd.

27 Vizetelly, *History of Champagne,* S. 21.

28 Tomes, *The Champagne Country,* S. 68.

29 Details hier und im Folgenden aus »L'insertion de la maison Pommery dans le négoce du champagne«, verfügbar unter www.patrimonieindustriel-apic.com.

30 François Bonal, *Le livre d'or du champagne* (Lausanne: Édition du Grand Pont, 1984), S. 66.

31 Raphaël Bonnedame, *Notice sur la maison Veuve Pommery, Fils & Cie.* (Épernay 1892), zitiert auf www.patrimoineindustrielapic.com/documentation/maitrise%20piotrowski/partie%201%20chap%201.htm.

32 »1860 erkannte sie [Madame Pommery], dass süßer Champagner, *doux* oder *demi-sec,* keine große Zukunft haben würde. Brachte man die Weine hingegen als *brut* auf den Markt, unter den Bezeichnungen *sec* oder *extra sec,* würde dies zu einem höheren Wachstum in der Champagne führen. Und so beschloss sie nach einigen Nachforschungen, Weine der Sorte *brut nature* als Begleiter zu jedem Essen zu vermarkten ... Erstmals kommerziell vermarktet wurde der *brut nature* ohne Zuckerzusatz 1874.« Eric Glatre, *Chronique des vins de Champagne* (Paris: Castor et Pollux, 2001), S. 95. Vizetelly, *History of Champagne,* S. 60, ergänzt: »Den extra trockenen Champagnern wird etwas Likör hinzugefügt, ebenso den sogenannten Brut-Weinen, bei denen das Quantum aber ein bis drei Prozent nicht überschreiten darf.«

33 Helen Gillespie-Peck vermutet, dass sich der Entwurf am Inveraray Castle und am Mellerstain House orientierte; siehe Peck, *WineWoman@Bergerac.France* (Ely: Melrose Books, 2005), S. 119. Der Landsitz wurde in den

1860er- und 1870er-Jahren erbaut.

34 Louise Pommery beauftragte den Bildhauer Henri Navlet, einige ihrer insgesamt mehr als fünfzehn Kilometer langen Keller mit Basreliefs zu den Themen Wein und Bacchus auszugestalten; Werbematerial von Champagne Pommery.

35 Werbematerial von Champagne Henriot, verfügbar unter www.champagne-henriot.com/histoire.php.

36 Tomes, *The Champagne Country*, S. 69. Zu Madame Jacques Olry vgl. www.maisons-champagne.com/bonal/pages/04/04-01_1.htm.

37 Vizetelly, *History of Champagne*, S. 60.

38 Matasar, *Women of Wine*, S. 29; siehe auch Marion Winik, »The Women of Champagne«, in: *American Way*, 1. März 1997, S. 113. Die Farbe gilt zwar gemeinhin als helles Orange, ist aber offiziell als »Clicquot-Gelb« eingetragen.

Die Königin von Reims

1 Fiévet, *Madame Veuve Clicquot*, S. 90f.

2 Fiévet, *Madame Veuve Clicquot*, S. 16, 98.

3 Zitiert nach Gmeline, *La Duchesse d'Uzès*, S. 36.

4 Fiévet, *Madame Veuve Clicquot*, S. 88–91.

5 Gmeline, *La Duchesse d'Uzès*, S. 43.

6 »Extrait du livret conçu pour l'exposition itinérante de 2005«, Champagne Veuve Clicquot Ponsardin.

7 Die Schlacht fand am 1. September 1870 gut achtzig Kilometer nordwestlich von Reims statt.

8 Fiévet, *Madame Veuve Clicquot*, S. 16.

9 Poindron, »Promenade et *Conte rémois*«.

10 Ebd.

11 Gmeline, *La Duchesse d'Uzès*, S. 63.

12 Henri Jolicœur, *Description des ravageurs de la vigne: Insectes et champignons parasites* (Reims: Michaud, 1894); J. L. Rhone-Converset, *La vigne, ses maladies – ses ennemis – sa défense en Bourgogne et Champagne, etc.* (Paris: Châtillon-sur-Seine, 1889); siehe auch Kladstrup/Kladstrup, *Champagner*.

Nachwort

1 Linus Pierpont Brocket, *Woman: Her Rights, Wrongs, Privileges, and Responsibilities* (Cincinnati: Howe's Book Subscription Concern, 1869), S. 201; einen allgemeineren Überblick gibt Angel Kwolek-Folland, *Engendering Business: Men and Women in the Corporate Office, 1870–1930* (Baltimore: Johns Hopkins University Press, 1994).

Angela Georgina Burdett-Coutts (1814–1906) war die jüngste Tochter des einflussreichen Bankiers Thomas Coutts (1735–1822). Sie erbte das Unternehmen 1837 von einer betagten Verwandten, wurde von Louis-Napoleon umworben und war eine enge Freundin von König Louis-Philippe. Bis 1881 wies sie jedoch alle Bewerber ab und verbrachte den Großteil ihres Lebens als Geschäftsfrau, Philanthropin und Prominente. Im Alter von siebenundsechzig Jahren heiratete sie ihren siebenunddreißig Jahre jüngeren Sekretär William Lehman Ashmead Bartlett (1851–1921). Edna Healey, *Lady Unknown: The Life of Angela Burdett-Coutts* (New York: Coward, McGann & Geoghegan, 1978).

2 Brocket, *Woman*, S. 201.

3 Laura Cochrane, »From the Archives: Women's History in Baker Library's Business Manuscripts Collection«, in: *Business History Review* 74 (2000), S. 465–476.

4 Zu den Geschäftsfrauen aus der Mittel- und oberen Mittelschicht im Amerika des 19. Jahrhunderts siehe etwa Cara Anzilotti, »Autonomy and the Female Planter in Colonial South Carolina«, in: *Journal of Southern History* 63 (1997), Nr. 2, S. 239–268; David L. Coon, »Eliza Lucas Pinckney and the Reintroduction of Indigo Culture in South Carolina«, in: *Journal of Southern History* 42 (1976), Nr. 1, S. 61–76; Eliza Pinckney, *The Letterbook of Eliza Lucas Pinckney 1739–1762*, hg. v. Elise Pinckney (Chapel Hill: University of South Carolina Press, 1997).

5 Siehe Cochrane, »From the Archives«, S. 465–469.

6 Charles Tovey, *Champagne Revelations*, S. 32 f. Zu dieser Frage des Monopols im modernen Kontext schreibt Jancis Robinson, dass »die zentrale Maßnahme der geographischen Umgrenzung beim Wein nicht nur zu einer Verbesserung der Qualität führt ..., sondern den Produzenten innerhalb des umgrenzten Gebiets per Gesetz auch eine privilegierte Monopolposition verschafft.« Zitiert nach Michael Maher, »In Vino Veritas? Clarifying the Use of Geographic References on American Wine Labels«, in: *California Law Review* 89 (2001), Nr. 6, S. 1881–1925, hier S. 1922.

Register